' 칼 폴라니 KARL POLANYI
새로운 문명을
말하다 ,

정치·경제·사회를 아우르는 폴라니 사상의 정수

칼 폴라니 KARL POLANYI
새로운 문명을
말하다

칼 폴라니 지음 · 홍기빈 옮김

착한책가게

차례

┃ **영어판 편집자의 말** · 7

┃ **이탈리아어판 서문 I** – 카리 폴라니 레빗 · 8

┃ **이탈리아어판 서문 II** – 조르조 레스타 · 20

┃ 1부 ┃ 경제, 기술, 자유의 문제

1장 │ 서양의 거듭남을 위하여 · 46

2장 │ 경제학 그리고 우리의 사회적 운명을 결정할 자유 · 54

3장 │ 경제사와 자유의 문제 · 65

4장 │ 경제적 사유의 새로운 개척지들 · 79

┃ 2부 ┃ 제도의 중요성

5장 │ 제도적 분석이 사회과학에 기여할 수 있는 것 · 88

6장 │ 국제적 상호 이해의 성격 · 109

7장 │ 평화의 의미 · 127

8장 │ 평화주의의 뿌리 · 141

9장 │ 민주적 영국 문화의 미래 · 152

10장 │ 비엔나와 미국에서의 경험들: 미국 · 167

▌3부 ▌ **사회과학**을 어떻게 **활용**할 것인가

11장 │ 사회과학을 어떻게 활용할 것인가 · 178

12장 │ 정치 이론에 대하여 · 193

13장 │ 공공 여론과 국가 지도자의 지도력 · 203

14장 │ 일반 경제사 · 216

15장 │ 고대 문명에서의 시장 요소들과 경제 계획 · 240

▌4부 ▌ **위기**와 **전환**

16장 │ 오늘날의 중요한 문제 : 답변 · 266

17장 │ 현대 사회에서 서로 충돌하고 있는 철학들 · 285

18장 │ 금융 공황이 가려버린 사회주의의 전망 · 330

19장 │ 오늘날의 전환 시대에 대한 다섯 개의 강연 : 19세기 문명의 사멸 · 337

20장 │ 오늘날의 전환 시대에 대한 다섯 개의 강연 : 통합된 사회로의 경향 · 345

▌ **후기** · 354

▌ **옮긴이의 말** · 376

▌ **주** · 384

· **일러두기**

1. 이 책은 칼 폴라니의 미출간 저작들을 모아 엮은 선집으로, 각 글이 쓰인 시기와 목적이 조금씩 다릅니다. 이 책에서는 글 본래의 취지와 성격을 살리고자 에세이 성격의 글은 평어체로, 강연을 위해 쓴 글은 경어체로 옮겼습니다.

2. 이 책은 원래 영어로 되어 있는(16장은 독일어) 폴라니의 글을 이탈리아어로 번역하고 이탈리아의 폴라니 연구자들이 편집하여 2013년에 펴낸 것으로, 이탈리아 편집자들의 글 두 편이 실려 있습니다. 2014년 폴리티Polity 출판사에서 이 책을 영어판으로 출간했으며, 이탈리아 편집자의 글 모두 영어로 번역하여 실었습니다. 한국어판의 번역은 영어판에 근거하여 이루어졌습니다.

영어판 편집자의 말

　이 책에 모아놓은 글들은 몬트리올의 컨커디어 대학Concordia University
에 있는 칼 폴라니 정치경제연구소Karl Polanyi Institute of Political Economy의 문
서고에 있는 글들이다. 이들 중 상당 부분은 해독하기가 어렵다. 저자
스스로가 손으로 수정하고 또 논평까지 써넣었기 때문인 경우도 있고,
또 종이의 보존 상태가 좋지 못해서인 경우도 있다. 우리는 이 책에서
원문과 저자의 의도에 가능한 한 충실하게 초고를 옮겼고, 본래 문서의
해석에 있어 아주 심하게 의문이 드는 사항들은 주를 달아놓았다. 오타
와 이상한 문장들은 가독성을 위해 수정하였다. 폴라니가 본래 달아놓
은 강조 표시는 고딕체로 표시하였다. 글마다 폴라니 문서고의 출처를
명기해놓았고, 가능한 경우에는 문서들이 작성된 날짜도 밝혀두었다.
　편집자들은 카리 폴라니 레빗Kari Polanyi Levitt의 지속적인 격려와 지원
그리고 자신의 아버지의 글을 출간하도록 허락해준 것에 감사드린다.
그리고 마거리트 멘델Marguerite Mendell과 아나 고메즈Ana Gomez에게는 폴
라니 문서고에 접근할 수 있도록 해주고 폴라니 초고를 해독하는 작업
을 지도해준 것에 감사드린다. 또 미켈레 칸지아니Michele Cangiani와 다비
드 라메티David Lametti에게는 사려 깊은 논평과 제안을 해준 것에, 폴리티
출판사의 마누엘라 테쿠산Manuela Tecusan에게는 이 책의 영어판을 완성
시키는 데 값진 조언과 지원을 해준 것에 감사드린다. 이 책의 작업에서
나올지 모를 모든 오류와 잘못의 책임은 우리에게 있다.

이탈리아어판 서문 Ⅰ

카리 폴라니 레빗

지난 몇 해 사이에 칼 폴라니의 저작에 대한 관심이 놀라울 만큼 되살아났으며, 《거대한 전환 *The Great Transformation*》길, 2009은 중국어, 한국어, 아랍어를 포함해 15개 이상의 언어로 번역되었다. 여러 학술지에서 폴라니의 지적인 유산을 주제로 삼은 특별호를 출간했고, 영향력이 큰 여러 정치 포럼에서 자본주의의 발전에 대한 그의 분석이 갈수록 더 자주 언급되고 있다. 그 가장 최근의 예는 2012년의 다보스 포럼으로서, 한 보고에 따르면 그곳에 모인 세계적 엘리트들의 숙의 과정 내내 칼 폴라니의 유령이 맴돌고 있었다고 한다. 세계경제가 위기에 빠져들면서, 내 아버지의 저작 전체를 관통하는 중심 주제인 '사회 안에서 경제가 차지하는 위치는 어디인가'라는 질문이 다시 제기되고 있는 것이다. 1930년대 이후 가장 심각한 위기 속에서 우리의 민주주의 국가들이 맞닥뜨린 근본적인 도전을 이해하기 위해서 우리는 다시 한 번 역사를 돌아볼 필요가 있다. 이를 위해 조르조 레스타Giorgio Resta와 마리아비토리아 카탄자리티Mariavittoria Catanzariti는 칼 폴라니의 미출간 원고와 강연 중에서, 1919년부터 1958년까지의 것들을 가려모아 이탈리아어 번역본을 내놓게 되었다. 이 대단히 흥미로운 선집은 자유주의 경제 질서의 붕괴와 제1, 2차 세계대전 사이의 여러 민주주의 국가들의 몰락으로 다시 우리를 인도한다. 오늘날 우리는 규제와 통제에서 풀려난 자본이 민주주의에 어떤 위협을 가져오는지를 똑똑히 보고 있으며, 우리의 현실은 시장 근본주의의 신자유주의적 이념들이 지배하고 있다. 이 두 가지 사태 모두가 이 책을 다시 꼼꼼히 읽어볼 필요가 있음을 시사한다.

이 선집을 좀 더 잘 이해할 수 있도록 나는 이 글에서 칼 폴라니의 삶과 사회철학을 짧게 설명하고, 《거대한 전환》이 오늘날 어떠한 적실성을 가지고 있는지에 대한 나의 몇 가지 성찰을 밝히려 한다.

나의 아버지는 열정적인 사람이었다. 그는 지식인들이 사회에 대한 책임이 있다는 확고한 신념을 지니고 있었다. 일찍이 헝가리 시절에 내놓은 여러 논문과 연설을 보면, 그가 1914년의 참변과 제1차 세계대전의 파괴에 대한 도덕적 책임이 자신과 자신의 세대에 있다고 생각했음을 알 수 있다. 그는 자유란 책임과 갈라낼 수 없는 것이라고 보았다. 나는 시장 사회에 대한 그의 비판은 일상생활의 상업화, 그리고 좀 더 일반적으로 말해서 여러 사회적 관계의 몰인격화에 대한 혐오에 근거하고 있다고 믿는다. 폴라니가 보기에 무릇 사회주의란 어떤 형태이든 사람들이 공동체, 사회, 민주주의에 대해 스스로 책임을 갖도록 해야 하는 것이었다. 이런 이유에서 그는 중앙계획경제가 정치권력의 중앙집권화를 본질적으로 내포하고 있다고 보아 이를 신봉하지 않았다. 1920년대에 그는 경제적 자유주의의 으뜸가는 옹호자라 할 루트비히 폰 미제스Ludwig von Mises와 독일어권에서 가장 중요한 사회과학 학술지 지면을 통해 사회주의 경제의 현실 가능성을 놓고 논쟁을 벌인 적이 있다. 폴라니가 여기에서 개괄적으로 제시한 기능주의적 결사체 모델의 사회주의 경제는 개개인들이 노동자, 소비자, 시민으로서 갖는 이해관계를 각 집단의 대표자들 간의 협상을 조직해 조율할 수 있도록 하는 모델이었다. 이는 콜G. D. H. Cole의 길드 사회주의 그리고 오토 바우어Otto Bauer의 오스트리아 마르크스주의와 분명히 유사점들을 가지고 있었다.[*][1]

이 당시에 그는 언론인으로서 스스로 정직한 생계 활동이라고 말했던 일에 종사하고 있었다. 우리 집안 내력을 여기서 자세히 늘어놓을 수는 없지만 몇 가지만 말해두자면 그의 어머니, 즉 나의 할머니는 자식들 하나하나의 직업에 대해 아주 구체적인 생각을 가지고 있었다. 나의 아버지는 법조인이 되어야 했고, 나의 작은아버지인 마이클은 의사, 그의 맏형인 아돌프는 나의 할아버지를 따라 공학자나 사업가가 되는 것으로 할머니는 생각하고 있었다. 하지만 아돌프는 그중 어느 것도 하지 않았고 아주 어린 나이에 당시로서는 상상하기도 힘들 만큼 먼 나라인 일본에까지 여행을 하였다. 후에 아돌프는 이탈리아로 이주하여 활동하다가 결국 무솔리니와 충돌하여 상파울루로 가서 삶을 마칠 때까지 거기에서 살았다. 나의 아버지는 부유한 삼촌의 법률 사무실에서 일을 배웠지만, 결국 그가 안주할 수도 있었던 부르주아 세계에서 (우리 가족 중 다른 한 사람의 표현을 빌자면) '이탈자drop-out'가 되기로 결심하였다. 나는 그가 언론인으로서 또 정치 분석가로서 최고였다고 생각한다. 그는 당시 영국의 〈이코노미스트〉지를 모델로 하여 독일어권 유럽 세계에서 지도적 위치를 차지하고 있었던 금융 및 경제 주간지 〈오스트리아 경제Der Österreichische Volkswirt〉에서 일하며 기사를 쓰고 있었다. 그는 국제 문제를 관장하는 편집주간이었다. 1933년 히틀러가 권좌에 오르자 파시즘의 그림자가 오스트리아에도 드리우게 된다. 그 잡지의 소유주이자 발행인이었던 사람은 무척 아쉽지만 폴라니처럼 저명한 사회주의자를 편집진에 그대로 둘 수는 없다고 결정하였다. 아버지는 영국에서 일자리를 찾아보라는 조언을 들었다. 그로부터 몇 년간 그는 옥스퍼드 대학과 런던 대학의 성인 교육 기관이었던 노동자 교육협회Workers' Educational Association의 강사로 일했다. 그가 담당하도록 되어 있었던 과목들은 당대의 국제 관계(이는 그가 물론 익숙한 과목이었다.)와 영국 사회 경제사였는데, 후자는 그가 전혀 모르는 내용이었다. 그는 켄트와 서식스의 지방 도시들의 공공 도서관에서 열린 저녁 교실에서 영국 사회 경제사를 강의했는데, 이 내용이 《거대한 전환》의 뼈대가 되었다. 그 당시 그는 또한 '현대 사회에서 충돌하고 있는 여러 철학들'이라는 강의 과목을 개설했는데, 이 강의 내용은 이 책에 최초로 수록되어 있다.

예전에 마르크스가 그랬던 것과 마찬가지로 그 또한 산업 자본주의의 기원을 영국에서 찾았다. 특히 노동과 토지 시장을 위한 법률적·제도적 근간이 제도화된 1815년에서 1845년의 30년간이 그 기간이었다. 물론 화폐에 대한 자유 시장은 그보다 훨씬 더 오래되어, 기독교 교리에서 죄로 여겼던 고리대의 금지법이 철폐된 시점까지 거슬러 올라간다. 이렇게 해서 토지, 노동, 화폐에 대한 시장이 하나로 어우러지자 경제가 사회에서 뽑혀 나가는 결과를 낳게 되었다. 경제는 이제 스스로의 생명을 부여받게 되었고, 사회는 경제의 여러 요구에 복무하도록 그 모습이 바뀌고 말았다. 이는 대단히 이상하고 역사적으로도 유례가 없는 사태였지만, 그런데도 어마어마한 에너지의 경제 성장을 분출시켰다.

나는 아버지의 지적 계보가 칼 마르크스에서 막스 베버, 페르디난트 퇴니스, 그리고 원시 경제(오늘날에는 경제인류학이라고 부른다.)의 두 연구자인 독일의 리하르트 투른발트Richard Thurnwald와 비엔나의 말리노프스키Malinowski로 이어지는 것으로 보고자 한다. 이는 오늘날 사회적 권리 및 경제 위기와 관련하여 진행되고 있는 논쟁의 맥락 속에서 헤아려 볼 필요가 있다. 왜냐면 기록 이전이든 이후이든 인간 역사의 그 어느 시기에도 공동체 전체가 곤궁에 처하지 않는 한 개인들 혹은 개별 가족들이 굶주림에 처하도록 방기된 적이 없었기 때문이다. 원시 사회에서도 흉년이 되면 식량이 심하게 부족해졌지만, 공동체 전체가 멀쩡히 살아가는 가운데에서 몇몇 개별 가족들만 생필품이 없는 상황은 결코 벌어지지 않았다. 인간의 경제생활을 추동하는 것이 굶주림에 대한 공포와 이득에 대한 욕망이라는 생각 자체가 역사적으로 대단히 최근인 19세기 초에 생겨난 것이다. 더는 이야기를 계속할 것도 없이 방금 말한 이유들만으로도, 모든 시민들이 사회적 생산물의 한몫을 가져갈 권리가 있다는 생각을 칼 폴라니가 지지했을 것이라고 말할 수 있다. 도덕적 정의라는 근거에서는 물론, 사람들이 상품의 처지에서 스스로를 해방시킬 수 있도록 경제적 생계 수단을 가질 수 있어야 한다는 의미에서도 그러하다.

여러 사회권과 지구적 공공재에 대한 오늘날의 논쟁을 염두에 둔다면, 나는 아버지가 보편적인 기본 소득을 지지했을 것이라고 본다. 여기에는 세 가지 이유가 있다. 첫째는 경제적, 둘째는 사회적, 마지막이자 아주 중요한 것으로서 정치적인 이유다. 경제적 논리는 잘 알려져 있으며 여러 번 반복된 바 있다. 굳이 케인스 경제학자가 아니더라도, 생계 자체가 힘든 사람들에게 기본 소득을 준다면 이들은 이를 소비재에 지출할 것이며, 따라서 생산자들에게 더 많은 시장의 기회를 만들어줄 것이라는 점을 쉽게 이해할 것이다. 게다가 오늘날 가속화되고 있는 기술 혁신의 속도로 볼 때, 광업과 제조업에서는 물론 운수업과 상업 등의 산업 활동에서도 필요한 노동 투입은 갈수록 줄어들고 있다. 그리고 이는 지구적 규모에서 적용되는 진실이다. 이러한 조건에서 볼 때 임노동 고용에서 벌어들이는 소득만을 사회적 생산물 분배의 유일한 자격, 심지어 으뜸가는 자격으로 보는 것조차도 논리에 닿지 않는다. 갈수록 불안정해져가는 노동 시장의 성격을 볼 때, 기본 소득이야말로 사람들로 하여금 어떻게 당장 입에 풀칠을 할까라는 걱정으로 축 처지는 일 없이 안심하고 자신들의 경제 활동을 조직할 수 있는 발판을 제공하는 것이라고 할 수 있다.

두 번째의 사회적 논리는 정의의 논리에 근거하고 있다. 사회가 정의롭지 못하다는 생각이 퍼져 있다는 것은 곧 사회 응집력에 여러 문제가 있다는 것을 뜻한다. 이러한 상황에서는 사회적 생산물을 놓고 갈등을 벌이는 여러 집단들 사이에서 협상을 이뤄내야 할 때 국가가 영향력을 발휘할 수 없게 된다. 이러한 사회는 경제 발전이라는 점에서도 앞서 나갈 능력을 잃게 된다. 좀 더 평등하고 여러 불평등과 정의롭지 못한 것들로부터 좀 더 자유로운 사회들이 경제 성장 달성에도 더 성공적이었다는 것이 오늘날에는 널리 인정되고 있다. 경제학자의 한 사람으로서, 효과적인 경제 발전을 위한 자원의 동원은 궁극적으로 사회 응집의 정도와 사람들이 느끼는 사회정의의 정도에 좌우된다고 나는 믿는다. 그 정도가 높을수록 사람들로 하여금 자신들이 땀 흘려 노력하고 희생하면 그 결과로 사회적 생산물에서 공정하고 공평한 분배를 얻게 될 것이라는 희망과 믿음을 갖게 하여 엄청난 활력을 끌어낼 수 있기 때문이다.

나의 아버지가 기본 소득을 지지했을 것이라고 생각하는 세 번째 이유는 그가 '기술적으로 진보된 사회에서의 자유'라는 문제를 걱정했던 것과 관련이 있다. 컬럼비아 대학에서 가르치던 1950년대에 그가 뉴욕과 캐나다 사이를 통근하면서 점차 관심을 가지고 몰두하게 된 문제가 있었다. 그가 '평균주의'라고 불렀던 획일성과 순응성의 경향으로, 이는 사람들이 사회의 지배적 여론 행세를 하는 견해들에 대해 반대하기를 꺼려하는 태도에서 명확하게 나타나고 있었다. 이것이 1950년대 미국의 모습이었다. 그는 기술이 고도로 진보된 사회는 그 내부에 전체주의의 맹아를 품고 있다는 견해를 밝혔다. 그가 이러한 생각을 글로 적었을 당시에는 아직 매체의 역할이 명확히 드러나기 전이었으며, 또 대기업들이 매체를 마음대로 통제하기도 전이었다. 그리고 2001년 9월 11일 이후 미국에서 우리가 목도했던 것처럼, 공식적인 관점에 대해 다른 견해를 가질 경우 너무나 값비싼 대가를 치러야 하므로 사실상 누구도 그렇게 할 수가 없는 상황도 아직 벌어지기 이전이었다.

나의 아버지는 자유를 보호하기 위해서는 일반적인 규범에 순응하지 않을 수도 있음을 제도로 보장해야 한다고 믿었다. 그는 이것이 영국 고전 자유주의의 한 미덕이라고 보았다. 하지만 이러한 자유는 19세기 말과 20세기 초 금리 소득의 혜택을 누렸던 특권적 상류 계층에게만 주어져 있었다. 그리고 이 금리 소득의 대부분은 영국과 프랑스가 소유한 광대한 식민지와 방대한 해외 투자에서 나오는 것이었다. 이것이 영국, 프랑스, 비엔나, 그리고 서유럽 전반의 이른바 '아름다운 시절belle époque'이었다. 이 시대는 위대한 문화적 성취를 이루었지만, 어디까지나 전체 인구의 일부만 향유하도록 한정된 것이었다. 나의 아버지는 그리스 고전 문헌과 친숙했고, 특히 아리스토텔레스에 경탄하여 사회 안의 독특한 영역으로서 경제를 발견한 공로를 그에게 돌린 바 있지만, 그리스의 민주주의는 노예들의 노동에 기초한 것이었다. 나의 아버지와 그 가족은 부르주아 사회에서 혜택을 누리고 살았으며, 그 부르주아 사회에서는 문화적 표현이 사실상 특권적 엘리트들만 향유하도록 제한되어 있었다.

폴라니는 창의성이 인간의 기본 속성이자 욕구라고 믿었으며, 또 그것을 행사할 역량은 인류 전체에게 주어져야 한다고 믿었다. 그의 관점에서 볼 때 민중문화popular culture란 보통 사람들의 지혜, 지식, 전승, 상식 등이 합쳐진 집단적인 것이었다. 이는 대중문화pop culture라고 알려져 있는 것과는 전혀 다른 것으로서, 사회마다 그 민중문화의 집단적 자원이 모두 다르게 마련이며 여기에 뿌리를 박은 각기 다른 민주주의를 창조하게 되어 있다는 생각이 함축된 것이었다. 이는 폴라니가 1953년에 집필하여 몇 년 전 이탈리아어로 번역된 바 있는 에세이 〈장 자크 루소 : 자유는 가능한가?〉[2]에서 개진한 생각이다. 이 매력적인 짧은 글은 계몽주의 시대에 있어서 자유와 평등이라는 고전적인 문제들을 다루고 있다. 그는 루소의 저작들 속에서 정부의 궁극적인 기초는 민중문화를 구성하는 사람들의 지혜, 지식, 전통, 상식 등의 저수지에 두어야 한다는 자신의 주장에 대한 근거를 찾아내고 있다. 그가 삶을 마치기 며칠 전에 손으로 쓴 노트를 보면 다음과 같은 말이 있다. "봉건적인 나라의 핵심은 특권이며, 부르주아적 나라의 핵심은 재산 소유다. 그리고 사회주의적 나라의 핵심은 바로 사람들로서, 여기에서의 집단적 존재란 바로 문화를 함께 향유하는 공동체를 뜻한다. 나 자신도 이러한 사회에서 살아본 적이 한 번도 없다."

앞에서 말했듯이 나는 《거대한 전환》이 우리 시대에 갖는 적실성에 대해 몇 가지 언급하고자 한다. 우선 폴라니의 저작에서 거대한 전환이란 19세기 자유주의 질서에서의 전환을 뜻한다는 점을 이해해야 한다. 이 질서는 1914년에 무너졌고, 각종 국가 파시즘이나 소련식 사회주의 계획이나 미국의 뉴딜 등 각 나라들이 경제적 생계를 보호하기 위한 여러 조치들을 취하게 된다.

유럽 대륙에서는 산업가들과, 사회주의 다수파가 장악한 의회의 정치가들 사이에 여러 갈등이 있었고, 이것이 민주주의 정치 과정을 사실상 정지 상태로 몰아넣는다. 폴라니는 1932년에 쓴 〈경제와 민주주의〉[3]라는 글에서, 산업가들이 대표하는 경제와 의회의 다수당이 대표하는 민주주의가 이해의 갈등을 벌이고 있다고 말한다. 산업가들의 이익이 의회의 사회주의 다수당을 지배하게 되는 경우에는 민주주의가 중지되고 파시즘이 도래하는 결과가 나왔다. 이 갈등이 정치적 민주주의와 경제적 민주주의에 친화적인 방향으로 해결될 경우 그 결과는 사회주의가 될 것이라는 게 그의 주장이었다. 1960년대와 1970년대 라틴아메리카에서 민주주의가 중단되고 군사 독재가 들어서게 된 것도 경제적 안정을 보장한다는 근거로 정당화되었다. 오늘날 민주주의가 회복된 것은 튼튼히 자리 잡은 경제적 이익 집단들에 맞서서 민중들의 정치적 동원이 20년 간 이루어진 결과였다.

《거대한 전환》의 마지막 두 장[*4]은 급하게 쓰여서 동료들이 노트에서 편집한 것임은 잘 알려져 있다. 1943년 나치가 스탈린그라드에서 패배한 것이 분명해지자 아버지는 미국에서 서둘러 영국으로 돌아갔다. 전쟁 후의 세계에 대한 토론에 참여하고자 했던 것이다. 《거대한 전환》의 마지막 장은 그의 낙관주의를 반영하고 있다. 토지, 노동, 화폐는 더 이상 상품이 되지 않을 것이고, 모든 나라들은 자국의 상황에 맞는 경제 체제를 자유롭게 채택하게 될 것이며, 생필품과 식료품의 가격은 고정되어 시장의 힘으로부터 보호될 것이라는 게 그의 이야기였다. 1945년에 나온 〈전 세계적 자본주의인가 지역적 계획경제인가〉[5]라는 제목의 글에서 그는 전 세계적 자본주의를 신봉하는 것은 오로지 미국뿐이며, 19세기의 자유방임 시장자본주의는 이제 역사의 뒤편으로 사라졌다는 견해를 보이고 있다. 오늘날 우리는 상황이 실제로는 그렇게 되지 않았다는 것을 잘 알고 있다. 하지만 그래도 복지국가의 도입, 경제적·사회적 진보에 있어서 정부 역할의 강화, 완전 고용의 달성 등은 자본과 노동의 상충하는 이익을 성공적으로 절충했던 중요한 성과를 나타내는 것이다.

《거대한 전환》은 1944년에 출간된 이래 꾸준히 읽혀온 책이지만, 지구 위 삶의 기초인 자연적·사회적 환경을 파괴하는 야수적 자본주의에 대한 진정 변혁적인 비판으로 읽히게 된 것은 20세기 끝자락에 와서야 벌어진 일이다. 제1, 2차 세계대전 사이의 기간에 이미 폴라니가 지적한 바 있듯이, 자본주의와 민주주의 사이의 갈등은 이제 새롭고도 지구적인 차원으로 들어서게 되었다. 지난 30년간 자본은 북아메리카에서 (그리고 오늘날에는 유럽에서도) 복지국가가 이룩한 많은 것들을 후퇴시키고, 부자들이 지고 있던 조세 부담을 다른 이들에게 떠넘기는 데에 성공하였다. 생산성 증가의 성과물은 고소득자들의 이윤으로 돌아갔고, 미국과 캐나다에서 실질 임금 및 봉급의 중간값은 30년간 거의 오르지 않아 그 하층 5분의 1은 빈곤선으로 추락하고 말았다. 자본은 모든 규제와 통제에서 해방되어 금융상의 부의 집중을 숫자로 설명하는 것이 이제 더는 의미가 없어졌고, 2008년 금융 위기의 재난 속에서도 오히려 크게 강화되었다. 이제는 가장 강력한 나라들의 정부조차도 금융 자본의 독재에 볼모로 잡혀 있는 상태이다.

1933년에 아버지는 〈세계경제 위기의 메커니즘〉[6]이라는 제목의 주목할 만한 글을 발표했다. 그는 세계경제 질서가 붕괴하게 된 궁극적인 원인은 1929년 월스트리트의 주식 과열과 대폭락도, 심지어 1931년 영국 파운드의 금 태환 중지도 아니라고 말한다. 그 진정한 원인은 1920년대의 정치적 지각 변동 속에서 독일과 오스트리아와 러시아 제정과 여러 다른 왕정 그리고 터키 제정까지 모두 무너진 상황에서 영국, 프랑스, 미국이 1914년 이전의 자유주의적 경제 질서를 회복하려고 시도한데 있다는 것이다. 제1차 세계대전으로 인해 엄청난 인간적·사회적 비용이 초래된 상태에서, 전쟁에서 승리한 서유럽의 채권국들은 독일에게는 징벌적 규모의 전쟁 배상금을, 그리고 그보다 힘이 약하고 심한 빈곤에 처한 유럽 대륙의 여러 나라들에게는 가혹한 구조조정을 요구하였으니, 이는 도저히 양립할 수가 없는 요구였다는 것이다.

이 점에서 우리는 2008년의 금융 위기를 세계화와 권력관계 이동이라는 좀 더 큰 시야에서 보게 된다. 자본주의의 심장부인 서방 세계는 1970년대에 들어 스태그플레이션과 국내 투자의 수익 감소라는 병을 앓으면서 신자유주의로의 체제 변화가 촉발된 바 있으며, 이와 동시에 동아시아 여러 나라의 경제는 산업화와 고도성장 정책을 펴기 시작하였다. 세계경제의 성장 동력이 서방에서 동방으로 그리고 기존의 선진국에서 개발도상국으로 이동하는 경향은 1990년대 초에 최초로 뚜렷이 나타났던바, 오늘날에는 지구적인 권력관계의 변화가 피할 수 없는 사실이 되어버렸다. 비록 유럽연합과 미국은 여전히 세계에서 가장 큰 시장이지만, 전 지구적 차원에서 개발도상국과 신흥시장국에서의 실질 생산은 구매력 기준으로 따져볼 때 선진국의 그것을 넘어서버렸다. 19세기 중반 이래로 전 세계의 수출은 유럽과 북미 시장에 의존하는 것이 세계경제의 특징이었지만 이는 이제 종말을 고했다.

최근의 위기에서 가장 큰 타격을 입은 나라들은 자본주의 중심부의 금융 구조와 무역 관계에 가장 긴밀하게 통합된 나라들이며, 특히 동유럽과 지중해의 남유럽 국가들 그리고 미국의 남쪽 주변부 나라들이 그러하다. 이 위기는 결코 해소되지 않았으며, 유로존의 존속 자체가 의문에 처해 있는 상태다. 미국은 소득 불평등에 있어서 최악이었던 1920년대의 수준을 이미 넘어섰으며 정치 시스템 또한 기능부전인 상태다. 과연 이러한 상태에서 미국이 채무에 시달리는 가계와 기업들의 경제를 부양시킬 수 있을지 또한 의문인 상황이다. 이와 대조적으로, 신흥시장국들 가운데에서 과도한 자유화에 저항하여 은행 및 대외 자본계정에 대한 통제력을 유지해 국내 경제 쪽으로 투자의 흐름을 유도했던 나라들은 금융 위기에서 급속하게 회복하여 두드러진 경제 성장을 이어가고 있다.

이탈리아어판 서문 Ⅱ

조르조 레스타

    칼 폴라니는 '시대에 뒤떨어진' 사상가라고 묘사되어 왔는데, 이는 그가 옛날에 태어나서 죽은 사람이라는 것 때문만은 아니다.[1] 1886년 비엔나에서 태어난 폴라니는 헝가리인 아버지 슬하에서 부다페스트의 지적인 열기 속에 성장한 이로서,[2] '어제의 세계'[*3]가 사라지게 된 이유를 아주 날카롭게 파고들었던 이들 가운데 하나였다. 제1차 세계대전 중 오스트리아–헝가리 군대의 장교로 참전했고 전쟁이 끝난 뒤에는 헝가리 혁명을 직접 지켜보았다. 또한 폴라니는 나치의 발흥 때문에 런던으로 이주하게 되기 전까지 사회주의 비엔나라는 특이한 정치적·문화적 실험실에서 그 실험에 한몫을 맡기도 했다. 그는 결국에는 북아메리카에 영구히 정착하게 되며 그곳에서 냉전으로 인한 여러 긴장상태를 지켜보게 된다.[4] 시대에 뒤떨어져 보이는 것은 폴라니라는 사람 자체가 아니라 그의 생각이다. 그의 생각이 오늘날의 시대를 지배하고 있는 생각과는 너무나 동떨어져 있기 때문이다. 미켈레 칸지아니에 따르면, 폴라니의 생각은 '다른 시대' 그리고 '다른 상소'에 대한 생각으로, 이제는 멀어져버린 역사적 맥락과 또 폴라니라는 인물의 독특한 인생 경험에서 태어난 것들이다.[5] 폴라니는 자신의 지식인으로서의 역할을 결코 한 발 비켜선 냉정한 '역사의 공증인'으로 생각한 적이 없다. 그는 대신 공적 시민의 한 사람으로서의 강렬한 열정과, "우리의 사회적 운명을 결정하는 것"[6]이 가능할 뿐만 아니라 그것을 인간의 개성에서 비롯되는 다양한 필요에 부응하도록 이끌어가는 것 또한 가능하다는 반(反)결정론적 신앙으로 살아 움직였던 이였다. 자유, 다원주의, 사회정의 등의 가치를(이것들이야말로 '문화적 서양'의 진정한 유산이지만 '정치적 서양'의 여러 잘못 때문에 망가져버린 것들이다.)[7] 중심으로, 자기 안으로만 빠져드는 서양 그리고 특히 경제와 관련해서는 혼잣말에 빠져들어 버리는 서양이 아니라, 다른 문화들과의 대화에 활짝 열려 있는 새로운 서양을 구축하는 것, 이것이 폴라니가 만년에 이르기까지 자신의 지적·정치적 노력의 주요 목표로 삼았던 것이다.[8] 폴라니는 이미 청소년 시절에 민주주의를 현실화하는 것이 가능하며 따라서 사회주의를 통해 인간이 실질적으로 해방되도록 보장하는 일이 가능하다는 확고한 신념을 키워나갔다.[9] 이러한 믿음은 그의 인생 여정Lebensweg 전체를 꿰뚫는 변함없는 지도력이었고, 그의 연구를 이끌고 초점을 잡아준 마르지 않는 영감의 원천이었다. 그의 열정과 목표 의식 덕분에 그의 연구 또한 개척자 정신을 자주 드러내곤 한다.

네 안의 평화와 연을 끊어라
이 세상의 모든 가치와 연을 끊어라
너의 시대를 능가할 수는 없다
하지만 너의 시대에서 최고가 될 것……

이 구절은 헤겔의 시 〈결단Entschluss〉에서 따온 것으로, 폴라니가 무척 좋아하고(비록 짧게 줄인 형태로지만) 종종 인용했던 구절이다.[10] 이 구절은 폴라니가 품었던 이상을 나타낼 뿐만 아니라, 그의 저작들에 드러나는 주된 주제 중 하나인 인간의 자유라는 가치와 '사회 현실' 사이의 갈등을 나타내고 있기도 하다.[11] 그는 학자로서는 시대의 흐름에 완전히 거꾸로 맞섰던 이였으며, 오늘날의 시대정신과는 더더욱 어긋나는 인물로 보일 수 있다. 이렇게 그의 사상은 확실하게 이단적인 성격을 띠고 있지만, 지난 30년이 넘는 시간 동안 사회과학에서 그의 사상에 대한 관심과 흥미는 갈수록 더 커져만 왔다. 그의《거대한 전환》은 고전이 되었으며, 15개 이상의 언어로 번역되었다.[12] 그의 후기 저작들, 특히《초기제국에 있어서의 교역과 시장 *Trade and Markets in the Early Empires*》(1957)은 경제인류학, 역사사회학, 경제사 등의 다양한 영역에서 상당한 영향력을 행사한 바 있다.[13]

칼 폴라니의 지적 유산이 이렇게 되살아나고 있다는 사실은 전혀 놀라운 일이 아니다. 현대 사회에 대한 분석으로 이 헝가리 저술가의 분석만큼 독창적이고 근본적인 것으로 판명된 것은 거의 없다. 폴라니는 특정 분야의 경계선 안에 시야를 가두는 법이 없이, 다양하고 복합적인(하지만 환원론은 아닌) 관점에서 현실을 '읽어'내는 데에 늘 놀라울 만한 능력을 보여주었다. 폴라니는 실로 여러 능력을 지니고 있었다. 법학자로서(부다페스트 대학과 콜로스바 Kolozsvár 대학에서 법학을 공부했다),[14] 경제학자로서(비엔나에서 경제주간지 〈오스트리아 경제〉의 공동 편집장으로 일할 때부터 경제학 연구에 몰두하였다),[15] 역사가로서(런던에 살고 있던 기간 대부분 역사가로서의 능력을 연마하였다),[16] 또 인류학자로서(그의 인류학에 대한 관심은 이미《거대한 전환》에도 나타나고 있으며, 특히 북아메리카로 이주한 뒤에 두드러지게 나타난다.)[17] 여러 감수성을 결합하여 다양한 접근법들을 구사하면서도 그 사이에 경탄할 만한 균형을 유지하는 데 성공한 것이다. 하지만 그의 저작은 이러한 방법론적 다양성 때문에 한편으로 여러 비판을 받을 수밖에 없었던 것도 사실이다.[18] 하지만 그 덕분에 다른 한편으로는 여러 사회 현상들에 대한 더 폭넓은 시각을 발전시킬 수 있었을 뿐만 아니라, 심지어 오늘날의 사상에서 볼 때에도 그 중요성과 의미에 의심의 여지가 없는 몇 가지 분석 도구들(경제학에서의 형식적 의미와 실체적 의미의 구별에서 시작해서 묻어들어 있음embeddedness의 개념과 '이중 운동'의 범주 등에 이르기까지) 또한 발전시킬 수 있었다. 하지만 이러한 분석 도구들뿐만 아니라 그가 연구했던 주제와 제기했던 문제들은 오늘날에도 핵심적인 중요성을 차지하고 있다. 비록 논의의 준거틀은 크게 변했지만(이는 금융경제학이 오늘날 가지고 있는 중요성만 생각해봐도 알 수 있다.)[19] 몇 가지만 열거해보자. 우선 경제와 민주주의의 관계에 대한 문제,[20] 전면적인 상품화 경향이라는 문제,[21] 기술에 대한 통제의 문제,[22] 초국가적 무역 규제라는 문제[23] 등이다. 그래서 조지프 스티글리츠가 《거대한 전환》의 미국 최신판에 쓴 서문에서 "폴라니가 오늘날의 문제들에 대해 직접 이야기하는 것 같은 생각이 종종 든다."고 말했던 것도 놀라운 일이 아니다.[24] 또 자기조정 시장의 파괴적 경향에 대한 폴라니의 경고는 특히 자본주의 체제가 새롭고도 극적인 위기를 한창 겪고 있는 오늘날 크게 울려 퍼지고 있다. 게다가 여러 도시의 광장과 대학 강의실에서 터져 나오는 그 우렁찬 소리는 마침내 "폴라니의 복수"라는 말까지 낳고 있다.[25] 폴라니가 제시한 문제들은 70년이 지난 오늘날에도 아직 그 적실성을 잃지 않았다. 그 반대로 오늘날의 '슈퍼 자본주의' 맥락속에서 오히려 그 적실성이 더 커져갈 뿐이다. '슈퍼 자본주의'는 시장에 대한 규제를 전체적으로 느슨하게 하면 환경뿐만 아니라 민주주의의 근본적인 생존 가능성마저 심각하게 위협하게 된다는 증거를 충분히 보여주었다.[26]

폴라니가 비판했던 문제들이 오늘날에도 여전히 존재한다는 것은

'시장 사회'에 대한 그의 비판이 유효하다는 것을 더 강하게 입증하는 것이기도 하지만, 그 반대로 함정이 될 수도 있다. 폴라니의 주장을 그 주장이 나오게 된 원래 맥락에서 떼어냄으로써 그가 제기한 문제들에 담긴 고유한 내용을 무시하는 위험에 빠질 수도 있으며 이 때문에 폴라니의 주장이 본래 지니고 있던 전제와 함의들을 놓치게 될 수도 있기 때문이다. 과거의 생각과 역사를 다시 그려낼 때에는 "현재와의 차이점들을 얼버무리지 않고 있는 그대로 드러내야 현재를 이해하는 데 더 도움이 될 수 있다."는 점은 분명히 옳으며, 이는 폴라니 스스로도 역사주의에 대한 교훈을 분석하면서 지적했던 바다.[27] 이러한 이유에서 오늘날 폴라니의 저작에 접근할 때에는 그의 주요 저작만이 아니라 그가 내놓은 글을 전부 고찰하는 것이 중요하다. 그가 남긴 글에는 무수히 많은 에세이들, 학술회의 발표문, 그 밖의 이런저런 글들이 포함되어 있다. 이 글들은 비록 잘 알려져 있지는 않지만 흥미로운 내용을 많이 담고 있을 뿐만 아니라 폴라니의 지적인 진화 과정을 잘 이해할 수 있게 해준다. 이 점에서 볼 때 최근 그의 단편적인 저작들을 모아 풍부하게 묶어낸 이 선집이 출간된 덕에 독자들은 폴라니에 대한 이해의 폭을 훨씬 더 넓힐 수 있게 되었다. 이는 주로 알프레도 살사노Alfredo Salsano와 미켈레 칸지아니의 노력 덕분이다.[28]

이 책은 몬트리올에 있는 폴라니 정치경제연구소의 문서고에서 가져온 일련의 미출간 원고들을 모아 엮은 것으로, 이를 소개함으로써 갈수록 늘어가는 폴라니의 출간 저작 목록의 확장에 새롭게 한몫 거들고 있다.[29] 이 책에 실린 글들은 그의 활동 기간 전체에 걸쳐 작성되었다. 〈오늘날의 중요한 문제 : 답변〉(독일어)이 쓰인 시점은 그가 비엔나에서 활동하던 1919년까지 거슬러 올라가며, 〈서양의 거듭남을 위하여〉(이 책의 제목은 이 글에서 가져왔다.[*30)])는 그가 세상을 떠나기 몇 년 전인 1958년에 쓴 글이다. 폴라니는 비록 완성하지는 못했지만 이 '서양의 거듭남을 위하여'라는 제목으로 책을 집필하고자 했다. 이 글은 그 책의 첫 장으로 의도된 글이었다.[31)]

이 책은 결국 이질적인 저작들로 구성되었다. 이 저작들 가운데 책이나 간행물로 출간하려는 의도로 쓰인 것은 오히려 얼마 되지 않으며 대부분은 강의 노트나 학술회의 연설문이거나 《거대한 전환》을 완성하기 전 영국에서 그리고 폴라니의 마지막 이민국인 캐나다에 정착한 이후에 미국에서 행한 대학 강연과 수업 교안들이다. 독자들은 금방 추측하겠지만, 이 저작들의 관심사는 단순한 지적 호기심을 훌쩍 넘어선다. 폴라니는 그의 주요 저작들에 전개되어 있는 생각들, 즉 자기조정 시장과 의회 민주주의의 충돌로 인한 파열이라든가 '경제적'이라는 말의 형식적 개념과 실체적 개념 등을 미리 제시하거나 종합하기도 한다. 또 한편으로 주요 저작에서는 짧게만 언급했던 문제들을 놓고 심도 깊게 살펴보기도 한다. 영국 문화의 성격과 계급 구조의 관계,[32)] 공공 여론과 통치술의 관계,[33)] 미국 사회의 성격을 해명하는 데 있어서 교육 시스템의 적실성,[34)] '제도'로서의 평화주의와 전쟁의 문제,[35)] 지식사회학에 대한 생각[36)] 등이 이에 속한다. 이 글들은 폴라니가 관심사의 폭이 얼마나 넓었는지를 보여줄 뿐 아니라 사회의 여러 측면들을 해체하여 규명하는 능력이 얼마나 뛰어났는지 잘 보여주고 있다. 동시에 그의 지적 탐구의 여정에 담긴 내적인 일관성 또한 잘 드러나 있다.[37)] 따라서 이 글들을 통해 폴라니 사상에 대한 이해를 크게 증진시킬 수 있을 것이다.

시간 순서로 볼 때 첫 번째 글은 〈오늘날의 중요한 문제 : 답변〉으로, 폴라니 연구소의 문서고에 따르면 1919년에 완성된 글이다. 폴라니가 이 글에서 헝가리 소비에트 공화국을 이미 끝나버린 사건이라고 말하는 것으로 보아, 이 글은 아마 비엔나에서 쓰였을 가능성이 높다. 미클로스 호르티Miklós Horthy의 반동 정권이 들어서던 때와 그가 오스트리아로 이주한 것이 동시기였기 때문이다.[38] 비록 이 글은 당시의 정치적 사건과 긴밀히 연관된 것이기는 하지만, 그가 1920년대에 걸쳐 더욱 철저하게 전개하게 될 몇 가지 생각과 질문이 이미 이 글에 나타나고 있기에, 오늘날에도 다시 읽어볼 가치가 있다. 또 이 글에는 그의 정치철학의 핵심 요소 몇 가지가 나타나 있다.[39] 특히 이 글에서 폴라니는 헝가리 시절 이후 매료되었던 자유주의적 사회주의의 계보를 좇고 있다.[40] 그는 자유주의적 사회주의의 전통적 흐름과 마르크스주의의 차이를 개괄하면서 "자유는 모든 진정한 조화의 기초"라는 가정의 배후에 있는 통합 원리가 무엇인지를 분명히 하고 있다.[41] 이는 또한 폴라니의 사회철학에서 핵심을 이루는 전제이기도 하다. 이미 이 글에서 그는 "자본주의적 이윤 경제의 무정부적 시장"뿐만 아니라 공산주의적인 중앙계획경제에 대해서도 명확하게 선을 긋고 있다.[42] 규제 없는 자본주의에 대한 그의 거부는 무엇보다도 그것이 노동 착취에 근거하고 있다는 사실에 바탕을 두고 있다. 그는 오이겐 뒤링Eugen Dühring의 명제를 상기하면서,[43] 이러한 자본주의의 기원은 "강권적인 토지 소유라는 정치적 법칙이 현실을 지배하면서 자유 경쟁을 없애버린 것"[44]에 있으며, 사람들이 경작 가능한 토지에 자유롭게 접근할 수 없게 된 것에 있다고 보았다. 여기에서 인클로저enclosure라는 주제가 자라나온다. 이 주제는《거대한 전환》의 3장에서 철저하게 검토되며, 시장경제의 발흥에 대한 폴라니의 분석에서 결정적인 역할을 하게 된다.[45] 폴라니가 규제 없는 자본주의를 용납할 수 없는 것이라고 본 둘째 이유는, 그 역학이 본질적으로

"사회적 필요와 생산 사이에 갈등을 일으킨다."[46]는 데 있었다. 그 때문에 그러한 자본주의는 사회의 집단적 이익을 전혀 보호할 수 없다는 것이었다. 자기조정 시장은 구조적으로 볼 때 사회적 기능에 복무할 수 있는 경제 환경을 만드는 데 전혀 적합하지 않다는 생각이 맹아적으로 드러나고 있으며, 이는 그가 이후 1920년대에 사회주의 회계라는 주제로 내놓은 저작들에서 더욱 풍부하게 전개된다. 이 나중 저작들에서 그는 "사적 개인들로 구성되는 경제란 본성상 생산이 공동체의 삶에 미치는 나쁜 영향들을 인식하지 못하게 되어 있다."[47]는 주장을 발전시킨다. 나아가 1930년대가 되면, 시장경제는 경제 행위자가 한 선택의 결과에 대해 모든 형태의 규제를 금지하는 것이기에 개인의 책임을 묻지 않게 되어 있고, 또 사회의 응집력을 떨어뜨려 파편화를 낳을 뿐만 아니라 개인이 도덕적으로 행동할 동기 자체를 앗아갈 것이라는 명제를 내놓는다.[48] 하지만 그는 생산수단을 국유화하여 중앙계획경제를 건설한다고 하는 다른 전망에 대해서도 똑같이 강한 어조로 반대 입장을 밝힌다. 그러한 전망은 무엇보다도 선택의 자유라는 이상과 양립할 수 없다는 것이었다. 폴라니는 선택의 자유가 개인들뿐만 아니라 중간 크기의 집단들 역시 향유할 수 있는 것이어야 한다고 보았다. 폴라니에 따르면,

자유주의적 사회주의는 근본적으로 폭력에 강력히 반대한다. 자유주의적 사회주의는 개인들에게 지배력을 행사하는 유기체로서의 국가만이 아니라 만사를 관리하는 행정 단위로서의 국가 또한, 현실상으로는 필요악이며 이론상으로도 쓸모없고 유해한 구성물이라고 본다. 개인들의 삶과 활동을 통해서만 생겨날 수 있는 것을 국가 권력을 사용하여 대체하려는 시도는 반드시 파괴적인 결과를 가져올 수밖에 없다는 것이다.[49]

더욱이 중앙계획경제라는 해법이 기술적으로도 실현될 수 없는 근본적인 이유가 하나 있으니, 자유무역 시스템을 제거하게 되면 경제 과정들이 기능할 수 없게 된다는 것이다. 그 어떤 통계적인 방법으로 확인한다 해도, 수요와 공급의 자유로운 흐름에 견줄 만한 결과를 얻을 수는 없다. 다음에 인용하는 문장은 시장에 대한 '오스트리아 학파'의 관점에 대해 폴라니가 갖는 친화성을 잘 드러내고 있다.[50] "경제란 살아 있는 과정이며, 제아무리 정밀하게 천재적으로 착상된 것이라고 해도 그 어떤 기계적 장치로도 대체할 수 없는 것이다." 이렇게 특별한 성질을 지닌 시장의 특징을 말하자면 이는 "말 그대로 특수한 감각기관이어서, 이것이 없다면 경제의 순환 시스템이 무너지고 말 것이다."[51] 자유주의적 사회주의자들, 그리고 폴라니 자신[52]이 그렸던 경제는 자유무역이 없는 중앙집권화된 경제가 아니라, 노동, 소비, 생산이 모두 스스로를 대변할 대표자를 통해 조화롭게 여러 문제를 해결하는 협동적 경제였다.

> 이것이 바로 협동적 사회주의가 시장경제와 동의어가 되는 이유다. 이때의 시장경제란 잉여가치의 수탈을 여러 상품의 가격 안에 은폐하는 현장인 자본주의적 이윤 경제의 무정부적 시장이 아니라, 자유로운 노동 생산물이 등가 관계로 교환되는 유기적 구조를 갖춘 시장이다.[53]

이 인용문은 폴라니의 저작에서 중심을 이루는 두 개의 생각을 담고 있다. 그 하나는 자기조정 시장에 대한 폴라니의 비판적 관점이며, 다른 하나는 자유라는 가치야말로 모든 정치·경제 체제를 평가하는 데 적합한 기준이라는 주장이다.

바로 몇 년 뒤에 폴라니는 사회주의 경제의 실현가능성에 대한 폰 미제스의 명제를 논박하게 되는데, 이때 폴라니의 협동적 사회주의에 대한 탐구가 좀 더 풍부하게 제시된다.[54] 하지만 폴라니의 사상에서 자유라는 주제는 그 뒤로도 여전히 중심적인 자리를 차지한다.[55] 그는 모든 형태의 사회적 집산주의와 반대로 모든 개인이 독특한 존재로서 자신의 가치를 스스로 실현해야 한다고 생각했던 바, 이 생각은 다음과 같은 형태의 자유주의(자코모 마라마오Giacomo Marramao의 글에 나오는 문장이다.)에 대한 근본적 비판과 찰떡궁합으로 결합된다.

개인을 전제조건으로 하는 자유주의, 다시 말하면 개인이 외적 과정에서 생겨나는 산물이 아니라 이미 형성되어 있는 것이라고 가정하는 자유주의는 결과적으로 개인을 의미 없는 것으로 만들어버린다. 어떤 사람이 한 개인이 되려면 사회 속에서 여러 형성 과정들을 거치는 수밖에 없지만, 그 사람을 "나눌 수 없는 것a-tomon(이는 그리스어이며 라틴어로는 in-dividuum)"으로 환원해버리면 그 결정적인 과정과 모든 관계가 끊겨버리고 만다.[56]

그렇지만 개인의 자유와 여기에 사회가 여러 제약을 가하는 '현실' 사이에는 긴장이 생겨날 수밖에 없으며, 이는 폴라니가 직면하는 핵심 문제들 중 하나로서 그의 저작에 드러난다. 그는 〈평화의 의미〉에서 다음과 같이 말한다.

사회란 그 본성상 인간이 벗어날 수 있는 것이 아니라는 점을 인식하면, 추상적 인격의 가상적 자유에 대해서도 일정한 한계를 두게 된다. 권력, 경제적 가치, 강제 등은 복합 사회에서 피할 수 없는 것이다. 여러 대안들 사이에서 선택을 해야 한다는 책임으로부터 개인들이 도망갈 수 있는 수단은 존재하지 않는다. 계약이라는 수단으로 그 개인이 사회에서 벗어날 수는 없다. 그런데 이 점을 알게 되면 우리는 자유를 상실하는 것처럼 보이지만, 그러한 인식을 통해 잃게 되는 자유는 사실 환상 속의 것일 뿐이다. 반면 그러한 인식을 통하여 우리가 얻게 되는 자유는 분명한 실체가 있는 것이다. 인간은 자신이 상실한 것을 인정하는 가운데, 하지만 결국에는 사회 안에서 또 사회를 통해서 자유를 얻게 될 것이라고 확신하는 가운데 성숙에 도달하게 된다.[57]

하지만 폴라니의 저작에서 이 '복합 사회에서의 자유'(이는《거대한 전환》의 마지막 장의 제목이다.)라는 문제가 절대적으로 중심적인 위치를 차지하게 되는 것은 제2차 세계대전 이후의 일이다.[58] 이에 관한 저작들 중 일부는 이 책에 수록되어 있다(〈서양의 거듭남을 위하여〉 〈경제학 그리고 우리의 사회적 운명을 결정할 자유〉 〈경제사와 자유의 문제〉 〈경제적 사유의 새로운 개척지들〉). 폴라니는 이러한 글들에서 무수히 많은 문제들을 제기하고 있지만, 특히 면밀히 고찰해볼 만한 문제가 두 가지 있다.

첫째는 기술, 경제 조직, 과학의 힘을 어떻게 통제할 것인가이다. 특히 오늘날에는 그것들을 둘러싼 사회적 맥락이 갈수록 더 인간의 힘에 의해 만들어지고 있으며, 마침내 인류의 생존에도 심각하고 현실적인 위협을 하고 있다(따지고 보면 우리는 여전히 냉전 시대를 벗어나지 못했고 핵무기 경쟁에 따른 위험도 임박한 상태이다). 폴라니의 주된 관심은 "기계제 문명에서 인간의 삶에 의미와 통일성을 회복하는 것"[59]이다. 서양은 산업혁명 이후로 전 세계의 발전에 영향력을 행사해왔고, 따라서 산업, 과학, 경제의 발전 경로에도 역사적 책임이 있다는 것을 의식하고 있으며, 이로 인해 그의 이러한 관심은 더욱 강해지게 된다. 그가 〈서양의 거듭남을 위하여〉에서 쓴 바 있듯이, 산업혁명이라는 사건은 인류 역사에서 하나의 분기점이 되는 순간이었다.

　기술, 경제 조직, 과학이라는 서로 다른 세 개의 힘들이 순서대로 서로 엮이기 시작했다. 이 힘들은 모두 그 기원이 서로 다르지만 그렇다고 명확히 갈라낼 수 있는 것들도 아니다. 처음에는 이 힘들이 눈에 잘 띄지 않게 서로 연결되기 시작하더니 급기야 지금부터 1백 년 전이 채 안 되는 시점부터는 사회적인 대혼란을 낳게 되었다. 그리고 오늘날에는 수백만 명씩 더 많은 사람들을 계속 그 소용돌이로 빨아들이고 있다.[60]

여기서 폴라니가(그는 《거대한 전환》에서 중점을 두고 분석한 내용을 여기에서는 종합하여 단 몇 문장으로 정리하고 있다.) 개략적으로 제시하는 순서는 대단히 정확하다. 최초에는 새로운 산업 기계가 도입되었고, 이어서 시장이 조직되는 과정이 뒤따랐다. 시장의 조직은 자유주의 교리와는 달리 전혀 '자연적'인 것이 아니었고 오히려 의도적으로 행한 제도적 선택의 결과였던 것이다.[61] 마지막으로 1세기 정도 지난 뒤 이 결합물에 과학이 첨가되었다. "그 뒤에는 이 세 가지 모두에 가속도가 붙었다. 기술과 과학은 일종의 동업 관계를 맺었고, 경제 조직은 거기에서 생겨나는 가능성을 활용하여 시장경제가 되었든 계획경제가 되었든 생산에서의 효율성을 현기증이 날 정도의 높이로 끌어올렸다."[62] 이러한 힘들(과학, 기술, 경제 조직)을 "인간적인 진보를 추구하는 우리의 의지에 복속시키고, 또 자유로운 인격적 개성의 실현이라는 목적을 달성하는 데에 복속시킬 수 있는가는 이제 우리 인류의 생존에 필수 요건이 되었다." 그리하여 산업사회를 낳은 서양에게는 "그 아이들을 제대로 훈육시켜야 할 과제가" 주어지게 된다는 것이다.[63] 이는 서양의 역사적 책임이기 때문이기도 하지만, 또 서양이 세계의 다른 문화권들과 다시 대화를 시작하고 인류의 여러 문제들을 진심으로 걱정하고 있음을 입증하는 유일한 방법이라는 것 때문이기도 하다. 이렇게 하지 않는다면 이는 과거의 잘못을 반복하는 것이 되며, 특히 식민주의가 진보를 대표하며 자본주의가 민주주의를 대표하는 것이라는 잘못된 생각을 계속 고집하는 셈이 된다는 것이다. '정치적 서양'에, 즉 자본주의 각국이 집단적으로 행한 선택에 대해 폴라니는 모질게 비판했으며, 이 비판은 지식인들도 피해가지 못했다. 그는 지식인들 또한 서양 각 나라가 강제한 프로파간다에 고분고분, 심지어 기꺼이 순응함으로써 서양 문명의 진정한 보물인 인격적 개인의 보편주의personal universalism를 배신하고 말았다는 것이다.[64]

이 점과 관련하여 폴라니는 두 번째 주요한 문제를 제기한다. "경제 결정론에 대한 교조적 신앙"이 경제적 자유와 평등을 약속하는 자본주의의 개혁을 가로막는 이념적 장벽이 되고 있다는 것이다. 그러한 개혁이 반드시 "사회정의라는 요구를 사람들이 의식적으로 추구하는 인간적 목표로서 충족"시키게[65] 되어 있다는 것을 폴라니는 충분히 의식하고 있기에, 그의 글 〈경제학 그리고 우리의 사회적 운명을 결정할 자유〉에서는 여러 가지 경제적 자유를 하나라도 제약하면 시민의 자유에도 부정적 결과를 가져올 것이라는 명제를 논박의 대상으로 삼고 있다. 잘 알려져 있듯이, 이 주장은 하이에크의 저작 《노예의 길*The Road to Serfdom*》 나남출판, 2006의 중심 논지다.[66] 하이에크는 이 저서에서 경제계획의 요소를 조금이라도 도입하면 규제 없는 시장뿐만 아니라 자유 자체도 필연적으로 사라지게 될 것이라고 주장하였다. 하지만 폴라니는 이런 주장은 '부르주아적 기만'에 지나지 않는 여러 자유의 제도들을 변화시키려면 경제 조직부터 변화시켜야 한다는 그 반대의 주장과(이는 마르크스주의의 여러 조류에서 나타난다.) 똑같은 것이라고 본다.[67] 자유주의자들이나 마르크스주의자들이나 모두 똑같이 문제가 있는 전제에서 출발하고 있으니, 바로 경제결정론 즉 여러 경제적 관계가 사회의 문화적 측면(여기에 '자유의 제도들'도 포함된다.)에 한계를 설정하는 정도가 아니라 아예 그것을 결정해버린다는 생각을 교조적으로 신봉한다는 것이다.[68]

폴라니는 이러한 전제가 오류라는 것을 보여주기 위해서 역사를 파고든다. 19세기 시장 사회라는 맥락에서는 인간(노동)과 그들의 자연적 삶의 터전(토지)이 상품으로 환원되어 자기조정 시장의 힘에 묶여버리게 되어 있으므로 이러한 결정론 모델이 그럴 듯해 보일지 모르지만, 대부분의 상황에서는 이것이 사실과 다르다는 것을 보여준다. 한 사회의 문화적 관점과 태도가 전적으로 경제 및 기술의 요인에 의해 결정된다는 것을 설령 인정한다고 해도, 이러한 관점과 태도를 결정하는 것이 결코 생산수단은 아니라는 것이다.

하지만 문화의 양상 그리고 한 사회의 주요한 문화적 강조점은 기술적 요인들로 결정되는 것도 지리적 요인들로 결정되는 것도 아닙니다. 어떤 집단이 일상생활에서 경쟁의 태도를 발전시키느냐 협동의 태도를 발전시키느냐, 생산 기술을 집단적으로 사용하는 것을 선호하느냐 각자 개인적으로 사용하는 것을 선호하느냐 등은 생산수단의 효용이라는 논리와는 놀랄 정도로 무관합니다. 심지어 그 공동체가 실제로 운용하는 기본적인 경제 제도들로부터도 놀랄 정도로 독립되어 있는 경우가 많습니다.[69]

어떤 공동체가 여러 가지 시민의 자유를 보장하는 데에 특정한 제도들을 수단으로 삼는 경향에 대해서도 똑같이 말할 수 있다는 것이다.

자유를, 개성을, 정신의 독립성을, 관용과 양심의 자유를 강조하는 것은 협동과 조화의 태도를 취할 것이냐 적대와 경쟁의 태도를 취할 것이냐의 문제와 완전히 똑같은 범주의 문제입니다. 이는 만사에 속속들이 배어 있는 인간 정신의 존재 양상입니다. 이는 다양한 형식을 통해 제도화되고 또 관습과 법률로 보호되면서 무수한 방식으로 표출되게 되어 있지만, 본질적으로 기술과는 독립된 것이며 심지어 경제 조직과도 독립된 것입니다.[70]

여기에서 폴라니는 시장에서의 여러 자유에 제약을 가하면 필연적으로 시민의 여러 자유 또한 사라지게 될 것이라는 명제가 본질적으로 논리적 취약성이 있음을 강조하고 있다. 폴라니는 여러 다양한 예를 들어 "사적 기업이 지배하는 경제 체제에서 공공 여론에서의 관용과 자유의 정신이 완전히 사라질 수"[71] 있지만, 이와는 대조적으로 심지어 심하게 규제받는 경제에서도 만족스런 수준으로 시민의 자유를 보장하는 것이 가능하다는 것을 멋지게 보여주고 있다. 그는 〈일반 경제사〉에 나오는 분석에서 다시 결정론의 문제로 돌아가 아주 명확한 언어로 결론을 내리고 있다.

사실을 보자면, 우리는 장래에도 이루고자 하는 만큼, 또 수호하고자 하는 만큼에 정확히 비례하여 자유를 누리게 될 것입니다. 개인의 자유를 제도적으로 보장하는 여러 장치들은 원리상 그 어떤 경제 체제와도 양립할 수 있습니다. 경제적 메커니즘이 우리의 법칙이 되는 것은 …… 시장 사회에서만 벌어지는 일입니다. 이러한 상황은 인간 사회 일반에 나타나는 특징이 아니며, 오로지 규제가 없는 시장경제에만 나타나는 일입니다.[72]

폴라니 주장의 핵심에는 19세기 시장경제의 독특함에 대한 인식이 자리 잡고 있다.[73] 이처럼 독특한 경제에서는 경제적 요인이 여러 사회 제도와의 관계에서 결정적 역할을 한다고 말할 수 있다. 토지와 노동을 경쟁적 시장에 밀어 넣는 것을 막는 여러 규범적·문화적 장애물들이 일단 제거되고 나면, 경제가 완전히 자율적으로 되어 경제와 여타 사회 영역의 관계가 근본적으로 역전되는 기초가 확립된다는 것이다. 이런 역전은 제도적인 변동으로 말미암아 일어나는 것인데, 다시 말하면 개인들이 여러 생산 활동에 종사하도록 추동하는 동기가 굶주림에 대한 공포와 부에 대한 욕망이 되어 버린 탓이다. 이것이 바로 그가 이야기한, 시장이 사회로부터 뽑혀 나오는 것이야말로 '시장 사회'의 뚜렷한 특징이라는 잘 알려진 명제이다. 이러한 사회에서는 경제 활동이 더 이상 사회적·문화적·종교적 제도들을 구성하는 일부가 아니며, 오히려 사회가 경제 활동의 관계망 속에 흡수당하게 된다. 이러한 주장은《거대한 전환》그리고 이 책 4부의 두 장에 걸쳐서 전개된다.[74] 폴라니가 볼 때, 이 시대의 이러한 역사적 혹은 문화적 독특함을 무시하고 그 결정론적 접근법을 일반적 규칙으로 격상하게 되면 두 가지 근본적인 오류가 나타나게 된다. 앞에서 보았듯이, 이러한 모델은 미래에 적용하면 편견만을 낳을 뿐이다. 게다가 과거에 적용하면 도저히 성립할 수 없는 시대착오적 오류를 낳게 된다는 것이다.[75]

이 후자의 입장은 폴라니가 미국으로 옮겨간 뒤 수행한 경제사 연구에서 핵심 위치를 차지한다. 이는 일련의 저서들(《초기제국에 있어서의 교역과 시장》《다호메이 왕국과 노예무역*Dahomey and the Slave Trade*》김, 2015, 《사람의 살림살이*The Livelihood of Man*》)과 인류학 및 사회학의 여러 분야에서 주목할 만한 영향을 끼친 여러 논문들에 드러나 있다. 폴라니의 접근법에 나타나는 특징들은 이 책 2부와 3부, 특히 5장(〈제도적 분석이 사회과학에 기여할 수 있는 것〉), 14장(〈일반 경제사〉), 15장(〈고대 문명에서의 시장 요소들과 경제 계획〉)에서 찾아볼 수 있다. 각별히 흥미를 가질 만한 글은 16장(〈오늘날의 중요한 문제: 답변〉)으로, 이는 폴라니가 1950년대 초 컬럼비아 대학에서 같은 제목으로 가르쳤던 수업의 서론에 해당하는 글이며, 그의 방법론적 접근법이 명쾌하게 제시되어 있다.[76] 폴라니는 '경제사'의 기본 목표가 "전체 사회에서 경제가 차지하는 위치, 즉 사회의 비경제적 제도들과 경제적 제도들이 맺는 관계가 어떻게 변화하는지"를 연구하는 것이라는 정의를 내놓는다. 폴라니는 막스 베버의 저작에서도 동일한 목표를 찾아내고 있으며, 이 목표를 추구하는 데에는 신고전파 경제학자들이 개발해놓은 분석 도구들이 거의 아무런 도움도 되지 않는다고 주장한다. 그 도구들은 관찰된 현상에 대해 우리가 인지하는 방식을 돌이킬 수 없이 그르쳐버리는 위험을 안고 있다는 것이다. 따라서 폴라니는 신고전파 경제학에서처럼 '경제학'이라는 말을 형식적 의미로만 받아들이는 것이 아니라, 본질적인 것을 빌건해내는 데 초점을 두는 제도적인 조사 방법을 채택함으로써 '원시적' 혹은 고대적 그리고 산업화 이전의 경제들에 대한 이론적 분석의 문제를 해결하려고 한다.[77]

폴라니가 1950년에 쓴 글인 〈제도적 분석이 사회과학에 기여할 수 있는 것〉(이 책의 2부 5장)에서 설명하고 있듯이, 이는 곧 경제학을 인간의 물질적 필요와 욕구를 충족하기 위해 인간과 환경 사이에 벌어지는 상호작용으로 생각해야 함을 뜻한다. 경제학은 신고전파 패러다임에서처럼 "목적과 여러 다른 용도로 쓸 수 있는 희소한 수단 사이의 관계"와 관련된 한 묶음의 선택에 그치는 것이 아니라는 것이다.[78] 이러한 혜안은 그의 후기 저작에서 더욱 자세히 다루어지고 있으며,[79] 폴라니 사상의 가장 지속적이고도 주목할 만한 요소를 이루고 있다. 뿐만 아니라 "경제주의적 오류", 즉 "인간의 경제 일반을 그 시장적 형태와 동일시하는"[80] 논리적 오류에 가장 적합한 해독제이기도 하다. 이러한 방식으로 폴라니는 과거에 실제로 존재했거나 오늘날 존재하고 있는 모든 유형의 경제에 대해 아무런 교조에 얽매이지 않고 진정으로 제 역할을 할 수 있는 연구의 조건들을 확립한 것이다(그렇게 하는 가운데 그는 마르셀 모스Marcel Mauss와 함께 사회과학에서 비교 연구의 해석가로서 가장 뛰어난 이 중 한 사람임을 입증하였다).[81] 그렇게 되면 경험적으로 존재하는 여러 경제를 "경제적 과정이 시간과 장소에 따라 제도화되는 방식"을 기초로 하여 묘사하는 것이 가능해지며, 또한 어느 사회에나 존재하는 경제적 제도와 비경제적 제도 사이의 관계를 기초로 하여 묘사하는 것 또한 가능해진다.[82] 폴라니는 이와 비슷한 접근법을 통해 역사와 경제인류학 영역에서 중요한 결과들(이 책 3부에서 나오지만 무엇보다도 교역 통합의 세 가지 형태, 즉 상호성, 재분배, 교환 사이의 결정적인 구별을 들 수 있다.[83])을 끌어낼 수 있었거니와, 그의 좀 더 초기의 연구들(이 책 2부에 실려 있다.) 또한 제도주의적 관점에 대한 놀랄 만한 감수성을 보여주고 있다.

자기조정 시장 체제가 사회로부터 뽑혀 나오는 것에 관해서, 또 자유주의적인 시장경제학의 모델이 '자연적' 과정인 것처럼 신비화되는 것에 관해서 폴라니는 공공 권력 혹은 정부 권력이 일정한 역할을 해야 한다고 주장했거니와, 이는 독일의 역사학파 특히 슈몰러Gustav von Schmoller와 카를 뷔허 Carl Bücher가 설정한 여러 공준들과 일치한다.[84] 또 〈민주적 영국 문화의 미래〉에서는 여러 번 반복해서 소스타인 베블런 Thorstein Veblen의 저작들을 언급하면서 영국 사회의 계층화에 대해서 그리고 그 과정에서 문화적 '엘리트'가 확립되었던 방식과의 관계에 대해 각별히 예리하고 천재적인 통찰을 보여주고 있다.[85] 폴라니는 다섯 차례의 일련의 강연을 통해(여기에서는 한 장으로 묶어 놓았다.) 정치사와 사회사의 넓은 범위를 개략적으로 설명하고 있으며(특히 파시즘의 발흥에 초점을 둔다), 이때 여러 민주주의 모델과 다양한 형태의 경제 조직 사이의 연관에 초점을 두고 있다.[86] 또 다른 한편으로는 미국의 교육 제도와 경제적 과정들 사이의 관계에 대해 주의를 기울이면서 미국 사회에 대한 날카로운 분석을 보여준다.[87]

그 다음으로 폴라니는 '문화적 실재'로서의 경제라고 하는 기본 주제를 다양한 방식으로 제기하는 작업으로 돌아온다. 이 개념은 폴라니 사상의 주요한 초점이며, 그가 미국 경제학의 신제도주의(더글러스 노스 Douglass North와 올리버 윌리엄슨Oliver Williamson에 의해서 생겨난 학파[88])의 중심 주제들과 이념적으로 얼마나 거리가 먼지를 보여주는 리트머스 시험지이기도 하다. 이들이 다루는 주제들은 폴라니가 다루고 있는 주제와 맞닿아 있는 듯 보이지만, 이는 겉모습일 뿐이다.[89] 신제도주의의 분석에서는 희소성의 상황에 빠진 개인들이 경쟁하면서 행하는 경제적 계산의 논리에 특권적 위치를 부여하며, 모스가 1차원적 관점이라고 불렀던, 인간을 전형적인 '경제적 동물'로 보는 관점을 따르고 있다.[90] 이들은 이를 통해 여러 제도들이 오래 지속되는지 또 변화의 가능성이 있는지를 설명하고자 하며, 또 그것이 경제 발전에 어떤 영향을 가져오는

지를 설명하고자 한다.[91] 하지만 이와 대조적으로 폴라니는, 여러 제도의 유일한 목적이 거래 비용을 낮추고 부를 모으는 것이라고 보는 '경제적 기능주의'[92]의 관점에서 제도를 설명하려고 하지 않는다. 그는 제도를 (개인에게 있어서나 조직에 있어서나) 행위상의 연관과 수지 타산의 관점에서 중요성을 갖는 요인이라기보다는 문화의 한 부분으로 간주하며, 따라서 한 공동체와 그 구성 요소들의 여러 가치와 욕망에 방향을 제시할 수 있는 의미의 전달자로 간주한다.[93] 한편으로 보면 이러한 사유 유형은 옛날 독일의 역사학파와 마찬가지로 경제와 여러 제도(경제적 제도와 비경제적 제도 모두) 사이의 상호의존 관계를 강조하는 것이다. "왜냐면 종교 혹은 정부는 경제의 구조와 기능에 있어서 화폐 제도 혹은 노동의 고역을 덜어주는 도구나 기계와 똑같은 중요성을 가질 수 있기 때문이다."[94] 또 다른 한편으로 보면, 폴라니는 이렇게 경제가 문화와 제도로 만들어지는 현실이라고 생각하기 때문에 신제도주의자들과는 반대로 시장경제와 그 이데올로기적 결론들이 얼마나 특이한 것인가를 강조하게 된다.[95] 이런 것들은 인간 본성과 사물의 질서에 대한 본질적 진리이기는커녕 우연적으로 역사 속에 나타난 형태에서 생겨난 산물일 뿐이며, 따라서 결코 모든 곳에 보편화할 수 있는 게 아니라는 것이다.[96]

"경제주의적 편견은 사회에 대한 우리의 비전을 흐리게 만드는 최악의 것"[97]이라는 그의 말이 옳다면, 폴라니의 저작들은 그러한 이데올로기에 대한 정교한 비판, 그리고 정통 주류 경제학의 여러 공준들 특히 공리주의적 합리성, 희소성이라는 패러다임, 경제적 문제와 비경제적 문제의 구별 등의 명제를 하나하나 탈신비화하는 내용들을 담고 있다. 그는 호모 이코노미쿠스라는 고안물과 거기에서 도출되는 명제들은 문화적 구성물일 뿐이며, 자유롭고 상호의존적인 토지 및 노동 시장을 특징으로 하는 독특한 제도적 장치를 긍정했던 19세기식 사고방식에 따라 나타난 것에 지나지 않는다는 사실을 명확히 밝히는 작업에 착수한다.[98] 그리고 그 과정에서 여러 인류학적 연구 작업들(그는 투른발트, 말리노프스키, 보아스 등의 저자들을 언급한다.)로부터 가져온 경험적 데이터의 도움을 받는다. 개인의 행동을 이끄는 동기부여 그리고 그로부터 도출되는 합리성의 모델은 여러 제도가 만들어내는 것이지 그 반대가 아니라는 것이다. 따라서 시장 사회가 경제적 계산을 부추기고 퍼뜨린다고 주장할 수는 있지만,[99] 단순히 효용 극대화의 논리를 통하여 여러 제도적 변화 그리고 자기조정 시장 체제의 출현을 설명하는 것은 불가능한 일이라는 것이다.

폴라니가 제기하고 있는 이 논점은 사회학자들과 경제인류학자들은 물론이고, 이른바 경제학 제국주의라는 것을 몸소 경험한 법학자들에게도 특별한 적실성을 갖게 된다.[100] 경제 분석을 인간 행위의 일반 이론으로 제시하려는 경향, 즉 미셸 푸코의 표현을 빌자면 비경제적 성격을 띠는 것들까지 포함하여 모든 사회적 상호작용과 개인 행위를 아우르는 '이해가능성의 격자grid of intelligibility'가 바로 그에 해당한다.[101] 이러한 경향은 개인성, 가족 간 상호작용, 범죄 행태 등 전통적으로 여러 다른 학문 분야의 범위에 있던 영역들에 경제학이 마구 침범해 들어왔으며(게리 베커Gary Becker의 연구를 생각해보라), 경제학과 법학의 접촉과 접합점을 반독점 관련 입법과 같은 전통적인 중복 영역을 넘어 크게 확장시켰다. 현대의 법경제학law and economics은 그 분석적 힘을 처음에는 순수하게 기술적 방식으로 보여주었지만, 그 다음에는 단순히 이런저런 법률과 사법 기관의 정당성뿐만 아니라 그 효율성까지 검증하는 규범적인 쪽으로 점차 그 방식을 바꾸어갔다.[102] 그리하여 마침내 여러 사법 체계를 효율성이라는 기준에 맞추어 양적으로 측량하기 위한 사이비 과학 기법들에 호소하는 오늘날의 관행을 정당화하기에 이른다.[103] 특히 이는 세계은행의 유명한 보고서《영리 활동의 수행*Doing Business*》[104]에서 개진된 법의 기원에 대한 이론에도 나타나고 있다. 여기에서 법률은 경제 발전에 있어서의 한 벡터에 불과한 것으로 왜소화되어 있으며 순전히 기능주의적 관점에서 검토되고 있으니, 이는 그 전제에 있어서나 또 그것이 낳는 결과에 있어서나 문제가 많은 접근법이다.[105] 여러 사회 현상을 조사하는 방법에 있어서 다원성을 견지하는 것이 환영할 만하며 가치가 있는 일이라고 본다면, 특정 종류의 문제를 위해 고안된 분석 모델을 전혀 다른 연구 영역의 전혀 다른 문제를 푸는 데에 무비판적으로 받아들이는 최근의 현상에 대해서 특별히 조심해야 한다. 그런 모델들을 부주의하게 사용할 경우 환원주의에 오염되어 오히려 생산성을 해치는 결과가 나올 수 있기 때문이다.

폴라니의 저작들 중에서도 특히 〈사회과학을 어떻게 활용할 것인가〉라는 글은(1930년대에 쓰였을 가능성이 높다.)[106] 이 문제에 대한 혜안을 제공한다. 이 글은 무엇보다도 폴라니의 지적인 진화 과정을 재구성해보려는 목적에서 볼 때 흥미를 주는 글이다. 왜냐면 자연과학과 사회과학 방법론에 있어서 각각 명목주의nominalism와 본질주의essentialism 사이의 관계가 어떤 것인지에 대한 주장을 전개하고 있기 때문이다. 칼 포퍼는 (폴라니 가족들은 그를 '칼리Karli'라고 불렀다. 폴라니 가족은 비엔나의 포르가르텐슈트라세Vorgartenstrasse 거리의 아파트에 살 때 종종 칼 포퍼를 집으로 초대하곤 했다.)[107]《열린사회와 그 적들*The Open Society and Its Enemies*》민음사, 2006에서 명시적으로 칼 폴라니의 이름과 그의 생각들을 언급하고 있지만, 구체적인 저작물을 언급하지는 않고 그저 자신과의 사적인 대화라고만 말하고 있다.[108] 좀 더 구체적으로 보자면, 폴라니는 여러 과학은 그 각각이 사용하는 방법 그리고 그에 따른 '생래적 관심innate interest'이 모두 다르기 때문에 이것들을 하나로 합치는 일이 성공할 가능성은 아주 적다고 강조하고 있다.[109] 그는 또한 자연과학과 사회과학 사이에는 근본적인 차이점이 있으며, 이는 그 각각이 이용하는 방법의 차이 문제이기도 하지만 그보다 더 주요하게는 인간의 취향과 가치의 틀을 형성하는 데에 각 분야가 미치는 영향의 차이와도 관련이 있다고 주장한다. "인간이 자신의 물질적 환경에 대해 갖는 태도가 구체적 목적들에 의해 방향지어진다는 사실에 기인하는 것이며, 이 사실은 자연과학 분과가 새로이 생겨난다고 해서 무슨 영향을 받는 것이 아니다."[110] 하지만 사회과학의 경우에는 "인간의 여러 소망과 목적에 대해 엄청난 영향을 끼치게" 되며 그 결과 인간 존재에 "근본적이고 즉각적으로" 강력한 영향을 미친다는 것이다.[111] 따라서 사회과학의 기능은 두 가지이며, 그 유용성 또한 그 두 측면 모두를 고려하여 판단해야만 한다고 한다. "사회과학이 우리의 목적을 달성하는 데에 얼마나 큰 도움이 되는가만 묻는 것으로는 충분치 않다. 우리의 목적을 명확히 하는 것에 얼마나 도움이 되는가 혹은 방해가 되는가 또한 물어야만 한다."[112] 여기에서 사회과학의 규범적인 차원이 명확해지며, 또한 폴라니가 사회과학의 윤리적 중립성Wertfreiheit에 초점을 두는 좀 더 순진한 접근법을 멀리했다는 것도 명확해진다. 폴라니의 명제는 이러하다. 방법론적 순수성에 대한 추구를 통해서, 그리고 사회과학의 연구 분야에서 "형이상학적 잔재"를 점차 제거해냄을 통해서 "인간이 스스로의 목적을 달성할 능력을 향상하게 해줄 수 있지만, 인간이 스스로 자신의 목적을 인식하는 능력은 확실하게 감소시킨다."[113]

는 것이다. 그렇다면 사회과학에서 진보를 향해 나아가고자 하는 충동과 "인간의 공통된 의식은 종합적 성격을 띠고 있으며 예술, 종교, 도덕, 개인의 삶, 과학 등은 모두 이를 모태로 생겨난다고 주장하는 형이상학의 존엄"[114]을 보존하고자 하는 충동 사이에는 본질적인 긴장이 내재하고 있는 셈이다. 하지만 과학의 진보를 방해하지 않으면서 또 동시에 그 과학의 모태를 보호하는 일이 가능한 것일까? "진보를 위한 지평을 남겨 놓으면서도, 우리가 진보를 추구하는 가운데 길을 잃게 될 위험으로부터 우리를 보호해줄 창조적 타협이 가능할까?"[115] 이러한 질문들에 답하는 데에 있어서 폴라니는 명확한 조건들을 밝혀놓았다. 인간 만사를 과학적으로 취급하는 데에 따라오는 함정을 피하려면 반드시 "자신이 나아갈 방향을 스스로 설정"[116]해야 함을 이해해야만 한다는 것이다. 다른 말로 하자면, 일정한 지도 원리들에 대해 안정적인 합의를 확립하여 이 지도 원리들을 "X선 사진 촬영자의 손을 좀먹는 X선의 영향으로부터 촬영자를 의도적으로 보호하듯이 사회과학의 유해한 영향으로부터 보호"[117]할 때에만 그런 함정을 피할 수 있다는 것이다. 사회과학을 활용하는 문제는 "과학에 대한 기술적 문제가 아니다. 이는 인간이 모든 삶의 도구들에 대해 계속해서 주인으로 남는 그러한 인간 사회의 정의를 내놓을 수 있느냐의 문제다."[118]

이러한 저작들에서 제기되고 있는 논점들은 실로 도전적인 것들로서, 오랜 세월이 지난 오늘날에도 그 적실성을 잃지 않고 있다. 한편으로 보면 가뜩이나 불안정성을 자아내는 자연과학의 여러 경향들이 생명과학의 발전으로 인해 크게 증폭되었고, 생명에 대한 조작행위로부터 인간의 주권을 보존할 일련의 조치들(예를 들어 존엄권의 원리와 사전 예방의 원리)을 현실화하고 또 그 기초를 든든하게 다시 확립할 법률적 규칙 및 원리들을 불러오기도 했다.[119] 다른 한편, 경제 논리가 신흥 세속 종교처럼 보편화되면서 사회과학(이 경우 경제학)에서 취한 규범적 가정들이 인간의 가치와 욕망 체계에 어떤 심각한 영향을 주는지에 대한 비판적 성찰은 더욱더 중요해진다. 이른바 사회과학의 윤리적 중립성이라는 것이 갖는 여러 결함들이 다시 한 번 수면 위로 떠오르고 있으며, 폴라니가 제시한 비판적·역사적·제도적 관점의 중요성이 다시 한 번 확인되고 있다. 오늘날 이러한 그의 저작들을 다시 읽는 것은 순진한 '과학주의적' 태도에 대해서는 물론이고, 모든 종류의 환원주의, 즉 다시 한 번 폴라니를 인용하자면 "서양이 전 세계 앞에 더 이상 문화적으로 내놓을 것이 없다는 여러 증후"[120]의 원인인 바로 그 환원주의에 대해서도 뛰어난 해독제를 제공해줄 것이다.

1부

—

경제, 기술, 자유의 문제

—

1장

—

서양의 거듭남을 위하여[**]

—

한때 우리 세대는 '백년 평화Hundred Years's Peace'[*1)] 시대의 저 생각 없는 철학 때문에 역사를 과거의 문제라고 생각했지만, 제1차 세계대전의 발발은 우리에게 그것이 얼마나 잘못된 것인가를 충격적으로 일깨워주었다. 우리 중에는 그 충격을 아직도 생생히 기억하는 이들이 있다. 역사는 일단 시작된 이래로 운동을 멈춘 적이 없다.

이 글에서 나는 우리가 목도했던 여러 장면들을 한번 떠올려보겠다. 그리고 우리 세대가 느껴야 했던 한없는 좌절의 깊이를 한번 더듬어보려 한다. 위대한 승리도 여러 번 경험했고 또 심각한 실망도 여러 번 겪었다. 하지만 우리가 경험한 것들, 성취한 것들, 간과한 것들을 놓고 최

[**] 칼 폴라니 문서고, 파일 37-12. 1958년 10월 16일 타자기로 작성되었다고 되어 있으며 폴라니가 손으로 수정하였다. 이 글과 동일한 텍스트로서 더 앞의 날짜로 되어 있는 것이 두 개가 더 있다. 1958년 9월 21일, "For a New West" 파일 37-12와 1958년 7월 28일, "The New West" 37-12이다.

종 결산을 해보자는 것은 아니다. 잠깐 쉬어가는 마당에 우리가 지나온 길을 그저 한번 되돌아보자는 것도 아니다. 그보다 훨씬 더 거대한 변화에 주목해야 할 때가 우리에게 왔다.

서양이 전 세계 앞에 더 이상 문화적으로 내놓을 것이 없다는 여러 증후가 나타나고 있다. 과학과 예술 분야에서의 성취 수준만 보자면 서양은 예전보다 크게 뒤떨어지지 않게 꽃피고 있다. 문제는 서양의 정신 그리고 삶의 여러 가치들을 나머지 인류가 어떻게 평가할 것인가 하는 점이다. 지금 막 생겨나고 있는 여러 신생국들은 서구의 물질적 과학적 생산물들을 열심히 소비하고 있지만, 우리 서양인들이 그것에 부여해온 여러 해석들에 대해서는 경멸을 감추지 않고 있다. 전통적으로 서양은 여러 사상가와 작가들을 낳아 이들을 매개로 스스로를 전파하는 하나의 문화적 단위였으나, 이제는 더 이상 아무도 귀를 기울이는 이가 없다. 우리는 그 원인이 세계인들이 서양에 대해 갖는 적대감에 있다고 믿고 싶어 한다. 하지만 진실을 말하자면, 오늘날의 상황에 대해 서양이 내놓을 수 있는 이야기가 없다는 것이 진정한 원인이다. 우리는 이 사실을 있는 그대로 보아야 한다. 설령 그것이 곧 우리 문명의 본질적 성격을 적나라하게 폭로하는 것이라고 해도 말이다. 우리가 원하지 않아도 이미 서양 문명은 스스로를 드러내기 시작했다는 점을 직시해야 한다. 또 예측하기 힘든 변화 속에서 우리 서양의 정신에 있어 가장 궁극적인 신념이 무엇인지 이제부터 스스로 입증해야 하는 상황이 오고 있다는 점도 용감하게 직면해야 한다.

이 글은 이론적인 논고가 아니다. 따라서 나는 우리가 회상할 첫 장면을 독자들 모두가 기억할 것으로 전제하고 이야기를 풀어나가려 한다.

1917년 일어난 러시아 혁명은 명백하게 1789년 프랑스 혁명이 동쪽

으로 진격하면서 벌어진, 그 연속선 위의 사건이었다. 러시아 혁명은 전
제정을 무너뜨렸고, 농민들에게 토지를 주었고, 피압박 민족들을 해방
시켰으며, 거기에 더하여 산업 시스템에서 착취라는 오점을 제거하겠
다는 약속까지 내놓았다. 이 점에서 소비에트 사회주의는, 그 영웅적 시
대에는 서양의 작가들과 예술가들에게서 아낌없는 지지를 얻어냈다.
소비에트 사회주의는 튜턴족의 파시즘이라는, 우상 숭배자들의 준동에
맞서 자유와 민주주의와 사회주의를 수호하는 영웅적인 투쟁을 벌이며
자신들의 근육을 강철같이 단련하였다. 볼셰비키와 유대인들을 박해했
던 히틀러의 만행은 궁극적으로 기독교 보편주의와 오늘날 산업 시대
의 파생물들을 겨냥한 것이었다. 히틀러는 유럽의 전통적인 가치들을
가지에서 뿌리까지 전면적으로 공격했으며, 이것이 오늘날 서양의 모
습을 빚어내는 데 결정적인 영향을 끼쳤다. 그러나 향후 보편주의는 문
명 세계를 넘어서 아시아 내륙의 부족 공동체와 열대 지방의 아프리카
에 이르는 모든 지역에서 우위를 점하게 된다. 그리고 이러한 도덕적 승
리는, 마침내 정치적인 의미에서의 서양과 한때 가난에 찌든 빈민이었
던 소비에트의 민중들이 동맹을 맺어 강력한 게르만족의 무력을 굴복
시키면서 그 절정을 이루었다. 러시아에서는 사람들의 경제생활에 윤
리적으로 무관심한 자본주의적 시장 시스템으로부터 사회 전체가 경제
에 대한 책임을 의식적으로 떠맡는 사회주의적 기초로의 이행이 진행
되었다. 이를 통해 경제 수준은 올라갔지만, 이러한 경제생활의 개선만
으로는 인간이 질적으로 저하되는 것을 전혀 막을 수 없다는 것을 분명
히 보여주었다. 소비에트 러시아는 파시즘을 패배시키는 위업을 이루
었지만, 스탈린의 여러 범죄 행위들은 이러한 업적을 상쇄시켜버릴 만
한 죄악이었다. 환멸에 빠진 서양은 이제 품위도 고매함도 자신감도 상

실하고 말았다. 대륙에서의 세력 균형에 변화가 찾아오면서 제3차 세계대전의 불길한 유령이 떠돌게 되었다. 독일과 일본이 지구의 동반구와 서반구에서 각각 제국을 이루었던 구조가 사라지자 모종의 권력 공백이 생겨났고, 이에 텅 빈 망망대해에 떠 있는 두 개의 섬과 같은 처지가 된 미국과 러시아 두 강대국 사이에는 필연적으로 반목이 생겨나게 되었다. 그리고 이는 필연적으로 세계 평화에 대한 항시적인 위협이 될 수밖에 없었다. 여기에다 이러한 권력 공백 상태의 위협을 다시 천 배로 증폭시킨 사건이 있었으니, 바로 히로시마에서 첫선을 보인 원자폭탄 투하이다. 또 러시아 군대는 그 수적 규모만으로도 유라시아 전체를 뒤덮으며 압박할 정도였으니 미국 정부의 입장에서는 악몽이 아닐 수 없었다. 게다가 중국 대륙에서는 마오쩌둥이 장제스를 쫓아내는 일까지 벌어졌고, 이 때문에 미국은 마치 멀쩡히 상속받은 유산을 사기로 빼앗긴 사람마냥 충격으로 비틀거리고 말았다. 영국인들은 근동 지역과 발칸 국가들을 위협으로 느꼈다. 서양은 세계 정치에서 예전의 우월한 지위를 빼앗기고 이제 정치적 힘으로 묶인 여러 국가의 집합들 중 하나에 지나지 않게 되고 말았다. 소비에트 러시아에 대한 핵 공격은 현실 가능한 일이 되었다. 버트런드 러셀Bertrand Russell과 같은 저명한 평화주의자조차도 예방적 전쟁을 옹호하였다. 이제 할 이야기도 내용도 빼앗겨버린 서양의 사상가들, 작가들, 예술가들은 현실에 대해 눈을 감아버렸다. 아시아에서 벌어진 여러 민족 해방 혁명은 미국, 프랑스, 러시아에서 시작된 혁명이 계속되면서 나타나는 연쇄 반응들일 뿐이건만, 서양인들은 이를 공산주의의 거침없는 발흥이라는 식으로 잘못 해석했다. 서양의 지식인들은 이제 정부 관료들이 내놓은 정책을 선전하는 기능만을 할 뿐, 그 밖의 어떤 역할도 스스로 자신 있고 힘차게 떠맡으려 하지 않게 되었다. 하지만 이러한 창조성 결핍에는 지식인 개인들 탓으로만 돌릴 수 없는 더욱 근본적인 원인이 작용하고 있었다. 그 뿌리에는 온 세계 삶의 조건에 있어서 실제로 엄청난 변화가 벌어지고 있다는 현실이 있었다.

먼지가 대충 가라앉자 서서히 모습을 드러내기 시작한 새로운 세계의 도덕적 지형은 실로 두려운 것이었다. 그것은 냉전도 아니고 아시아 여러 나라의 내전도 아니었다. 그것은 핵전쟁의 버섯구름이었다. 이는 말로는 설명할 수 없을 정도의 위험을 상징하는 것이었지만, 우리 서양 문명을 이루어온 여러 힘들이 낳은 또 하나의 자식이기도 했다. 이제 인류는 자신의 운명을 꼼짝달싹 못하게 장악한 이 거대한 발전 과정의 진정한 성격이 무엇인지를 파악하기 시작했다.

산업혁명은 인류의 역사에서 결정적인 분기점이었다. 기술, 경제 조직, 과학이라는 서로 다른 세 개의 힘들이 순서대로 서로 엮이기 시작했다. 이 힘들은 모두 그 기원이 서로 다르지만 그렇다고 명확히 갈라낼 수 있는 것들도 아니다. 처음에는 이 힘들이 눈에 잘 띄지 않게 서로 연결되기 시작하더니 급기야 지금부터 1백 년 전이 채 안 되는 시점부터는 사회적인 대혼란을 낳게 되었다. 그리고 오늘날에는 수백만 명씩 더 많은 사람들을 계속 그 소용돌이로 빨아들이고 있다. 그 시작은 여러 발명품들의 출현이었고, 그 다음에는 인위적으로 시장을 조직하기 위한 운동이 나타났다. 맨 마지막으로 여기에 과학이 결합된 것은 거의 1세기가 지난 뒤의 일이지만 그 효과는 실로 폭발적이었다. 그 뒤에는 이 세 가지 모두에 가속도가 붙었다. 기술과 과학은 일종의 동업 관계를 맺었고, 경제 조직은 거기에서 생겨나는 가능성을 활용하여 시장경제가 되었든 계획경제가 되었든 생산에서의 효율성을 현기증이 날 정도의 높이로 끌어올렸다. 서양의 문화란 과학, 기술, 경제 조직이 아무런 제약도 고삐도 없이 서로서로를 강화시키면서 인간의 삶을 만들어내는 문화다. 이 세 가지를(경제 조직뿐만 아니라 과학과 기술까지) 인간적인 진보를 추구하는 우리의 의지에 복속시키고, 또 자유로운 인격적 개성의 실현이라는 목적을 달성하는 데에 복속시킬 수 있는가는 이제 우리 인류의 생존에 필수 요건이 되었다. 서양은 이제 그 스스로가 낳은 아이들을 제대로 훈육시켜야 할 과제를 떠안게 된 것이다. 사회학자들은 핵분열 현상, 원자폭탄, 아시아 여러 나라의 혁명, 이 세 가지를 과학, 기술, 정치라는 세 개의 다른 영역으로 분류하는 것이 옳다고 생각할 것이다. 하지만 이 세 가지 현상은 하나의 산업문명이 성장해나가는 과정 안에서 보면 지극히 밀접하게 연결된 단계들이다. 진보는 지리적으로 이루어질 수도 있고, 이론에서 이루어질 수도 있으며, 현실에서 이루어질 수도 있다. 그 방향은 다양하지만 그것이 지향하는 바는 동일하다. 서양인들에게 있어서 이 여러 방면으로의 진보는 모두 하나의 동일한 질문을 나타내는 여러 모습일 뿐이다. 그 질문은, 서양이 자신의 과거에서 스스로 떠안게 된 여러 책임에 대해 어떻게 하면 창의적인 해답을 찾아낼 수 있는가이다.

문화적 단위로서의 서양이 맡아야 할 과제는 한 대륙의 삶을 새롭게 한다는 문제와 불가분으로 얽혀 있다. 아시아인들에게 있어서 산업화는 절대적 과제가 아니다. 이는 여러 단서 조항을 달고서 달성되는 일이다. 그들이 붙인 단서 조항들이 어떤 의미를 담고 있는지는 시간이 흘러봐야만 알 수 있다. 우리의 세계가 산업, 과학, 경제에 있어서 오늘날과 같은 길을 택하게 된 책임을 전 세계인들은 서양에 묻고 있다. 그런데 막상 그들을 이 길로 떠나게 재촉한 서양은 아직도 출발선에 머물러 있다. 또한 서양의 지도적 사상가들은 국제 관계상에서 권력 정치에 깊이 휘말리면서 냉전과 그로 인해 인류의 정신에 나타난 폭력적 도착이 빚어낸 도덕적 타락의 희생물이 되고 말았다. 미국에서처럼 민주주의가 자본주의와 동의어가 되어버리거나 영국과 프랑스에서처럼 그들 나라의 지위가 식민지의 소유 여부와 동일한 것으로 여겨질 경우 사상가란 사실상 설 자리가 없게 된다. 서양은 히틀러주의와의 오랜 싸움 끝에 전 세계에서 정신적 신망을 얻어냈지만, 이 또한 퇴락해가고 있는 자신의 과거를 어떻게든 유지해보려는 가망 없는 짓을 계속하는 가운데 조금씩 무너져 내려버렸다.

우리 세대가 성장하면서 내면화했던 서양 문명의 여러 관점들은 이제 해체 상태에 놓여 있다. 보편주의란 우리가 전 세계, 즉 '온누리 oecoumene'[*2)]의 끝까지 달려갈 것을 전제로 성립하는 것이다. 기술 문명이 발달하면서 '온누리'의 정복이 이루어지기는 했지만, 이는 엉뚱하게도 서로 뚜렷이 구별되는 여러 다른 문화들을 낳고 말았다. 이 문화들은 모두 산업화되고 있기는 하지만, 우리와는 달리 자본주의-사회주의라는 축에서 벗어나 있을 뿐만 아니라 전혀 다른 핵심 가치들을 지니고 있다는 점에서도 우리와는 다르다. 서양이 어떻게 이 문화들 속으로 파고들어 그 안에 자리매김했는지는 연구해야 할 과제다. 이렇게 그들 문화 속에 내면화된 서양, 즉 제한석이고 잔뜩 왜소해진 모습의 서양에는 서양의 정수가 농축된 급진적인 모습의 서양도 있고, 또 현지 문화의 필요에 맞게 조정된 관용적인 모습의 서양도 있다. 그들에게 서양은 산업사회 및 그 파생물들을 낳은 어버이이기도 하며, 산업사회에 함께 속해 있는 동등한 성원이기도 하다. 그들에게 서양은 산업사회 이전 유형의 보편주의가 낳은 산물이기도 하며, 산업사회 이후 유형의 보편주의가 낳은 첫 번째 대표작이기도 하다. 서양은 초기의 환상과 나중의 현실 파악이 뒤범벅이 된 아주 독특한 결과물이다. 서양은 무제한의 자유라는 자유주의의 유토피아도, 또 총체적인 규제라는 반(反)자유주의의 유토피아도 모두 거친 사회이다. 서양은 권위주의와 방종을, 전통주의와 반(反)전통주의를, 그리고 엘리트 계급의 지배와 폭력적 민중들의 지배를 모두 시험해본 사회이다. 서양은 일반적 법칙과 역사적 특성이라는, 논리적 실증주의와 상징주의라는, 토마스주의와 실존주의라는 서로 반대되는 방법론을 모두 발견한 바 있는 사회이다. 물론 지금 말한 것은 다른 문화들도 겪어온 바이기는 하다. 하지만 그 가운데 어떤 문화도 서양과 같은 방식으로 겪지는 않았다. 서양의 보편주의(이는 유대·기독교적 유산입니다.)는 세상 어디에서나 적용될 수 있는 보편적 유효성을 가진 삶의 방식이라고 스스로 주장하는 사상이다. 자본주의건 사회주의건 단일한 단위로서의 산업 문명이 곧 지구의 거의 절반을 덮어버렸거니와, 서양이 그 단일한 산업 문명의 담지자가 되었을 때 이러한 서양의 보편주의는 단순히 추상적인 원리에 머물지 않고 엄청난 양의 시사적·현실적 내용으로 스스로를 채우게 되었다. 우리는 어떻게든 서양 이외의 인류에 대해서 또 그들을 위해서 사유하지 않을 수 없었다. 이 사유는 대화가 아니라 일방적인 연설 같은 것이었다. 여기에 아무런 화답도 없었기에, 우리는 우리 사유의 흐름을 아무에게도 인정받지 못한 채, 하지만 아무런 반론도 만나지 않은 채 계속 이어갔다. 발언을 봉쇄당한 사람도 없었고, 자기 생각을 좌지우지 당한 사람도 없었고, 억지로 귀를 기울이도록 강요당한 사람도 없었다. 단지 우리가 이야기를 나눌 상대가 없었을 뿐이다.

2장

—

경제학 그리고 우리의 사회적 운명을 결정할 자유[**]

—

　오늘날 인류는 여러 형태의 경제결정론을 교조적으로 신봉하고 있거니와, 이것이 인류가 진보하는 데 주된 장애물 중 하나가 되고 있다. 경제가 모든 것을 결정한다는 총체적 관점은 다음과 같은 비관주의 또한 낳고 있다.

　생각이 있는 사람이라면 누구든 오늘날 인류의 존재 조건이 아주 위태로운 상태라는 점을 인식하고 있다. 인간은 단순한 존재가 아니기에 그 사멸하는 방식 또한 다양할 수 있다. 전쟁이 벌어지든 그렇지 않든, 인간성을 소중히 여기는 노넉석·물질적 지향을 두루 지닌 존재로서의 인간이 과연 장래에도 자기 스스로가 창출해낸 기술적 환경에서 그러

[**] 칼 폴라니 문서고, 파일 37-4. 날짜가 기입되지 않은 학술회의 발표문. 이 글의 일부는 다음으로 출판되어 있다. "Our Obsolete Market Mentality: Civilization Must Find a New Thought Pattern," *Commentary, 3* (1947), pp.109-17. (홍기빈 편역,《전 세계적 자본주의인가 지역적 계획경제인가 외》책세상, 2002에 수록되어 있다.)

한 모습을 유지할 수 있을지 의문에 부딪힌 것이다. 모스크바 재판, 아우슈비츠, 히로시마 등이 바로 그 징조다.

우리는 삶의 환경을 갈수록 인공적인 것으로 만드는 모험을 하고 있다. 이러한 모험을 우리 손으로 포기하는 일은 가능하지도 않으며, 또 결코 해서도 안 될 일이다. 따라서 우리는 그러한 인위적 환경에서의 삶을 인간 존재의 여러 필요조건들을 충족하는 데 적합하게 만들어야 한다. 우리는 기계제 문명에서의 삶에서 어떻게 의미와 통일성을 다시 회복할 것인가 하는 문제와 정면으로 맞서야 한다. 그리고 이 문제는 다양한 수준에서 접근할 수 있을 것이다. 문화적 통일성이나 정서적 균형 차원으로 접근할 수도 있고, 아니면 순전히 민족의 생존이라는 매우 기본적인 수준에서 접근할 수도 있을 것이다. 하지만 어떤 경우라고 해도, '적합'이라는 말에는 인간이 의식적으로 추구하는 목표로서 사회 정의를 이루기 위한 여러 조건들을 충족해야 한다는 뜻이 함축되어 있다. 바로 여기에서 심각한 의문이 생겨난다. 인간이 추구하는 유의미한 목표 가운데 매우 중요한 하나가 양심의 자유를 수호한다는 것이다. 양심의 자유를 수호하지 못한다면 다른 목표들이 아무리 훌륭하게 충족된다고 해도 모두 공허한 일이 되고 만다. 하지만 경제학에 기초한 여러 논거들에 따르면, 정의는 자유를 희생시킬 때에만 이룰 수 있는 것으로 보인다. 따라서 자유방임은 우리가 자유를 누리기 위해 어쩔 수 없이 지불하는 대가인 것처럼 보이게 된다.[1] 왜냐면 우리가 소중히 여기는 각종 자유는 우리 경제 시스템 안에 존재하는 여러 틈바구니로부터 성장한 것이며(이는 논쟁의 여지가 없는 사실입니다), 따라서 이 틈바구니들이 사라지면 함께 사라질 수밖에 없다는 주장이 나오게 된다. 이렇게 경직된 논리로 암울한 미래를 예고하는 경제결정론을 우리는 갈수록 더 자주 만나고 있거니와, 이러한 생각 뒤에는 오늘날의 세계에서 경제 행위자가 매우 두드러진 역할을 할 뿐만 아니라 인간의 역사 전반을 결정하는 것 또한 경제 행위자라는 확신이 강하게 버티고 있다.

우리가 처한 총체적 상황을 이런 식으로 이해하는 것에는 본질적 진리와 근본적인 오류가 모두 담겨 있다고 나는 말하고자 한다. 우리의 여러 제도들이 삶의 경제적 측면에 의해 결정된다고 보는 것은 정당하다. 하지만 이러한 사실이 경제적인 것 자체가 가지고 있는 본질적이고도 초시간적인 특성에 기인한다고 생각하는 것은 대단한 잘못이다.

우리가 살고 있는 사회는 시장 사회이며, 이를 부족 사회, 씨족 사회, 봉건 사회 등과 대조해볼 필요가 있다. 우리 사회에서는 시장이라는 제도가 공동체의 기본 조직이다. 혈연, 조상 숭배, 봉건적 서약 등은 사라지고 그 자리에 시장적 관계들이 들어차 있다. 이러한 상황은 이전에는 없었던 것이다. 제도화된 수요-공급-가격 메커니즘, 즉 시장 메커니즘이라는 것이 이전에는 항상 사회생활의 종속적 특징 정도의 위치에 머물렀기 때문이다. 오히려 경제 시스템을 구성하는 여러 요소들은 경제적 관계 이외의 여타 관계들, 예를 들어 친족, 종교, 카리스마적 권위 등에 묻어들어 있는 것이 일반적이었다. 개개인이 여러 경제 제도에 참여하는 동기도 그 자체로 '경제적'인 동기, 즉 생활필수품을 얻지 못할 수도 있다는 공포에서 비롯된 것이 아니다. 수렵, 채집, 경작, 수확 등을 놓고 이런 활동들이 빚어지는 원인이 개인들이 굶주림을 두려워하기 때문이라는 주장을 듣는다면, 시장 사회 이전의 대부분 사회의 사람들은 그게 도대체 무슨 소리냐고 의아해할 것이다. 사실 고전적 자유방임 시절의 사회와 이를 모델로 삼는 사회만 제외한다면, 이런 주장은 그 어떤 사회의 사람들도 전혀 이해할 수 없는 이야기다.

19세기 이전에는 사회 내에서 벌어지는 물질적 재화와 서비스의 생산 및 분배가 시장 시스템으로 조직된 적이 한 번도 없었다. 이를 시장 시스템으로 조직한다는 어마어마한 혁신은 노동과 토지라는 생산요소들을 시장 시스템으로 끌어넣을 수 있었기 때문에 가능한 것이었다. 토지와 노동 자체가 상품이 되어버렸으니 이제 이것들은 마치 판매를 위해 생산된 것들인 양 다루어지게 되었다. 물론 이것들은 실제로는 상품이 아니다. 이것들은 판매를 위해 생산된 것이 아니거나(노동의 경우), 아니면 아예 생산된 것 자체가 아니기(토지의 경우) 때문이다.

이러한 조치가 얼마나 광범위한 결과를 가져올 것인가를 가늠해보려면, 노동이란 인간에 붙인 다른 이름일 뿐이며 토지란 자연에 붙인 다른 이름일 뿐이라는 사실을 기억해보라. 이러한 상품 허구는 인간과 자연의 운명을, 스스로의 법칙에 지배받으며 스스로의 작동 경로를 따라 움직이는 자동인형, 즉 시장의 작동에 내맡긴 것이다.

이리하여 시장경제는 새로운 유형의 사회를 창출하였다. 경제 시스템 혹은 생산 시스템은 스스로 알아서 움직이는 장치에 위탁되었다. 하나의 제도적 메커니즘이 인간의 일상 활동은 물론 자연의 자원까지도 통제하게 된 것이다.

이러한 방식으로 일종의 '경제 영역'이라는 것이 출현하였고, 이는 사회의 다른 제도들과는 날카롭게 구별되는 경계선을 가지고 있었다. 생산의 장치가 작동하지 않는다면 그 어떤 인간 집단도 존속할 수 없다. 따라서 이렇게 독자적인 '경제 영역'이 생겨난 결과 사회의 '나머지 영역'은 그 부속물에 불과한 것이 되어버리는 효과를 낳았다. 그리고 이 독자적 영역은 전체 사회체의 삶을 결정하는 메커니즘에 의해 규제되게 되었다. 이렇게 해서 출현하게 된 인간 군집이 역사상 존재했던 그 어떤 사회도 감히 넘볼 수 없을 정도의 '경제적' 성격을 가지게 된 것은 당연한 일이다. '경제적 동기들'로 만들어낸 세상이니 '경제적 동기들'이 그 세상의 왕 노릇을 하게 된 것은 당연한 일이며, 개개인도 모두 그것을 행동의 기초로 삼지 않을 수 없게 되었다. 이를 따르지 않을 경우 굶어 죽는 형벌이 주어졌다.

한번 실상을 살펴보도록 하자. 인간은 결코 이 이론이 요구하는 만큼 이기적인 존재였던 적이 없다. 비록 시장 메커니즘으로 인하여 인간이 물질적 재화에 의존한다는 사실이 전면에 부각되기는 했지만, 인간으로 하여금 노동을 하게 만드는 유인이 '경제적' 동기 하나뿐이었던 적은 한 번도 없었다. 경제학자들과 공리주의 윤리학자들은 사업을 할 때는 물질적 동기 이외의 모든 동기들을 뒤로 제쳐 놓으라고 사람들에게 강하게 촉구했지만 그렇게 되지는 않았다. 면밀히 조사해보면 여전히 인간은 놀랄 정도로 '혼합된' 동기로 움직이는 존재임이 밝혀진다. 여기에는 자신과 다른 사람들에 대한 의무라는 동기도 있으며, 심지어는 은근히 자신의 노동 그 자체를 즐기는 동기마저 있다.

하지만 우리는 지금 실제 인간 행동의 동기가 아니라 경제학자들이 이론적으로 가정하고 있는 동기들을 다루고 있다. 인간 본성에 대한 세상의 관점은 과학으로서의 심리학이 아니라, 일상적 삶에 관한 이데올로기에 기초를 둔 것이기 때문이다.[2] 따라서 굶주림과 이득이라는 두 가지만이 순수한 '경제적 동기들'로 여겨져 특별한 지위를 부여받게 된다. 그리고 인간은 실제로 이 두 가지 동기를 행동의 근거로 삼는 존재라고 여겨지며, 반면 인간의 다른 동기들은 평범한 인간 존재와는 동떨어진 천상의 영혼에나 호소력을 갖는 것이라고 여겨지게 되었다. 명예와 자존심, 시민으로서의 책무와 도덕적 의무, 심지어 자존감과 체면 같은 것들까지도 생산과는 무관한 것으로 여겨졌고, 그저 '이상적'이라는 의미심장한 단어 하나에다 이 모든 것들을 모조리 구겨 넣어 버렸다. 그리하여 인간은 별개의 두 가지 요소로 구성된 존재라고 여겨지게 되었다. 하나는 굶주림과 이득에, 다른 하나는 명예와 권력에 가까운 것이라는 것이다. 전자는 '물질적'이며 후자는 '이상적'이다. 전자는 '경제적'이며 후자는 '비경제적'이다. 전자는 '합리적'이며 후자는 '비합리적'이다. 공리주의 철학자들은 후자를 '비합리적'이라고 부르는 일까지 서슴지 않았다. 공리주의 철학자들은 이 두 묶음의 용어 쌍들을 만들어내고서 '경제적인 것'에다가 합리성의 아우라를 부여한 것이다. 혹시 자신이 오로지 이득 하나만을 목표로 움직이는 존재라고 생각하기를 거부하는 사람이 있다면, 그는 비도덕적일 뿐만 아니라 제정신이 아닌 존재로 여겨지게 되었다.

이러한 상황과 조건에서 나타나게 된 인간과 사회의 상은 다음과 같은 것이다. 먼저 인간에 관해서 보자면, 우리는 인간이 가진 여러 동기는 '물질적'인 것과 '이상적'인 것이라고 부를 수 있으며, 일상생활을 영위해가는 인간 행동은 그중 '물질적' 동기를 유발 유인으로 삼는다는 생각을 받아들이게 되었다.

사회에 대해서 보자면, 사회의 여러 제도들은 모두 그 경제 시스템에 의해 '결정된다'는 비슷한 교리가 대두되었다.

시장경제를 놓고 보면 이 두 주장 모두가 진실임은 말할 것도 없다. 하지만 이는 어디까지나 시장경제에서만 그러하다. 과거에 있었던 인간 사회로 가면 시대착오일 뿐이다. 미래에 있을 인간 사회로 가면 편견일 뿐이다. 왜냐면 이 '경제적 동기들'이 펼쳐낼 신세계라는 것은 그 기초부터가 오류이기 때문이다. 굶주림과 이득이라는 것을 찬찬히 따져보면 이것들이 본질적으로 '경제적'인 게 아니라는 것을 알 수 있다. 이는 사랑이나 증오, 자부심이나 편견 등과 다를 바가 없다. 인간 행동의 그 어떤 동기도 그 자체로 경제적인 것은 없다. 우리가 어떤 경험을 종교적 경험, 미학적 경험, 성적 경험이라고 부르기는 하지만, 그런 의미에서 독자적인 '경제적' 경험이라고 할 만한 것은 존재하지 않는다. 앞서 말한 종류의 경험들은 그와 비슷한 경험들을 다시 불러일으키는 독자적인 동기, 즉 종교적 동기, 미학적 동기, 성적 동기 등을 자아낸다. 하지만 이러한 이야기를 물적 생산에 적용하면 그 의미가 명백하지 않다.

경제적 요소라는 것은 모든 사회적 삶의 기초를 이루는 것이다. 따라서 어떤 구체적인 행동을 야기하는 것이 아니다. 이는 그만큼이나 보편적으로 적용되는 법칙인 만유인력의 법칙이 그 어떤 구체적 행동 유인도 빚어내지 않는다는 것과 동일한 원리다.

떨어지는 바위에 깔린다면 박살이 난다는 것은 자명하다. 이와 마찬가지로, 먹지 못하면 살 수 없다는 것 또한 자명하다. 하지만 굶주림의 고통을 피하는 것은 개개인의 일이 아니라 집단의 일이다. 한 개인이 배고픔에 시달린다 해도 그 사람이 구체적으로 할 수 있는 일은 아무것도 없다. 절망에 빠진 그 사람은 강도질이나 도둑질을 할 수도 있겠지만, 그러한 행동을 생산적이라고 부를 수는 없는 노릇이다. 아리스토텔레스의 말대로 인간은 사회적 동물이다. 따라서 모든 것은 자연이 아니라 사회적 조건이 가져다주는 것이다. 19세기 사람들이 굶주림과 이득을 '경제적'인 것이라고 생각하게 된 이유는, 당시의 생산이 시장경제라는 지극히 인위적이고 작위적인 방식으로 조직되어 있었다는 데에 말미암은 것일 뿐 다른 이유는 없다.

하지만 시장 메커니즘은 또한 경제결정론이 하나의 일반적 법칙이라는 기만을 낳고 말았다.

시장경제에서라면 그러한 결정론이 옳다. 그곳에서는 경제 시스템의 작동이 나머지 사회 전체에 '영향을 줄' 뿐만 아니라 아예 결정해버린다. 삼각형의 세 변이 세 각에 영향을 주는 정도가 아니라 각을 결정해버리는 것과 마찬가지다.

사회 내에서 여러 계급들이 계층화되는 것을 생각해보자. 노동 시장에서의 수요와 공급은 그것들이 각기 인격화하고 있는 고용주 계급 및 노동자 계급과 동일한 것이다. 자본가들, 지주들, 소작농들, 상인들, 주식 중개인들, 전문 직종인들 등등의 여러 사회 계급은 그에 해당하는 토지, 화폐, 자본 시장과 그것들의 활용 시장과 다양한 서비스의 시장에 조응하며 결정되었다. 이 계급들의 소득은 시장에 의해 결정되며, 그 소득은 다시 그들의 지위와 서열을 결정한다.

시장 메커니즘은 이렇게 여러 사회 계급을 직접적으로 결정하였고, 또 여타 제도들은 간접적으로 결정하였다. 이제 모든 이들의 생계는 시장 메커니즘의 작동에 달려 있게 되었으니, 국가 및 정부의 여러 형태, 결혼, 아동의 양육, 과학 및 교육의 조직, 종교와 예술, 직업 및 거주지의 선택, 사적 생활에서의 미학적 감각마저도 시장 메커니즘의 공리주의적 양식에 순응해야 했고 최소한 이를 방해하지 말아야 했다. '경제적' 인간이 '진정한' 인간인 것과 마찬가지로 경제 시스템이야말로 '진정한' 사회라는 그릇된 결론은 거의 회피할 길이 없어졌다.

시장 메커니즘이 벗어날 수 없는 힘으로 엄밀하게 작동하는 것은 경제적 동기 부여의 강력한 힘 때문이라고 여겨졌지만, 이러한 원인 설정은 잘못된 것이다. 사실대로 따져보자면 그 둘 사이에는 아무런 연관이 없다. 시장에 참가하는 개개인들의 동기가 무엇이건 간에 시장 메커니즘은 항상 경직되게 작동하게 되어 있다. 수요-공급-가격 시스템은 개개인의 동기가 강하건 약하건 합리적이건 비합리적이건 자신들의 이익에 관한 것이건 정치적인 것이건 종교적이건 상관없이 항상 똑같은 방식으로 작동한다. 19세기 사상가들이 발견했다고 주장한 경제결정론이란 실은 시장을 발견한 것일 뿐이었고, 그 시장이란 형식적 논리의 필연성에 따라, 피할 수 없는 선택들 사이에서 작동하는 것이었다. 이 선택들이 과연 그 경제 시스템에 적합한 것인가, 다시 말해서 거래되는 것이 진짜 상품인가 허구적 상품인가와는 무관한 것이었다.[3] 하나의 사회학적 현상으로서의 경제결정론은 시장이라는 현상의 테두리 안에서만 성립한다. 시장을 전제로 하지 않는다면 경제결정론이라는 것 또한 실체가 없게 된다.

경제결정론의 기초라는 것은 알고 보면 이토록 알맹이가 없는 것이다. 경제적 요인들은 무수한 방식으로 사회적 과정에 영향을 끼치며, 그 반대도 마찬가지다. 하지만 시장 시스템을 제외하면 경제적 요인의 영향력이라는 것은 단지 제한을 가하는 정도를 넘어서지 않는다. 이는 사회학과 역사학 어느 쪽도 논박하지 못하는 명제다. 그리고 인류학자들은 기술적 조직 혹은 심지어 경제 조직마저도 한 문화 안에 체현되어 있는 강조점을 결정하는 것은 아니라고 올바른 주장을 내놓고 있다. 거의 동일한 도구를 사용하며 또 부여받은 경세적 환경도 대단히 비슷한 여러 사회들을 놓고 비교해보았을 때, 그 사회를 지배하는 태도가 협동과 경쟁처럼 서로 정반대로 나타나는 경우가 발견된 바 있다. 한 공동체 내의 총체적인 문화적·도덕적 분위기를 결정하는 데 있어서 사람들 사이에 지배적인 태도가 협동이냐 경쟁이냐보다 더 결정적인 요소가 무엇이 있겠는가? 또한 인간이 과거로부터 물려받은 이상과 관련하여 연대의 원리와 자기주장이나 과시의 원리 중 어떤 것을 채택할 것이냐보다 더 근본적인 것이 무엇이 있겠는가? 그런데 이데올로기적으로 이토록 극단적으로 상극이 되는데도 여기에 경제적 요소들이 영향을 끼친 것은 아니라는 것이다.

이제 나는 다음과 같은 명제를 내놓으려 한다. 자유로운 제도란 협동과 경쟁처럼 대다수 사람들의 마음을 사로잡은 원리가 발현된 것에 다름 아니며, 이는 반대의 입증이 이루어지지 않는 한 경제의 기술적·조직적 측면들과는 독립된 것이라고 보아야 한다는 것이다. 자유가 제도적으로 표출되는 형태는 개성, 인격, 성격 등에 대해 어떠한 보상을 설정하느냐로 결정된다. 제도들이 자유를 지향하는가 아닌가의 여부는 그 사회가 여러 종류의 공민적 자유civic liberties에 대해 어떠한 가치를 부여하느냐에 따라 결정된다. 존 스튜어트 밀이 말했듯이, 교역 활동은 공적인 것이든 사적인 것이든 그가 말한 의미에서의 개인적 자유와는 별개의 문제다. 교역과 영리 활동을 조직함에 있어서 개개인들이 어떠한 자유를 누리는가의 문제는, 양심의 자유에 어떠한 가치를 부여할 것이며 이를 수호하기 위해 어떠한 제도를 둘 것인가의 문제와 아무 상관이 없다. 후자는 한 사회가 지닌 전반적 문화의 문제이며, 그 사회의 문화가 어떠한 가치를 강조하는가는 경제적 요인들로 결정되는 것이 아니다.

우리가 어떠한 종류의 사회를 바람직한 것으로 여겨야 하는가는 경제적인 것들로 결정할 문제가 아니라 도덕과 철학의 토론을 통해 결정할 문제다. 산업사회에 정말로 넘쳐나도록 풍부한 것 하나가 있다면, 이는 스스로를 이롭게 할 만큼을 넘어서는 양의 물질적 안녕이다. 만약 정의와 자유를 유지하고 삶에서 의미와 통일성을 회복하기 위해서는 생산에서의 효율성, 소비에서의 절약, 행정의 합리성을 일정 부분 희생해야 한다고 해보자. 그래도 산업 문명은 얼마든지 그렇게 할 물적인 여유가 있는 것이다. 오늘날 경제사가들이 철학자들에게 보내야 할 메시지가 바로 이것이다. 우리에게는 정의와 자유를 모두 추구할 만큼의 충분한 물적 여유가 있다.

3장

■■■

경제사와 자유의 문제[**]

■■■

오늘 우리가 논의하고자 하는 문제는 단순하고도 명쾌해 보입니다. 자유의 문제란 우리가 상속받은 이 자유라는 유산을 변해가는 세계에서 유지해나갈 능력이 있는가의 문제입니다. 문제는 이 '변해가는 세계'라는 것에 있습니다. 우리는 왼쪽으로 또 오른쪽으로(특히 좌파와 우파로) 좌충우돌을 거듭해야 하는 상황입니다. 한쪽에서는 악마들이, 또 다른 쪽에서는 천사들이 각기 자기들 쪽으로 오라고 소리를 지르지만, 이러한 상황에서는 어느 쪽도 도움이 되지 않고 오히려 혼란만 가중될 뿐입니다. 그래서 안됐지만 도대체 어느 쪽이 왼쪽이고 오른쪽인지, 무엇이 옳고 그른 것인지 도저히 알 길이 없는 때가 태반입니다.

제가 자유라고 말하는 것은 구체적인 여러 제도들로 나타난 여러 공

[**] 칼 폴라니 문서고, 파일 35-10. 1949년, Graduate Public Law and Government Club에서의 강연

민적 자유civic liberties(복수로 쓴 여러 자유freedoms)입니다. 즉, 사람은 자기 양심의 인도에 따라 스스로 확신하는 바를 따를 수 있다는 것을 말합니다. 남과 다를 수 있는 자유, 자기 스스로의 관점을 견지할 수 있는 자유, 자기 혼자서라도 소수파를 구성할 수 있는 자유, 하지만 그러면서도 어느 공동체에나 반드시 필요한 이탈자라는 역할을 수행함으로써 공동체의 명예로운 성원이 될 자유 등입니다. 옛날 재세례파Anabaptists가, 그리고 그 뒤를 이어 퀘이커 교도들이 '내면의 빛'이라고 불렀던 것을 따를 자유, 존 스튜어트 밀이 살았던 19세기의 정치 이론이 일궈낸 더할 나위 없이 소중한 깨달음을 소중히 간직하고 마음껏 누릴 자유를 말합니다.

국가의 안보와 여러 공민적 자유가 서로 대립하는 딜레마가 얼마든지 벌어질 수 있다는 점을 저도 인정합니다. 이를 무시하는 것은 손바닥으로 하늘을 가리는 짓이겠지요. 하지만 우리가 처한 현실의 여러 측면에 대해서나, 또 정치적 자유라는 초월적 원리에 대해서나 똑같이 열린 마음을 갖는다는 정신으로 대처한다면, 그러한 딜레마도 반드시 자유를 없애버릴 만큼 치명적인 것이 되라는 법은 없습니다.

또한 제가 말하는 자유는 옆 사람의 피땀을 착취할 권리, 공동체에 제대로 기여하지도 않고 어마어마한 이득을 취할 권리, 기술 혁신이 공공에 혜택이 되도록 쓰이는 것을 가로막을 권리, 사적인 이득을 위해 일부러 공공에 재난을 일으키고 이를 통해 이윤을 뽑아낼 자유 등을 일컫는 것은 아닙니다. 이러한 자유들이 사라져준다면 이는 해가 되기는커녕 모두에게 득이 될 뿐입니다. 존 스튜어트 밀은 당대에는 자유방임 경제를 확신에 차서 지지했던 이였지만, 사적 이득을 취하는 교역과 기업 활동을 개인의 자유라고 보는 생각을 거부하였으며, 그런 것들은 사상,

정신, 양심의 자유와 같은 근본적인 가치와는 무관한 것이라고 생각했습니다.

제가 처음에 내놓았던 명제를 다시 반복하겠습니다. 자유의 문제란 우리가 상속받은 이 자유라는 유산을 변해가는 세계에서 유지해나갈 능력이 있는가의 문제입니다. 이 문제가 제기되는 이유는, 변화란 곧 자유의 여러 제도들을 파괴할 수밖에 없다는 주장이 있기 때문입니다. 이러한 주장에는 아주 다른 색조(色調)를 띤 두 개의 목소리가 있습니다. 밀턴의 용어를 빌자면, 하나는 사탄의 목소리이며 다른 하나는 천사의 합창입니다.

사탄은 이렇게 주장합니다. "걱정할 것 없어. 팍팍 나가는 거야. 자유의 여러 제도들이라는 것은 알고 보면 부르주아들의 기만일 뿐이라고. 그리고 사회의 변화 속에서 이러한 자본주의의 이데올로기들은 필연적으로 제거되게 마련이야."

반대쪽에 있는 천사의 무리들도 사회의 변화가 자유를 제거하게 될 것이라는 명제를 똑같이 받아 되풀이합니다만, 그 결론은 정반대입니다. "멈춰! 자본주의를 개혁하려고 하지 마. 자유 기업의 원리를 교란시키면 자유도 필연적으로 잃게 될 거야."

어둠의 마력을 지닌 마르크스주의의 결정론과 천사의 무리가 외쳐대는 자유방임의 결정론 사이에 끼인 우리는 이 두 가지 다른 종류의 필연론에 먹잇감이 되어버립니다.

마르크스주의의 필연론은 우리의 여러 자유를 상실하는 것이 불가피한 일이라고 주장하며, 이를 아주 신이 나서 당당하게 외칠 때가 많습니다. 그런 자유들에 계속 매달릴 경우에는 사회 변혁을 포기하는 수밖에 없으며, 우리 자신이 일정하게 파괴당하는 것까지 참아가면서 지배 질서의 현재 상태를 그대로 받아들이는 수밖에 없다는 것입니다.

자유방임의 필연론은 변화하는 세계 속에서 바로 그러한 사회 변혁의 포기라는 치명적인 선택과 함께 자유방임식 세계관에 순종할 것을 선언합니다. 그러지 않을 경우에는 노예적 예속이 필연적으로 나타날 수밖에 없다는 주장으로 우리를 위협하면서 말입니다.

제가 확신하는 바로는, 이 두 가지 모두가 형식만 다를 뿐 경제결정론(이는 19세기식 유물론의 유산입니다.)이라는 동일한 신앙에서 나오는 주장들이며, 이러한 경제결정론은 경제사를 연구해보면 전혀 지지할 수 없는 것입니다.

마르크스주의의 결정론은 일종의 기차 시간표처럼 짜인 사회 발전의 도식에 기초하고 있습니다. 노예제 사회 다음에는 봉건제가 나타나며, 봉건제 뒤에는 자본주의가 나타나며, 자본주의 다음에는 사회주의가 나타난다는 식입니다. 각종 이데올로기 또한 이러한 변화에 궤를 함께하여 운동한다는 것으로, 신학, 형이상학, 실증과학의 순서를 상정하는 오귀스트 콩트의 시간표와 비슷합니다. 궁극적으로 따져볼 때 모든 것은 미리 결정되어 있으며, 여기에는 제도화된 것과 되지 않을 것을 막론하고 모든 각종 이데올로기들이 포함됩니다. 장기적으로 보면 사회의 경제적 토대, 즉 기술이 사유 재산 제도 등 생산의 여러 조건들을 서로서로 잘 조응하도록 정렬시키게 되어 있으며, 그 다음에는 기술과 생산 조건 두 가지가 힘을 합쳐서 제도화된 사상과 가치라는 상부구조를 정렬하게 되어 있다고 합니다. 대규모 치수와 관개(灌漑) 기술이 노예 소유자들의 사회만 낳은 게 아니라는 겁니다. 궁극적으로 따져보면 우상 숭배의 종교 행태 또한 노예제 사회의 산물이라는 것이죠. 또 맷돌은 봉건 사회만 낳은 것이 아닙니다. 궁극적으로 따져볼 때 교회라는 종교 행태 또한 봉건제 사회의 산물이라는 것입니다. 증기기관 역시 부르주아 사회만 낳은 것이 아닙니다. 궁극적으로 따져볼 때 자유, 평등, 박애라는 이데올로기 또한 부르주아 사회의 산물입니다. 따라서 전기 그리고 더욱 결정적인 것으로서 원자력까지 나타난 시대라면 사회주의가 나올 수밖에 없고, 여기에서는 자유, 평등, 박애라는 지배 이데올로기들은 다시 한 번 사라질 운명에 처하며, 그 자리에는 변증법적 유물론이 들어서게 된다는 것입니다.

이 모든 주장에는 분명히 일말의 진리가 담겨 있습니다. 기술과 생태적 환경은 인간 사회의 기본 구조에 결정적인 제한을 가하며, 이데올로기 또한 거기에서 깊은 영향을 받을 수 있습니다. 하지만 여러 경제적 요인들이 문화에 그저 제한을 가하는 정도가 아니라 아예 문화를 결정해버리는 일은 오로지 시장 사회에서만 나타나는 일입니다. 경제가 사회의 모습과 형식을 결정해버리는 일도 오로지 시장 사회에서만 나타나는 일입니다. 시장 사회에서 경제결정론은 거부할 길이 없는 현실입니다. 하지만 이는 시장 사회에만 해당되는 이야기입니다. 그보다 옛날 시대에 대한 묘사와 서술로서는 완전히 시대착오적인 이야기일 뿐입니다. 그리고 미래에 대한 예측으로서는 하나의 편견에 지나지 않습니다.

자유방임주의뿐만 아니라 '마르크스주의' 또한 19세기의 여러 상황을 반영하는 거울이라고 할 수 있습니다. 시장경제란 시장을 통해, 즉 수요-공급-가격 메커니즘을 통해 조직되는 경제입니다. 원리상 그 누구든 살아가기 위해서는 어떤 시장에서 어떤 재화를 판매하여 얻은 소득으로 다른 시장에 가서 다른 재화를 구매해야만 합니다. 하지만 시장경제의 진정한 본질은 그것이 스스로를 조정하는 성격을 지닌다는 데 있습니다. 이는 토지와 노동을 포함한 여러 생산요소들이 바로 그 시스템 안에 포함되어 있다는 사실에서 기인합니다. 우리 시대 이전의 그 어떤 사회에서도 노동과 토지의 운명이 수요-공급-가격 메커니즘으로 결정되도록 허락한 경우는 없었습니다. 하지만 일단 이런 일이 벌어지게 되면 사회는 경제가 좌우하게 됩니다. 왜냐고요? 노동이란 이름만 다를 뿐 사실 인간을 뜻하며, 토지 또한 이름만 다를 뿐 사실 자연을 뜻하는 것이기 때문입니다. 시장경제란, 인간과 인간이 살아가는 자연을 통째로 들어서 스스로의 법칙에 따라 스스로의 궤도를 운행하는 메커니즘의 눈 먼 작동에 내맡기는 것에 다름 아닙니다. 이러한 19세기에 경제 결정론, 즉 경제적 메커니즘의 활동이 사회를 통치한다는 그림이 나타난 것은 결코 놀랄 일이 아닙니다. 이는 그 시대의 현실을 그대로 그려놓은 것이니까요.

하지만 경제사가로서는 이에 대해 다음과 같은 말을 덧붙이지 않을 수 없습니다. 이러한 현실을 담은 19세기는 실로 특이한 시대였다고 말입니다. 통상적으로 볼 때 인간 역사에서 경제적 요인이라는 것의 위치는 다른 것에 제한을 가하는 요인 이상은 아닙니다. 물론 바다에 인접하지 않은 나라에서 강력한 해군이 발전한 적은 없으며, 열대 지방의 바다에서 북극곰을 사냥하며 살아가는 부족도 있을 수 없습니다. 하지만 문화의 양상 그리고 한 사회의 주요한 문화적 강조점은 기술적 요인들로 결정되는 것도 지리적 요인들로 결성뇌는 것도 아닙니다. 어떤 집단이 일상생활에서 경쟁의 태도를 발전시키느냐 협동의 태도를 발전시키느냐, 생산 기술을 집단적으로 사용하는 것을 선호하느냐 각자 개인적으로 사용하는 것을 선호하느냐 등은 생산수단의 효용이라는 논리와는 놀랄 정도로 무관합니다. 심지어 그 공동체가 실제로 운용하는 기본적인 경제 제도들로부터도 놀랄 정도로 독립되어 있는 경우가 많습니다. 똑같은 작업과 똑같은 생산 기술을 놓고서도 어떤 집단에서는 이를 적대적 경쟁의 정신을 바탕으로 작동시키는 반면, 다른 집단에서는 상호성과 경쟁 배제의 조화로운 정신을 바탕으로 작동시키는 것을 더 선호한다는 것입니다. 미드Margaret Mead, 포드Daryll Forde, 투른발트 등 현대의 문화인류학자들의 저작은 이 점을 충분히 명확하게 밝히고 있습니다. 하지만 경제결정론이 보편적 법칙이라는 그토록 잘못된 신념으로 인하여, 무수한 마르크스주의자들(제가 아는 바로는 마르크스 자신은 아닙니다만)이 자유기업 체제가 사라지게 되면 우리의 개인적 자유 또한 사라지게 되어 있다고 예언하게 된 것입니다. 사실상 이러한 필연성은 전혀 존재하지 않습니다. 자유를, 개성을, 정신의 독립성을, 관용과 양심의 자유를 강조하는 것은 협동과 조화의 태도를 취할 것이냐 적대와 경쟁의 태도를 취할 것이냐의 문제와 완전히 똑같은 범주의 문제입니다. 이는 만사에 속속들이 배어 있는 인간 정신의 존재 양상입니다. 이는 다양한 형식을 통해 제도화되고 또 관습과 법률로 보호되면서 무수한 방식으로 표출되게 되어 있지만, 본질적으로 기술과는 독립된 것이며 심지어 경제 조직과도 독립된 것입니다. 공공 여론의 예를 한번 보겠습니다. 오히려 사적 기업이 지배하는 경제 체제에서 공공 여론에서의 관용과 자유의 정신이 완전히 사라지는 일이 벌어지기도 합니다. 반면 미국과 영국의 경우, 오히려 경제에 엄격한 규제를 가했던 전시 경제 시절에 그 어느 때보다도 공공 여론이 더 큰 자유를 누렸다는 사실을 기억해보십시오.[1]

독일과 러시아의 경우, 계획경제하에서 여러 공민적 자유가 거의 사라지는 일이 벌어졌던 것도 분명한 사실입니다. 하지만 독일에서나 러시아에서나 새로운 헌법이 무력화된 이후[*2] 여러 자유를 의식적으로 제도화하려는 의도 자체가 존재했다는 증거가 있습니까? 그리고 자유방임을 주장하는 논지는 의식적으로건 아니건 직업 선택의 자유가 사라지는 바람에 여러 무서운 결과가 나타나게 되었다는 주장을 논거로 삼고 있습니다. 하지만 독일에서나 러시아에서나 실제로 어떤 개인이 제멋대로 다른 사람들을 노예로 만들어 부리는 일이 전혀 벌어지지 않았다는 점이 믿을 만한 조사를 통해 밝혀졌습니다. 이 나라들에서 정치적인 관용이 존재하지 않고 획일적인 정치적 동원이 마구 행해졌던 것은 분명하지만, 이는 전적으로 정치 선전에 국한된 문제이며 여기에 정치적·행정적 방법이 동원되었던 것뿐입니다. 하지만 경찰을 풀어 사람들을 강압하는 통치 방식은 경찰국가라면 어디에서든 적용 가능한 것이며, 따라서 자유방임 경제에서도 얼마든지 나타날 수 있습니다. 따라서 경찰을 동원한 통치 방식과 경제 형태 사이에 어떤 연관이 있는가를 밝히는 것이야말로 결정적인 고리인데, 이러한 점은 쏙 빠져 있습니다.

이번에는 좀 더 최근에 벌어진 사건들을 예로 들어봅시다. 미국에서 비교적 자유로운 경제가 나타났던 기간인 1946~1948년을 생각해봅시다. 이 기간을 뉴딜과 전시 경제의 기간인 1932~1945년의 기간과 비교해보았을 때, 과연 공민적 자유의 수준이 향상되었다는 무슨 증거가 있습니까? 모두 아시는 바와 같이 현실은 오히려 그 반대였죠. 게다가 다시 한 번 말하지만, 그 이유들 또한 경제 정책들과는 전혀 무관한 것이었고 좀 더 일반적인 요인들과 직접 연관된 것들이었습니다. 또 마지막으로 영국의 예를 봅시다. 자유방임주의자들의 기준에 따른다면 영국은 이미 자유와 예속의 경계선을 넘어 예속의 길로 들어선 지 오래입니다. 이제는 정부가 노동에 대해 지휘하고 명령하는 여러 절대적 권한을 공식적으로 갖고 있으며, 또 아주 드문 경우였지만 심지어 이를 행사한 전례도 있기 때문입니다. 하지만 그렇다고 해서 과연 영국이 여러 공민적 자유의 기준에 있어서 전 세계의 모범국이라는 위치를 잃게 되었던가요?

하지만 이와 똑같은 결정론이 오늘날 단지 강조점만 달리한 채 다시 나타나고 있습니다. 참으로 역설적인 일이지만, 이러한 목소리를 내는 이들은 바로 스스로가 마르크스주의 반대의 선봉에 있다고 여기는 이들일 때가 많습니다. 이들은 선한 의도에서 우리에게 이렇게 경고합니다. 19세기 형식의 시장 시스템(이는 원리상 우리가 말한 시장경제와 동일한 것입니다.)을 견지하지 못한다면 우리는 필연적으로 우리의 여러 자유를 상실하게 될 것이라고. 하지만 이렇게 옛날의 격언을 새로운 격언인 양 바꾸어 말한다고 해서 더 진리에 가까워지는 것은 아닙니다. 물론 양심의 자유, 언론의 자유, 종교의 자유, 결사의 자유 등을 높게 평가하는 것이 시장 시스템의 확산과 더불어 제도화되었던 것은 틀림없는 일입니다. 또 19세기로 들어서면서 정치적 급진파여서, 혹은 종교나 민족 등의 이유로 소수자가 된 이들의 권리를 보호 하는 장치가 갈수록 늘어난 것도 사실입니다. 따라서 이 시기를 지배했던 경제 제도들이 사라지게 되면 이러한 종류의 여러 자유 또한 필연적으로 그리고 반드시 사라질 수밖에 없다는 것입니다. 이러한 관점을 강하게 주장하는 이들 가운데에는 훌륭한 인격과 선한 의도를 가진 이들이 있는데, 하이에크 교수도 그중 한 사람입니다.

이러한 암울한 예언은 이미 시장경제가 시작되던 시대부터 생겨난 것입니다. 그 당시의 예언이 빗나간 것처럼 오늘날의 예언도 똑같이 잘못된 것입니다. 당시에 나왔던 예언에 따르면, 우리가 가진 사적 소유의 경제 시스템 아래에 민주주의를 도입하게 된다면 우리의 여러 자유는 반드시 사라지게 된다는 것이었습니다. 민주주의 아래에서는 군중들이 자본주의를 파괴해버릴 수밖에 없으며, 자본주의가 존속하려면 독재정 등의 형태를 빌어서 자유를 희생시키는 수밖에 없다는 것이었습니다. 이렇게 지독한 결정론도 없지만 또 이렇게 진실과 어긋난 주장도 없습 니다. 이러한 관점을 강하게 주장했던 이는 휘그 사관의 전형적인 대표 자인 매콜리 경Lord Macauly입니다. 계몽되었지만 지독한 계급의식에 찌 들어 있던 영국 귀족들의 관점이죠.

여러분이 양해해주신다면, 매콜리 경이 1857년 뉴욕에 살고 있던 그 의 친구 랜덜H. E. Randall 판사에게 보낸 편지에서 몇 부분을 읽어보도록 하겠습니다. 경제주의의 편견에서 나온 이 불길한 예언이 과연 얼마나 들어맞았던가를 여러분이 듣고 한번 직접 판단해보시기 바랍니다.

제가 제퍼슨 씨를 높이 평가하지 않는다는 것을 알고서 놀라셨다니 오 히려 놀란 쪽은 저입니다. 저는 의회나 집회에서는 물론이고 심지어 후보 지명 정견 발표장처럼 군중들의 환심을 사기 위한 말을 쏟아 놓게 마련인 자리에서도, 한 국가의 최고 권위를 수적으로 다수인 시민들에게 위탁해 야만 한다는 말은 한 마디도 한 적이 없고 글로 쓴 적도 없습니다. 다시 말 해서 사회의 가장 가난하고 무지한 계층에게 권력을 주어서는 안 된다는 것입니다. 제가 오래도록 간직해온 확신입니다만, 순수한 민주주의에 입각 한 여러 제도는 조만간 자유와 문명 중 하나 혹은 둘 모두를 파괴하게 되어 있습 니다.

인구가 밀집되어 있는 유럽에서는 이러한 민주적 제도들을 도입하면 그 효과가 거의 즉각 나타나곤 합니다. 최근 프랑스에서 벌어진 일이 그 예입니다. 이곳에서는 1848년 순수한 민주주의 체제가 확립된 적이 있습니다. 짧은 기간이었습니다만, 이 시기 동안 전반적인 약탈, 국가의 파산, 경작지의 재분할, 물가의 앙등, 게으른 빈곤층을 먹여 살리기 위해 부자들에게 감당하기 힘들 만큼의 세금을 징수하는 일 등이 나타날 것이라고 충분히 예측할 만한 상황이었습니다. 이런 체제가 20년만 지속되었다면 아마도 프랑스는 옛날 카롤링거 왕조 시대의 프랑스만큼이나 가난하고 야만적인 나라가 되었을 것입니다. 다행스럽게도 전제정이 들어서고 의회의 연단에서도 시끄러운 선동이 사라지고 신문들을 노예처럼 굴종시킬 수 있었고, 그 덕에 그러한 위험 또한 피할 수 있었습니다. 자유는 사라졌지만 문명은 구출되었던 것입니다. 만약 이곳 미국에서도 순수한 민주주의가 나타난다면 그 결과는 똑같을 것이라고 저는 확신합니다. 가난한 자들이 부자들을 약탈하면서 문명이 사멸하든가, 아니면 강력한 군사 정부가 나타나서 질서와 사유 재산 제도를 구출하면서 자유를 사멸시키든가 둘 중 하나일 것입니다.

당신들 미국인들은 당신네 나라만큼은 이러한 민주주의의 해악을 겪지 않을 것이라고 생각할 것입니다. 당신에게 솔직하게 털어놓죠. 제 생각은 전혀 다릅니다. 비록 그러한 운명의 작동을 막아주는 물리적 요인이 하나 있기는 하지만, 당신들의 운명 또한 분명합니다. 아무도 살지 않는 비옥한 토지가 무한정 열려 있는 한 미국의 근로 대중들의 삶은 구대륙 근로 대중들보다는 훨씬 더 윤택하게 되어 있습니다. 그리고 이 상태가 유지되는 한 제퍼슨 식 정책 또한 아무런 치명적인 재난을 낳지 않은 채 계속될 수 있습니다. 하지만 언젠가 뉴잉글랜드 또한 영국의 잉글랜드만큼이나 인구가 밀집하게 될 날이 올 것입니다. 임금은 하락할 것이며, 이곳 영국에서와 마찬가지로 아래위로 오르내릴 것입니다. 미국에도 맨체스터와 버밍햄과 같은 노동자 빈민 지역이 나타날 것입니다. 수십만 명의 직공들이 분명코 일자리를 잃을 것입니다. 그때가 되면 역시나 당신들의 여러 제도 또한 제대로 시험대 위에 오르게 될 것입니다. 어디에서나 빈곤이 넘쳐나고 있는 판이니 노동자들은 불만에 가득 차 반란을 일으킬 것이며, 어떤 이들은 끼니도 제대로 잇지 못하는데 어떤 자는 백만 파운드를 쥐고 있다는 것은 끔찍하게 불공평한 일이라고 떠드는 선동꾼이라도 나타나게 되면 귀를 쫑긋 세우고 열심히 들을 것입니다. 이곳 영국에서는 불경기가 되면 불평의 소리가 넘쳐나며, 또 어떨 때는 폭동까지 벌어지기도 합니다. 하지만 그것이 큰 문제가 되지 않는 이유는, 영국에서는 이렇게 고생하는 이들이 지배자들이 아니기 때문입니다. 최고 권력을 하나의 계급이 장악하고 있기 때문입니다. 이 계급은 물론 많은 사람으로 이루어져 있지만, 이들은 모두 교육받은 계급이며, 또 사적 재산의 안전과 질서 유지에 자신들의 이익이 직결되어 있다는 점을 스스로 철저하게 의식하고 있는 계급에서 선별된 자들입니다. 따라서 불평분자들이 많아도 결국에는 부드럽게 억누를 수 있습니다. 불경기가 찾아온다고 해도 가난한 이들을 구제한다는 명분으로 부자들의 재산을 강탈하지 않고서도 그 시기를 극복하는 것이 가능해집니다. 그 시기가 지나고 나면 국가의 부는 다시금 샘물처럼 흘러나오게 됩니다. 일자리도 넘치고 임금도 오르며 만사가 평온하고 만족스럽게 돌아가도록 되어 있습니다.

　저는 영국이 이러한 위기의 시절을 방금 말한 방식으로 서너 번 넘기는 것을 보았습니다. 미국 또한 이번 세기에는 몰라도 다음 세기에는 이러한 시절들을 거쳐야 할 것입니다. 그때를 도대체 어떻게 넘기실 건가요? 저는 정말 진심으로 당신들이 잘되기를 바라지만, 이러한 제 간절한 소망을 저의 이성은 무참히 짓밟아버리는군요. 안됐지만 저는 최악의 사태를 예견하지 않을 수가 없습니다. 당신들의 정부로는 빈곤과 불만에 가득 찬 다수의 군중들을 억누를 수 없다는 것이 너무나 분명합니다. 당신들은 다수가 통치 권력을 쥐게끔 만들어 놓았기에 항상 소수일 수밖에 없는 부자들의 명운은 완전히 그 다수의 결정에 놓여 있게 되기 때문입니다. 뉴욕 주에서도 아침저녁으로 끼니를 반쯤 걸러야 할 만큼 가난한 다중(多衆)이 의회를 구성하게 될 날이 올 것입니다. 그러면 그렇게 구성된 의회라는 게 도대체 어떤 물건일지 의심하지 않을 수 없습니다. 한편에서는 참을성, 기성의 권리에 대한 존중, 공공의 신뢰에 대한 엄격한 준수 따위를 설파하는 국가 지도자들도 출마할 것입니다. 하지만 다른 한편에서는 자본가들 및 고리대금업자들의 독재에 대해 게거품을 물고 저주를 퍼붓는 악질 선동가들도 출마할 것이며, 이들은 무수한 수의 정직한 민중들이 헐벗고 굶주리는 판에 누군가는 마차를 타고 샴페인을 마신다는 게 말이 되느냐고 악을 쓸 것입니다. 배고픈 자식들의 울음소리를 들어야 하는 노동자들이 이 두 종류의 후보들 중 어느 쪽에 표를 찍겠습니까?

제가 정말로 염려하는 바는, 방금 제가 묘사한 것과 같은 어려운 시절이 오게 되었을 때, 여러분 미국인들이 부와 번영이 회복되는 것을 가로막는 짓을 하게 되지 않을까 하는 것입니다. 마치 흉년이 들었을 때에 굶주린 이들이 씨앗 곡물까지 모조리 먹어치워서 다음 해에는 흉년 정도가 아니라 아예 절대 빈곤 상태에 빠지게 되는 것과 같은 짓을 하지 않을까 하는 걱정입니다. 그리고 이러한 빈곤 상태가 오게 되면 굶주린 민중들은 또 새로운 약탈을 벌일 것입니다. 당신들은 이러한 사태를 막을 만한 장치를 갖고 있지 못합니다. 당신들의 헌법에는 돛만 있을 뿐 닻이 없다는 것입니다. 앞에서 말했듯이, 사회가 이러한 하락의 길로 들어서게 된다면 문명과 자유 둘 중 하나는 시들어 없어질 수밖에 없습니다. 시저나 나폴레옹과 같은 이가 나타나 정부의 권력을 장악하여 철권통치를 펴든가, 아니면 20세기의 당신들 공화국이 5세기의 로마 제국과 마찬가지로 야만족들에 의해 무시무시한 약탈을 당해 폐허가 되든가 말입니다. 다른 점이 있다면, 로마 제국을 쑥밭으로 만든 훈족과 반달족은 외부에서 온 것이지만, 당신들 미국을 망칠 훈족과 반달족은 당신네 나라 안에서 당신네들 스스로가 만든 제도에 의해 생겨날 것이라는 점뿐이겠죠.

이 점을 생각해볼 때, 제가 제퍼슨을 인류에게 좋은 것을 가져다줄 사람이라고 생각할 수 없다는 건 당연한 일입니다.[3]

저의 강연은 다음과 같은 말로 결론을 맺어야 하겠습니다. 미국은 오늘날에도 여전히 멀쩡하게 건재하고 있다고요. 오늘날의 미국은 민주주의 국가이지만 자유를 잃은 것도 아니며 부를 잃은 것도 아닙니다. 저는 또 다음과 같이 굳게 믿고 있습니다. 미국의 경제를 용감하게 개혁한다면 한 세기가 지난 뒤에도 안정과 정의와 번영을 모두 누리고 있을 것이라고. 미국인들은 그 전 어느 때보다도 더 강력해진 여러 자유를 흠뻑 누리고 있을 것이라고. 이것이 20세기에 새로이 나타난 매콜리 경 후예들의 주장에 대한 답변이 될 것입니다.

4장

—

경제적 사유의 새로운 개척지들[**]

—

우리가 안고 있는 매우 절박한 문제들 중 일부는, 우리의 사회적 삶의 여러 면면들을 우리가 채택한 기술에 맞도록 적응시켜야 한다는 필요에서 나온다.[1]

물론 그러한 적응이 이루어져야 할 삶의 영역이란 경제 영역이다. 이것이 폭넓게 함축하고 있는 바는 무엇인가? 그리고 우리의 문제에 대해 경제과학이 새롭게 밝혀줄 수 있는 바는 무엇인가? 이것이 우리의 질문이다.

우리 삶의 일부를 구성하는 경제 영역이라는 것의 실제적 정의를 다시 한 번 살펴보겠다. 즉, '우리가 생필품이 결핍되는 일이 없도록 보장하는 사회 영역'. 우리는 정말 실제로 굶게 될까 봐 두려워하는 것인가?

[**] 칼 폴라니 문서고, 파일 20-7. 날짜는 밝혀져 있지 않지만 1950년대 말로 보임. (문서고 목록으로 추정.)

우리 중 일부가 간혹 그럴 때가 있다고 해두자. 하지만 정말 우리 대부분이 늘 굶는 것을 두려워하고 있으며 그것 때문에 일을 한다니, 이게 도대체 일말의 진실이라도 담고 있는 것인가? 미국의 산업 지도자들 중에는 일 년에 몇십만 달러씩 벌어들이는 이들이 있다. 우리의 높은 생산 수준이 그들이 흘린 땀과 노고에 크게 빚지고 있음도 분명하다. 하지만 그들이 그토록 생산에 진력하는 이유가 정말 그러지 않았다가는 자기들이 굶어 죽게 될까 봐 두려워서 그런 것일까? 현재와 같은 엄청난 풍요를 달성하도록 그들을 바삐 움직이게 만드는 여러 요인들을 따져본다면, 사실 굶주림의 공포 따위는 무시해도 좋을 만큼 하찮은 것 아닌가?

그렇다. 남태평양의 트로브리안드 제도의 원주민들은 얌yam을 기를 때 보통 자기들한테 필요한 만큼의 두 배를 길러서 그냥 썩게 내버려둔다. 그들은 자기들의 생활을 풍요라는 말로 묘사하고 있는 반면, 우리는 우리 스스로의 기준으로 보았을 때 도처에서 희소성에 시달리고 있다. 그들의 기준에서 보자면 우리는 풍요에 둘러싸여 있건만, 우리의 경제적 삶을 희소성이라는 말로 묘사하여 얼어붙게 만들고 있는 것이다. 백만장자들이 굶어 죽을까 두려워서 그렇게 바삐 움직이고 있다는, 말도 안 되는 허구를 우리가 받아들일 수 있게 되는 것도 바로 이 때문이다.

하지만 이 허구에는 또 분명한 진실이 담겨 있기도 하다. 누구든 원리상 임금이든 이윤이든 벌어야만 한다. 그렇지 않으면 소득이 없이 살게 될 것이며, 기초 생필품마저도 조달하기가 막막해지게 되어 있다.

우리 사회를 현재와 같은 모습으로 조직하는 원리는, 모든 이들로 하여금 소득을 얻기 위해 팔 수 있는 것은 무엇이든 팔도록 만드는 것이다. 인간 세상의 만사만물은 이러한 시스템의 여러 요구에 종속당하게 된다. 재산이 있는 사람은 자기가 가진 자본 혹은 토지의 사용권을 판매하며, 노동자는 자기 노동력의 사용권을 판매한다. 그리고 이들의 소득이란 사실상 그것들을 시장에 내다팔아 얻은 가격이다. 자본 사용권의 가격은 이자라고 불리며, 토지 사용권의 가격은 지대, 노동력 사용권의 가격은 임금이라고 불린다. 기업가는 자신의 서비스를 판매하여 이윤, 즉 '비용재의 가격과 생산물의 판매 가격의 차액a difference between the price of cost of the goods and the selling price of the product'[2]으로 보상받는다. 그의 소득 또한 시장에 의존하고 있는 것이다.

모두 알고 있듯이, 이 모든 종류의 소득은 시장 시스템에 의해 결정되는 것으로, 상이한 여러 시장들 즉 노동력, 자본, 토지, 그 밖에 각각이 소유한 갖가지 것들의 사용권이 거래되는 시장에서 결정된다. 기업가의 경우에만 그들의 서비스에 직접 해당되는 시장이 없으며, 따라서 그들은 리스크를 감내해야만 한다. 아마도 이것이 대규모 산업에서 혁신 기업가가 사라지고 대신 안전하게 봉급을 받는 경영자가 들어서게 되는 이유일 것이다.

여기에서 우리 경제의 성격을 더 자세히 논하지는 않겠다. 나의 논점은, 우리의 시장경제라는 것이 우리가 '경제적 동기들'이라고 부르는 것, 즉 굶주림에 대한 공포와 이득에 대한 희망에 완전히 기대고 있다는 우리의 가정이 옳음을 보여주는 것이다.

하지만 굶주림과 이득을 경제적 동기들이라고 부른다는 것은 곧 삶의 경제 영역을 새롭게 조정하고 변화시켜 나갈 수 있는 가능성 자체를 미리 꺾어버리는 짓이 아닐까? 이 점을 생각해보도록 하겠다.

어떤 의미에서는 그렇다고 해야만 한다. 시장경제가 여러 물질적 재화의 생산 및 분배를 담당하게 되어 있으며, 또 이 시스템의 작동을 보장하는 것은 굶주림과 이득(그 정확한 의미는 인위적으로 규정된다.)이다. 따라서 이 두 가지를 경제적 동기라고 부르는 것도 정당한 일이다. 우리 경제 시스템의 작동이 사람들이 갖는 이 두 가지 동기에 의존하고 있다는 것은 엄연한 현실이다.

하지만 다른 의미에서 따져보아도 과연 이 두 가지를 경제적 동기라고 할 수 있을까? 이것들이 본질적으로 경제적인 것들인가? 미학적 동기들이 미학적이며 종교적 동기들이 종교적이라고 말하는 의미에서도 그러한가? 다시 말해서, 어떤 행동을 하게 되는 동기가 성질이 분명한 어떤 경험에서 나온 결과이자 또 그 경험을 표현하는 것이라는 의미에서도 그렇게 말할 수 있는 것인가? 전혀 그렇지 않다. 굶주림이란 본질적으로 전혀 경제적인 것이 아니다. 누군가 굶주리고 있다고 해도 그 사람이 이를 해결하기 위해 구체적으로 할 수 있는 것은 아무것도 없다. 배가 고프다는 것에서 우회생산[*3)]을 조직할 방법이 나오는 것은 분명코 아니기 때문이다. 물론 굶주림 때문에 그 사람이 혼자서 강도질을 벌이게 될 수도 있겠지만, 이는 경제적 활동이 아니다. 또한 인간의 뇌에서 생겨나는 이득에 대한 충동 또한 특별히 경제적인 것이 아니다. 이득이라는 생각, 또 그에 대한 강력한 충동이라는 게 설령 존재한다손 치더라도, 이런 것들은 물질적 재화의 생산 및 분배와 아무런 연관이 없다. 일종의 정교한 경제적 메커니즘이 나타나서 그 둘 사이에 무슨 연관을 인위적으로 만들어낸다면 물론 이야기는 달라지지만, 그렇게 되면 애초의 질문과는 전혀 다른 문제가 되고 만다.

이 문제는 대단히 현실적인 중요성을 담고 있다. 우리가 이 점을 명확히 인식하지 못하면, 우리는 모든 경제 시스템이란 필연적으로 우리가 별 생각 없이 굶주림과 이득이 경제적이라고 말할 때의 그런 의미에서의 경제적 동기들에 근거하여 굴러가게 되어 있다고 가정하게 되기 때문이다.

인간 행동의 자유를 협소하게 만드는 이보다 더 끔찍한 논리도, 이보다 더 비과학적인 논리도 도저히 생각할 수가 없다. 이에 따라 우리의 경제 시스템을 기술과 사회 정의라는 기준에 적응하도록 변형시킨다는 과제 또한 이제 전혀 해결책을 찾을 수 없는 것이 되고 말았다.

다음과 같이 말하는 것이 진리에 훨씬 더 가까울 것이다. 시장경제가 확립되기 이전에는, 사람이 생산 활동에 참여하게 만들기 위해서 굶주림에 대한 두려움을 동기로 삼는 경제 시스템은 단 한 번도 존재한 적이 없었다고. 물론 공동체 전체 차원에서는 언제나 식량에 대한 걱정이 있었을 것이며, 이는 오늘날에도 일반적으로 적용되는 바다. 하지만 공동체가 이러한 걱정을 개인들에게 떠넘겨서 자신이 사냥이나 경작 혹은 수확에 어느 만큼이나 참여하는가에 따라 자기 입으로 떨어지는 몫이 얼마나 될까를 걱정하게 만들지는 않았다는 것이다. 원시 사회에서는 개개인이 굶주림에 대한 공포라는 동기 때문에 경제 영역에 들어오는 일이 없도록 여러 제도적 안전장치들이 있었다. 중세 사회에 대해서도 똑같이 말할 수 있으며, 심지어 중상주의 시스템조차도 실은 그러했다. 동서고금 어디에서나 우리가 경제적 유인이라고 부르는 것을 멀리하려는 경향이 존재했다. 그렇다고 해서 사회 전체가 얻게 되는 양과 개개인이 거기에서 가져가는 몫의 관계를 무시할 수 있다는 말은 아니다. 이는 당연히 가능한 일이 아니다. 사회 전체가 얻게 되는 것보다 더 많은 양을 사회가 분배할 수는 없는 일이며, 많은 경제 제도의 경우 한 사람이 가져가는 몫은 그 사람이 얼마나 땀 흘려 수고했는가로 결정되게 되어 있다. 하지만 우리의 논의에서 중요한 것은 그게 아니다. 한 개인이 굶주림을 두려워한다는 것은 그 사람이 더 잘살게 되거나 못살게 될까 봐 걱정하는 것과는 전혀 다른 문제라는 것이며, 우리 사회보다 더 가난한 사회들에서 굶주림의 채찍이라는 것은 분명코 존재하지 않았다는 것이다.

교환을 통한 이득이라는 동기에 대해서는 더욱 진실에 가깝다고 할 수 있다. 시장경제 이외의 사회를 살펴보면, 이러한 동기는 전혀 존재하지 않았거나 존재할 경우에는 부정적인 오명이 붙어서 점잖은 사람이 할 짓이 아니라고 제쳐놓는 대상이었다. 물론 이렇게 말하면 수많은 예외가 떠오를 것이다. 하지만 이러한 예외들이 있다고 해서 그 중요성을 과장해서는 안 된다. 우리는 현재의 색안경을 쓰고서 과거를 보게 되어 있기 때문에 우리에게 익숙한 경향들을 그렇지 않은 것들보다 더 쉽게 인식하게 되어 있다. 한 시대를 바라볼 때 정작 중요한 것은 그 시대의 지배적인 제도들의 성격이 무엇인가이다. 부차적인 제도들은 그 성장에 있어서나 범위에 있어서나 이 지배적 제도들에 의해 한계가 정해지게 되어 있기 때문이다. 오늘날 곳곳에 수도원이 있지만, 그렇다고 해서 우리 사회가 수도원을 중심으로 조직된 사회는 아니다. 마찬가지로 옛날 어느 시대에 상인들이 존재했다고 해서 그것이 곧 그 사회가 반드시 상업적 태도에 의해 지배되었다는 것을 뜻하지는 않는다. 여러 시장들이 존재한다는 것만으로는 별로 대단한 사실이 아니며, 화폐가 쓰였다고 해도 이는 늘 있어 온 일이고 부차적인 특징일 뿐이다. 그것이 곧 그 사회가 화폐화된 사회임을 뜻하는 것은 아니며, 어떤 경제에 시장이 존재한다고 해서 그것이 곧 시장경제임을 뜻하는 것도 전혀 아니다.

시장경제를 기술과 사회 정의에 적응하도록 제대로 변화시키는 것이 오늘날 그토록 중요한 문제로 떠오르고 있지만, 우리의 이 시장경제는 앞에서 말한 모든 경우와 달리 경제적 동기들로 작동한다. 그렇다면 이 시장경제는 도대체 무엇이란 말인가? 우리의 시장경제는 곧 시장 패턴이 지배적 위치를 차지하는 경제다. 원시 사회는 친족 체계에 기초하고 있다. 봉건 사회는 인격적 결속에 기초하고 있다. 우리의 사회는 시장 패턴 안에 묻어들어 있다.

이렇게 말하는 우리의 기준은 아주 단순하다. 시장이 존재한다는 것 자체가 토지와 노동에 대한 시장 또한 존재한다는 것을 뜻하지는 않는다. 토지와 노동이야말로 사회의 존속 자체를 떠받치는 두 개의 기둥으로서, 인간 세상 어디에서나 이것들은 시장의 작동으로부터 보호받도록 되어 있다. 우리가 토지니 노동이니 하는 이상한 말로 부르고 있지만, 이것들은 실은 사람, 그리고 사람이 살아가는 자연환경에다 경제학자들이 붙여놓은 이름일 뿐이다. 이것들을 시장으로 조직해놓게 되면, 즉 사람과 사람이 살아가는 삶의 터전의 운명을 시장의 작동에 내맡기게 되면, 그 즉시 그리고 오직 그 경우에만 시장이 사회의 지배적 제도로 자라나게 된다. 이는 친족 사회, 수도원 사회, 봉건적 결속 사회, 그밖의 다른 사회적 패턴들[4]의 유형들과 마찬가지다.

정식화시켜 말하자면[5] 다음과 같이 표현할 수 있다. 토지와 노동이라는 생산요소들이 스스로의 시장을 가지게 되고 또 이에 따라 토지와 노동의 결합물인 자본이 모든 시장에서 이윤을 동등하게 만든다는 하나의 목적에 따라 자유롭게 이동하게 되면, 시장 시스템은 자율적이고도 자동적인 것이 된다고. 이것이 바로 우리가 자기조정 시장 체제라는 말로, 즉 토지와 노동에 대한 자유 시장을 포함하는 단일의 시장 시스템이라는 말로 드러내고자 하는 의미다.

이렇게 놓고 보면, 인간 사회 전체가 이 시스템에 내맡겨져 있는 상태라는 것, 또 이 시스템은 존재하는 그 순간부터 인간 사회를 파괴하게 되어 있다는 것은 분명하다. 이 맹목적인 맷돌의 손아귀에 걸려들게 되면, 사람은 시들어 소멸해가게 되며 자연은 흙먼지로 되돌아가게 된다. 이는 스스로를 파멸로 휘몰아가는 바벨탑인 것이다.

당연한 이야기지만, 이러한 상태가 현실에 실제로 존재했던 적은 단 한 번도 없었다(비록 일부 이론 경제학자들은 아직도 이러한 상태를 가정하여 실제 정책의 기초로 삼고 있지만). 시장 패턴이 지배적인 제도로서 발흥하게 되면서 그 반대 방향으로의 운동도 함께 나타나게 된다. 이 악마의 맷돌Satanic mill[*6]의 작동에 맞서서 인간 사회의 실체라고 할 사람과 자연을 보호하는 운동 말이다. 비록 불행하게도 우리의 생각과 정신은 사막의 모래 바람samum처럼 모든 것의 생기와 촉촉함을 말려 죽여 버리는 경제주의적 편견에 노출되어 지극히 건조해지고 말았지만(사실 그렇게 되지 않을 도리도 없었다), 특히 노동과 토지를 정말로 시장의 변덕에 휘둘리도록 완전히 방기하는 일은 결코 벌어진 적이 없다. 노동 시장과 토지 시장이라는 제도를 아무리 극단까지 밀어붙이려 해도 여기에 맞서는 반대 경향의 제도들이 있어서 최소한 어느 정도까지는 사회를 보호했던 것이다. 하지만 철학과 종교 등 사상의 영역에서는 이러한 상업주의가 절대적인 지배력을 가지고 군림하게 되었다. 그리하여 우리가 사람에 대해 갖는 그림은 경제주의의 여러 가정들로 깊은 영향을 받게 되었고, 인간이 자기가 살고 있는 세상의 모습을 스스로가 품은 여러 이상에 따라 만들어갈 자유가 있다는 생각도 그 영향으로 사라지게 된 것이다.

인간에 대해서 보자면…….[7]

2부

—

제도의 중요성

—

5장

—

제도적 분석이 사회과학에 기여할 수 있는 것[**]

—

경제학과에 있는 우리들이 간혹 잊어버리는 사실이 있습니다. 경제란 우리 학과에서만 관심을 두는 문제가 아니며, 심지어 학문적인 시각에서만 바라볼 문제가 아니라는 점입니다. 어떤 사회든 어떤 형태로든 경제가 있어야만 존속할 수 있기에, 사회과학과 관련된 모든 학과에서는 자신들이 다루는 용어에 '경제적'이라는 말을 포함하지 않을 수 없습니다. 사회학자, 인류학자, 역사가, 정치학자, 이들 모두가 경제적 요인, 경제적 동기, 경제적 이해관계, 경제적 계급, 그 밖에 인간 경제의 모든 요소들을 포괄하는 경제적 조건과 발전 등을 나름의 방식으로 다루어야 합니다. 따라서 모든 사회과학자들은 경제적 용어와 개념들이 정확히 무엇을 의미하는지를 분명히 정의해야 하는 달갑지 않은 처지에 몰

[**] 칼 폴라니 문서고, 파일 30-18. 1950년, 뉴욕 컬럼비아 대학 경제학협회Graduate Economics Society에서의 강연

릴 때가 많다는 것이 기정사실이 되었습니다. 그런데 이들은 경제학자들이 이 모든 질문들에 대해 '해답을 가지고 있다'고 믿고 있지요. 이게 어찌 이들의 잘못이겠습니까? 하지만 금방 진실이 드러나게 되어 있습니다. 우리가 잘 알고 있듯이, 경제학은 모든 가장 기초적인 개념들에 대해서조차 다른 의견을 제기하고 또 제기하는 끊임없는 과정을 거칩니다. 물론 전체적으로 보아 성공을 거둔 부분도 없는 것은 아니죠. 하지만 사회과학자들이 정말로 우리가 화폐, 자본, 자본주의, 저축, 투자, 균형 상태 등에 대해서 무언가 가르쳐줄 수 있을 것이라고 기대한다면 곧 환멸에 빠질 수밖에 없습니다. 심지어 우리는 '경제적'이라는 말 자체에 대해서조차 가르쳐줄 수 있는 것이 없으니까요. (그런데 이렇게 한심한 우리 모습을 본다고 해서 사회과학자들도 무조건 좋아할 일은 아니죠. 그들 또한 자기들이 쓰는 용어에 대해서 대단히 비슷한 처지에 있다는 것을 알게 될 테니까요.) 하지만 이것뿐이 아닙니다. 최근 들어 우리 경제학자 중 한 사람이 이들에게 주의를 주기도 했습니다. 경제학자들이 어떤 식으로 정의를 내리든 간에 경제학자들이 만든 정의는 다른 사회과학에는 도움이 되지 않을 것이며 또 될 수도 없을 것이니 아예 포기하라는 것입니다. 예를 들어, 엘리스Howard Ellis 교수는 이 점에 대해서 분명한 입장을 표명했습니다. 그는 미국 경제학협회American Economic Association의 회장 취임 연설에서 이렇게 말합니다. "경제학은 오로지 시장에서의 개인들의 선택이라는 과정과 결과에만 관심을 두는 학문이다." 경제 분석에 관해서 본다면(하지만 그보다 넓은 의미에서의 경제 이론은 아닙니다.) 엘리스 교수가 분명히 옳습니다. 그리고 엄격한 형식적 경제학, 즉 희소성 개념에 기초한 경제학이 이러한 제한 조건 아래에서만 성립한다는 사실을 무시하는 사회과학자가 있다면 곧 화를 입게 될 것입니다. 형식적 경제학은 인간의 합리적 행동의 논리 가운데에서 희소한 수단을 다룰 때에 나타나는 종류의, 합리적 행동의 논리를 다루는 학문입니다. 따라서 이 학문을 적용할 수 있는 대상은 시장 지향적 경제로 제한됩니다.

이 점은 좀 더 자세히 살펴볼 필요가 있습니다. 우선 제가 개인적으로 연관되어 있는 경제사 분야는 물론이고 다른 모든 사회과학 또한 경제 영역을 다루는 것을 피해갈 수 없습니다. 인류학자들의 경우 이 때문에 자신도 의식하지 못하는 사이 경제주의적 선입견에 마구 휘둘리게 될 위험이 생겨납니다. 더욱이 그들은 본래 어떤 종류의 선입견도 의식적으로 배제하고자 하므로 이는 위험이 두 배로 증폭됩니다. 이렇게 실제로는 경제주의적 선입견에 의존하면서 스스로는 그렇지 않다고 믿는 자기기만은 화를 미치게 되어 있습니다. 멜빌 허스코비츠Melville Herskovits 교수가 나이트Frank Knight 교수와 논쟁했던 것이 그 예입니다. 허스코비츠 교수는 인류학자들을 경제학의 영향에서 해방시킨 선구자입니다만, 그런데도 부지불식간에 경제 분석을 받아들일 수 있는 문을 활짝 열어젖혔습니다. 기억에서 인용하는 것이라 정확하지 않을지도 모르지만, 경기순환만이 예외일 뿐, 교역, 화폐, 시장, 자본, 투자, 저축, 그 밖에 현대의 경제생활에 나타나는 모든 현상들이 야만인 사회에도 똑같이 나타난다는 것이 그의 말이었습니다...

케임브리지 대학의 민속학 연구자인 퀴긴Quiggin 여사는 '원시 회폐'에 대해 대단히 유용한 연구를 저술한 사람으로, 이렇게 인류학자들이 경제학자들에게 얽매여 있는 바람에 나타나게 된 자기기만의 또 다른 예를 보여주고 있습니다. 그녀의 저서는 아주 재치 있으면서도 적확한 문장으로 도전을 시작합니다. "화폐가 무엇을 뜻하는지는 경제학자 이외에는 모두 다 알고 있다. 그리고 심지어 경제학자들조차도 화폐를 묘사하는 긴 글을 쓸 수가 있다…"[1] 이쯤 되면 진정한 독립선언문이라고 생각할 수도 있겠죠. 하지만 그래 놓고서는 막상 화폐를 정의하는 대목에 가보면 경제학자들이 던진 미끼를 낚싯바늘과 낚싯줄까지 완전히 통째로 삼켜버리고 맙니다. 그녀는 화폐의 정의에 대해서 인류학자 틸레니우스Thilenius의 저작에 기대고 있는데, 틸레니우스는 다시 화폐의 정의를 화폐 이론가 벤딕센Bendixen의 모델에서 그대로 가져온 바 있습니다. 그러면 어떤 결과가 나타날지 상상이 되실 겁니다. 원시 화폐로 쓰인 여러 사물들을 분류하려는 사람이 벤딕센의 명목화폐 이론 같은 것에서[*2] 화폐의 정의를 취한들 무슨 도움을 얻을 수 있겠습니까? 벤딕센에 따르면 '고전적' 혹은 완벽한 화폐는 "상업적 거래에서 나타나는 어음과 증서에 기초한 화폐"[3]라는 것입니다. 이렇게 순도 100퍼센트의 명목주의 화폐 이론에서 영향을 받은 탓에, 퀴긴 여사가 오로지 명목 화폐만이 '진정한' 화폐이며 모든 원시 화폐 사물들은 정확히 말해 단지 화폐의 대체물일 뿐이라고 말하는 것도 놀라운 일이 아닌 것입니다…

이는 다음과 같은 실로 오래된 아이러니를 똑같이 보여주는 이야기입니다. 독립선언문으로 시작한 글이 끝판에 가면 종속선언문이 되어버린다는 것, 게다가 그 사실을 스스로 의식조차 못하고 있다는 점 때문에 그 종속이 더욱 완벽한 것이 되고 만다는 것.

사회학자들은 경제 이론과 친숙하지만, 아마도 한 예외를 들자면 허버트 스펜서Herbert Spencer일 것입니다. 그와 경제학의 관계는 각별히 역설적입니다. 스펜서는 어찌된 곡절인지 '경제학 원리Principles of Economics'는 쓰지 않았습니다.[*4] 하지만 경제학과 경제 정책에 대한 자신의 관점을 세상에 선포하는 데에는 아무 거리낌도 없었습니다. 그의 관점이야말로 오늘날까지 학문의 허울을 둘러쓰고 개진된 것들 중에서 가장 조잡하고 거친 것이라 할 수 있습니다.

그에 비교하면 바스티아Frederick Bastiat는 세심하고 철저한 경험주의자 였습니다. 무엇보다도 그는 유기체주의적 사회학을 진정 놀랄 만한 체계로 구축하는 업적을 남겼습니다. 하지만 이것이 그의 원자론적인 경제학의 개인주의와는 완전히 모순되는 것이었는데도, 그는 이 둘 사이에 다리를 놓거나 조화를 꾀하려는 노력 따위는 시늉조차 하지 않았습니다. 뒤르켐, 파레토, 막스 베버의 경우에는 입장이 다릅니다. 이들은 비판적인 사상가들로서, 경제 이론을 의식적으로 자신들의 이론 체계에 통합시켰을 뿐만 아니라, 자기들 이론 체계 자체를 그러한 통합 작업에 필요한 여러 요구에 맞추려고 했던 이들입니다. 뒤르켐은 사회의 도덕적 문제를 노동 분업의 도덕적 문제와 동일한 것으로 보았던 바, 기능의 전문화야말로 인간 경제에 기본적인 것임을 명시적으로 가정하고 있습니다. 이러한 명제는 예전에 애덤 스미스가 확고하게 했던 바와 같이, 개개인들의 경제적 기능의 전문화를 이론의 준거로 삼고 있습니다. 하지만 투른발트가 보여준 바 있듯이, 초기 사회의 실제 상황들은 이러한 이론과 전혀 조응하지 않습니다. 오히려 한 마을 전체가 동일한 기능에 전문화되어 주로 집단적인 수출 생산에 몰두하며, 마을 내부적으로는 교역이 이루어진 증거가 전혀 없는 상태가 종종 발견되곤 한다는 것입니다. 파레토가 말하는 엘리트의 순환이라는 것은 한 묶음의 권력적 지위들을 놓고 거기에 경쟁의 법칙을 적용한 것에 지나지 않습니다. 합리적인 것에 대한 그의 개념 또한 말할 것도 없이 공리주의적인 시장적 가치 평가를 반영하는 것일 뿐입니다. 그리고 심지어 막스 베버의 노작들조차도 카를 멩거Carl Menger식의 합리성 개념 및 미제스의 화폐 개념을 전적으로 상이한 칼 마르크스와 카를 뷔허로부터 도출된 개념들과 융합시키려 시도하고 있으며, 그로 인해 여러 문제를 안게 됩니다. 인류학과 사회학이 경제 조직의 문제에 대해 기여한 바가 왜 그렇게 적은가는 아마도 이런 것들로 대충 설명되리라 보입니다. 경제학자들이 인류학자와 사회학자들에게 이 문제에 관한 작업에서 쓸 수 있도록 제공한 개념적 도구들이 워낙 부실한 것들이라는 점에 으뜸가는 책임이 있다고 하겠습니다.

마지막으로 중요하게 생각해봐야 할 분야가 있습니다. 경제에 관련된 개념들을 빌려오지 않을 수 없는 또 다른 이들이 바로 역사가들입니다. 중요한 이들로 고대 그리스를 다룬 뵈크August Boechk, 영국을 연구한 커닝엄William Cunningham, 독일을 연구한 슈몰러 등 경제사의 거장들이 있습니다. 이들은 경제학이 완전히 권위를 구축하기 이전에 자신들의 저작을 생산한 이들이라 참으로 복 받은 이들이라 하겠습니다. 이들의 경제사는 그래서 여전히 몽테스키외와 애덤 스미스의 발자취를 따를 수 있었습니다. 사실 커닝엄과 슈몰러 모두가 리카도식 경제주의를 거부했으며 이들의 이러한 불순종 때문에 엄격한 경제학자들은 이들을 무시해버렸습니다. 하지만 20세기에 들어오자 지적인 분위기가 완전히 달라졌습니다. 경제주의가 완전히 판을 지배하여 하나의 공리로 자리잡았습니다. 그 최악의 희생물이 경제사였습니다. 바빌로니아와 이집트의 사료들이 쏟아져 나온 데다 고고학과 고전학(古錢學)이 개가를 올리면서 우리의 역사적 지식을 한껏 확장해 주었습니다만, 심지어 에두아르트 마이어Eduard Meyer와 같은 위대한 역사가조차도 이 풍요한 새 노다지 금광에서 경제사를 새로이 구성해내지 못했습니다. 니느웨Niniveh 그리고 센나케리브Senacherib 왕과 사르곤Sargon 왕의 궁전들이 발굴된 지 1백 년 넘게 지났으며, 수사Susa에서 함무라비 법전과 함께 수십만 개의 사적 문서를 담은 점토판까지 덤으로 발견된 지 거의 50년이 지난 오늘날에도, 쐐기문자 문명의 경제사에 대한 연구는 시도조차 이루어지지 못하고 있습니다. 베버는 1910년[5] 당시 아직은 그런 작업을 할 때가 아니라는 글을 남겼습니다. 그리고 로스톱체프Michael Rostovtzeff 또한 그의 마지막 걸작에서조차 여전히 메소포타미아 경제는 전체적인 그림을 파악하기가 대단히 혼란스럽다는 짧은 논평 이상은 어떤 판단도 내리지 않으려 하고 있습니다. 역사의 경제적 측면은 역사 서술에서 강점은커녕 약점이 되고 말았던 것입니다. 고대 메소포타미아의 상업 문서들이 더 많이 발견될수록 그리고 그 자료에다 오늘날의 경제 사상을 더욱더 주도면밀하게 불어넣을수록, 메소포타미아의 경제상은 갈수록 더 혼동 속으로 들어가게 된다고 인정하지 않을 수 없습니다. 경제사는 아마도 그어떤 사회과학 분야보다도 전문적인 경제학자들에게 개념과 용어들을 의지하는 분야일 것이며, 아마도 형식적 경제학이 진실을 밝혀주지 못한다는 것이 경제사만큼 눈에 뻔히 드러나는 분야도 없을 것입니다.

저는 오늘 강연의 제목으로 '제도적 분석이 사회과학에 기여할 수 있는 것'이라는 상당히 에두른 표현을 사용했습니다. 이제 이 제목에 대해 조금 설명드릴 때가 된 것 같습니다. 여기서 제도적 분석이라는 말은, 인간 사회 일반의 경제적 측면들에 대해 형식적 경제학 혹은 희소성 경제학이 제공할 수 있는 것보다 더 명확하고 구체적으로 접근하는 것을 짧게 부르는 말입니다. 본질적으로 따져본다면, '경제적'이라는 말의 형식적 의미에서 벗어나 좀 더 널리 쓰이고 있는 실체적 의미로 되돌아가려는 운동을 나타내는 제도적 경제학의 한 변형물이 바로 이 제도적 분석이라고 할 수 있습니다. 이 제도적 분석은 여러 사회과학 전반에 걸쳐서 경제라는 말의 실체적 의미를 일관되게 고수해야 한다고 강력하게 주장합니다. 오로지 예외는 시장 현상뿐이며, 이와 관련해서는 희소성 원리에 따른 형식적 정의만으로도 효과적인 이론이 될 수 있다고 봅니다.

오늘밤 강연의 주요 목적은 이러한 접근법의 특징들을 개략적으로 제시하는 것이며, 특히 경제사에 적용될 경우를 염두에 두고 설명하는 것입니다. 그러면 이것[6]이 다른 사회과학 특히 인류학과 사회학에 어떠한 기여를 할 것으로 기대할 수 있을지 쉽게 알 수 있을 것입니다.

방금 말씀드렸듯이, 이 접근법의 주된 특징은 경제적이라는 말의 실체적 의미에만 집중한다는 것입니다. 여기에서 그 두 번째 특징이 도출됩니다. 이 접근법은 경제적이라는 말의 형식적 의미에 수반되는 경제주의라든가 근대화라든가 하는 말과 연상 혹은 결부되는 일이 없습니다.

실체적 의미에서의 '경제적'이라는 말은 여기에서는 '물질적 욕구 충족을 지칭'하는 뜻입니다. 이 '물질적'이라는 말은 사용되는 수단을 주로 수식하는 형용사로서, 목적과 목표들 즉 구체적인 육체적 욕구의 집합에 대해서는 부차적으로만 수식합니다.

경제란 여러 제도에 구현되어 있는 여러 경제적 요소의 총합이라고 정의됩니다. 이 요소들을 열거하자면 필요와 욕구, 물적 자원, 서비스, 생산 활동, 재화의 운송과 소비 등이 있습니다. 이 열거한 목록은 필요에 따라 늘릴 수도 줄일 수도 있습니다. 하지만 희소성은 이러한 경제의 정의에 요소로 포함되지 않습니다.

경제 제도란 경제적 요소들이 집중되어 있는 제도입니다. 경제 제도는 경제적 요소들만으로 구성되는 것이 아니며, 또 경제적 요소들 또한 경제 제도에서만 발견되지 않습니다.

경제적 동기라는 말의 정의는 명확하게 지시적이라기보다는 주로 모호하게 함축적일 수밖에 없습니다. 그러한 단일의 동기라는 것이 실제로 존재하는지 의문이기 때문입니다. 따라서 여기에 쓰인 '경제적'이라는 말도 그 일반적 용법을 따라서 세 가지 종류의 동기들을 지칭하게 됩니다.

1) 오로지 보수만을 위하여 노동하는 것. 즉 노동에 결부된 구체적·사회학적 관계를 무시하고 노동하는 것.
2) 물물교환 혹은 교환을 통해 이득을 보는 것. 여기서 물물교환 혹은 교환이라는 말은 재화의 역방향 운동으로서, 상대방의 행위는 여기에서 결과로 나오는 교환 조건을 반영합니다.
3) 생활필수품 부족 사태에 대한 공포에 일차적으로 추동되는 행동(개인적 굶주림에 대한 공포).

주의해야 할 점이 있습니다. 경제 제도라는 용어를 쓸 때 그것의 경제적 성격은 정도의 문제라는 점입니다. [따라서 어떤 제도가 경제적 요소들을 포함하고 있다는 것만으로 경제 제도가 되는 것은 아니라는 것입니다. 이것이 중요한 이유는, 경제적이라는 말의 실체적 정의가 거의 모든 것을 포괄하고 있으며, 또 경제적 요소들 또한 거의 어느 곳에나 나타나게 되어 있기 때문입니다. 하지만 경제는 여러 경제 제도들에 구현되어 있는 요소들의 총합이며, 제도는 그러한 요소들이 집중되어 있을 때에만 경제 제도가 되는 것입니다.][7] 실체적 의미에 입각하여 보았을 때, 우리가 공장이나 곡물창고는 경제 제도라고 부르지만 크리스마스나 국회는 그 경제적 중요성에도 불구하고 경제 제도가 아니라고 말하는 것은 바로 이런 의미에서인 것입니다.

바로 여기에서 사회학자, 인류학자, 정치학자들의 주의를 환기시킬 만한 사실이 있습니다. 경제 제도와 경제적 동기를 이렇게 정의해 놓고 보면 다음과 같은 형태로 문제를 제기하는 게 가능해진다는 것입니다. "어떤 구체적인 사회 안에서 경제 제도들이 비경제 제도들과 맺는 관계는 무엇인가? 어떤 구체적인 경우에서 경제 제도들이 경제적 동기들로 작동하는 것은 어느 정도까지인가?"

이런 것들은 다양한 인간 사회에서 경제가 차지하는 위치가 무엇인가라는 문제에 접근하는 그저 대안적인 방법들일 뿐입니다. 하지만 이렇게 되면 이러한 일반 경제사의 중심 문제를 해명하는 데 있어서 여러 사회과학이 저마다 기여할 수 있는 위치를 부여받게 됩니다.

이렇게 경제적이라는 말의 실체적 의미에 입각하여 정의의 체계를 구성하는 문제를 간략하게나마 다루었으니, 이제는 이러한 정의를 사용했을 때 과거를 경제주의적으로 혹은 근대의 관점으로 잘못 해석한다고 하는 끈질기게 따라붙는 골칫거리를 떼어내는 것이 어떻게 가능해지는지를 살펴보겠습니다.

이 경제주의적으로 혹은 근대의 관점으로 본다는 말은 무슨 뜻일까요?

표면적으로 보자면 이러한 태도는 그저 인간이 경제적 문제에 있어서 보이는, 이득과 이윤을 추구하는 이기적·경쟁적·전투적인 성격을 인간의 본성이라고 놓는 것 정도를 뜻하는 것으로 보일 수도 있습니다. 만약 정말로 그러하다면 이러한 입장을 바로잡는 것은 경제학자가 할 수 있는 일은 아닐 것입니다. 왜냐면 그러한 여러 동기들 혹은 행동 패턴들은 문화인류학에서 다룰 문제이며, 그런 것들이 나타나고 있는지 아닌지를 결정하는 것도 문화인류학자들이 할 일일 것입니다. 혹자는 야만 사회 또한 현대의 재물 추구 사회라고 잘못 이해하기도 하며,

또 혹자는 거꾸로 현대 자본주의 또한 야만 사회처럼 명예에 목을 매는 사회라고 잘못 이해하기도 합니다(베블런은 현대 사회를 비꼬려는 목적에서 후자를 선호했습니다). 하지만 다음과 같은 점에서는 차이가 없습니다. 양쪽의 입장 모두 문화인류학의 시범위를 벗어나지 않은 채 그저 인간의 동기와 가치에 관한 여러 사실들에만 관심을 두고 있다는 점입니다.

다행히도 문제는 여기에서 끝나지 않습니다. 우리는 이득과 재물을 좇는 태도 등이 '현대적'이라고 느끼지만, 사실 그런 태도는 발견되는 장소와 환경을 막론하고 시장 제도에 수반되는 일종의 문화 복합체의 특징들일 뿐이라는 것입니다. 어떤 사회이건 그 사회의 경제에 시장적 요소들이 더 많이 나타날수록 우리 눈에는 현대적이라고 보이게 됩니다. 따라서 우리가 정말로 조심해야 하는 것은 시장이 존재하지도 않는 상황에서 시장적 요소들을 마치 실제로 존재하는 것처럼 여기는 오류입니다. 그런데 경제에 대한 실체적 정의가 그 쓸모를 발휘하는 것이 바로 이 지점입니다. 왜냐면 이러한 정의에 입각할 경우에는 어떤 사회의 주된 경제 제도들을 연구함에 있어서 시장을 준거틀로 삼지 않는 새로운 정의들을 내리는 게 가능해지기 때문입니다.

형식적 경제학에서는 교역, 화폐, 시장이 모두 두드러진 경제 제도의 위치로 격상됩니다만, 그 시스템에 있어서 중심축을 이루는 것은 그 셋 중 하나, 즉 시장입니다. 나머지 눌은 그저 시장 시스템 자체에 함축되어 있는 과정의 측면들에 지나지 않는 것으로 여겨집니다. 일단 시장, 즉 수요-공급-가격 시스템을 체현하는 어떤 제도를 상정하고 나면, 교역이란 그저 재화들이 시장을 통과하여 이동하는 물질적 측면만을 뜻하는 것이 되며, 화폐는 그러한 이동을 촉진하는 데에 쓰이는 일종의 발명품으로만 여겨집니다. 좀 더 단순화해서 말해보겠습니다. 시장이 조직적 교환이 벌어지는 장소인 이상, 화폐란 교환의 매개수단이며 교역이란 교환되는 재화의 이동이 되는 것입니다. 이렇게 생각할 경우 만약 교역의 존재가 명백하다면 시장 또한 당연히 존재하는 것으로 상정할 수 있게 되며, 화폐 사용이 명백하게 나타난다면 교역은 물론 결과적으로 시장 또한 당연히 존재하는 것으로 상정하게 됩니다. 그러니 비시장적 교역은 당연히 간과되거나 최소화되며, 교환과 무관한 화폐 용법은 화폐가 발전하는 과정에서 엇나간 사생아 정도로 여겨집니다. 따라서 저 화폐, 교역, 시장이라는 세 가지가 논리적으로 한 묶음이라는 가정은 오직 자의적인 구성물에 불과하다는 것, 이 세 가지는 모두 각자 독자적인 제도적 기원을 가지고 있다는 것, 따라서 다양한 화폐 용법과 여러 다른 요소들이 훗날 교역으로 굳어졌다고 해도 그 기원에 있어서는 서로 별개로 제도화된 것일 수 있다는 점을 깨닫기 위해서는 정말로 마음을 독하게 먹고 진짜로 개념의 대전환을 해야만 합니다. 경제라는 말의 실체적 의미에 착목하게 되면 이렇게 시장의 존재라는 가정을 제거한 제도적 분석이 가능하게 되며, 그와 함께 자꾸 경제 현상을 경제주의적이며 근대적인 방향으로 생각하게 만드는 개념의 연상 작용도 제거해낼 수 있게 됩니다.

화폐

여러 화폐 제도의 기원을 예로 들어보겠습니다. 시장 거래의 습관에 길이 든 우리들은 화폐란 교환의 매개 수단이라고 가정하고 있으며, 일단 화폐가 교환의 매개 수단으로서 기능을 확립하게 되면 그 다음엔 지불 수단, 가치표준, 부의 보유 등의 목적들에도 쓰일 수 있게 된다는 생각을 합니다. 런던경제대학London School of Economics에서 말리노프스키의 후임자로 교수에 취임한 레이먼드 퍼스Raymond Firth는《브리태니커 백과사전 *Encyclopedia Britannica*》14판에서도 여전히 원시 통화를 다음과 같이 정의하고 있습니다.

"아무리 원시적인 경제 시스템이라고 해도 어떤 물체를 진정한 화폐로 간주할 수 있는 것은 오직 그것이 명시적으로 공통의 교환 매개체로서, 즉 한 가지 재화를 대가로 내놓고 다른 재화를 얻는 활동에서 편리한 디딤돌로서 기능할 때뿐이다. 이 물체는 그렇게 하는 가운데에서 한 걸음 나아가 가치 척도로서, 즉 다른 모든 물체들의 가치를 자신을 단위로 표현해주는 것으로서 기능하게 된다. 이는 다시 새로운 기능으로 이어진다. 이것은 미래 혹은 과거의 지불에 대해 가치표준으로 기능하며, 가치 저장 수단으로서 또 부를 응축하여 준비금으로서 보유할 수 있도록 해준다."

있는 그대로의 사실을 보자면, 원시 통화의 진정한 특징은 이 말과 정반대에 가깝습니다. 19세기의 통화는 전목적적 화폐all-purpose money가 되는 경향이 있었고, 또 리카도 경제학에서도 모든 상품 화폐는 당연히 전목적적 화폐라고 가정합니다. 하지만 원시 통화는 그와 거리가 멀었던 화폐입니다. 이는 특수 목적 화폐로서, 각기 다른 여러 쓰임새마다 상이한 여러 화폐 물체들을 사용할 때가 많았습니다. 이 '쓰임새'란 사회학적으로 규정되는 특정한 상황에서 수량화가 가능한 물체들을 기초로 하여, 혹은 이를 준거로 삼아 수행되는 여러 행동을 뜻합니다.

이러한 관점을 택하면, 화폐의 여러 제도적 기원이라는 문제에 어떻게 접근할 것인가에 대해 부분적으로나마 대답이 나오게 됩니다. 그 여러 상이한 쓰임새들은 대개 서로 간에 독자적으로 제도화된 것들이기 때문입니다.

지불에 쓰이는 물체들이 다를 수 있고, 표준으로 쓰이는 물체가 다를 수 있으며, 또 교환이 존재하는 경우라면 교환의 매개물로 쓰이는 물체들이 다를 수 있습니다.

이때 교환이 존재하는 경우를 '……라면'이라는 말로 가정하고 있음이 중요합니다. 왜냐면 화폐가 쓰인다고 해서 교환이라는 것이 반드시 존재해야 할 필연성은 없기 때문이며, 사실을 보자면 존재하지 않았던 것이 보통이었기 때문입니다.

이렇게 되면 화폐에 대한 몇 개의 서로 다른 정의들이 병존하는 것을 피할 길이 없습니다. 사회과학 일반의 여러 목적에서 보면, 화폐란 대략 언어, 문자 기록, 도량형 등과 닮은 모종의 의미론적 시스템semantic system으로 정의해야 합니다. 그보다 좁은 의미에서 보면, 화폐란 지불, 표준, 축장, 교환에 쓰이는 수량화가 가능한 물체들을 뜻합니다.

1. 지불이란 갖가지의 책무obligations를 이행하기 위해 수량화 가능한 물체들을 사용하는 행위입니다. 그 사회학적 상황은 이런저런 책무를 지고 있는 상황이며, 이에 해당하는 행동은 일정한 재화에 대한 점유권을 넘겨주는 것이며(만약 지불이 모종의 가상적 단위로 이루어질 경우 ; 이는 원시 사회에서 흔히 벌어지는 일입니다), 어떤 경우에는 채무자에게서 채권자 쪽으로 일정한 자산을 이전하는 행동이 수행되기도 합니다.

2. 가치표준은 물물교환을 보편적으로 실행하는 것을 가능하게 하기 위해서, 즉 물물교환 상황에 있는 양측이 등가를 위해 여러 많은 물건들을 추가하려고 할 때 필요해집니다. 가치표준이 발생하게 되는 또 다른

기원은 왕실에서 거두어들인 여러 주산물들의 관리로, 이것들에 보관, 처분, 계획 등의 행동을 취하기 위해서는 이것들 사이에 등가 관계를 수립할 필요가 생기게 됩니다. 세 번째의 기원은 신부(新婦)의 가격, 살해 보상금, 벌금 등의 등급을 매기는 것입니다. 방금 말한 가치표준의 여러 원천들은 교환이라는 화폐 용법에 의존하는 게 아니라는 점에 주목할 필요가 있습니다. 사실 이러한 쓰임들이 존재하게 되면 교환이라는 화폐 용법은 필요 없게 됩니다.

3. 수량화할 수 있는 물체를 축장하는 것은 단지 미래에 사용하기 위한 목적일 수 있으며, 이런 경우에는 그렇게 쓰인 재화에 화폐의 성격을 부여할 수는 없는 일입니다. 그런데 다른 경우에는 화폐 물체, 즉 여타의 다른 화폐 용법에 쓰이는 물체들이 보화(寶貨)로서 축장될 때가 있습니다.

4. 교환이라는 화폐 용법은 가장 독특한 용법이며, 조직된 시장 이외에서는 거의 나타나는 법이 없습니다. 그리고 이 용법으로 쓰이는 화폐가 존재한다고 해도, 그 밖의 '화폐 용법들'은 여전히 다른 화폐 물체들에 맡겨질 때가 많습니다.

함무라비 왕 시절의 바빌로니아를 통해서 이를 구체적으로 보여드리겠습니다. 폭넓게 말해서 조세, 지대, 임금은 보리barley로 지불되었으며, 여러 물품들의 등가 관계를 표현해주는 가치표준은 은이었습니다. 교환 수단에 대해서 보자면 어떤 특정한 하나의 물체가 선호되었던 것 같지 않습니다. 보리, 기름, 양털, 은, 대추야자 등이 똑같이 인기가 있었으며, 그중 어떤 것도 많이 사용되지는 않았습니다. 당시의 신전과 궁전은 주산물 재정staple finance*8)으로 운영되는 방대한 저장 시스템을 가지고 있었으며, 이것이 모든 것의 중심이었습니다. 무언가 중요성을 가진 ……

시장이 존재했다는 증거는 없습니다.[9] 모든 거래는 (우리 표현으로) '현물로in kind' 이루어졌으며, 재정 관리의 차원에서 여러 주산물들 사이의 등가 관계를 확립하였고, 이 등가 관계는 수 세기가 넘도록 안정적으로 유지되었습니다.(수메르 신전 점토판을 서양 문자로 옮긴 다이멜 신부Father Deimel는 기원전 3천 년 이후 1천 년간 안정적으로 유지되었다고 했습니다.) 이를 달성한 방법은, 좀 더 긴 기간(이를테면 여러 왕들의 치세)에 걸쳐서 척도measures를 조절함으로써 이미 공표되어 있는 등가 관계를 현실의 공급량에 맞추는 것이었습니다. (이곳의 토양은 퇴적에 의해 이루어진 충적토alluvial soil로서, 여기에서는 곡물의 공급량이 사용 가능한 물의 양에 따라 밀접하게 변하며, 또 사용 가능한 물의 양은 대개는 왕이 어느 정도로 관개(灌漑) 공사를 벌이는가의 직접적 결과였습니다.) 이로써 바빌로니아 경제의 가장 이해하기 힘든 특징들 몇 가지를 정리할 수 있게 됩니다. 가격 그리고 부피의 기본 척도는 놀라운 안정성을 보여주었거니와(후자의 경우 몇 천 년 이상 동안 지속됩니다), 이는 더 큰 단위들의 단위 내용량만 주기적으로 변화시키면서 도량형 시스템 자체는 건드리지 않는, 즉 그 큰 단위로부터 줄줄이 나오는 측량 단위들 사이의 대략적인 비율은 건드리지 않는 방식을 통해 달성되었던 것입니다. 토지 1단위에 부과되는 조세는 1세겔의 은 = 1구르gur의 보리로 고정되어 있으므로, 도량형의 부피를 불리면 조세와 지대의 양은 자동적으로 늘어나게 됩니다. 풍년이 들게 되면 구르의 단위량은 그래서 더 커집니다. 하지만 재정 시스템에서는 여전히 세수와 지출은 세겔 단위의 은으로 계산하게 되며, 이와 등가를 이루는 보리의 양이 늘어났다는 것에 아무 영향을 받지 않습니다. 다시 말해서, 재정 예산(바빌로니아의 국가 행정에 재정 예산이라는 말을 쓸 수 있다면)의 여러 수치들은 변하지 않고 유지되었던 것입니다.[*10]

그런데 이런 것들은 여러 가능한 해석일 뿐입니다. 쐐기문자로 된 문서들이 여러 다른 용법으로 해석될 수 있다는 것을 알지 못하는 이들은 이에 대해 판단의 제약을 가질 수밖에 없고,[11] 이들에게 이런 이야기를 내놓는다는 것은 위태로운 일이 아닐 수 없습니다.

그래도 재분배 형태로 조직된 서아프리카의 고대적 경제들에 대한 면밀한 연구 또한 참조해볼 수 있는 사례입니다. 이곳에서는 계절이나 사회적 신분 따위에 따라서 도량형이 변화하는 것이 상당히 흔한 일이었습니다. 일반적으로 물가를 안정시키는 것이 그 목적이었습니다. 한 경우에는 소매업의 영역에 도매-소매 가격 시스템을 도입하는 일이 화폐적 장치의 도움을 통해 이루어지기도 했습니다. 나이저 강의 만곡부 Niger Bend 지역에서는 카우리 조개를 통화로 쓰는데, 그것을 세는 데에는 두 가지 계산법이 있습니다. 1에서 10만까지를 네 개의 구간으로 나누어서 그 가장 아래와 가장 위의 두 구간에서만 이 이중 계산법을 사용합니다. 그중 한 계산법을 보겠습니다.

8 * 10은 100

10 * 100은 1000

10 * 1000은 10000

8 * 10000은 100000

다른 계산법에서는 보통의 십진법 체계대로 계산이 진행됩니다. 그리하여 도매상은 10만 개의 카우리 조개를 받을 때 두 계산법 중 적은 양만을 받게 되는 한편, 소매상이 최종 소비자에게 물건을 팔고 카우리 조개를 받을 때에는 양이 큰 계산법을 적용합니다. 예를 들어 소매상이 도매상에게 명목상 10만 개 카우리 조개에 해당하는 물건을 살 때에 실제로는 6만4천 개만을 지불하지만, 소비자에게 판매한 대가로는 10만 개 전부를 거두어들입니다. 주목할 만한 일은, 이렇게 되면 거간꾼이 설 자리가 없어지게 된다는 것입니다.

나이저 강 지역에서 정교한 시장 시스템이 어떻게 사회를 해체하는 위험을 초래하지 않으면서 재분배 시스템에 내장될 수 있었는가 하는 의문은 이러한 종류의 고안물로 설명할 수 있습니다.

이렇게 눈에 잘 띄지 않는 고안물들이 훨씬 더 큰 문제들에 해법을 제공할 수 있으며, 그 한 예가 엘리트들 사이에서만 화폐로 유통되는 물체들의 도움으로 여러 사회 계급을 안정화시키는 것입니다. 고대 그리스에서 황금(사금은 예외)은 오로지 왕, 추장, 신들 사이에서만 유통되는 물건이었습니다. 또 다른 엘리트 재화인 말은 노예로만 살 수 있었고, 상아(象牙) 또한 그러했습니다. 화폐로 쓰였던 구리, 철사 또한 크기가 여럿이었으며 어떤 것은 기장millet을 사는 데에 다른 것은 밀을 사는 데에 쓰였다는 증거가 발견되었습니다. 이러한 경우들에서 화폐는 계급에 따라 차등화된 영양 표준을 유지하는 도구로 쓰였던 셈입니다.

교역에 관해서 보겠습니다. 이 말도 '경제적'이라는 말의 실체적 정의에 따르게 되면 강조점은 이득이라는 측면이 아니라 공동체 바깥으로부터 재화를 획득한다는 측면으로 이동하게 됩니다. 교역이라는 것이 공동체 외부에서 기원했다는 것은 거의 논박하는 이가 없으며, 이를 감안한다면 가격의 고정이라는 문제에도 놀랄 만한 새로운 혜안을 얻을 수 있습니다. 게다가 대외무역의 주요한 역사를 살펴보아도 원시 사회(예를 들어 티코피아)에서와 마찬가지로 관습적인 교환 비율에 따라 이루어졌던 것으로 보입니다. 고대적 교역은 아주 적은 수의 무역재들의 교환으로 이루어지므로, 이는 대외무역의 행정적 중심지인 '교역항ports of trade'에서 벌어졌습니다. 교역은 원리상 1:1, 즉 교역하는 재화 한 단위와 다른 재화 한 단위를 맞바꾸는 방식으로 이루어졌습니다.

경제사에서 중요한 문제 가운데 하나는 가격의 등락이 나타나게 된 과정을 해명하는 것입니다. 그것은 우리가 진짜 등락 가격 즉 시장 가격이라고 부르는 것일 수도 있고, 또 사이비 등락 가격 즉 가격은 관리가격이지만 공급의 상황 등과 같은 여러 요소들에 따라 부드럽게 조정되는 제도적 가격일 수도 있습니다.

그러한 시장에서 흥정이 존재한다고 해도 이것이 등락 가격이 존재한다는 증거는 아닙니다. 가격만 빼고는 모든 것이 다 흥정의 대상이 됩니다. 도량형, 재화의 품질, 지불에 다른 재화를 쓸 때의 비율 조정, 교역 꾸러미의 구성 즉 교역되는 다양한 재화들을 섞어 구성하는 관습적인 방식, 그리고 심지어는 이윤까지도 흥정의 대상이 됩니다. 이렇게 여러 재화의 가격은 고정되어 있었으니, 다음과 같은 질문들이 남게 됩니다. 그 1:1 관계에서 어느 한쪽이 이익을 보는 쪽으로 변화가 생기는 일은 없었을까? 있었다면 어느 쪽이 이익을 보았는가? 또 얼마나 이익을 보았는가? 내가 이 문제를 처음으로 마주친 것은, 포르투갈인들을 위해 활동하던 베네치아 사람으로서 서아프리카 해안에서의 초기 교역에 대해 많은 글을 썼던 카다모스토Cadamosto의 글에서입니다(1455년). 그의 말에 따르면, "……"[12]

클래퍼턴Clapperton과 데넘Denham은 19세기 초 인근의 중앙 수단Central Soudan에 대한 글을 남겼습니다. 이 글에서 그들은 카노Kano 지역 여인들에 대해 불평을 늘어놓고 있습니다. 그들이 속한 상인 무리는 외딴 벽촌을 지나던 중 식량인 대추야자와 기장이 떨어지고 말았습니다. 그러자

인근에 사는 여인들이 상인 무리의 막사로 몰려들어 와 이곳 토바Toba
에서는 단 10퍼센트의 이윤으로 기꺼이 판매하겠다고 말했다고 했습니
다. 실제로 다른 경우에서 그는 식량 판매자의 이윤이 15퍼센트인 경우
를 언급하기도 합니다. 그런데도 그들이 이 여인들에 대해 불평을 하는
이유를 나는 이해할 수가 없었습니다. 그런데 그들은 양, 염소 등의 가
격 또한 언급하고 있는데, 이를 보면 그 여인들이 토바에서 팔았던 물건
의 가격은 표준적인 관습적 가격보다 2.5배가 높았던 것이 확연히 드러
납니다.

17세기에 프랑스의 다이아몬드 상인인 타베르니에Tavernier는 이스파
한Ispahan에서 페르시아의 군주Shah에게 보석들을 판매합니다. "마침내
왕께서 말씀하셨다. 나는 그대의 모든 보석들을 25퍼센트 이윤으로 가
져가겠노라. 하지만 진주들은 인디아에서 팔도록 하라. 거기서는 더 많
이 얻을 수 있을 것이니라."

간단히 말하자면, 전통적인 원거리 교역은 전통적 가격에 따라 행해
졌던 것입니다. 마치 솔로몬이 말 한 마리를 150세겔에 사들였던 것처
럼 말입니다.*13)

이제 이야기를 맺어야겠습니다. 우선 근대화라는 말의 의미를 이러
한 맥락에서 상기시켜 드리고자 합니다. 이는 19세기의 여러 조건들, 즉
대략 제1차 세계대전 이전까지에 존재했던 여러 조건들을 뜻하는 말입
니다. 하지만 이러한 의미에서의 근대라는 시대는 이미 지나가버렸습니
다. 이를 경제학자보다 더 잘 아는 이는 없습니다. 따라서 무역 등에 대
한 전통적인 정의는 오늘날에는 이제 현실에 적용할 수 없는 것이 되어
버렸습니다. 한때 무역이란 이득을 취하는 행위이며, 쌍방이 동등하게
행하는 행위이며, 평화적으로 재화를 주고받는 행위라는 뜻이었습니다.

오늘날 우리는 특별하게 이득이 생기지도 않고, 거의 일방적인 데다, 오직 가능성이라는 의미에서만 평화적인 국제무역의 조직을 이야기합니다.[*14)] 이와 같은 생각의 연장에서 보면, 경제 문제라는 것들은 거의 모두 상전벽해의 변화를 겪어야만 했습니다. 화폐, 교역, 시장이라는 세 가지는 오늘날 근대적 유형이 아닌 문제들을 불거지게 하고 있습니다. 마지막으로 강조해야 할 사실은, 제도적 분석의 여러 기여로부터 가장 큰 해택을 볼 수 있는 게 바로 경제 이론 분야일 수 있다는 점입니다.

6장

—

국제적 상호 이해의 성격[**]

—

저는 이 강연에서 국제적 상호 이해의 성격에 대해 무언가 해명해드리도록 되어 있습니다만, 그 결과가 시원치 못할 것이라고 미리 말씀드립니다. 지적인 청중이라면 지금까지 이 주제에 대해 이야기하는 강사들에게서 진부하고 뻔한 이야기들만 지겹게 들으셨을 것입니다. 저도 이 주제에 대해 오래도록 깊이 생각해왔습니다만, 저 또한 그 뻔한 이야기를 다시 늘어놓는 불행한 강사들 중 하나가 될 수밖에 없다는 결론에 이르고 말았습니다.

결국 제가 여러분에게 하고자 하는 말은, 국제적 상호 이해를 달성하기 위해서는 이상주의와 상식을 모두 동원해야 하고, 우리의 이익뿐만

[**] 칼 폴라니 문서고, 파일 17-29. 날짜 없이 타자기로 쓴 초고로서, 저자가 손으로 쓴 수정사항들이 가득히 적혀 있다. 이 글의 구조, 소제목, 문단 정리 등은 편집자가 한 것이다. 원본에는 색인 카드에서 옮겨 쓴 것으로 보이는 관련 문헌 목록들이 무수히 적혀 있다. 우리는 여기에서 폴라니가 자신의 주장을 정리하고 구축하는 과정을 볼 수 있다.

아니라 세계의 이익 또한 존중해야 하며, 원칙과 상황이 요구하는 바를 모두 만족시켜야만 한다는 것입니다. 불문헌법에다 에라스투스[*1]식 교회를 국가적 제도로서 성립시킨 여러분 영국인들은 타협의 습관이 뼛속 깊이 박혀 있는 분들이죠. 그런 여러분들이니 이런 충고가 새로운 것일 리 없고, 영국인다워지라는 이야기를 외국인인 제가 이렇게 늘어놓는다는 것은 어쩌면 길버트[*2]의 코미디에나 나올 법한 우스꽝스러운 짓이겠습니다.

그러니 오늘 제 이야기는 국제적 상호 이해 증진에 도움이 되지 않는 종류의 이상주의는 무엇이며, 또 마찬가지의 결과를 낳는 종류의 상식적 현실주의는 어떤 것인가로만 제한하려고 합니다.

우선 우리가 충분히 이상주의적이기만 하다면 전쟁을 완전히 피할 수 있다고 설교하는 종류의 이상주의가 있습니다. 그리고 전쟁은 무슨 수를 쓰건 애초부터 피할 수 있는 것이 아니라고 말하는 현실주의가 있습니다.

먼저 두 번째 것부터 살펴보겠습니다.

전쟁이 언제나 존재했다는 것은 사실이 아닙니다. 1)예컨대 오스트레일리아의 일부 원주민들처럼 아주 원시적인 사회는 전쟁 이하의 단계 sub-war stage에 머무르고 있습니다. 집단 차원에서 계획적으로 전쟁을 수행하기 위해서는 물질적·정신적 에너지를 발휘해야 하며, 이를 위해서는 다시 집단 내의 기율, 협력 등이 전제조건이 되어야 합니다. 하지만 이런 사회는 우선 이러한 전제조건들을 조직할 능력 자체가 없습니다. 2)에스키모 사회처럼 상당히 발달된 일부 사회도 전쟁을 알지 못합니다. 이들은 이런저런 방법을 통해서 전쟁을 하지 않고도 얼마든지 살아남을 수 있었던 것입니다.(정말 부럽죠!) 3)여러 광활한 지역에서 전쟁이 폐지되는 것 또한 흔한 경험이었습니다. 이것이 사람들이 보통 제국의 기초라고 묘사하는 상태입니다. 역사상 존재한 제국들은 어느 것이든 방대한 영토 위에서 또 무수히 많은 백성들에게서 전쟁을 없애버린다는 것을 의미하는 것이었고, 따라서 전쟁의 발발을 시간적·공간적으로 극히 제한된 현상으로 만들어버린다는 것을 뜻하는 것이었습니다. 인류가 만들어낸 모든 제도들 가운데에서 유독 전쟁이라는 것이 인류의 천성에서 생겨난 본질적인 것이라고 믿는 이들이 있습니다만, 이러한 견해를 입증할 증거는 아무것도 없습니다. 이는 사이비 현실주의일 뿐입니다.

과거에 전쟁이 없었던 시대가 여럿 있었습니다. 우리 앞에도 전쟁을 모르는 시대가 기다리고 있다는 것 또한 얼마든지 가능한 일입니다.

이제 사이비 현실주의에서 사이비 이상주의로 이야기를 옮겨보겠습니다. 이상주의를 세상에 널리 퍼뜨리는 것만으로는 전쟁 없는 시대를 달성할 수가 없습니다. 오히려 이렇게 말할 수 있습니다. 그런 식의 기대를 품는 종류의 이상주의로는 오히려 더더욱 그런 시대를 만들어낼 수 없다고 말입니다. 사실상 지난 30년간은 인류 역사의 그 어느 때보다도 이런 식의 이상주의가 지배했던 시대였으며, 우리 시대에 여러 번 그것도 전대미문의 규모로 세계대전이라는 참사가 벌어졌던 것 또한 바로 이와 관련이 있다고 주장하는 것도 가능할 정도입니다. 근대사에서 양심적 전쟁 거부 운동이 실질적으로 출현한 것은 제1차 세계대전 이후의 일입니다.

이는 우리에게 필요한 종류의 이상주의가 아닙니다. 이러한 이상주의는 1) 전쟁이라는 것 자체도 하나의 제도이며 또 제도로서 여러 기능들을 갖는다는 사실을 부인하며, 2) 전쟁을 잘못된 정신 상태나 기질 때문에 생겨나는 것으로 보며, 3)수지가 맞지 않는 장사라고 봅니다. 즉, 전쟁이 빚어지는 이유는 사람들이 전쟁을 통해 이윤을 얻고자 하는 욕심 때문이지만, 전쟁으로 이윤을 얻을 수 있다는 것 자체가 '거대한 환상'이라는 것입니다. 이러한 종류의 이상주의는 철학적으로 볼 때 모든 기본적 사실들조차 무시한 추상적인 이상주의이며, 오늘날에는 오히려 위험을 불러오는 것이 되어버렸습니다.

여기에는 여러 변형태들이 있습니다.

1. "전쟁은 각국 정부가 벌이는 일이지 그 민중들이 벌이는 일이 아니다."라는 신화가 있습니다. 이는 가장 천박하면서 또 가장 위험한 종류의 변형태입니다. 이 이론은 본질적으로 그릇된 것입니다.

a. 프랑스 혁명을 통해 국가가 민주화되었지만 이로 인해 징병과 국민군의 시대가 시작되었습니다. 이른바 '대중 동원levée en masse'을 시작한 것은 국민공회National Convention[3]였습니다... 그리고 민주주의가 발전할수록 전쟁의 규모도 더 커지고 그 기량도 훨씬 향상되었습니다. 미국은 남북전쟁이라는 근대사 최초의 대규모 전쟁을 낳은 바 있습니다.

b. 미국에서의 갤럽 여론조사를 통해서 확인된 바, 이번 전쟁[*4]에서 대중들은 미국 정부에게 단호하고도 엄격한 조치를 취할 것을 촉구하였습니다. 심지어 이 나라에서조차도[5] 징병제를 채택하고 노동력을 징발하고 사람들이 줄을 길게 서는 한이 있어도 배급제를 실시하라는 압력이 다름 아닌 민중들에게서 나온 바 있습니다...

c. 그런데 이렇게 정부와 민중이 동일한 실체를 이루고 있는데도 청년 지도자들은 민중들은 전혀 전쟁을 원하지 않는다면서 모든 책임을 정부에 돌리는 선동을 행하고 있습니다. 이는 절대 하지 말아야 할 짓입

니다. '중우정치mob rule'라는 게 바로 이런 것입니다...

2. [두 번째 변형태는 이렇게 가정합니다.][6] 전쟁의 원인은 민중들의 비이성적인 열광에 있다는 것입니다. 과도한 감정, 증오 및 질투심, 통제되지 않는 본능들에서 기인하는 맹목적 충동, 인간성에 내재한 야수적 잔인성, 태곳적 동굴에서 생활하던 때부터 내려온 원시인의 기억 등으로 인해(지금 늘어놓은 단어들은 좋은 뜻이 아니라 모두 경멸적인 의미로 쓰인 것입니다.) 잘못된 판단을 내리거나 감정이 폭발적으로 분출하면서 벌어지는 게 전쟁이라는 것입니다.

　a. 사실을 보자면, 우리가 알고 있는 거의 모든 조직 사회의 시스템에서 전쟁 혹은 평화에 대한 결정을 내리는 것은 국가위원회이며, 이는 책임 있는 국가 지도자들의 생각이 관철되는 것을 보장하기 위한 온갖 제도적 보호 장치들로 둘러싸여 있습니다. 이는 영국 튜더 왕조의 국가위원회, 프러시아의 국가위원회, 이탈리아 르네상스 시대 도시국가들의 마키아벨리식 위원회뿐만 아니라 북미 인디언들의 국가위원회에도 적용되는 바이며, 사실상 그리스인들과 페르시아인들, 중국인들과 아랍인들 모두 이러한 제도적 보호 장치들에 있어서 똑같이 뛰어났습니다. 여기서 주요한 목적은 어디에서나 동일합니다. 바로 극도의 중요성을 지닌 것으로 간주되는 의사 결정을 할 때 감정과 비이성적인 열광, 그 밖의 모든 일시적인 감정을 배제하는 것입니다. 17세기와 18세기의 왕조 간 전쟁들조차도 그 결정을 내린 것은 내각이거나 (아마도) 외무위원회 같은 것이었으며, 이는 이런저런 감정에 좌우되지 않고 분명하게 이른바 국가 이성에 입각하여 행동한 집단들이었습니다.

　b. 그 반대의 상황이 벌어진 것은 순전히 근대의 현상입니다. 현대

의 대중 민주주의에서는 전쟁에 대중들의 참여가 반드시 필요해졌으며, 위와 같은 변화는 바로 그 결과로 나타난 것입니다. 하지만 현대에 서조차도 과연 전쟁으로 나아가도록 자극된 여러 감정 때문에 전쟁이 빚어진다는 말이 사실인지는 의문스럽습니다. 그리고 과거로 가면 그렇게 전쟁으로 나아가도록 자극된 감정 때문에 전쟁이 벌어지는 게 아니었음은 확실합니다. 과거에 있었던 대부분의 전쟁은 실제로는 전체 인구의 극히 일부만이 참여하는 전쟁이었기 때문입니다(예외로서 일부 유목민 사회들의 경우가 있습니다. 이 경우에는 현대의 총력전과 상당히 비슷하지만, 그래도 실제의 전투는 여전히 대부분 '전사들'로 제한되어 있습니다).

3. 이상주의의 오류로 들 수 있는 또 다른 형태로는 전쟁에 대한 신학적 설명이 있습니다. 루터와 칼뱅은 인간은 '원죄'로 인해 제멋대로 굴면서 무질서를 낳게 되어 있으며, 이것 때문에 국가와 국법과 감옥과 사형 집행인들이 생겨나는 것이라고 가르쳤습니다. 이러한 의미에서 법과 질서의 영역에 해당하는 모든 인간들의 제도는 원죄 때문에 생겨난 것이라는 것입니다. 그런데 그렇다면 인간이 난잡한 성관계와 정욕의 유혹에 넘어가는 성향이 있다는 것을 들어서 결혼 제도를 정당화하는 것도 완전히 동일한 섭리로 가능하게 됩니다. 결국 원죄라는 개념으로 인간의 악과 선을 동시에 똑같이 설명하는 셈인 것입니다. 그렇기 때문에 이런 논리로는 그 어떤 하나의 제도도 다른 제도와 어떻게 다르고 구별되는지를 '설명'하지 못합니다. 전쟁뿐만 아니라 평화 또한 '원죄'에서 나오는 것이 되며, 원자폭탄뿐만 아니라 유엔UN 또한 '원죄'에서 비롯되는 것이 됩니다. 만유인력의 원리는 사과가 땅에 떨어지는 것만 설명하는 게 아니라 배가 어떻게 물 위에 떠서 나아가는지, 또 비행기가

어떻게 하늘을 날게 되는지도 똑같이 설명합니다. 다른 말로 하자면, 안됐지만 원죄라는 것은 너무나 일반적인 현상이라서 어느 하나의 제도를 설명하는 것으로 사용할 수가 없다는 것입니다. 우리가 전쟁을 폐지하는 데에 성공하는 순간이 온다고 해도 우리는 여전히 이러한 '원죄' 이야기를 듣게 될 것입니다...

결국 각국 정부를 비난하고 민중들을 이상화시키는 것이나, 우리의 감정을 자제하자는 경고나 인간의 타락한 본성을 일깨우는 논리나, 전쟁을 폐지하는 데에는 전혀 도움이 되지 않습니다. 오히려 이러한 이상주의적 오류를 범하고 있는 논리들 하나하나가 모두 전쟁의 위험을 줄이기는커녕 더 크게 만드는 경향을 갖고 있습니다.

전쟁이라는 제도가 실제 세계에서 빚어내는 기본적 현실들, 그 여러 문제점과 위험성 등의 문제를 논의할 때에는 철부지 이상주의뿐만 아니라 철부지 현실주의와도 거리를 유지해야 합니다. 이는 성행위와 관련된 여러 문제들과 똑같습니다. 성행위에 수반되는 여러 문제들 또한 인간 존재의 거의 모든 영역에서 부정적인 중요성과 긍정적인 중요성을 똑같이 갖습니다. 하지만 빅토리아 시대에 성행위의 문제를 놓고 나타났던 저 과도한 이상주의와, 또 똑같이 과도했던 고통과 번민을 생각해보십시오. 성행위를 낭만적이고 감정적으로 이상화하는 것이나 또 성행위에 대해 비이성적인 공포를 유포하는 것이나 똑같이 전혀 도움이 되지 않는 일임이 판명되었습니다. 이 시대에 나타났던 이상주의의 여러 왜곡과 현실주의의 여러 왜곡은 모두 성행위의 여러 문제들을 푸는 데에 도움은커녕 방해만 된다는 것을 오늘날에는 부모들이나 교육자들이나 모두 깨닫고 있는 바입니다. 성행위의 여러 문제들은 인간이 피할 수 있는 것이 아니거니와, 이 두 가지의 왜곡은 그 문제를 더욱더 비극적인 것으로 만들었고 얼마든지 피할 수 있는 문제들을 갈수록 더 긁어 부스럼으로 만들어버리는 동시에 멀쩡하게 건전하고 품위 있게 살아가는 사람들까지 대부분 문제로 몰아가고 말았습니다. 남의 눈을 피해 정직하지 못한 짓을 하는 태도가 삶에 깊숙이 파고들었고, 도덕성과 개성적 인격의 진정한 힘을 잠식하고 말았습니다. 성행위에는 여러 복잡한 문제들이 수반되며 이것이 가져오는 폐해도 여러 가지가 있습니다. 하지만 성을 낭만적으로 이상화하는 것이나 비이성적으로 혐오하는 것이나 그 폐해들을 줄이지는 못했으며, 인간 내면에 깊숙이 자리 잡은 건강한 인격의 여러 힘은 제대로 계발되지 못한 상태로 묶여 있었습니다. 하지만 이런 힘이 없다면 비이성적인 열광으로 뭉쳐 있어서, 아직 개성적 인간미를 갖추지 못한 요소[7]에서 실을 자아내어 이것으로 무엇에도 비할 수 없이 풍요롭고 다양한 가치를 지닌 개성적 인격체의 관계를 짜나가는 것은 불가능한 일입니다.

물론 전쟁과 성행위를 동일선상에서 비교하는 것은 잘못입니다. 성행위는 전쟁보다 더 기초적인 것이니까요. 성행위는 사실상 인간의 생물학적 삶과 동일하게 겹쳐 있는 것이지만, 앞에서 말했듯이 전쟁이라는 제도는 그런 것은 아닙니다. 그런데 이 점과 관련하여 앞에 말한 사이비 이상주의자들이 상당히 위험한 성격의 반격을 가해오게 됩니다. 이들은 전쟁이 하나의 제도, 즉 인간이 만든 것이라는 사실을 지적하면서 따라서 그 존속 또한 우리가 결정할 수 있는 문제라고 주장합니다. 선전포고를 하는 것은 바로 우리가 아닌가? 전쟁에 뛰어들어 싸우는 것도 바로 우리가 아닌가? 따라서 그것을 폐기하는 것 또한 우리가 마음만 먹으면 가능한 것이 아니냐는 것입니다.

과연 우리는 전쟁을 폐지할 수 있을까요? 이는 아주 협소하고 표면적인 의미에서만 가능한 일입니다.

결혼 제도를 예로 들어봅시다. 이를 폐지하면 우리는 무언가 다른 형태의 질서를 가진 관계로 그것을 대체해야만 합니다. 즉, 제아무리 다양한 형태라고 해도 결국 이런 형태의 결혼이냐 다른 형태의 결혼이냐의 문제일 뿐인 것입니다. 양성 간의 관계를 승인하는 사회적 형식을 완전히 없애는 것은 있을 수 없으며, 그러한 '승인된 형식을 띤 양성 간의 관계'야말로 바로 넓은 의미에서 결혼이라는 말이 뜻하는 바인 것입니다.

이는 방금 이야기한, 성행위와 전쟁을 직접 비유 관계에 놓을 수 없다는 말과 모순되는 것처럼 보일 수도 있습니다. 하지만 전혀 그렇지 않습니다. 지금 제가 동렬에 놓고 비교하고 있는 것은 성행위와 전쟁이 아니라 성행위와 여러 인간 집단의 이익 갈등입니다. 이렇게 여러 인간 집단이 서로 이익 갈등을 일으킨다는 것은 인간의 삶에 있어서 성행위가 그런 것만큼 집단생활에 있어서 보편적인 사실입니다. 그리고 전쟁은 (결혼과 마찬가지로) 그러한 근간의 사실들이 (즉 집단 간의 갈등 그리고 성행위) 제기하는 문제들을 해결하는 제도의 하나입니다. 특정 형태의 결혼을 폐지하게 되면 반드시 그와 똑같은 목적에 복무하는 다른 제도로 대체해야만 하는 것과 마찬가지로, 계속 방치할 경우에는 공동체의 정상적 작동을 해칠 만한 집단 간 이익 갈등을 줄여나갈 제도 또한 반드시 필요합니다. (덧붙여 말하자면 이것이 바로 어떤 형태이든 결혼이라는 제도가 불가피한 이유이기도 합니다. 성행위에 따라오는 문제들 중에는 그냥 방치할 경우에는 인간이 정상적으로 기능할 수 없게 만드는 것도 있어서 공적인 인정이 필요한 것들이 있기 때문입니다.) 따라서 이상주의자들이 최후로 내놓는 반격도 논리적으로 지탱할 수 없는 것임을 알 수 있습니다. 전쟁이 제도의 하나라는 사실은 우리의 의지에 따라 없애는 것이 가능하다는 것을 증명하기는커녕, 어째서 전쟁을 대체할 모종의 다른 제도를 마련하지 않고서는 그것을 폐지하는 것이 불가능한지를 설명할 뿐입니다. 전쟁은 집단생활에 있어서 반드시 필요한 기능을 수행하는 것이기에 그 기능을 수행할 다른 제도가 반드시 필요하다는 것입니다.

집단 간의 이익 갈등을 불러일으키는 이유 가운데 가장 흔하게 발견되는 예를 하나 들어봅시다. 일정한 영토를 갖는 집단들 사이에서는 국경선의 문제가 그 하나가 될 것입니다. 자유주의적인 이상주의자들에게 있어서는 바로 이것이야말로 전쟁이 순전히 허구적인 성격을 가진 것임을 보여주는 최고의 예이기도 합니다. 이들은 이렇게 말합니다. 첫째, 이는 전혀 본질적이지 않은 것이라는 것입니다. 따지고 보면 지도를 연구하는 이들 말고는 그 누구도 국경선이라는 문제가 중요하다고 생각하지 않을 것이며, 도대체 왜 그걸 놓고 그 난리법석을 피우는지조차 깨닫지 못할 것이라고 보기 때문입니다. 둘째, 전쟁으로 해결되는 것은 아무것도 없는 고로, 그 끔찍한 과정 전체를 초래한 이유뿐만이 아니라 그 결과들 또한 허구적인 것이라는 게 이들의 주장입니다.

이는 사랑의 인격적 측면이란 순전히 관습적인 사실에 지나지 않으며, 결혼을 해봐야 사랑에 따르는 문제들은 그대로 존재하므로 결혼으로 해결되는 것은 아무것도 없다는 상당히 미성숙한 유형의 자유연애 사상을 내건 아나키스트 사이비 이상주의자들의 주장이나 마찬가지입니다.

현실을 보자면, 이 자유주의적 이상주의자들의 국경선에 대한 생각은 잘못된 것이며, 해결되지 않은 문제를 그냥 지나칠 수 없다고 단순하게 생각하는 사람들이 옳습니다. 그 어떤 인간 공동체도 누가 그 공동체 성원이며 누가 성원이 아닌지의 문제가 최소한 한 세대 이상 해결되지 않고 남아 있다면 그 공동체의 핵심 기능들은 그 어떤 것도 발전할 수 없다는 것이 분명하기 때문입니다. 현실의 공동체들은 국가를 단위로 조직되어 있으며, 그 공동체가 만족스럽게 기능하기 위해서는 국가에 대한 일정한 충성심이 존재해야 합니다. 그런데 누가 그 공동체 소속이며 누가 소속이 아닌지를 정확히 구분할 수 없다면, 어떻게 **충성심**을 갖는 시민들을 길러낼 수 있겠으며 또 그들이 충성심을 가질 것이라고 기대할 수가 있겠습니까? 그런데 영토를 갖는 집단들의 경우에는 이 문제를 결정하는 것이 바로 **국경선**인 것입니다. 다른 말로 하자면, 이런 성격을 가진 공동체라면 그 국경선이 확정되고 이에 대한 분쟁의 위험에 대해 안심할 수 있는 상태가 되기 전까지는 법과 질서, 안전과 안보, 교육과 도덕, 문명과 문화 등을 전혀 제공할 수가 없습니다. 설령 아주 멀리 떨어져 있다 하더라도 국경선에 대해 위협이 가해진다면 그 공동체는 정상적인 기능을 제대로 수행하지 못하게 되며 문명적 삶의 모든 형태들이 멈춰버리게 됩니다.그런데 국경선이란 항상 이를 마주한 두 나라 모두에 영향을 끼치게 되어 있으므로 이 문제는 두 나라 모두에 나타나게 됩니다. 따라서 어떻게 해서든 국경선을 둘러싼 문제들에 대해서는 결정이 내려져야만 합니다. 어떠한 대가를 치르고서라도 말입니다. 그리고 이를 해결하기 위해 의지할 수 있는 다른 제도가 없다면, 문명적 삶의 형태들을 지속하기 위해서라도 전쟁을 일으키는 수밖에 없게 됩니다.

이러한 기본적 사실을 모호하게 만드는 종류의 이상주의는 전쟁을 대체할 제도를 찾아내는 일 또한 불가능하게 만듭니다. 왜냐면 그러한 대체물은 어떤 것이든 반드시 새로운 종류의 **충성심**을 내포하게 되어 있으며, 또 사람들로 하여금 도덕적 질서라는 엄청난 에너지를 불러일으키게끔 되어 있기 때문입니다. 그런데 인류가 현실의 과제에 실제로 직면하여 이를 해결하겠다고 떨쳐나서지 않는 한 이러한 도덕적 에너지를 발생시키는 일이 어떻게 가능하겠습니까? 그런데 이 이상주의적 평화주의 자들은 그저 우리가 편견을 벗어던지고 몇 가지 환상을 쫓아내고서 자신들이 품고 있는 계몽된 평화의 열망에 모두 다 동참하기만 한다면 모든 문제가 해결된다고 주장하고 있습니다. 이런 식의 운동이 실패할 수밖에 없다는 게 어디 놀라운 일일까요?

전쟁은 하나의 제도이며, 또 그렇기 때문에 그만큼 몰인격적인 것이기도 합니다. 병사들도 적군을 인간적으로 증오하는 경우는 별로 없으며, 이는 계급이 올라갈수록 더욱 그러합니다. 인간적 증오가 전쟁의 원인이라는 생각은 전혀 빗나간 것입니다. 그런데 도대체 어째서 전쟁을 인간적 문제라고 보는 것인가요? 인간 세상의 사실들은 제도적 사실들이라고 생각할 필요가 없을 때에만 인간적 사실이 됩니다. 법원의 판사를 보면서 그가 판결을 내림에 있어서 몰인격적인 태도를 벗어날 것이라고 생각하는 사람은 없지 않습니까? 이는 우편배달부에도 적용되는 이야기입니다. 배달부가 설령 인간적으로는 옆집이 아니라 당신과 관계를 맺고 싶어 한다고 해도 옆집 주소로 배달되어야 할 편지를 당신에게 주거나 하는 일은 하지 않으니까요.

이 모든 이야기는 아주 당연한 것들입니다. 하지만 우리는 전쟁이라는 사실에 막상 부닥치게 되면 이를 망각하고 전혀 다른 색조의 주장을 내놓는 경향이 있습니다. 결국 모두 다 사람들 사이에 벌어지는 일이 아닌가? 그러니 이 상황도 우리 스스로가 만들어내고 있는 것이 아닌가? 우리가 저 사람과 인간적으로 잘 알고 있기만 하다면 분명히 우리가 그 사람한테 아무 악감정을 가질 리가 없지 않겠는가? 국제적 상호 이해란 나라들 사이의 상호 이해이며, 나라는 또한 개인들로 이루어져 있지 않은가? 그러니 개인들 사이에 상호 이해를 잘 증진시킬 수만 있다면 우리는 또한 나라들 사이에도 상호 이해가 생겨나게 할 수 있지 않을까? 이러한 종류의 생각은 제도라는 것의 성격을 철저하게 무시하는 것입니다. 그리고 전쟁(이 또한 하나의 제도입니다.)에서 문제가 되는 것은 오로지 군대, 국가, 정부 등의 제도들뿐이라는 것을 망각하는 처사입니다. 사람들이 이렇게 전쟁에 맞닥쳐 쩔쩔매다가 너무나 자명한 상식적 사실들조차 무시하고 마치 국제 관계에서 무슨 '인격적' 요소 따위가 있다고 상정하여, 거기에 미신적인 희망을 건다는 것은 참으로 한심하고도 슬픈 상황이 아니겠습니까! 그리고 이런 식으로 우리의 노력을 잘못된 방향으로 몰고 간다면, 전쟁이 필요 없도록 해줄 다른 제도들을 수립할 유일한 기회도 잃게 되고 맙니다.

나의 논지에 한 매듭을 짓기 위해서 다음과 같은 사실을 예를 들어 보여드릴 필요가 있겠습니다. 즉, 전쟁이란 인간의 약함이나 질투심이나 서로 간의 증오심 혹은 그 밖의 형태의 오류나 오해에서 반드시 야기되는 것이 아니며, 이 세상에는 원치 않는 전쟁이라는 것도 존재한다는 것입니다. 그리고 우리 시대의 진정한 재앙은 바로 이러한 상황이 펼쳐지고 있다는 사실에 있음도 말씀드려야 하겠습니다.

일단 큰 가정 하나를 취하겠습니다. 두 강대국이 있고 두 나라 모두 오로지 평화 유지 하나에 굳은 결의를 모으고 있다고 합시다. 두 나라는 나아가 평화야말로 자신들이 원하는 바이며 또 분쟁을 벌일 만한 일도 전혀 없다는 생각을 갖고 있습니다. 그리고 또 이 두 나라 모두가 그저 자기들 영토의 안보(아주 엄격한 의미에서)를 지키는 것만을 임무로 보고 있으며, 이것이 침략 의도를 은폐하기 위한 위장의 기만전술이 아니라 정말로 안전을 위한 바람 말고는 아무 다른 뜻도 없다고 합시다. 마지막으로 이 두 강대국이 인접국도 아니라서 국경선을 마주하고 있는 것도 아니라고 합시다.

이는 두 나라가 완전히 서로에게 천사처럼 행동할 수 있는 상황입니다만, 여기에서 다음과 같은 모의실험을 해보도록 하겠습니다. 지금까지 이 두 강대국 사이에서 둘을 갈라놓고 있던 큰 제국 하나가 급작스럽게 붕괴해버리는 것입니다. 이 (붕괴한) 제국의 방대한 인구와 영토는 하룻밤 사이에 임자가 없어져버렸습니다. 조직된 정부와 질서 있는 행정도 사라졌고, 지도 한가운데에 검은 진공이 생겨버린 것입니다. 우리가 정치적 진공이라고 부르는 사태가 생긴 것입니다. 권력이라는 관점에서 본다면, 이 두 강대국은 이제 인접국이 되었습니다. 이제 이 두 나라를 떼어놓던 강대국이 사라졌으니까요.

이렇게 되면 그 두 강대국 사이에 심각한 전쟁의 위험이 존재하게 되었다는 게 나의 주장이며, 아마 대부분의 정치학자들도 내 의견에 동의할 것입니다. 이 전쟁은 잠시 동안은 피할 수 있을지 모릅니다. 하지만 이 두 나라의 선택은 함께 힘을 합쳐 그 파괴된 방대한 제국을 재건하든가 아니면 아예 그 재건을 막아버리든가 둘 중 하나일 뿐입니다. 그게 아니라면 결국에는 분명히 전쟁으로 치달을 것이 확실합니다. 이 두 가지 모두 지극히 어려운 계획입니다. 하지만 이들이 국가의 잎날을 내다보는 이러한 신중한 행동을 성공적으로 이루지 못한다면, 비록 두 나라 모두 원하지 않는다고 해도 결국 전쟁을 피할 길이 없다는 것입니다. 어째서일까요?

a. 이 진공 상태에 처한 사람들도 가만히 있지 않을 것이며, 그 국

내에 존재하는 여러 분파 집단들은 서로 각축전을 벌일 것입니다. 그리고 그 과정에서 자기들 스스로의 이유에서(대륙 국가이거나 해양 국가라는 이유에서, 혹은 인종적으로 가깝거나 멀다는 이유에서) 인접한 두 강대국들 중 하나의 영향력을 강화시키는 것을 자신의 이해로 갖게 됩니다.

b. 그 결과 두 강대국 모두 무너진 제국의 내부 사정에 대해 촉각을 곤두세우는 것이 절대적으로 필요해지며, 이는 곧 그 내부의 세력들과 계속해서 관계를 유지하는 것으로 이어집니다. 그리고 이는 다시 다음을 뜻합니다.

c. 그 옛 제국 영토 내의 일부 민중들에게 일정한 도움을 주게 되며, 또 동시에 그들에 대해 일정한 통제력을 행사하게 됩니다.

d. 이러한 일이 일정 기간 계속 벌어지게 될 경우, 결국 그 영토 내로 침투하게 됩니다.

e. 만약 두 강대국 모두 이렇게 침투하는 일이 북쪽과 남쪽에서부터 시작될 경우, 두 나라의 영향력은 중간 어딘가의 빈 공간에서 맞닥뜨릴 수밖에 없습니다. 이 공간은 국경선도 없으며 어둠에 싸여 있는 곳이기에 이곳에 들어선 두 세력은 마치 수건으로 눈을 가리고 물건을 찾는 아이들 놀이blind man's buff 같은 놀음을 하게 되고, 그 와중에 갈수록 서로를 두려워하게 되며, 결국 충돌로 끝나게 되는 것입니다.

이는 이 두 나라 각각의 의도와는 전혀 별개로 벌어지는 일이며, 그 두 나라가 정말로 순수하게 스스로의 안보에 대해 갖는 걱정과도 별개로 벌어지는 일입니다. 또 질투심, 탐욕, 비이성적인 의심 같은 것들도 끼어들 여지가 없습니다. 원하지 않는 전쟁은 이렇게 해서 일어나는 법입니다...

지금 이러한 상황이 극동 지역에서 벌어지고 있지만, 미국과 러시아는 통일된 중국의 재건이라는 목표를 두고 함께 힘을 합치기 위해 큰 노력을 기울이고 있는 것으로 보입니다. 그 목적은 원하지 않는 전쟁을 피하기 위해서입니다.

평화의 열쇠는 이렇게 정책에 있습니다. 국제적 상호 이해를 이루기 위한 수단은 바로 정책입니다. 우리가 연구해야 할 것은 바로 정책의 여러 법칙들입니다.

1. 정책의 첫 번째 목표는 원하지 않는 전쟁을 피하는 것이어야 합니다. 이는 우리 시대의 경우 대단히 중대한 과제가 될 수 있습니다. 오늘날 전 지구의 거의 4분의 3에 이르는 지역이 진공 상태로 들어서 있기 때문입니다.

2. 정책의 두 번째 목표는 모든 전쟁을 없애는 것이 되어야만 합니다. 원자력 에너지가 사용 가능하게 된 오늘날, 전쟁이란 곧 지구 전체와 그 위의 모든 생명체에 대한 위협이라는 점은 명명백백하기 때문입니다.

여기에서 이상주의 대 현실주의의 대립이 다시 나타나게 됩니다.

정책이란 어떤 상황에 대처할 수 있는 수단이 무엇이냐는 문제이며, 그 상황에서 이런저런 이익을 수호할 수 있는 수단이 무엇이냐는 문제입니다. 따라서 결정적인 문제는, 누구의 이익이냐 또 어떠한 상황이냐는 것이 됩니다.

이것이 바로 정책의 도덕적 문제입니다. 생존의 단위가 되는 것은 누구인가? 그 생존이란 무슨 뜻인가? 인간 공동체의 경우 단순히 목숨을 부지했다는 것이 생존의 정의가 될 수는 없습니다. 공동체의 정체성은 바로 그 삶의 방식으로 정의되는 것입니다. 하지만 상황이라는 것에도 이는 똑같이 적용됩니다. 세계에 대해 판단을 내리는 것은 곧 스스로에 대해 판단을 내리는 것입니다. 미국이 세계를 바라보는 방식은 러시아가 세계를 보는 방식과도 또 영국이 세계를 보는 방식과도 다릅니다. 정책이란 곧 특정 상황에서 특정 개인들의 이익에 대한 정의를 함축하는 것이며, 또 이에 입각하여 내리는 결정을 함축합니다. 따라서 정책 형성의 전 과정에서 시작과 끝에 해당하는 두 부분 모두에서 도덕적 문제들이 결정적으로 중요해집니다. '자기중심적이지 않은 정책'이라는 말은 성립할 수 없는 형용 모순입니다. 그 '자기중심적'의 '자기'란 누구를 말하는 것인가요? 그리고 또 어떤 세계를 말하는 것인가요? 이게 문제가 되는 질문들입니다.

우리나라의 이익이 무엇인지를 제대로 이해하고, 또 세계에서 지금 작동하고 있는 세력들은 무엇인지를 제대로 이해하는 것이야말로 정치의 큰 질문입니다.

필요한 것들을 달성할 수 있는 정책들은 그 다음에야 비로소 정식화될 수 있게 됩니다.

a. 국내에서 온 나라를 통일시킬 것.
b. 국외에서 동맹국들을 확보할 것.

자기 공동체만의 이기적인 이익을 다른 나라들이 지지해줄 리는 만무합니다. 그런데 그 공동체가 힘을 불리기 위해서는 다른 나라들의 지지가 필수입니다. 이것이 19세기 영국 정치의 비밀이었습니다. 이는 지금도 적용되는 진리이며, 따라서 오늘날에도 이런 질문들에 대답할 수 있어야만 합니다.

분별 있는 현실주의란 도덕적·정신적 사실들 또한 현실적인 것으로 받아들일 줄 아는 현실주의입니다. 이는 정치의 기틀을 이루는 기초적 현실입니다. 감상적인 이상화는 사실을 왜곡합니다. 우리가 어떤 사람을 사랑하려고 할 때 그(녀)의 여러 문제들을 이해한다고 해서 사랑이 줄어들지는 않습니다. 우리가 우리나라를 사랑한다면 우리나라가 안고 있는 여러 문제들을 이해하는 것 때문에 그 사랑이 줄어들 리는 없습니다.

강연을 시작할 때 여러분께 내 이야기가 보통의 뻔한 이야기로 끝을 맺을 것이라고 미리 말씀드렸습니다. 하지만 이 이야기들은 아마도 다시 한 번 생각해볼 가치가 있는 것들일 것입니다. 그렇게 하는 것이 또한 국제적인 상호 이해를 증진시키는 길이기도 합니다.

7장

—

평화의 의미[**]

—

평화라는 공준

우리 시대의 중심 문제는 전쟁이라고 단언할 수 있으며, 이는 우리 문명이 겪고 있는 위기의 핵심을 지적하는 말이다. 이러한 단언에는 두 개의 기본 전제가 깔려 있다. 1) 전쟁을 그만두지 않는 한 우리 문명은 전쟁 속에서 또 전쟁을 통하여 시들어버리고 말 것이다. 2) 전쟁을 그만두지 못하게 만드는 여러 장애물들은 우리 사회의 근본적인 정치적·경제적 제도들과 불가분으로 엮여 있다. 따라서 전쟁이 최대의 악이며 이를 폐지하는 것이 우리의 주된 임무라고 선언하는 것은 곧 모종의 혁명

[**] 칼 폴라니 연구소 문서고, 파일 20-13. 1938년에 작성. 문서고의 설명에 따르면, 이 글은 기독교 좌파 그룹 Christian Left Group의 〈회지 *Bulletin*〉, 1938년 8월, 3호의 타자 원고를 재생한 것이다. 같은 파일에는 두 개의 다른 버전도 들어 있으며, 파일 18-39는 1932년의 초고를 보존하고 있다.

적 원칙을 정식화하여 밝히는 것이 된다.

이는 현존 체제를 일관되게 옹호하는 이들도 늘 명확히 인식하고 있었던 바이다. 무솔리니는 《이탈리아 백과사전 *Enciclopedia italiana*》에서 파시즘이 무엇인지를 언명하는 가운데에 "평화라는 해로운 공준에 근거를 둔 교리는 모두 파시즘의 적이다."[1]라고 선언했다. 평화라는 공준은 오늘날 세계를 두 개로 갈라놓고 있는 셈이다.

그렇다면 이 공준의 정확한 내용은 무엇이며, 이것은 정확히 어떤 전제에 기초하고 있는 것일까?

평화를 공준으로 삼는다는 것, 좀 더 쉬운 말로 평화로운 세상을 강하게 주장하는 것은 우리가 오늘날 전쟁이라는 제도 없이도 얼마든지 살아갈 수 있다고 가정하는 것이다. 하지만 전쟁이 인간 존재에게 최고의 필연성을 갖는다는 가정을 폐기하는 그 순간, 전쟁이란 인간성에 의한 인간성 자체의 부정이라고 생각하지 않을 수 없게 된다. 전쟁이 불가피한 것이 아니게 되는 그 즉시 전쟁은 어떤 대가를 치르고서라도 폐지해야 할 것이 되며, 이는 다른 어떤 것보다도 우선적인 과제가 된다. 이것이 평화라는 공준의 내용이다. 따라서 이 공준의 유효성은, 인간 사회의 한 조건인 전쟁의 필요성이 사라졌다는 전제가 과연 옳은가 그른가에 달려 있게 된다.

전쟁이란 "죽음과 마찬가지로 피할 수 없는 운명"[2]이었다. 전쟁에 참여하는 것은 공동체 성원 모두의 공통된 운명이었으며, 이러한 집단적 사회 계약에서 풀려날 수 있는 이는 오로지 자기 한 몸뚱이의 안전을 위해 공동체를 뛰쳐나올 각오를 한 자뿐이었다. 하지만 구약성경에도 신약성경에도 또 그리스 철학에도 로마 철학에도 전쟁이라는 제도를 도덕적으로 문제 삼는 내용은 보이지 않는다. 일반 민중들도 이를 범죄로 보기를 거부했다. 폭넓은 다수 대중들이 평화라는 공준을 받아들이게 된 것은 완전히 새롭게 생겨난 사태이다. 이는 현대인들의 의식에 일어난 가장 중대한 변화인 것이다.

전쟁이라는 제도

전쟁이 더 이상 필요하지 않다고 해서 다음과 같은 그릇된 생각을 품어서는 절대 안 된다. 즉, 전쟁이란 우리 조상들이 동굴 속에 살았던 시절부터 대대로 이어져 내려온 잔재로, 우리의 계몽된 시대에 이르러 마침내 폐지되었다는 환상이 그것이다. 동굴 속에 살던 우리 선조들은 전쟁을 몰랐을 가능성이 높다. 그들은 그렇게 고도로 조직된 활동을 수행할 이유도 수단도 없었기 때문이다. 전쟁을 벌일 능력, 도구, 필요는 문명이 일정한 수준에 도달한 이후 긴밀한 상호의존 상태 속에서 발전되었을 가능성이 높다. 전쟁은 "인류의 나이만큼 오래된 것"도 아니며, 또 "인간들이 스스로의 본성을 변화시키지 않는 한 계속될" 것도 아니다.[3] 전쟁의 심리학적 성격에 대한 교조적 명제들은 무의미하다.

명심해야 할 사실은, 인간 세상의 여러 제도는 일반적으로 개개인이 그 제도를 활용하는 심리적 동기를 지적하는 것으로는 설명되지 않는다는 점이다. 예를 들어, 재판소가 이미 존재하는 상황에서는 개개인들이 거기에 달려가 호소[4]하고자 하는 여러 동기를 갖게 되지만, 애초에 재판소 자체가 나타나게 된 원인이 이러한 개개인들의 동기에 있는 것은 아니다. 그리고 공동체 성원들 사이에 갈등이 있을 때 사적인 폭력 충돌에 의존하지 않고 그 갈등을 해결할 필요가 있기는 하지만, 이 또한 개개인들 사이에 구체적인 이런저런 갈등이 벌어지게 된 동기와는 전혀 관계없는 문제다. 이러한 동기들은 선한 것일 수도 악한 것일 수도, 영구적인 것일 수도 일시적인 것일 수도, 의식적인 것일 수도 무의식적인 것일 수도, 감정적인 것일 수도 합리적인 것일 수도 있다. 재판정이라는 제도를 확립하고자 하는 동기의 유효성 자체[5]는 이러한 특징들과 전혀 상관이 없다. 재판정이라는 것이 존재하는 덕분에 개인들이 얻어낼 수 있는 이점은(혹은 불리한 점은) 재판정이 존재함으로써 공동체 전체가 얻어낼 수 있는, 그리고 덧붙여 말하자면 개인이 공동체의 일원으로서 얻어낼 수 있는 이점과(혹은 불리한 점과) 완전히 성격이 다른 것이다. 개개인들은 공동체 성원의 자격으로서 볼 때에는 공동체 내부에 평화가 오는 것에서 혜택을 입게 되지만, 소송을 제기할 수 있는 자격으로 보자면 법에 직접 호소할 수 있게 된 것에 내재하는 여러 다양한 이점들을(혹은 불리한 점들을) 확보할 수(혹은 겪어야 할 수) 있게 되는 것이다.

전쟁의 경우도 비슷하다. 전쟁이란 다양한 영토 집단들 사이에 생겨나는 문제들 가운데에서, 다른 방법으로는 해결이 불가능하며 또 해결을 보류할 경우 공동체의 존속 자체가 위험해질 문제들을 결정하는 것을 그 주된 기능으로 삼는 제도다. 예외인 경우도 있지만, 이러한 문제들은 주로 영토상의 문제다. 국가란 명확한 경계선 안에서만 존속할 수 있으며, 경계선이 불확실할 경우에는 그 주권에 대한 영구적인 도전만큼이나 치명적인 상처를 입게 된다. 하지만 주권에 대한 도전은 행정 책임자의 행동으로 혹은 최종적으로는 내란으로 대응하게 되는 반면, 국경선에 대해 의문이 생겨날 경우 이는 조약을 통해 평화적으로 해결하든가 아니면 전쟁을 통해 힘으로 해결해야만 한다. 평화 조약에 실패할 경우, 갈등 당사국들이 더 상위의 주권에 함께 소속되어 있는 게 아닌 한 전쟁은 불가피하다. 이들이 다툼을 벌이는 이유는 선한 것일 수도 악한 것일 수도, 합리적인 것일 수도 비합리적인 것일 수도, 물질적인 것일 수도 이상적인 것일 수도 있다. 하지만 이는 갈등이 벌어질 경우 반드시 그에 대한 최종 결정이 필요하다는 사실 자체에는 아무런 영향을 주지 못한다. 몇 가지 전형적 경우들, 즉 여러 민족들의 이주, 국민국가의 발흥, 거대한 사회적 해방 운동들에서는, 만약 초역사적 권능의 존재 같은 것이 기적처럼 개입하여 분쟁의 동기들을 무의미하게 만들어버렸다면 인류의 진보 자체에는 장애가 되었을 것임이 분명하다. 역사의 여러 다양한 시대에서 내란과 국가 간 전쟁 사이에는 밀접한 관련이 있었으며, 이것만으로도 우리는 전쟁의 이유가 되돌아보면 항상 무의미한 것이었다고 보는 경박한 가정을 삼가야 한다는 것을 알 수 있다.

"전쟁이 존재하는 것은 사람들이 그것이 존재하기를 바라기 때문이다."(올더스 헉슬리Aldous Huxley)

이 문장은 전쟁에 대한 심리학적인 이론을 아주 간명하게 표현하고 있다. 하지만 인간 세상의 여러 제도 중에서 개개인들이 그것의 존재를 원해서 존재하는 경우는 극히 드물다. 사회의 여러 기능을 사람이 몸소 수행하다 보면 불쾌한 또는 유쾌한 기분을 가지게 될 수 있지만, 그런 기분의 관점에서 인간 세상의 제도들을 논의하는 짓은 이제 그만둘 때도 되었다. 사람들은 재판장들을 냉담한 기질을 가진 이들이라고 생각하지만, 사법 체제는 그러한 재판장들의 기질 때문에 생겨난 것이 아니라 발달된 사회에서는 위법 행위에 대해 일정한 제도적 장치를 마련할 필요가 있었기 때문에 생겨난 것이다. 마찬가지로 전쟁도 어쩌다 '호전적 정신'을 가지게 된 사람들이 일으키는 것이 아니며, 또 병사들이 그러한 정신을 지닌 채 수행하는 것도 아니다. 그런 정신은 전쟁의 원인이 아니라 결과이며, 막상 전투로 직접 영향을 받는 사람들은 마음 상태가 생각보다 평화로울 수 있다. 군사과학을 다룬 총람류의 책들을 보면 증오나 탐욕에 대한 언급은 지나가면서 잠깐 나오는 정도이다. 증오 때문에 어떤 정부가 이런저런 나라를 만만한 '적들'의 나라로 삼아 전쟁 결정을 내리는 일은, 왕조들끼리 전쟁을 벌이던 시대에도 내각이 전쟁을 결정하던 시대에도 결코 벌어진 적이 없다. 심지어 미국조차 1917년 전쟁에 뛰어들게 된 주된 이유는 더 이상 중립을 유지하면 주권 국가로서 심각한 피해를 입을 수밖에 없다는 것 때문이었다. 그런 이유가 존재하는 이상, 미국이 전쟁을 선포한 상대국이 영국인지(비슷한 상황이 벌어졌던 1812년 미국은 영국에 전쟁을 선포했다.) 아니면 독일인지는(1812년에 미국은 프랑스를 전쟁 상대로 삼을 수도 있었다.) 중요하지 않다. 미국으로 하여금 전쟁에 나서도록 재촉한 것은 증오심이 아니었다. 물론 일단 평화를 유지하는 것이 불가능하게 되면, 누가 적인지를 결정하는 데에 증오심이 일조했을 수는 있다. 하지만 실상을 보면 전쟁은 증오심으로 야기되는 법이 거의 없다. 이렇게 주장하는 것은 짜릿한 흥분 거리가 필요해서 주식 시장이 생겨났으며, 길거리에 마구 내버리고 싶어서 신문이 생겨났다고 주장하는 것이나 마찬가지다. 전쟁 그 자체는 인간의 여러 감정과 무관한 것이다. 만약 전쟁이 감정 없이 치러진다면 더욱더 잔인할 수도 있다. 오늘날 전쟁을 더 효과적으로 치르기 위해서 사람들의 감정을 자극하게 된 것은 현내의 대중 민주주의가 가져온 부수적 결과물이지 전쟁 자체의 본성은 아니다.

다음과 같은 사실은 명백하다. 즉, 어떤 공동체의 경계선이 애매하여 성원들의 충성심을 모아내기 어렵게 되고, 그 소득 재원이 축소되며, 결국 그 공동체가 주권의 중요한 속성 가운데 하나를 박탈당하는 일이 벌어진다면, 그 공동체는 아무런 일도 제대로 처리하고 해결할 수가 없게 된다는 것이다. 전쟁이라는 중재 방식이 여러 인간 사회의 존폐를 가르는 중요성을 갖게 되는 것도 이 때문이다. 그리고 그렇기 때문에 전쟁은 성스러운 것으로 추앙된다.

평화라는 공준은 단순해 보일지 몰라도 정치의 새로운 기초라는 중차대한 의미를 지니고 있다. 이는 인류 역사에 새로운 시대가 도래했음을 알리는 신념에 찬 행동을 상징한다. 전쟁이란 본성상 범죄 행위라는 확신이 돌연 광범위하게 나타나고 확산된 것은 새롭고 더 폭넓은 공동체의 탄생을 암시하는 것으로서, 이 공동체는 지구상의 모든 주권 국가에 대해 우월한 권력을 주장하는 대군주(大君主)의 공동체이다. 이제는 여러 나라의 머리 위에 상위 권력을 확립하여야 하며, 과거에 폭력으로 해결하던 국가 간 중재의 과제를 평화롭게 달성하게 해줄 모종의 주권체를 세워야 할 시대가 도래했다는 것이다.

어떻게 이런 생각이 통용되게 된 것일까? 이 지점에서 바로 평화주의의 오류가 등장하게 된다.

평화주의의 오류

평화주의 정책은 다음과 같은 잘못된 믿음에 근거하고 있다. 즉, 전쟁은 지금까지 절대적으로 중요한 기능을 전혀 수행하지 않았으며, 따라서 간단히 전쟁을 철폐할 수 있다는 것이다. 이는 치명적으로 위험한 환상이며, 평화 운동이 실질적인 성공을 거두게 된다고 해도 이러한 환상이 필연적으로 불러올 반작용으로 인하여 반드시 평화 운동 자체가 파괴되고 말 것이다. 전쟁에 대한 필요 자체가 사라지지 않은 한에서는 분쟁에 휘말린 사회는 자신의 존속을 주장할 전쟁이라는 궁극적 수단을 사용할 수가 없게 된다면, 자동으로 자신이 존속하기 위한 전제조건 중 하나를 빼앗기게 되는 셈이다. 그 어떤 공동체도 이러한 경로를 끝까지 따라갈 수는 없다. 오히려 만약 평화 운동이 붕괴하기 전에 상당히 성공한 상태였다면, 평화 운동의 실패와 함께 평화라는 공준이 품고 있는 대의까지도 거기에 휘말려 함께 무너지는 사태가 벌어질 위험이 있다. 그리고 이는 거의 필연적이다. 만약 평화를 옹호하는 여러 세력이 자신들이 지지하는 평화라는 공준이 어떤 의미를 담고 있는지를 깨닫지 못한다면, 평화라는 공준은 오히려 진보를 마비시키도록 작용할 것이다. 그리고 동시에 인류를 수동성, 무정부 상태, 퇴락의 상태에 가두어 놓고 평화를 찾아 헤매도 아무 성과도 얻지 못하는 운명으로 몰아넣고 말 것이다.

관용의 경우

하지만 평화주의자가 내세우는 원리는 진리다. 그렇다면 평화주의의 원리를 일관되게 적용한 듯 보이는 행동이 필연적으로 평화주의의 원리를 거스르는 결과를 낳고 마는 이러한 사태는 어떻게 설명할 수 있을까?

이 나라에서[6] 관용의 원리를 조기에 주창했던 이들이 처해야 했던 딜레마가 있었으니, 그것이 이 경우와 비슷하다. 종교적 관용의 원리를 종교적 경험의 영역에서 정치의 영역으로 옮겨온 것은 저 모든 영국인 중에서도 가장 위대한 영국인 올리버 크롬웰Oliver Cromwell이다. 그의 청교도적 정신은 마침내 독립파the independent로 발전하였고, 양심의 자유는 곧 관용으로 이어졌다. 그는 근대사, 아니 아마도 세계사 전체에 걸쳐서 자유와 계몽을 법으로 강제하기 위해 투쟁하는 독재 권력의 예를 세웠던 드문 사람이다. 그가 의회와 충돌했던 것의 본질 또한 종교적 관용의 굳건한 신봉자로서 종교적 불관용의 입장에 선 사이비 대의 기관에 맞섰던 것이다. 하지만 만약 크롬웰이 의회에 승리를 거두었다면 그리고 그 결과를 생각해볼 수 있다면 이는 어떤 모습이었을까? 그 결과는 장기적으로 불관용의 입장을 고수하는 로마 가톨릭이 크롬웰의 관용적 프로테스탄트 주의에 대해 승리를 거두는 사태였을 것임은 틀림이 없다. 영국은 종국적으로 청교도 혁명Great Rebellion의 결과로 종교적 관용의 체제를 갖게 되지만, 만약 크롬웰과 그의 군대가 미리 자신들의 뜻을 관철시켜서 그러한 체제를 1640년대에 출범시키는 일이 있었다면 그 결과는 반(反)종교개혁의 승리가 될 수밖에 없었을 것이다. 이는 아주 쉽게 증명할 수 있다. 국가와 교회가 아직 분리되지 않은 상태였기 때문이다. 따라서 국가 쪽에서 만약 종교적 관용을 시행하게 될 경우, 이는 불관용의 종교가 국가에 대해 즉각적인 승리를 거두게 되든가 아니면 대혼란의 결과를 낳든가 했을 것이다. 국가가 자신의 입법 행위에 대해 종교의 재가를 받는 관계를 청산하고 또 종교는 국민국가의 주권을 인정하는 일이 벌어지지 않는 한, 국가와 교회의 분리는 필연적으로 영국의 분열을 낳았을 것이고, 영국은 곧 유럽의 반(反)종교개혁 운동의 힘 앞에 쓰러졌을 것이며, 종교적 관용이라는 운동의 대의 또한 여러 세대에 걸쳐 땅에 파묻혀버렸을 것이기 때문이다.(뉴잉글랜드에서처럼 제도적 조건들이 갖추어진 경우에는 관용 또한 공동체 자체를 위험에 빠뜨리지 않으면서도 도입될 수 있었다.) 불관용적 형태의 가톨릭 신앙이 승리를 거두는 사태를 피할 수 있었던 것은 순전히 때가 무르익지 않은 시점에서 크롬웰이 이 나라에 관용을 강제하는 데에 실패한 덕분이었다. 하지만 우리의 분석이 정확하다고 전제할 때, 이것이 과연 크롬웰의 사상이 잘못된 것임을 입증하는 것일까? 그렇다고 할 수는 없다. 그가 스스로의 종교적 경험을 통해 깨달은 진정한 의미는 바로 국가가 모든 종교에 자유를 허용하고, 또 종교들은 국가의 주권을 자유롭게 인정하는 때가 올 것이라는 예언자적인 깨달음이었다. 하지만 이러한 상태가 되는 것은 오직 사회의 제도적 구조에 다면적이고도 광범위한 여러 변화가 벌어진 뒤에나 가능한 일이었다. 크롬웰의 운명은 권력을 쥔 총사령관의 운명이었다. 그는 자신의 예언자적인 비전을 정치적 과제로 오인했던 것이다.

무엇으로 전쟁을 대체할 것인가?

그렇다면 평화라는 공준을 실제의 현실로 만들어줄 제도의 변화란 어떤 것들일까?

만약 전쟁을 폐기한다면, 그 자리를 국제적 질서가 채워야만 한다. 하지만 현재 사라져가고 있는 경제 질서를 대체할 새로운 국제적 경제 질서가 없이는 그 어떤 국제적 상위 주권도 생각할 수가 없다. 현재 사라져가고 있는 경제 질서는 국제 금본위제가 그 일부를 이루고 있으며 자본과 노동, 여러 상품과 그에 대한 지불 자금의 자유로운 이동을 보장하는 질서로서, 이제 다시는 되돌아올 수 없는 질서이다. 하지만 국제적 노동 분업을 어떤 형태로든 유지하지 못한다면 생활수준의 전반적 하락을 피할 수 없을 것이다. 그리고 설령 그러한 하락을 피한다고 해도, 장차 생활수준의 향상을 크게 이루려면 국제적 노동 분업을 다시 확고하게 한다는 단순 명쾌한 수단이 항상 필수적이다. 우리 앞에 놓인 당장의 미래가 어떠한 모습이든, 국제주의는 항거할 수 없는 역사의 원동력으로 앞으로도 남아 있을 것이다.

우리 시대의 또 다른 기본적 특징은 새로운 국제 경제 질서에 광범위한 경제적 재조정이 반드시 필요하다는 사실로부터 도출된다. 이러한 재조정은 가진 나라들과 가지지 못한 나라들[*7)] 사이의 것이라기보다는 지구상의 모든 다양한 나라들 사이의 재조정이며, 그것도 무수히 다양한 방식으로 이루어지게 되어 있다. 따라서 국내 정치의 주된 임무는 국제 경제 영역에서 큰 재조정이 벌어질 때마다 그것이 가져올 대규모의 부담(사실상 이 둘은 분리할 수 없다.)에 대처할 수 있는 사회 조직을 자기 나라에 갖추는 일이 될 것이다. 궁극에 가면, 사회의 계급 구조가 국제 경제의 재조정에 장애물이라는 것이 드러날 것이다. 오직 여러 초월적 이상을 공유하며 긴밀하게 통합된 공동체들만이 대규모의 경제적 희생을 기꺼이 감당할 수 있기 때문이다. 이러한 현실이 우리 시대에 사회주의의 도래를 불가피하게 만들 여러 힘들이 계속해서 생겨나게 하는 원천이 된다.

따라서 단순히 각국이 싸우기를 거부하는 것만으로는 국제적인 평화 질서의 수립에 결실을 볼 수가 없다. 이를 위해서는 현실에서 그 질서의 제도적인 기초를 다지는 일이 반드시 필요하다. 이러한 목적을 달성하는 첫걸음은 바로 경제적 삶을 일반 민중들의 통제 아래에 두고, 이를 통해 재산 소유에 따른 사회의 균열을 없앰으로써 현재 우리의 자본주의적 국민국가들을 실질적인 공동체들로 변형하는 것이다.

의식의 개혁

신약성경에 제시된 윤리학의 의미를 제도적 생활로 재구성할 수 있다고 본다면, 그러한 작업은 분명히 평화주의와 공산주의의 경향을 띠는 것이었다. 기독교 초대교회의 실천 또한 이러한 경향들을 반영하였고, 이는 사회를 그저 일련의 영구적 제도들로만 보는 것에 대한 거부를 함축하고 있었다.

신약의 복음서들은 인간의 삶이 개성적 인격의 성격을 갖는다는 것을 발견하였고, 또 개성적 인격에는 자유가 반드시 필요하다는 점을 발견하였다. 인간의 의식은 이러한 복음서들을 통하여 개심(改心)을 겪게 되었다. 그런데 신약성서의 윤리학에는 이에 비례하여 제도적 사회에 대한 부정적 태도 또한 함축되어 있다. 사회라는 존재의 실체는 제도들이 아니며 관습도 법률도 아니라는 것이다. 그 실체는 바로 실재하는 인격적 존재들 간의 관계로서의 공동체라는 것이며, 사회의 성격을 이렇게 해석하는 것은 곧 제도적 사회에 대한 거부에 다름 아닌 것이다.

현대 세계의 관점에서 보자면, 예수의 사회철학은 아나키즘적이었다. 그 평화주의와 공산주의는 제도적 사회에 불가피하게 따라오는 성격을 부인하는 것에 기초하고 있었다. 권력, 경제적 가치, 강제 등은 사악한 것으로 거부되었다. 인격적 삶의 본성에 대한 발견은 이렇게 사회라는 존재에 오래 지속되는 제도적 형식들이 필요하다는 것을 받아들이지 않으려는 태도와 연관되어 있다.

우리 시대에 들어와서 인간의 의식은 다시 한 번 새로운 모습으로 재편되고 있다. 사회란 그 본성상 인간이 벗어날 수 있는 것이 아니라는 점을 인식하면, 추상적 인격의 가상적 자유에 대해서도 일정한 한계를 두게 된다. 권력, 경제적 가치, 강제 등은 복합 사회에서 피할 수 없는 것이다. 여러 대안들 사이에서 선택을 해야 한다는 책임으로부터 개인들이 도망갈 수 있는 수단은 존재하지 않는다. 계약이라는 수단으로 그 개인이 사회에서 벗어날 수는 없다. 그런데 이 점을 알게 되면 우리는 자유를 상실하는 것처럼 보이지만, 그러한 인식을 통해 잃게 되는 자유는 사실 환상 속의 것일 뿐이다. 반면 그러한 인식을 통하여 우리가 얻게 되는 자유는 분명한 실체가 있는 것이다. 인간은 자신이 상실한 것을 인정하는 가운데, 하지만 결국에는 사회 안에서 또 사회를 통해서 자유를 얻게 될 것이라고 확신하는 가운데 성숙에 도달하게 된다.

예수가 발견했던 인간 삶의 진실은, 오늘날 우리 사회에서 인간은 자기 소외의 조건 속에 처해 있으며 복합 사회에서 개성적 인격의 삶을 되찾을 수 있는 유일의 수단은 사회주의로의 변혁이라는 인식 속에서 다시 강력하게 스스로를 드러내고 있다.

평화주의와 노동계급 운동

흔히 사람들이 말하는 바이지만, 웨슬리*8)의 영적 부흥 운동은 영국을 혁명에서 구출하였다. 계급투쟁이라는 것을 모든 의미에서 철저하게 거부하는 사회적 평화주의는 기독교적 생활방식의 일부로서 확립되었다. 노동계급의 입장에서 보자면, 현대의 평화주의란 국내 차원에서의 조화라는 교리를 대외 문제로 확장한 것을 뜻할 뿐이었다. 하지만 막상 지배계급 자체의 경우에는 그 성원들에게 주어진 여러 가지 책임이 있으므로 당연히 그러한 교리를 실천에 옮기는 것이 불가능했다.

전체적으로 볼 때, 불순응주의nonconformity*9)는 이상주의적 철학을 조장하는 경향이 있었고, 이 경향은 본래 그와 결부되어 있었던 종교적 개념이 사라져버리고 대신 세속적 개념들이 그 자리를 차지한 뒤에도 오래도록 계속되었다. 이렇게 종교적 삶이 후퇴했음에도 이상의 세계는 여전히 별개의 세상으로 남아 있었다. 여러 이상들은 단지 자신의 초자연적 무대를 빼앗겼을 뿐 세속적 내용에 들러붙어 생명을 이어나갈 수 있었다. 하지만 이상성과 현실성 사이에 벌어진 결정적인 간극은 그러한 변화가 있었음에도 사라지지 않고 계속 남았다. 사회적 정의라는 이상은 여러 제도들을 통해서만 현실에 구현될 수 있는 것이지만, 그 이상은 독선적인 올바름이라는 명분 때문에 이러한 제도들과 별개로 분리되었다. 이와 비슷한 것으로서, 전쟁이 끝난 뒤 사람들은 제도로서의 국제연맹League of Nations을 더는 이상으로서의 국제연맹으로 바라보지 않게 되었다. 이렇게 이 나라 영국에서 벌어졌던 노동계급 운동의 종교적 역사 속에서 우리는 어째서 평화주의가 평화의 실현에 주된 걸림돌이 되는 방식으로 발전했는지를 밝혀내야만 한다.

8장

—

평화주의의 뿌리[**]

—

저를 평화주의자라고 부르는 것에 저도 동의합니다만, 이는 명확히 제한적인 의미에서일 뿐입니다. 오늘밤 저는 이 점에 대해 명확히 말씀 드리고자 합니다. 무솔리니는 평화주의에 대한 파시즘의 입장을 이렇게 언명한 바 있습니다. "평화라는 해로운 공준에 근거를 둔 모든 교리는 파시즘에 적대적이다."[1] 무솔리니가 여기에서 '평화라는 해로운 공준'이라 비난하고 있는 교리를 저는 굳건히 지지합니다. 이는 평화는 '선한 것'이라느니 따라서 그것이 '마땅히 이루어져야 한다'느니 하는 이상주의 혹은 감성적 주장(또 이와 똑같이 무의미한 여러 다른 주장)이 아닙니다. 이 공준은 인간 사회의 발전에 결정적 계기가 되고 있는 현재 단계에 대한 구체적인 정치적·경제적 진단을 함축하고 있습니다. 제가

[**] 칼 폴라니 문서고, 파일 18-38. 1935~1936년 질링엄 강연Gillingham Lecture 원고. 폴라니가 많은 곳을 손으로 고쳤음.

신봉하는 것은 바로 이 특정한 진단입니다. 이 진단에 따르면, 파시즘과 민주주의 사이에 그리고 자본주의와 사회주의 사이에 벌어지고 있는 현재 투쟁의 핵심에는 바로 전쟁이라는 문제가 있습니다. 이러한 믿음을 지지하는 이를 평화주의자라고 부른다면, 저는 확신에 찬 평화주의자입니다. 오늘밤 저는 이 점을 자세히 말씀드리고자 합니다.

하지만 만약 평화주의라는 말을 '싸우지 마라'라는 명령을 받아들인다는 뜻으로 본다면, 저는 결코 평화주의자가 아닙니다. 전쟁이라는 제도가 설령 언젠가는 폐지된다고 할지라도, 제가 행한 진단에 따르면 인류는 지금부터 오랫동안 싸움을 계속해야만 할 것입니다.

우리 시대에 드리운 전쟁의 위험은 그 뿌리가 어디에 있는 것일까요? 제 생각은 다음과 같습니다.

물질적 존재로서의 인간은 현실에서 항상 전 세계에 걸친 상호의존의 형식을 취할 수밖에 없습니다. 마찬가지로 인간이라는 존재의 정치적 형식 또한 필연적으로 전 세계와 연결되어 있습니다. 우리의 문명이 살아남기 위해서는 지구 위의 모든 나라들이 정복과 복속을 통한 세계 제국의 틀 안에서, 혹은 국제적 협력을 통한 세계 연합의 틀 안에서 그 나라들을 모두 아우르는 단일한 정치체의 구속력 안에서 자리를 잡아야만 합니다. 이 두 가지 방식 중 하나로 평화가 조직되기 전까지는 무수한 전쟁이 계속될 수밖에 없으며, 그 규모도 갈수록 더 커질 것입니다.

우리의 출발점은 경제적 상호의존입니다.

이 말은 물질적 요인을 지칭하는 것이지만, 우리가 말하는 이 물질적 요인은 이른바 경제적 자기 이익이라는 것과는 아무 상관이 없습니다. 이 경우에서 물질적 요인이란 소득, 이윤, 임금, 이런저런 집단과 계급의 생활수준 등을 말하는 것이 아니라 무수히 많은 사람들의 삶과 목숨

자체를 좌우하는 것입니다. 수천만 인류의 삶을 의도적·체계적으로 파괴하고자 하는 계획은 세상 이치상 도덕적으로도 용인될 수 없거니와 정치적으로도 현실성이 없는 것입니다.

이렇게 현실로 존재하는 경제적 상호의존만 아니라면 당장 내일이라도 여러 나라와 여러 민족이 이제부터 각자 경제적 자급자족을 누리면서 독자적인 주권 국가로 평화롭게 살아가자고 결정하는 게 가능합니다. 물론 사람들의 비합리적 열광과 편견 같은 것들 때문에 그러한 방향으로의 진전이 방해를 받을 수도 있겠지만, 최소한 정치적으로나 도덕적으로 볼 때 이는 충분히 정당화될 수 있는 방향입니다. 결국 이러한 방향으로의 진전을 가로막는 결정적인 걸림돌은 다름 아닌 경제라는 문제입니다. 전 세계 모든 나라들이 자급자족을 확립할 경우, 필연적으로 또 불가피하게 전 세계 인구의 상당수가 감소할 만큼 치명적으로 인류의 물질 자원이 급작스럽게 줄어들 것입니다. 자급자족을 시행하기 위해 원시적인 생산 조건으로 되돌아가라고 강제할 경우 이는 광범위한 대중들의 굶주림과 죽음을 불러올 것이기 때문입니다. 이 근본적인 이유 하나 때문에라도, 세계 모든 나라가 자급자족이라는 방법으로 전쟁의 문제를 해결하자는 해법은 받아들일 수가 없습니다.[2]

여기에서 대단히 중요한 결론들이 도출됩니다. 전 세계적인 자급자족이 해결책이 되지 못한다면 우리는 적어도 최근까지 이루어져왔던 정도로는 국제적인 경제 협력을 보장하기 위해 노력해야 한다는 것입니다. 그렇다면 그것을 어떻게 달성할 수 있을까요?

이 과업은 전통적 형식의 경제 협력으로는 달성할 수 없다는 것이 우리의 주장입니다. 이러한 형식의 경제 협력은 완전히 고장나버렸고 수리할 수도 없습니다. 따라서 경제 협력의 여러 형식을 새롭게 창출해야만 할 것입니다. 그리고 이 새로운 형식의 경제 협력을 창출해야만 한다는 필요는 또 국제적 규모에서 새로운 형식의 정치 조직을 확립해야 한다는 과제를 제기합니다. 지금 인류가 겪고 있는 모든 압박, 긴장, 고통의 궁극적인 원인은 국제적 삶의 새로운 형식들이 절대적으로 필요하다는 바로 이 점에서 찾아야만 합니다.

반론이 있을 수 있습니다. 종래의 경제 협력 형식들이 어째서 복구가 불가능하다는 것인가? 그리고 새로운 국제적 경제 협력의 형식들을 창출하는 일에 어째서 골육상쟁의 전쟁과 내란과 같은 비극이 반드시 따라온다는 것인가?

여기에 우리의 두 가지 주요한 문제가 있습니다.

종래의 국제적 경제 협력의 형식들은 무너졌습니다. 재화의 자유로운 교환과 지불에 기초한 국제 금본위제, 국제 자본 시장, 국제 원자재 시장 등은 모두 사라졌습니다. 이 체제는 국제 금본위제를 중심으로 삼는 것이었던바, 이것이 복구될 수 없는 이유는, 각국의 상호의존이 심화될수록 이 체제를 지속하기 위해 치러야 하는 희생이 커진다는 것이 명백히 드러났기 때문입니다. 어째서냐고요? 국제 금본위제는 모든 나라들이 애초에 통제가 불가능한 국제수지의 변동에 따라 자국 내의 물가 수준이 오르내리도록 기꺼이 허용해야 작동하기 때문입니다. 가격 수준이 전체적으로 올라가는 중에는 여러 정부들도 별 갈등이 없을 수 있습니다. 하지만 가격 수준이 지속적으로 떨어지게 되면 이는 곧 생산의 침체와 그에 따른 소비자 후생의 감소를 뜻하며, 대량 실업 그리고 그 결과 빚어지게 될 사회 조직 자체의 해체라는 위험까지 감수해야 하는 것입니다. 어떠한 정부도 이러한 상태를 의도적으로 야기할 수는 없으며, 어떠한 사회도 이러한 상태에서 스스로를 유지할 수 없습니다.

현존하는 국제적 경제 협력 형식들에 대한 대안은 새로운 형식들을 확립하는 것입니다. 이런 것들이 당장 확립되지 못하는 이유는 무엇일까요?

최소한 새로운 형식으로의 이행 단계에서는(그리고 이는 오랜 기간이 될 것입니다.) 관련된 모든 나라들이 엄청난 각종 경제적 희생을 치러야 할 것입니다. 우리의 현존하는 경제 체제하에서는 어떤 나라 사람들도 스스로 나서서 그러한 희생을 치르려고 하지는 않습니다. 그 이유는 자명합니다. 진정한 공동체라면 중대한 목적을 위하여 어떠한 희생이라도 치르겠다고 충분히 결의할 수 있으며, 또 필요하다면 그 과정에서 생겨나는 고통도 얼마든지 참아낼 수 있습니다. 하지만 현존하는 우리의 산업사회는 그러한 종류의 공동체가 아닙니다. 우리의 소유 체제는 사람들을 생산수단의 소유자 및 경영자로서 산업 생산의 실제 수행에 책임을 맡은 이들과, 그러한 책임이 전혀 없는 이들의 두 집단으로 나누어 버립니다.

여기에서 후자는 전반적 정책이 현실에 어떤 희생을 가져올지 평가할 수 있는 위치에 있지도 않을뿐더러, 그런 정책의 결과 나타나게 되는 임금 삭감과 실업의 경제적 부담을 소화할 능력이 있다고는 도무지 생각할 수 없는 이들입니다. 이러한 단순한 이유로 볼 때, 경제적 문제에 관한 한 우리의 현존 체제에서 국민 전체를 하나의 단위로 똘똘 뭉쳐 행동하게 만든다는 것은 불가능합니다. 이것이 현재의 방식으로 구성된 우리의 국민국가가 궁극적으로 새로운 국제적인 경제 협력 체제를 확립하는 과제에 적합하지 못한 이유입니다.

덧붙여서, 저는 우리의 걸출한 평화주의자들이 내놓는 경제 논리가 어떠한 것인지 한 가지 예를 보여드리고자 합니다. 그 쟁점은 경제적 자급자족이 가능한가 아닌가라는 큰 문제입니다. 앞에서 말했듯이, 현재의 방식으로 구성된 인간 공동체가 독자적인 주권 국가로서 평화로운 존재로 안착할 수 있다는 가정이 어느 정도나 현실성이 있는지는 바로 이 자급자족의 문제로 결정된다고 할 수 있습니다. 이것이 바로 버트런드 러셀이 자급자족의 가능성에 대해서 말하고 있는 바입니다. "나는 현존하는 지식을 적용하기만 하면 대영제국이 그 내부의 전 인구를 부양하는 데에 필요한 양의 식량을 스스로 생산하게 되는 날이 10년 안에 올 것이라고 확신한다." "우리의 국내 생산을 발전시키는 일은 보통 사람들이 생각하는 것보다 훨씬 더 쉽다."는 것입니다.[3] 그는 계속해서 〈뉴 리퍼블릭The New Republic〉(1936년 6월 3일자)에 게재된 윌콕스 박사 O. W. Wilcox의 논문을 자세히 인용하고 있습니다. 윌콕스 박사는 미국인이며 이 글은 농생물학을 다룬 글로서, 그는 여기에서 캘리포니아 대학교의 게리크 박사 W. F. Gericke의 연구를 언급하고 있습니다. 게리크 박사는 자신이 에이커당 217톤의 토마토와 2,465부셸의 감자를 생산했으며, 이는 미국의 전국 평균 생산량의 약 20배에 해당한다고 주장합니다. 식물들을 아예 땅에 심지도 않습니다. 얕은 물탱크에 액화 상태의 화학물질들을 채워 여기에 식물들의 뿌리를 담그는 식입니다. 이 액화 상태의 화학물질들은 다시 전기로 가열합니다. 윌콕스 박사는 자신의 글에서 이렇게 결론을 내립니다. "이미 한 대가족이 일 년간 먹을 양의 감자를 식탁 아래 둔 양철 쟁반 하나에서 길러냈다는 과학자들의 이야기가 들려오기 시작했다. 사실 식물이 자라나는 얕은 쟁반들이 무수히 줄을 지어 1백 피트, 심지어 1천 피트에 달하는 높이로 차곡차곡 쌓여 있는 마천루 농장이 생겨나지 않을 까닭이 없다..." 개인적으로 저도 과학적 농업의 가능성을 의심하지는 않습니다. 사실 농업이란 생겨났을 때부터 어느 정도 인공적 성격을 가지고 있었으니까요. 하지만 그러한 모험에는 경제학이라는 문제가 따릅니다. 소비에트 러시아에서의 사회주의 건설이 가장 좋은 예가 됩니다. 자본 비용이 크다는 것은 곧 생활수준에 일정한 한계가 주어진다는 것을 뜻합니다. 러셀은 이런 종류의 계획들을 국가적 규모에 가깝게 계획할 경우 어느 정도의 자본 비용이 들어가는지를 제대로 알고 있는 것일까요? 이러한 자본 비용을 노동과 여러 상품 단위로 바꾸어 생각해본다면, 이는 곧 이 나라 사람들을 거의 한 세대 동안 노예로 만들어야 할 만큼이라는 것을 알 수 있습니다. 게다가 면화, 커피, 차 등을 기르기 위한 양철 쟁반들도 있어야겠지만, 또 고무, 오렌지, 레몬 나무들을 키울 양철 쟁반들도 있어야 하고, 또 고기를 먹고자 하면 돼지, 양, 소를 키울 양철판도 당연히 있어야 합니다.

하지만 윌콕스 박사의 발견에 착목한 이들은 또 있습니다. 러셀은 최소한 자신의 영역에서는 위대한 과학자이지만, 다른 이들 중에는 러셀의 경우보다 더 두드러지게 과학적 정신을 과시하는 이들이 눈에 띕니다. 올더스 헉슬리와 그의 최근 저서 《여러 목적과 수단Ends and Means》이 그 예입니다.

게리크 박사가 발명한 '흙 없는 농업'은 이 책에서도 중요한 위치를 차지하고 있지만, 헉슬리는 조심스럽게 "이는 아직 실험 단계"라고 덧붙이고 있습니다. 윌콕스 박사의 저서 《모든 민족은 자기들 영토에서 편하게 살아갈 수 있다Nations Can Live at Home》를 통해 헉슬리는 영국인들도 다른 나라 영토에 의존하지 않고 오로지 자기들 영토만으로도 살아갈 수 있다고 확신하게 됩니다. "인구과다라는 것이 이제 군사주의와 제국주의의 구실로서 유효할 수 있을까?" 헉슬리는 묻습니다. 그리고 이렇게 말합니다. "흙 없는 농업을 통해 농업혁명이 벌어질 것이며, 이에 비하면 18세기와 19세기의 산업혁명은 아주 시시한 사회적 혼란 정도로밖에는 보이지 않을 것이다."

그런데 문제가 있습니다. 그 시시한 혼란이라고 불렸던 산업혁명의 결과 하나만으로도 영국의 인구는 1700년과 1900년 사이에 무려 6배가 늘어난 바 있습니다. '흙 없는 농업'으로 인해 다시 인구는 엄청나게 늘어날 것이며, 그 증가율이 6배만 된다고 해도 이 땅의 인구는 2억에서 다시 12억으로 가볍게 늘어날 것입니다. 하지만 헉슬리는 "출산율은 급작스럽게 증가하지는 않을 것"이라는 희망을 피력함으로써 영리하게 이 문제를 회피합니다. 그리고 여전히 "지금까지 그 어떤 나라의 정부도 자국 국민들의 물질적 안녕의 수준을 올린다는 목적으로, 또 제국주의와 대외 정복을 불필요한 것으로 만든다는 목적으로 현대 농생물학의 방법을 대규모로 적용하려 진지하게 노력한 적이 없다는 것은 아주 의미심장한 일"이라고 주장합니다. 헉슬리의 말에 따르면, 이러한 사실 하나만으로도 전쟁의 원인이 결코 경제적인 것만이 아니라 심리학적인 것이기도 하다는 진리를 증명하고도 남는다고 합니다. 제정신인 사람이라면 그 누구도 전쟁의 원인이 오로지 경제적인 것에만 있다고 주장하지 않을 것입니다. 하지만 헉슬리가 완전히 망각하고 있는 사실이 하나 있습니다. 온갖 인공적인 수단을 동원하여 자기들의 식량 생산을 늘리려 하고 있으며, 이 분야에서 불가능에 도전하기 위하여 과학의 도움을 농원하고 있다는 불만이 쏟아지는 대상은 나름 아닌 세국주의 및 군사주의 국가들이라는 사실입니다. 헉슬리는 무솔리니의 과학적인 '곡물을 위한 전투' 그리고 괴링의 흙 없는 버터 같은 것들은 전혀 들어본 적이 없나 봅니다. 평화로운 체코슬로바키아조차도 전후 13년 동안 농산물의 수입을 무려 74퍼센트나 줄인 바 있습니다. 하지만 이는 실로 경제성이 떨어지는 사이비 과학의 노력이었으며, 끔찍할 정도의 비용을 낳는 바람에 이 나라들은 오히려 더 가난해졌고 생활수준도 더 낮아졌습니다. 그리고 바로 이것 때문에 팽창주의적 제국주의를 원하는 심리가 더 무르익고 말았던 것입니다.

'여러 목적과 수단'의 논리에 대해서는 이 정도로 해두겠습니다. 이에 대해서는 아무리 좋게 말해준다고 해도, 목적이 수단을 분명히 정당화해준다는 준칙에서 유래한 논리라고 할 수밖에 없습니다.

진지한 평화주의자들이 이러한 문제들을 다룰 때 간혹 경솔한 모습을 보인다는 것을 논하다 보니 게리크 박사의 주장에 너무 많은 시간을 써버렸군요. 완전히 비현실적이라는 게 뻔히 보이는 주장을 펴는 것이 종교적 평화주의자가 아니라 러셀과 같은 합리주의자 혹은 헉슬리와 같이 심리학적 마인드를 가진 이들이라는 점은 사실 아주 전형적인 일입니다. 언제나 일관된 논리를 펼 수 있는 것은 종교적 평화주의자뿐이기 때문입니다. 물론 제가 확신하는 바, 종교적 평화주의가 틀렸다는 점은 말할 필요조차 없습니다.

우리의 주장으로 되돌아오겠습니다. 인간 생활의 국제적 조직은 반드시 복구되어야 하며, 이는 주로 경제적인 이유 때문입니다. 그런데 이러한 복구는 종래의 기초 위에서는 불가능합니다. 왜냐면 자기 나라의 경제 체제가 통제 불능의 국제적인 힘들이 마구 짓밟고 다니는 축구장이 되도록 허락할 정부는 어디에도 없기 때문입니다. 하지만 우리의 현재 경제 체제가 지속되는 한, 새로운 기초 위에서 이를 조직하는 일 또한 벌어질 수가 없습니다. 우리의 현대 계급 사회는 국제적인 협력을 확립하는 데에 들어가는 엄청난 양의 희생을 떠맡을 수 있을 만큼 경제 영역에서 높은 수준의 통일성을 갖고 있지 못하기 때문입니다. 실로 역사적이고 영웅적인 결단이 없다면 그러한 노력은 시작도 할 수 없으며, 또 거의 극복 불능의 여러 장애물들에 막혀 성공을 거두지도 못할 것입니다. 그런데 그러한 영웅적 결단의 도덕적 힘을 이끌어낼 수 있는 것은 오로지 진정한 공동체뿐입니다.

여기서 우리는 다음과 같은 상황에 봉착했다는 것을 알게 됩니다. 국제 영역에서 여러 나라의 세계 연합을 확립하는 과정은 느릴 수밖에 없으며, 이 사실은 그 연합이 최종적으로 완성에 도달하기 전까지는 바뀌지 않습니다.

그리고 국내 영역에서는 우리의 현존하는 경제 체제를 진정한 경제적 공영체economic commonwealth로 바꾸어야 합니다. 세계 연합을 확립하기 위해서는 막대한 경제적 대가를 치러야 하며, 그러한 대가를 치를 능력과 의사를 가질 수 있는 것은 오로지 그러한 공영체뿐이라는 것이 바로 그 이유입니다. 우리 앞에 놓인 시대적 상황으로 볼 때 국제 문제가 계속 국내 문제를 주도해야 하는 이유가 여기에 있습니다.

국제 협력에 반대하는 강대국들은 다른 나라들에게 자기들의 제국주의 전쟁을 강요할 것입니다. 이유야 무엇이던 국제 체제 쪽을 선호하는 강대국들은 그렇게 반대하는 강대국들에 맞서기 위해 힘을 합치는 경향을 띠게 될 것입니다.

국제 협력이라는 해법으로 나가려는 노력은 이렇게 고통스럽고 또 오래 걸리는 과정이 될 것이며, 여기에서 우리의 현존하는 경제 체제가 지구적 차원에서 협동을 일궈낼 단위로서는 본질적으로 약점이 있다는 사실이 숙명적인 요소로 작동하게 될 것입니다. 진정한 경제 협력을 국제적 규모에서 이루어낸다는 것은 초미의 절박한 과제로서, 이를 해결하지 못한다면 그 어떤 국제 체제도 작동할 수가 없기 때문입니다. 여러 나라가 전쟁과 고통스런 패배와 그에 못지않은 대가를 치르는 승리 등을 거치면서 진정한 경제 공영체로 전환되지 않는다면, 아무리 큰 인간적 희생을 치르더라도 우리가 바라는 국제적 정치 질서에는 전혀 가까이 갈 수가 없을 것이며, 그 진전은 바로 그러한 진정한 경제 공영체로의 전환에 비례해서만 가능할 것입니다.

9장

민주적 영국 문화의 미래[**]

저는 다음 두 가지 과제 중 하나를 선택하게 되었는데, 그 첫째는 제생각에 참을 수 없을 만큼 지루한 것입니다. 바로 '문화'라는 용어의 의미 혹은 의미들 그리고 이와 연관된 '문명'이라는 용어의 의미 혹은 의미들을 논하고, 그 둘 사이의 차이점 혹은 차이점들 또한 논하라는 것입니다. 둘째는 추상성이 덜한 주제로서, 영국의 문화와 그 현재의 문제점들에 대해 무언가 이야기해보라는 것이었습니다. 저는 둘째 과제를 선택했습니다. 여러분도 이러한 제 선택을 용인해주셨으면 합니다. 저는여기에서 한 걸음 더 나아가, 영국 문화에 관한 모든 문제들 중에서도가장 흥미로운 것은 민주적 영국 문화의 미래라는 문제이리라는 생각을굳혔습니다. 따라서 저는 이것을 저의 주제로 삼겠습니다. 물론 이 역시여러분이 허락하신다면 말입니다.

[**] 칼 폴라니 문서고, 파일 17-30. 날짜가 없는 강연 원고.

문명이란 나이프, 포크, 스푼을 어떻게 구해올 것이냐의 문제이며, 문화란 그것들을 어떻게 사용할 것이냐의 문제입니다. 문명이란 이를테면 도서관이나 혼인 관련 법률을 어떻게 마련할 것이냐의 문제이며, 문화는 그것을 어떻게 쓸 것이냐의 문제입니다. 이것이 문명과 문화가 일치하지 않는 이유 중 하나입니다. 문명은 있지만 그것을 사용하는 방법이 없을 수가 있습니다. 문명이란 도구나 제도와 같이 사회 안에서 사용할 수 있는 외면적 문제들에 관한 것입니다. 문화란 그러한 문명의 좀 더 내면적이고 인격적·개인적 측면입니다. 그리스인들은 야만인들보다 크게 나을 것이 없었지만, 이들에게 문화가 있었는지의 여부는 단순히 나이프, 포크, 스푼, 심지어 혼인 관련 법률이 있었는지의 여부만으로 결정할 수 있는 문제가 아닙니다(최소한 이들이 섬기던 신들과 여신들에게는 간통이 일상이었습니다). 호메로스와 그의 작품에는 시의 문화가 있었지만, 헤라 여신은 전혀 위생적인 문화를 갖지 못했음이 분명합니다. 호메로스가 자신의 시에서 지적하는 사실로서, 헤라 여신은 실로 어쩌다가 한 번 목욕을 하는 큰일을 치를 때면 '모든 때rupa panta'를 다 벗겨냈다고 하니까요. 비누 사용에 대해서만 봐도 1801년이 되어서도 영국의 의사들은 "숙녀들은 몸 씻는 일을 연례행사로 안다."고 말하는 것을 볼 수 있습니다. 하지만 그 누가 제인 오스틴과 그녀의 작품에 나오는 여주인공들이 문화인임을 의심하겠습니까? 그런데 어떤 측면에서 문화인이었던 것일까요? 셰익스피어도 존 버니언John Bunyan도 문화인이었습니다만, 어떤 측면에서 문화인이었던 것일까요? 버니언의 경우 자기 책의 서문을 이런 말로 끝맺고 있습니다. "저는 당신의 것입니다. 당신이 저의 낮고 비천한 혈통을 들어 저를 부끄러워하지 않으신다면. 존 버니언." 그 스스로 고백한 것처럼 버니언은 집시였습니다. "내가 자란 아버지의 집은 아주 천한 환경이었습니다."《천로역정》이 판을 거듭하면서 서문도 바뀌었고, 위의 문장은 이렇게 바뀌었습니다. "구주 예수 안에서 저는 당신의 것입니다. 존 버니언." 하지만 버니언으로 하여금 영국 민족의 정신 건강에 있어서 (셰익스피어를 제외하면) 가장 중요한 종교 문화의 기념비적 작품을 쓸 수 있게 만들었던 청교도 시대의 종교 문화에 못지않게[1] 엘리자베스 여왕 시대의 시 문화 또한 현실적으로 존재하는 것이었습니다.

문화는 비록 본질적으로는 개인의 특질이지만, 한 개인의 것은 아닙니다. 이는 어떠한 집단의 존재를 암시하는 것입니다. 이유는 간단합니다. 문화란 새로운 가치의 창출을 일컫는 것이 아니라 널리 받아들여지는 가치를 일컫는 것이기 때문입니다.

어떤 개인이 특출하게 높은 문화를 지닐 수는 있지만, 그 개인이 자기 스스로의 문화를 생산한다는 것은 예외적으로조차도 가능한 일이 아닙니다. 에딩턴이 말한 바 있듯이, "스페이드 킹 카드를 뽑아내어 버리면 그 카드를 다른 카드와 함께 뒤섞는 일은 불가능해집니다."[2][3] 그런데 문화란 널리 받아들여지는 가치를 일컫는다고 했을 때, 이는 누가 받아들이는 것을 뜻하나요? 이게 문제입니다. 집단이 작을수록 그들 사이에서 형성되는 문화는 잘난 체하는 속물근성의 비밀스런 악취를 풍기게 마련입니다. 그리고 내재적이고 본질적으로 그러한 잘난 체의 속물적 성격을 띠게 되는 유일한 '문화'는 바로 특권 계급의 문화입니다. 그러한 문화는 세상의 이치상 보편적인 것이 될 수가 없기 때문입니다. 기독교는 이러한 의미의 '문화'에 대해서는 근본적으로 반대합니다.(물론 예외도 있습니다. 영국 성공회 교회의 잉 Inge 주임사제는 사람이 기독교인으로서의 자격과 신사로서의 자격 가운데 하나를 선택해야 하는 일은 있을 수 없다고 말했지만, 그럼에도 둘 중 하나를 선택해야 한다면 자신은 신사가 되는 쪽을 선택하겠다고 말했습니다.)

스칸디나비아 출신의 부모를 둔 소스타인 베블런은, 어떤 계급 사회 안에서의 '문화'란 필연적으로 계급 차별의 표현이 될 수밖에 없다는 이론을 내세운 바 있습니다. 간단히 말하자면 다음과 같은 입장입니다. 일정한 형식을 갖춘 문화가 형성되려면 일부 사람들이 고된 노동에서 면제되어야만 합니다. 베블런의 주장은, 계급 사회에서는 고역에서 면제된다는 것이 문화의 조건이 되는 게 아니라 바로 문화의 동의어가 되어버린다는 것입니다. 즉, 문화란 계급적 우월성을 고상하게 표현하는 승화된 형태가 된다는 것입니다. 고역에서의 면제라는 것이 주로 부와 여가로 표현되는 고로, 시간과 재화의 소비는 존경받을 자격의 척도가 됩니다. 이렇게 그 존경받을 자격이란 소위 문화적 가치라는 치장을 살짝 얹었을 뿐, 과시적 낭비와 과시적 여가에 비례하여 더 많이 올라가게 됩니다. 풀밭 위를 뽐내며 걸어가는 공작새는 문화의 한 증표이지만, 그 위에서 풀을 뜯는 황소는 그렇지 않습니다. 전자는 확실한 낭비의 볼거리를 제공하고 있지만, 후자는 그다지 그렇지 못하기 때문입니다. 혹시 하인들을 고용하는 경우에는 '대리 여가vicarious leisure'를 과시하기 위해 가급적 쓸모없는 일을 시키는 게 좋습니다. 하지만 문제는 여기에서 끝나지 않습니다. 지배계급의 문화는 본래 전혀 유한계급이 될 수 없는 계급들에게까지 파고들게 마련입니다. 베블런에 따르면 현대의 문명화된 공동체들에서는,

여러 사회 계급들 사이를 가르는 경계선이 점점 모호하고 일시적인 것이 되어왔으며, 이렇게 될 때마다 지배계급이 내세우는 존경받을 만한 품

성의 규준은 그 강제적 영향력을 확장하여, 별다른 장애물을 만나는 일 없이 사회 구조의 최하층에까지 미치게 된다. 그 결과 모든 계층마다 그 성원들은 바로 위의 계층에서 유행하고 있는 삶의 양식을 자기들이 이상으로 삼는 훌륭한 삶으로 받아들이게 되며, 그 이상에 맞추어 살기 위해 전력을 투구하게 된다. 그렇지 못할 경우에는 평판도, 또 스스로의 자존감도 박탈당하는 고통을 겪게 되는 판이니, 이들은 널리 받아들여지는 규율에 순응하는 수밖에 없다. 최소한 겉모습으로는 말이다.[4]

이러한 유한계급의 '문화'는 그것을 발생시킨 계급에게조차 그리 큰 가치가 없을 확률도 있을뿐더러 다른 계급들에게 확실히 해로운 결과를 가져옵니다. 문화가 아니라 잘난 체하는 속물주의를 보편적으로 확산시키니까요. 삶의 조건 및 상황과 일치하지 않는 문화는 아무런 가치도 없습니다. 보란 듯이 행해지는 과시적 낭비 문화는 그 낭비를 행할 여력이 있는 계급에게조차도 특별한 가치를 갖지 못합니다. 이는 그저 계급적 우월성이 승화된 형식에 지나지 않는 것일 테니까요.

하지만 그럴 여력이 없는 계급에게는 이것이 그들을 도덕적 불구로 만들어버리는 재난입니다. 삶을 더욱 풍요롭게 만들기는커녕 삶을 주눅 들고 좌절되게 만들어서 결국 왜곡해버리고 마니까요. 모든 진정한 문화의 으뜸가는 조건은 삶의 방식을 그것과 일치하도록 만들어가는 이들의 여러 사회적 현실과 조응해야 한다는 것입니다.

영국 문화의 문제는 넓게 보아 바로 이것입니다. 영국 문화의 힘과 아름다움은 그것이 농촌 문화라는 점입니다. 영국 문화는 봉건 사회의 농촌 환경에서 자라났으며, 그 본질 자체로 하나의 계급 문화입니다. 하지만 이는 중간계급 전체에 성공적으로 침투하였고, 특히나 중간계급하층에까지 스며들었습니다. 이렇게 농촌의 삶의 형식들이 보편적으로 받아들여져 국민 전체의 생활방식이 되었습니다.

하지만 산업혁명이 도래한 이후에는 아무런 도시 문화도 형성되지 않았다는 것이 심각한 약점으로 작용하게 되었습니다. 이 때문에 산업노동자들은 국민 문화의 울타리 바깥에 계속 남겨진 상태입니다. 이들은 자기들 본래 고향의 농촌 문화는 상실했지만, 우후죽순으로 여기저기 솟아난 도시와 쓰레기와 같은 빈민가라는 새로운 환경에 갇혀 다른 문화들을 전혀 습득하지 못한 상태였습니다. 미래의 민주적 영국은 노동계급이 다시 이 국민 문화를 자기 것으로 만들어가는 바로 이 과정 속에서 힘을 찾아야만 합니다. 하지만 이 나라에서 도시의 삶이 문화라는 이름에 합당할 만큼 건강하고도 품위 있는 형식들을 갖추지 못한다면, 그런 일은 절대로 가능하지 않습니다. 물론 현재 영국 민주주의가 직면한 문화적 문제가 이것만은 아닙니다. 하지만 이 문제야말로 영국 문화 전체의 문제를 집약해놓은 것이라고 해도 지나친 말이 아닙니다.

영국인들은 섬나라 민족으로서 갖는 특수성을 강하게 의식하고 있는데, 그것이 무엇으로 이루어져 있는지를 알기 위해서는 유럽 대륙과의 비교가 필요합니다. 이는 아주 단순한 문제입니다. 유럽 대륙에서는 문명이 도시의 산물이었습니다. 로마 제국은 여러 도시들로 구성된 단일의 세계였으며, 보편적인 도시 문화를 확립했습니다. 제국이 지속되는 한 로마인들은 계속해서 도시들을 세웠고, 브리튼 제도가 로마 제국에 속해 있던 때까지는 그곳에서도 지칠 줄 모르고 도시들을 세워나갔습니다. 제국이 무너지자 도처의 도시들은 땅 속으로 가라앉았고 서유럽에서는 문명 또한 사라졌습니다. 도시들이 다시 돌아온 것은 곧 유럽 대륙에 문명이 되돌아옴을 알리는 신호였습니다. 이러한 재생이 먼저 일어난 곳은 이탈리아 북부와 프랑스 남부처럼 도시들이 죽지 않고 살아 남았던 곳이었습니다. 그 뒤에는 프랑스, 이탈리아, 독일, 벨기에, 네덜란드 등에서 연이어 도시가 새로 일어났습니다. 이는 또 부르주아지가 새로운 특권 계급으로 성장하여 귀족들이나 성직자들과 나란히 한자리를 차지하게 되었다는 것을 뜻합니다. 부르주아지들의 기원은 거의 어디에서나 혁명에 있었습니다. 앙리 피렌Henri Pirenne을 인용하자면 다음과 같습니다. "귀족이나 성직자들처럼 부르주아지들 또한 평민들에게 적용되는 보통법common law에서 빠져나갔다. 부르주아지들 또한 그들처럼 특별한 신분status에 속했던 것이다. 랑그도크Languedoc에서는 프티 부르주아지들이 12세기와 13세기의 주민자치체인 코뮌을 통해 자신들의 여러 권리를 성취하였다."[5] 이탈리아, 남부 독일, 라인강 유역, 네덜란드 등은 수많은 도시국가들로 붐볐습니다. 피렌체는 토스카나로부터 토지를 사들여 자신의 통제 아래 두고 농업을 발전시키는 데에 전력을 기울였습니다. 이 도시들은 실제로 부르주아지들의 이익을 위해 저곡가 정책을 시행하였습니다. 피렌이 말한 대로, "부르주아지들에게 농촌 인구는 오로지 착취가 그 존재 이유"였습니다.[6] 피렌체에서는 평민들이 귀족들을 억지로 도시로 이주하여 정착하도록 강제하였습니다. 이 귀족들은 각자 직인 길드에 하나씩 가입하여 자신들도 실제로 그 직종의 일을 한다는 것을 입증한 다음에야 참정권을 얻을 수 있었습니다. 독일에서도 식량 공급과 원자재에 대해 시민들이 통제력을 갖도록 하는 것이 도시의 중요한 기능이 되었습니다.

이탈리아의 베니스, 앙코나, 볼로냐, 페라라 등은 명실상부한 도시국가였습니다. 다뉴브강과 라인강의 울름, 바젤, 베른, 슈트라스부르크 등혹은 플랑드르 지역의 브뤼주, 겐트, 이프르 등도 비슷했습니다. 도시의 삶은 시민의 삶이 되었습니다. 정치적 정신이 처음으로 움터 오른 곳도 여기였습니다. 전형적인 이탈리아인이었던 토마스 아퀴나스의 관점에 따르면, 인간은 태생적으로 도시 주민인 존재이며, 농촌 생활은 오직 불행이나 결핍만을 불러올 뿐이라고 했습니다. 물론 토마스 아퀴나스 시대의 도시는 농업적 성격이 강했고, 주변의 농촌을 통치하면서 그와 질서 있는 교환 체계를 유지함으로써 스스로를 부양했던 존재였습니다. 이 '천사의 신학박사' 토마스 아퀴나스는 농업을 '더럽고 비천한' 것이라고 묘사하였습니다. 기독교 문명이 진정으로 교회를 넘어서 일반 세상으로까지 확장된 최초의 지역이 바로 도시였다는 것은 분명합니다. 대성당들이 세워졌던 장소도 도시였습니다. 중세의 기독교 사회 윤리는 가부장적이었지만 봉건적이지는 않았으며, 도시적이었지 농촌적이지는 않았습니다. 발도파Waldenses와 알비파Albigenses(사보나롤라*7)의 선조뻘 되는 분파들)*8)는 도시의 열렬한 종교적 양심의 표출이었습니다. 도시가 선 자리들은 유럽 대륙에서 비단 상업과 무역만이 아니라 예술과 기술, 종교와 학식, 국가 통치술과 정치 등이 태어난 발상지이기도 했습니다. 그리고 무엇보다도 이곳들은 도시 문화의 담지자이자 이 세계의 실력자이기도 한, 자부심과 부와 전쟁 능력을 갖춘 저 유명 도시의 시민들이 깃드는 곳이기도 했습니다.

영국에서는 이와 비슷한 일조차 벌어진 적이 없습니다. 정복자 윌리엄은 거의 믿을 수 없을 만큼 짧은 시간 안에 중앙집권화된 효율적 행정 체제를 확립하였습니다. 이러한 행정 체제는 유럽 전체에서 최초였고, 또 그 후로 오랫동안 유일한 것이기도 했습니다. 그런데 17세기가 되자 그때까지 왕과 그의 관리들이 맡았던 이 나라의 통치는 의회로 넘어갔습니다. 영국 국내에는 평화가 지배했습니다. 내란이 일어났던 영국 혁명기와 같은 시기가 드물게 있기는 했지만, 이는 유럽 대륙에서 벌어졌던 끊임없는 국제적 전쟁 상태에 비하면 아무것도 아니었습니다. 여기에서는 도시라는 것이 군사 시설물이었으며 그것도 대단히 큰 비용이 드는 것이었습니다. 도시의 존재 이유는 성벽으로 둘러쳐진 공간을 지켜내면서 그 좁은 공간에 시민적 질서를 유지한다는 것이었습니다. 영국을 정복한 노르만 귀족들은 성채를 세우고 그 내성(內城)으로 물러나 들어앉는 법이 거의 없었고, 항상 말을 타고 다니며 농촌의 치안을 돌보았습니다. 그리고 농촌에 대한 통제권을 귀족들에게 빼앗긴 도시민들은 단순한 직공이나 농부가 되었고, 다시는 전쟁에 관련된 일로 돌아오는 법이 없었습니다. 도시에 대한 특허장의 부여는 봉기와 반란처럼 폭력적인 과정이 아니라 단순히 특허장을 구매하는 평화적인 것이었습니다. 장미전쟁 이후에는 많은 도시들이 쇠퇴하였고, 튜더 왕조가 '도시들의 쇠퇴the pulling down of towns'를 막는 여러 법률을 발표했지만 아무 소용이 없었습니다.

16세기가 되면서 재산이 있는 이들에게 도시 시정의 부담을 지도록 만드는 것이 갈수록 어려워졌습니다. 이들은 심지어 도시에서 거래를 계속하는 경우에도 더 이상 도시에 거주하지 않는 때가 많았습니다. 메러디스 교수Professor Meredith가 말한 바 있듯이, 이들은 돈을 벌면 이를 토지에 투자했고 스스로 시골 유지squires가 되었습니다. 로마 시절 이후 성벽을 유지해왔으며, 또 한 번도 그 군사적 특권을 포기한 적이 없는 도시인 런던조차도 예외가 아니었습니다. 물론 이 도시가 영국 역사를 통틀어 으뜸가는 정치권력의 소재지였던 것은 사실입니다. 매콜리Macaulay가 말한 바 있듯이, 찰스 1세를 무릎 꿇렸던 곳도 런던이었지만 또 찰스 2세를 복위시킨 곳도 런던이었습니다. 하지만 이미 그때쯤에는 영국의 귀족 가문들이 런던 성벽을 넘어 멀리 이주한 지 오래였습니다. 올더게이트 스트리트Aldergate Street에 궁을 가지고 있었던 샤프츠베리Shatfesbury나 차링크로스Charing Cross 근처에 살았던 버킹햄 정도가 예외였을 뿐, 런던과 결부되어 있는 귀족 가문의 이름은 거의 찾아볼 수 없습니다. 로버트 클레이튼 경Sir Robert Clayton은 구 유대인 구역에 살았고, 두들리 노스 경Sir Dudley North은 베이싱홀Basinghall에 살았습니다. 카르투시안 수도원Charter House, 크라이스트 구호소Christ's Hospital, 그레셤 대학, 덜위치 칼리지Dulwich College of God's Gift 등은 모두 중간계급의 박애주의적 관심사를 보여주는 것들입니다만, 이들 중간계급 대부분은 런던 시민이 아니었습니다. 1612년 리처드 존슨이 런던의 시민 영웅들을 칭송하는 글을 쓰면서 9명의 지역 유지들을 골라냈지만, 그중 누구에 대해서도 별 설명이 없습니다. 포도주 상인 헨리 프리처드 경Sir Henry Pritchard, 식료품 주인 윌리엄 세브녹스 경Sir William Sevenoaks, 양복상인 토머스 화이트 경Sir Thomas White, 포목상 존 보넘 경Sir John Bonham, 포도주 상인 크리스토퍼 크로커 경Sir Christopher Croker, 비단 직인 휴 캐벌리 경Sir Hugh Caverly, 헨리 메일러버트 경Sir Henry Malevert 등 말고 그나마 역사에 남은 인물은 생선 상인이자 런던 시장이었던 윌리엄 월워스 경Sir William Walworth뿐입니다. 월워스 경은 리처드 2세가 스미스필드에서 농민 반란의 지도자 와트 타일러Wat Tyler를 접견했을 때 타일러를 칼로 죽였던 이입니다. 이 사건은 우리가 이야기한 영국 시민의 성격을 참으로 잘 보여줍니다. 그 당시는, 건방이 하늘을 찌르던 이프르Ypres의 부르주아지들이 순전히 휘황찬란한 옷과 보석만으로 프랑스 여왕을 창피하게 만들고, 스위스의 농민 영웅 아르놀트 빙켈리트Arnold Winkelried가 젬파하 전투battel of Sempach에서 영웅다운 죽음을 맞은 뒤 그에 힘입은 평민들이 교만한 기사들의 군대를 몰아내버린 때였습니다. 그런데 우리의 런던 시장님께서는 기사들과 귀족들의 편에 서서 반란을 일으킨 농민들을 적으로 몰았던 것입니다. 누구든 시민이 기사 작위를 받게 되면 그는 자신의 직업을 그만두는 것이 거의 깰 수 없는 규칙이었고, 실제로 그렇게 하도록 압력을 받았습니다. 아마도 버밍햄 시와 결부된 챔벌레인 가문Chamberlains 정도가 예외일 뿐 나머지 그 어떤 영국의 역사적 가문도 도시 출신은 없었으며, 혹시 있었던 경우에도 계속 도시에 남아 있는 법은 없었습니다.

이러한 영국 문화의 제도적 기원은 샤를마뉴 대제의 천재성에서 기인하는 것이었습니다. 그는 정복자 윌리엄과 더불어 노르만 영국의 설립자였다고 할 만합니다. 위대한 사상가이자 위대한 학자였던 윌리엄 커닝엄에 따르면, 노르만 정복자들의 장원 체제는 샤를마뉴 대제가 반포한 《장원 법령집Capitulare de villis》[*9)]을 전범으로 하여 이를 엄격하게 따르고 있다고 합니다. (물론 경제 단위로서의 장원의 기원은 앵글로색슨 시대로 거슬러 올라갑니다만, 지금 문제로 삼는 것은 문화 중심지로서의 장원입니다.) 9세기의 이 프랑크족 제국은 로마 제국과 중세 전성기의 프랑스를 잇는 연결고리입니다. 샤를마뉴의 창의력은 좀 더 근년에 들어와서 "프라이팬 속의 불꽃"이라고 묘사된 바 있습니다. 서유럽에서 로마 제국과 중세 전성기를 갈라놓는 암흑의 시대에 찬란하게 빛을 발했던 막간극이었다는 것이죠. 그 무정부 상태와 쇠퇴의 시대에 도시들은 사실상 사라져가고 있었습니다만, 샤를마뉴는 화폐도 상업도 무역도 그 밖에 도시 생활의 그 어떤 유산도 없이 순전히 자연 경제에만 기초하여 고도로 조직된 문화 중심지들을 착상하였습니다. 그의 《장원 법령집》에 나오는 상세한 규제 사항들을 노르만 정복자들이 가져다가 이 나라 영국에서 경제적·문화적 삶을 확립할 모델로 삼았던 것으로 보입니다. 커닝엄은 이 거대한 농촌 중심지가 독특한 문화적 가치가 있다고 굳게 믿는 이였기에 아마도 거기에서 나온 삶의 풍요와 다양성을 과장했을지도 모릅니다만, 저는 개인적으로 그렇게 생각하지 않습니다. 저 또한 자연에 가까운 존재의 여러 미덕을 굳게 믿는 사람이다 보니, 자연이 우리에게 베풀어주는 행복에 대한 암시를 더 당연시하게 됩니다.

지금까지 정도의 이야기로도 섬나라로서의 영국의 특수성이 분명해졌기를 바랍니다. 이러한 특수성은 부분적으로는 자연의 선물입니다. 그러나 영국은 노르만인의 정복 이전에는 완전히 고립된 섬은 아니었습니다. 또 정치적으로 통일되어 있지도 않아서 침략해 들어오는 여러 민족의 통행로가 되다시피 했습니다. 노르만인의 정복으로 비로소 이 섬의 방어 체계가 통일되고 또 동시에 그 행정의 중앙집권이 이루어져서 국내의 평화가 확립된 뒤에야 비로소 유럽 대륙과 완전히 다른 발전 노선이 시작되었습니다. 즉, 공포 때문에 성벽을 둘러친 문명을 버리고 장원과 촌락이 있는 개방된 농촌 문명으로 나아갔으며, 그것이 가져온 끝없이 많은 기적들이야말로 영국적 특수성의 빛나는 영광이었습니다. 저 천사 신학박사 토마스 아퀴나스는 단테가 자신의 우주여행을 설계할 때에 그의 저작을 기초로 삼을 만큼 천지에 달통한 이였겠지만, 훗날 셰익스피어와 키츠를 낳게 되는 영국의 농촌에 대해서는 아무것도 아는 게 없었던 셈입니다.

영국의 특수성은 장원 문화가 시간, 공간, 사회 집단들에 걸쳐 계속 확산되어 마침내 온 나라 전체를 거의 다 품어 안게 되는 길고 긴 이야기입니다. 새로운 사회 계급이 지배층의 지위에 올라서고 점차 사회 지배의 경제적 기초를 바꾸어 나갔습니다만, 이들도 문화적으로는 농촌의 대저택과 초가집의 세계로 속속 동화되어 버렸습니다.

더 자세히 이야기할 수가 없어서 유감입니다. 그런데 농촌에 기원을 두지 않는 사회 계급들로까지 농촌 문화가 이렇게 확장되어가는 것에는 큰 위험이 잠복해 있습니다. 즉, 이러한 계급들이 자신들의 실제 생활 조건과 전혀 맞지도 않는 생활방식을 자신들의 가치로 받아들이려 애쓰는 꼴을 낳게 되니까요. 요컨대, 런던 시의 떠오르던 부르주아들, 은행가들과 금융가들, 대상인들과 무역가들 모두가 스스로의 문화를 확립하는 데에는 전혀 성공하지 못했습니다. 영국의 청교도들은 크롬웰 공화국Commonwealth 기간에 자신들이 성취한 것을 유지하는 데에 실패하고 말았습니다.{찰스 2세의 초상화}[10] 청교도주의라는 것은 왕정복고 기간에 상층 계급의 삶에서 문화적 특징으로서는 뿌리가 뽑히고 말았습니다.

이렇게 실제의 생활 조건과 널리 받아들여지는 생활방식이 불일치하는 바람에 파국을 맞을 수도 있었습니다만, 도시 계급의 개개인들을 전통적 지배계급의 서열로 상승시키고 또 동시에 지배계급의 금융 기초를 새로운 자본가 계층과 유사하도록 이동시켰던 중요한 보상 운동이 있었던 덕에 그러한 사태는 피해갈 수 있었습니다.

하지만 도시의 실력자들이 마침내 17세기 후반에 들어 문화적 투쟁에서 굴복해버리는 바람에 영국 문화가 통일성을 얻었을지는 몰라도 다양성에서는 큰 손실을 보았다고 해야 할 것입니다.

나폴레옹 전쟁과 찰스 디킨스의 시대 즈음해서 좀 더 낮은 지위의 도시 중간계급이 독자적인 개성적 인격을 얻겠다고 나서자 이와 비슷한 투쟁이 한 번 더 터져 나왔습니다. 찰스 디킨스의 소설은 놀랍도록 독창적인 성격을 가진 인물들로 가득 차 있습니다. 맨탈림Mantalim, 미코버Micawber, 치어러블 형제Cheerible brothers, 그리고 무엇보다도 그 누구와도 견줄 수 없는 피크위크 씨Mr. Pickwick 등의 소설 속 인물들은 영국이라는 무대에 완전히 새로운 유형의 인격체들이 등장했음을 의미하는 것이었습니다.

19세기 초의 정치적·종교적 분파주의 운동sectarian movements에는 토머스 칼라일Thomas Carlyle*11)과 윌리엄 코빗William Cobbett과 같은 인물들이 득실거렸습니다. 하지만 이 계층 또한 러더퍼드Mark Rutherford의 소설에 묘사된 대로《태너스 레인의 혁명The Revolution in Tanners Lane》이후에는 병합되어버립니다. 국민의 통일성을 위하여 개성적 인격의 다양성과 풍부함이 또 한 번 희생당한 셈입니다. 하지만 이번에도 또 중요한 보상적 운동이 있었습니다. 자기주장을 위한 투쟁에서 패배한 하층 중간계급이 기존의 농촌 생활에 필요한 생활 조건을 일부나마 금전적으로 보장받게 된 것입니다. 이들은 도시 빈민의 수준으로 내려앉지는 않았습니다. 이들은 농촌에 자기들 집과 정원 그리고 이에 수반되는 각종 농촌 시설물과 문화적 장치까지 갖게 됩니다. 이들에게 농촌 문화는, 자기 부족을 잃어버리고 파편화된 원주민들이 억지로 몸에 걸친 맞지도 않는 옷처럼 따로 노는 것은 아니었고, 이들의 존재와 삶에(상당히 복속당한 삶이었음은 분명하지만) 자연스럽게 동화되었습니다.

하지만 산업노동계급의 문제는 해결이 불가능하다는 것이 입증되었습니다. 아름다움도 일관성도 없이 인간적 문화라고는 아예 싹조차 찾아볼 수 없는 새로운 도시들과 도시 환경이 광범위하게 또 급작스럽게 출현하면, 이로부터 진정한 문화적 지각변동이 생겨나지 않을 수 없게 됩니다. 산업노동계급은 오언주의 운동과 차티스트 운동 속에서 독립적인 문화적 존재로 올라서기 위해 애썼지만, 결국 실패하고 말았습니다.

그리고 이번에는 노동자들을 지배계급으로 상승시켜주면서 또 동시에 계급 지배의 경제적 기초를 노동자들의 생활 조건에 가깝게 만들어 줄 보상적인 반대 운동도 없었습니다. 이런 종류의 것은 생각조차 할 수 없는 일이었습니다. 산업노동자들은 농촌적 삶의 가치들을 전혀 적용할 수 없는 생활 조건과 환경 아래에서 살 수밖에 없는 어두운 운명이 지워지고 말았습니다.

10장

ㅡ

비엔나와 미국에서의 경험들 : 미국**

ㅡ

미국에서의 경험은, 교육의 사회적 유효성이 확실히 사회 현실에 의존한다는 사실을 확인해주는 것으로 보입니다.

저의 미국 경험은 오스트리아에서의 경험에 비하면 훨씬 제한적입니다. 중서부 지역에서 6주간 머물고, 남부의 중앙과 동부 지방을 8주간 여행하고, 동부에서 몇 주간을 보낸 것이 전부입니다. 하지만 저는 짧게 이지만 약 30개 대학에서 머물렀고, 또 여러 고등학교를 방문하고 인터뷰할 기회가 있었습니다. 덧붙여서 말하자면, 저는 중서부 지역의 한 진보적 고등학교에서 '사회과학 학습 계획'에 대해 자문을 부탁받았으며, 또 워싱턴에 있는 미국 교육청과도 일정한 공식적 접촉을 할 기회가 있었기에, 민간 자연 보존단Civil Conservation Corps 등을[1] 통한 청년 구제 사업과 관련된 연방 기관들과도 알게 되었습니다.

** 칼 폴라니 문서고, 파일 19-26. 날짜 없는 학술회의. 제목은 〈비엔나와 미국에서의 경험들〉

미국 교육의 잘 알려진, 상당히 곤혹스러운 패러독스는 다음과 같이 정리할 수 있습니다.

1. 근본주의 – 국가 입법에 의해 강제되는 종교적 교리들 – 모든 종류의 국가 기관에서 종교 교육의 완전한 결핍.
2. 이상주의적 '고양uplift' – 물질주의적 실용 철학 : 극단적인 헌정주의의 전통주의.
3. 실험적인 창조적 태도.
4. 일정한 정도의 피상성 – 전국적으로 평균 교육 수준이 아주 높음.

미국적 상황의 몇 가지 놀라운 특징들

1. 미국은 철저한 종교적 공동체이지만 종교의 자유를 수호하기 위해 국가와 교회의 완전한 분리를 강제하고 있으며, 이것이 미국에 대단히 모순적인 결과들을 가져오고 있습니다.

미국의 일부 근본주의적인 주들에서는 누구든 다원주의 이야기만 꺼내도 바로 무시당하게 되지만, 또 동시에 교사들을 양성하는 대학들에서는 국가 당국이 종교 교육을 강제로 금지하면서 종교적 분위기가 말끔히 없어져버렸습니다. 이러한 금지는 종교의 자유에 세속적인 침해가 벌어지는 것을 막기 위한 장치였지만, 교육 분야를 종교로부터 완전히 자유롭게 만드는 결과를 낳았습니다.

이렇게 교육은 비엔나에서의 사회민주주의적인 학교 개혁에서보다 미국에서 더 실질적으로 세속화되었습니다. 종교적 신앙에서 이렇듯 대단히 뚜렷한 부문화departmentalism 경향이 나타났는데, 이는 전체 공동체의 사상, 삶, 노동에서 놀라울 만큼 무차별하게 벌어지고 있는 세속화의 원인이 되고 있습니다.

2. 공적 생활 전반에 걸쳐 대단히 높은 정도의 이상주의가 표방되고 있으며 또 종종 실행으로 이어지기도 하지만, 교육만큼은 젊은이들로 하여금 가능한 빠르게 또 효과적으로 스스로 생계비를 벌 수 있도록 한다는 순수한 실용적 목적을 공개적으로 표방하고 있습니다. '일자리'는 주된 관심사일 뿐만 아니라 청소년들이 방학 기간에 가장 주되게 시간을 보내는 취미 활동이기도 합니다. 실제로 영국의 빈곤 지역에서는 어린 소년들이 전통적으로 성인들만큼이나 일자리에 큰 관심을 가지고 있습니다. (덧붙여서, 젊은이들에게 일자리를 얻도록 돕는 것을 유일의 존재 이유로 보는 학교 체제라면, 실업 사태가 벌어질 경우 얼마나 큰 충격을 받게 될지 생각해보십시오. 학생이 졸업해서 일자리를 잡을 수 없다면 학교가 무슨 쓸모가 있겠습니까?) 실제로 미국의 교육학자들은 구체적인 실용 가치가 전혀 없는 이런저런 과목들이 어째서 교육과정에 포함되어야 하는지에 대해 만족스럽게 대답하지 못할 때가 많습니다.

다른 한편으로, 나중에 계속 살펴보겠지만, 학교와 교육이 실용적 가치를 가져야 한다는 생각은 학교가 사회적 협동으로 가는 도구가 되도록 만드는 강력한 동기로 작용합니다. 즉, 학교와 교육을 학생들이 환경에 의식적으로 적응하게 만들어줄 새로운 기관들을 발전시키기 위한 수단으로만 보는 것이며, 비슷하지만 좀 더 차원 높은 사회적 가치들을 발전시키기 위한 기관으로 보지 않는다는 것입니다.

3. 미국에서는 학교가 사회적 평등을 정착시키는 과제를 떠맡지 않습니다. 인간을 보편적으로 평가함에 있어서 부자들 쪽이나 가난한 이들 쪽이나 평등이 하나의 사실입니다. 마찬가지로 인구의 약 80퍼센트에 관

한 한 (흑인들 제외) 발언, 예의범절, 행태 등에 있어서도 평등이 하나의 사실입니다. 부유한 사람이라고 해도 그렇지 못한 사람들에 비해 사회적으로 우월하다고 느끼는 것은 아니며, 일반 시민들 또한 부유한 이들보다 사회적으로 열등하다고 느끼지는 않습니다. (물론 무수한 예외가 있지만 이러한 기본 사실들에 영향을 주는 것은 아닙니다.) 이렇게 평등이 이미 달성되어 있습니다. 학교에 평등을 확립한다는 과제를 맡기는 것은 따라서 빗나간 일이 됩니다.

다른 한편, 여러 다른 개인들 및 집단들 사이의 소득 차이는 그들 사이의 구체적인 사회적 차이들로 이어집니다. '귀속 집단이 다르다'는 것이 낳는 차이점들은 무수히 많으며, 이는 영국에서의 여러 사회 계층 사이의 차이점과도 조응합니다. 하지만 그 차이점들의 성격은 영국과 다릅니다.

미국의 경우 이러한 차이점들이 혈통, 교육, 가문 등을 나타내는 지표는 아니며, 그저 소득의 차이를 보여주는 지표일 뿐입니다. 소득이 오르면 그에 걸맞은 집단에 들어가게 되지만, 소득을 잃게 되면 거기에서 나와 현재의 소득 수준에 맞는 집단으로 들어가게 됩니다. 이렇게 여러 집단들을 하나로 묶어주는 것도, 또 그들을 (어떤 의미에서는) 다시 분리시키는 것도 모두 현금입니다. 이러한 종류의 집단 차별은 깊이는 덜하지만 잔인하고 가혹하다는 점에서는 더합니다. 하지만 이를 크게 완화시켜 주는 것이 있습니다. 소득의 등락이 빈번하다는 것 그리고 똑같은 가족이라고 해도 일정 기간의 소득 창출 능력에 따라[2] 서로 다른 사회적 수준에서 생활하는 경우가 많다는 등의 사실입니다. 막내 동생은 대학교수이지만 맏형은 광부일 수도 있으며, 그 사이의 대여섯 명의 형제자매들은 또 다양한 소득 등급과 그에 해당하는 사회 집단에 자리할 수 있습니다. 이렇게 친구들이라고 해도 자기의 사회 집단 변화에 따라 갈리게 될 때도 많지만, 그러한 사회적 격차는 사람들의 자기 평가에 영향을 주는 것이라기보다는 사실적인 것일 뿐입니다. 반면 영국에서는 사회적 격차라는 것이 너무나 깊은 것이기 때문에 겉모양을 치장하기 위해서라도 여러 수단과 방법을 통해 인위적으로 그 차이를 메꾸어야만 합니다.

이 점에서도 교육의 여러 이상에 실업이 미치는 영향의 경우와 마찬가지로, 현실의 경제적·사회적 조건이 미치는 영향이 놀랄 만큼 뚜렷이 드러납니다.

- 현실에서 실업 사태가 벌어질 경우, 학교가 일자리를 얻게 해주는 곳이라는 생각은 현실 속에서 논박당합니다.
- 소득의 변화가 현실적으로 빈번하게 일어날 경우에는 소득 편차에 따라 나타나는 사회적 차이점들이 불러오는 효과가 아주 크게 완화됩니다.
- 현실에서 일자리가 풍부하고 모든 사람들의 생활수준이 실제로 계속 올라가게 되면, 이는 곧 미국 사회야말로 인류가 지금까지 상상했던 가장 자유롭고 가장 평등하며 가장 정의로운 질서라는 보편적인 믿음을 정당화하게 됩니다.

사회적 삶에 대해 이러한 믿음이 발전해온 기간의 실제 사회적 조건과 연관시켜 생각하지 않으면 미국의 사회사상은 이해할 수 없습니다.

이것이야말로 아마도 사회에 대한 미국인들의 태도에 있어서 가장 본질적인 특징을 이해하는 실마리라고 할 것입니다.

4. 따라서 사회에 대한 미국인들의 태도를 전반적으로 '물질주의적'이라 보는 것은 피상적인 관찰일 뿐입니다. 만약 이 '물질주의적'이라는 말을 향상advancement과 동떨어진 가치평가를 뜻하는 것으로 쓴다면 말입니다. 실제로는 그 정반대입니다. 미국인들은 미국식 사회 질서가 근본적으로 올바른 것이라고 확신하고 있습니다. 그들은 이러한 사회 질서가 모든 이들에게 최고의 물질적 후생을 가져왔고, 또 모든 이들이 여러 기회를 가질 수 있게 해주었을 뿐만 아니라 모두가 자유롭고 평등하도록 만들어주었다고 믿고 있습니다. 그리고 이는 어떤 의미에서는 진리이기도 합니다. 물론 이것이 진리라는 것에 대해서는 대단히 중요한 단서 조항들이 붙어야 하지만, 미국인들은 이 점을 완전히 무시하면서 자신들의 사회를 신봉하고 있으며, 또 자신들의 사회야말로 신께서 이 세상을 창조하신 목적을 최고로 충족시킨 것이라고 주장합니다. 미국인들이 이렇게 믿고 주장하는 데 있어서 그들이 실제로 신을 믿느냐 마느냐는 어떤 의미에서는 전혀 중요하지 않습니다. 미국인들의 사회에 대한 믿음은 일종의 기묘한 역설적 의미에서 종교를 초월하는 것이기 때문입니다. 즉, 그들의 사회에 대한 믿음은 곧 삶에 대해 그들이 갖는 신앙의 직접적 표현입니다. 사회 전반에 대한 미국인들의 관점과 견해는 따라서 종교적 확신과 동일한 것으로 간주해야만 합니다.

영국의 웹Webb 부부는[*3)] 러시아 공산주의 체제를 교리에 따라 지배되는 체제creedocracy라고 불렀습니다. 좀 더 넓은 의미에서 보자면, 미국 또한 그 내용만 다를 뿐 똑같이 교리에 따라 지배되는 체제라고 볼 수 있습니다.

5. 서약파들Covenanters[*4)]이 세운 것은 사회였지 국가State도 나라nation도 아니었습니다. 미국에서는 정치적 국가란 헌법에 의하여 사회의 한쪽 구

석으로 쫓겨나 있습니다. 미국인들에게 국가란 어쩔 수 없이 꾹 참고 용인해야 할 존재로만 여겨지며, 그 어떤 경우에도 유럽의 국가들과 비슷한 권력과 권능을 얻으려 들어서는 안 된다는 조건하에서만 존재합니다. 이렇게 미국에서는 사회가 정치적 국가라는 버팀목 없이 존재합니다. 미국인들은 사회를 국가 권력뿐 아니라 그 어떤 다른 힘의 기초 위에서 혹은 그 지지를 받아 성립하는 것이라고도 생각하지 않습니다. 미국의 연방 정부는 국내 문제들에 있어서는 그 어떤 경찰 권력도 갖고 있지 않습니다.[*5)] 경찰 자체가 존재하지 않습니다. 사회가 스스로를 돌보는 것으로 여긴 것입니다. 여기에서 아나키anarchy가 현실화됩니다.

앞에서 보았듯이 미국의 교육은 미국의 여러 사회적 이상에 결정적인 영향을 받고 있으며, 다시 그 배후에는 사회적 현실이 버티고 있습니다. 이를 지탱하는 것은 이러한 미국 사회의 여러 원리들이 궁극적으로 유효한 것이라는 보편적인 믿음 하나뿐입니다. 이러한 미국 사회는 풍요를 가져오며, 전례 없는 높은 생활수준과 더 좋은 질의 기회들을 가져다줍니다. 따지고 보면 미국에서는 아주 부유한 사람들도 소수이지만, 배제된 하층민들도 그리 비율이 높지 않은 데다 거의 최근에 들어온 이민자들입니다. 나머지 방대한 다수는 의식주에서 세계 최고 수준을 누리고 있으며, (평균적으로 볼 때) 교육 수준도 가장 높습니다. (경제 공황이 사람들의 이러한 생각과 마음에 흠집을 내기는 했습니다만, 이러한 미국 사회의 찬양이 아직 결정적으로 변한 것은 아닙니다.) 이것이 저 옛날 미국으로 건너온 서약파들이 시작했던 실험의 결과입니다. 이 실험은 아직 끝나지 않았고 지금도 계속되고 있습니다. 이러한 현실은 저 유명한 어구 "미국의 어떤 면을 좋아하십니까? How do you like America?"나 "우리는 새로운 나라입니다. We are a new country."의 의미를 보여줍니다. 미국인들이 지난 150년간 이야기해온 이러한 어구가 오늘날에는 소비에트 러시아에서 같은 의미로 통용되고 있으며, 아마도 앞으로 2백 년간은 족히 그럴 것으로 보입니다. 즉, 한 민족 전체가 어떠한 거대한 실험에 참여하고 있다는 느낌인 것입니다. 유일한 차이점은 미국의 경우 이 모든 것의 종착점에 대해서는 모호함과 불확실성의 요소가 아주 뚜렷하다는 것에 반하여, 러시아에서는 그 실험의 목적과 종착점이 이미 사전에 알려져 있고 (어떤 의미에서는) 고정되어 있다는 것뿐입니다. 전체적으로 본다면 소비에트 러시아만큼 미국과 닮은 나라가 없습니다. 근대 이후의 역사에서 어떤 모습의 사회를 세우겠다는 의식적이고 의도적인 결단의 결과물로서 나타난 사회는 미국 말고는 소비에트 러시아뿐이니까요. 둘 사이의 진정한 차이점은 러시아 쪽의 노력이 훨씬 더 높은 단계에 있다는 점입니다.

하지만 이 나라[6]에서 흔히들 미국을 과소평가하고 있는데, 그래서는 안 됩니다. 미국이 여러 약점들을 지니고 있다는 점은 명백하며, 그것이 부분적으로는 미국이 '새로운 나라'라는 데에서 기인하는 것임은 분명합니다. 저교육층의 교육 수준이 정말로 낮은 건 사실이지만, 대중들의 평균적인 교육 성취 수준은 유례를 찾아볼 수 없을 정도로 높습니다. 미국인들의 실험적 태도는 간혹 효과적인 기술적 원리를 문화 영역에 엉뚱하게 적용한 것으로 치부될 때가 많습니다. 물론 이러한 실험적 태도가 모든 것을 새롭게 시작하는 미국적 전통에서 기인하는 것은 사실이지만 이는 어디까지나 부분적 원인일 뿐입니다. 다른 원인으로, 이것이 학교와 사회 건설이라는 과제 사이의 아주 강력하고 긍정적인 관계를 표현하는 것이라는 점도 생각해야 합니다.

여기에서 우리는 미국의 사회 현실이라는 조건하에서 교육이 맡고 있는 임무의 대단히 중요한 측면 하나를 만나게 됩니다.

1. 서약파들이 세운 사회는 그 본성상 개인의 삶과 사회의 관계가 직접적이어야 한다는 것이 필연적입니다. 개인들은 그 어떤 종류의 권위, 관료제, 정치적 국가, 혹은 정부의 개입도 없는 상태에서 스스로 사유하였습니다. 이것이 미국 사회가 극단적인 가소성을 갖게 된 기원입니다. 개인과 사회는 중간에 아무것도 없이 직접 맞닿아 있습니다.

2. 급속하고도 끊임없는 변화가 바로 미국 사회사의 뚜렷한 특징입니다. 일반적으로 20년에 한 번씩 사회 환경이 완전히 바뀌어 미국 사회 안에 존재하는 모든 요소들 하나하나의 경제적·사회적 기능이 환골탈태의 변화를 겪게 됩니다.

(소련을 제외하면) 미국인들이 세계 그 어떤 나라 사람들보다도 사회 변화에 대해 더 잘 알고 있는 이유가 여기에 있습니다.

미국인들이 새로운 환경으로의 변화에 걸맞은 개인들 그리고 개인들로 이루어진 소집단의 역할에 대해 항상 관심을 갖는다는 사실은 위에서 언급한 두 가지 요인으로 설명할 수 있습니다. 즉, 사회의 가소성, 그리고 미국인의 삶의 경험 속에서 유일하게 변하지 않는 것은 변화뿐이라는 사실입니다. 우리들에 비하여 미국인들은 사회 변화에 있어서 개인과 소집단의 역할에 대해 비교할 수 없을 만큼 잘 알고 있습니다. 만약 언젠가 미국인들이 자기들 사회를 더 이상 믿지 않고, 따라서 그것을 스스로 운영하는 일까지 멈추어버리는 날이 온다면, 개인과 소집단의 역할에 대한 그러한 관심과 지식 또한 변하게 될 것입니다. 그렇게 할 이유가 없어지게 될 테니까요.

이것이 미국인들이 교육이 사회를 형성하는 가치가 있다고 믿게 된 사회적 배경입니다. 교육을 통해 아이들에게 이러한 이상과 원리를 세뇌indoctrinate시키면(미국인들이 쓰는 표현), 이는 그 어떤 나라에서보다 더 사회를 직접적으로 형성하는 힘이자 사회를 지지하는 힘이 됩니다.

이렇게 미국 사회와 그 개선이라는 (비록 미국적 의미이기는 하지만) 관점에서 미국식 교육이 여러 가지를 효과적으로 성취하기 위해서는 두 개의 전제조건이 결정적입니다. 하나는 사회적 이상들이 이미 주어져 있어야 한다는 것이며, 둘째는 사회적 현실 자체의 환경적 요인입니다.

사회의 변혁을 목표로 하는 교육 체제의 예로 오스트리아의 경우를 들 수 있으며, 비록 진보적progressive이기는 하지만 본질적으로 보수적인[*7] 교육의 예로 미국의 경우를 들 수 있습니다. 하지만 우리가 어떤 쪽을 택한다 해도 결과는 마찬가지입니다. 사회의 구체성에서 유리된 채, 추상적인 차원에서 사회적으로 효과적인 교육을 이루려는 것은 환상일 뿐입니다.

3부

—

사회과학을 어떻게 활용할 것인가

—

11장

—

사회과학을 어떻게 활용할 것인가 [**]

—

이 물음은 다음 문제들에 대한 고찰을 내포한다.

첫째, 과학의 여러 연구 결과를 우리가 필요할 때마다 의존할 수 있는 일반적·보편적 틀의 지식으로 통합해낼 수 없게 만드는 무언가가 과학의 본성에 내재하는가?

둘째, 사회과학은 자연과학과 똑같은 방식으로 활용하기가 어렵거니와, 그렇게 될 수밖에 없는 이유가 사회과학의 본성에 내재하는가?

[**] 칼 폴라니 문서고, 파일 19-1. 날짜 없는 타자본. 1939년 이후에 쓰였을 것으로 보임(폴라니가 이 글에서 인용하고 있는 린드의 저서가 출간된 연도로 볼 때 그 이전이 될 수는 없음). 타자본 원고의 가로변은 종이가 해지고 상태가 좋지 않아 몇몇 단어는 아예 보이지 않지만 대부분의 경우 상당한 확신 속에서 재구성할 수 있었다.

여러 과학을 하나로 합치는 것은 불가능하다

이러한 사실의 이유는 단순하다.

인간은 자신을 둘러싼 환경에 대해 생래적innate[1])으로 관심을 갖게 된다. 이것이 모든 과학의 출발점이다. 하지만 모든 과학은 필연적으로 인간 삶의 환경이라는 맥락에서 그 방법을 적용할 수 있는 요소들로 주제를 제한할 수밖에 없다. 그 결과 여러 과학은 그 주제에 있어서, 모든 과학의 모태라 할 생래적 관심의 본래 주제에서 이탈하게 된다. 물리학, 화학, 심리학을[2]) '합친다'고 해서 고양이의 모델이 나오지 않으며, 수학과 식물학을 섞는다고 초원의 완벽한 패턴을 만들어낼 수 없는 이유가 바로 여기에 있다.

다양한 과학이 그 본래의 모태에서 이탈하는 방향은 모두 다르며, 또 그 모든 방향을 명확히 규정할 수 있는 것도 아니다. 그래도 그 여러 과학이 각각 묘사하는 바는 모두 진리의 사실들이다. 어떻게 이것이 가능할까는 참으로 흥미로운 질문이다. 하지만 이 또한 과학의 기원이 인간의 생래적 관심에 있다는 것으로 설명할 수 있다. 사람은 자기가 어떻게 행동해야 할지에 대한 길잡이를 매우 다양한 방식으로, 또 자기가 처한 환경의 갖가지 측면들과 관련하여 찾게 되어 있다. 다른 말로 하자면, 인간의 생래적 관심과 과학의 모태 모두 여러 가지가 복합적으로 합쳐진 것들이다. 과학적 관심과 주제는 생래적 관심을 이루는 여러 요인들과 과학의 모태를 형성하는 여러 요소들 사이의 상호적 선별적 조정 과정에서 생겨나는 결과물이다. 결국에는, 편의에 따른 분류나 직접적인 예측을 통해 그 모태의 여러 요소들이 생래적 관심의 요인들 몇몇을 만족시키는 식으로 정렬되어가며, 여기에서 모종의 방법이 진화해 나온다. 이러한 조정 과정 속에서 여러 과학은 점차 '선별적'이 되어간다. 즉, 좀 더 일반적인 용어로 말하자면 추상적이 되어가며, 자기의 방법에 맞게 조정된 요소들만을 다루는 것으로 스스로를 제한하게 된다. 비록……[3] 사실적 진리를 제대로 표상하게 되지만, 그러한 진리를 이루는 다양한 조각들은 갈수록 서로 다른 모습을 띠게 되는 경향이 있다.

방법은 과학이 할 수 있는 것과 할 수 없는 것을 해명하는 열쇠이다. 또 특정한 과학에서 행해지는 여러 조작과 작업에 적용할 수 있는 보편적 규칙이다. 어떤 주제를 놓고 이를 그 과학의 주제로 선별할 것인가 아니면 '비과학적' 문제로 여겨 배제할 것인가를 결정하는 것이 방법이다. 방법이 있는 덕에 여러 과학이 각자 스스로를 정의할 수 있게 되고, 따라서 선별된 요소들을 다룰 수 있게 되며, 또한 이제 그 모태에서 '형이상학적'이라고 보이는 부분을 거부할 수 있게 되는 것이다.

과학은 방법을 통하여 모태에서 떨어져 나온다.[4] 어떤 과학이 탄생하게 되면 그것이 착상되고 자라났던 모태는 파괴된다. 형이상학이란 아직 완전한 모습을 갖추지 못한 과학 안에 존재하는, 그 모태의 잔존물이다. 예를 들어, 수학은 과학이 되기 위해서 수비학(數秘學)을 제거해냈고, 물리학은 '질료' 개념을 스스로 제거했으며, 화학은 연금술을 떨궈[5]버렸고, 생리학은 '생명력' 개념을 제거했고, 논리학은 '진리'라는 관념을 벗어버렸다. 과학은 이러한 위업을 성취할 수 있는가에 비례하여 이론적 과학으로서의 서열을 부여받게 된다. 과학은 완숙해질수록 그 모태로부터 더욱 먼 곳을 떠돌게 된다.

이 모든 이야기는 자연과학과 관련해서는 한동안 인정이 되어왔지만, 사회과학으로 보면 그다지 자명하지 않은 이야기로 보인다. 하지만 사회과학 중에는 그 발전 과정이 자연과학의 그것과 놀랄 정도로 닮은 것이 몇 있다. 사회과학 또한 삶을 살아간다고 하는 일에 대한 우리의 생래적 관심에서 출발하며, 자연과학과 마찬가지로 방법을 통하여 관심과 주제가 서로 조정되는 발전 단계로 아주 점진적으로 도달한다. 모태의 요소들 가운데 방법이라는 관점에서 볼 때 도저히 다룰 도리가 없는 것들은 이러한 조정 과정에서 사라지며 오직 그 '상황'의 일부를 이루는 요소들만 남게 되는데, 이를 결정하는 것은 생래적 관심이 아니라 그 방법의 엄격한 적용이다. 그리하여 심리학은 사람의 주관적 마음 상태에 관심을 갖지 않고, 경제학은 생산이나 이익을 다루지 않으며, 정치학은 통치의 기술을 다루지 않는 것으로 볼 수도 있게 된다. 이러한 방식으로 심리학은 이제 인간 영혼에 대한 학문이기를 그만둘 수 있고, 경제학은 부와 가치의 과학이기를 그만둘 수 있으며, 정치학은 주권 권력에 대한 과학이기를 그만둘 수 있는 것이다.

영혼, 가치, 주권, 이런 것들은 과학의 모태로부터 넘어온 잔존물들이지만, 이제는 각 과학 안에 설 자리가 없는 것들이다. 심리학은 이제 그 영역을 행태behavior의 영역으로 다시 규정할 수 있으며, 경제학은 선택의 영역으로, 정치학은 권력의 영역으로 규정할 수 있게 되었다. 이렇게 해서 과학이 완성되면 그 과학은 애초의 모태와는 역사적 기원을 언급할 때 말고는 아무런 관련이 없게 될 때도 있다. 게다가 한 과학이 이렇게 스스로가 거의 소실점에 이를 지경으로까지 많은 요소들을 제거해낸 뒤에는, 전혀 예측하지 못한 방향으로 확장해갈 수도 있다. 심리학은 동물과 식물의 행태에 대한 연구까지도 통합시킬 수 있고, 경제학은 희소한 수단의 배분이라는 결정적 요소만 남게 될 경우 윤리학, 미학, 또는 종교적 상황에까지 무차별적으로 적용될 수 있으며, 정치학은 권력을 발생시키는 상황에 있는 모든 집단에 대한 연구를 포함할 수가 있다. 그리고 이 경우에도 과학은 진보할수록 그 모태에 있었던 다양한 요소들을 더 완전하게 분리해내는 경향을 띠게 된다. 자연과학과 마찬가지로 이렇게 사회과학 또한 유효한 과학이 되기 위해 서로서로 차별화되며, 삶을 영위한다는 당장의 과제 때문에 인간이 적응하지 않을 수 없는 환경적 세계의 실태를 방법론적으로 왜곡하게 된다.

덧붙여 말해두자면, 우리는 굳이 여러 자연과학과 사회과학의 분과들 사이의 경계를 좀 더 구체적으로 규명하려고 애쓰지 않았으며 그저 흔히 통용되는 학제적 분과를 그냥 받아들였다. 학문 분과의 구별은 항상 논의 중인 문제라는 관점에서 바라보아야 한다. 여러 다양한 학문 분과 사이의 가장 안정적인 구분선은, 사회와 자연 모두에서 벌어지는 비반복적이며 독특한 측면들을 다루는 순수한 역사과학을 한편으로, 그리고 법칙과 여러 추상적 개념들을 다루는 일반화 작업으로 이루어지는 과학을 다른 한편으로 하는 경계선인 듯하다. 이보다 더 폭넓지만 훨씬 더 중요한 구분은, 모든 종류의 인간적 경험에 관한 구분이다. 이 구분에서는 과학을 한편으로, 그리고 우리 삶의 환경에서 우리가 살아가면서 비과학적인 방식으로 얻게 되는 모든 의식(이 의식은 예술적, 도덕적, 시적, 종교적, 개인적, 혹은 그냥 아무 생각 없이 얻게 된 경험 등으로 묘사할 수 있는 것들)을 다른 한편으로 삼는 경향이 있다. 하지만 이러한 여러 구분 방식 가운데 어떤 것도 우리 논의의 지금 단계에서는 결정적으로 중요한 문제가 아니다. 과학의 본성에 대한 우리의 서론적 분석을 통해 이미 충분히 보았듯이, 자연과학 분과들의 경우처럼 사회과학에서 여러 분과의 협력 또한 융합을 통해서 추구할 수는 없는 것이다. "경제학은 좀 더 정치적이 되어야 하며 정치학은 좀 더 경제학적이 되어야 한다."는 식의 흔히 접할 수 있는 요구[6]와 같은 노선으로는 불가능하다는 것이다. 다양한 사회과학이 '추상성과 일방성을 줄여야' 하며 그를 통해 실질적 관심사의 여러 다른 영역들을 연결시키는 데 도움이 되어야 한다는 관점이 널리 퍼져 있지만, 이는 심각한 오류이며 심지어 저명한 사상가들에게서도 흔하게 볼 수 있는 오류다. 소스타인 베블런이 그러한 경우이다. 베블런 본인은 열렬한 실증주의자였지만, 형이상학적 개념임이 명백한 가치 개념에 경제학자들이 관심을 두지 않는다는 이유로 그들을 꾸짖었던 바 있다. 이보다 훨씬 놀라울 만한 예는 그로부터 20년이나 지난 뒤에도 로버트 린드Robert Lynd가 베블런의 비난을 긍정적으로(!) 인용하고 있는 경우이다. 자연과학에서는 사람들이 훨씬 일찍부터 방법의 문제를 의식하기 시작하였다. 로베르트 율리우스 마이어Robert Julius Meyer 에서 에른스트 마흐Ernst Mach에 이르는 19세기 후반기 내내 이러한 형이상학의 제거는 크게 진전되었지만, 그 동안 그 어떤 진지한 과학자도 '질료', '가상 운동', '절대 공간' 등과 같은 형이상학적 개념들을 물리학에 다시 도입해야 한다고 주장했다는 이야기는 들어본 적이 없다. 결국 해결책은 이론의 개념 도구들을 융합할 것이 아니라, 새로운 과학 하나를 창조하든가 아니면 기존의 (뚜렷이 서로 구분된) 과학들을 특정한 하나의 과제에 적용하는 것이다. 예를 들어보자. 경제적 동기와 정치적 동기, 경제적 제도와 정치적 제도, 경제적 권력과 정치적 권력 등은 실제로는 분리해내기가 무척 어렵다. 여러 전근대 사회에서는 경제 제도와 정치 제도가 실제로 단일의 통일체를 형성하고 있었으며, 이것들이 별개의 제도적 기관들로 구별되고 난 뒤에도 긴밀하고도 연속적으로 상호작용이 이루어졌다. 하지만 그렇다고 해서 사람들이 명시적 혹은 암묵적으로 주장하듯이 이것이 곧 정치학과 경제학이 어떻게 해서든 융합되어야 한다는 것을 뜻하는 것일까? 이 두 학문은 각각의 주제에 있어서나 방법에 있어서나 법학과 발생학만큼이나 서로 다른 학문인데도? 이에 대한 답은 다음의 두 가지 방법 중 하나로만 찾을 수 있다.

그중 하나는, 특정한 관심의 주제에 대해 현존하는 여러 과학 분과보다 더 긴밀하게 연결된 과학 분과들을 창출하는 것이다. 예를 들어 경제학과 정치학의 여러 관계는 역사사회학, 인류학, 일반사회학 등과 같은 다양한 학문들을 통해서 다룰 수가 있다. 이와 비슷하게 필요에 대응하여 나타나게 된 과학을 들자면 생화학과 범죄학 등 무수히 많다. 이러한 과학적 전문화의 진보가 무한히 나아간다고 해서 안 될 이유는 없다. 어떤 과학이 출현하느냐 마느냐는 사실의 해명에 성공하느냐 마느냐의 문제이며, 무엇보다도 길잡이가 필요한 상황들을 만족스럽게 다루어줄 방법을 어디까지 찾아낼 수 있느냐에 달려 있다.

또 다른 방법으로, 기존의 과학 분과들을 구체적 문제들에 적용함으로써 특정 목적ad hoc을 위한 협력을 이끌어낼 수도 있다. 원리상 사회과학의 여러 분과들이 현실적 문제를 해결하고자 할 때 자연과학의 여러 분과들과 동일한 방식으로 협력해서는 안 될 이유가 있을 리 없다. 통계학, 법학, 경제학 등을 사용하여 사회 보험이라는 새로운 지식 분야가 자리를 잡아나가는 것이 그러한 협력의 한 예다. 이 또한 무한히 확장해 나갈 수 있다.

요컨대, 여러 과학을 하나로 합치는 것은 불가능하다. 이는 사회과학의 여러 학문에 있어서나 자연과학의 여러 학문에 있어서나 똑같이 적용되는 바다. 형이상학적 요소를 제거함으로써 전진하며, 또 그 방법의 특수성을 고수함으로써 사실들에 대한 파악을 보장한다는 과학의 특징은 모든 과학에 적용된다. 자연과학의 현실적 유용성이 다른 여러 사회과학보다 훨씬 크다고 볼 때 그 원인을 사회 문제에는 '지식 연속체

continuum of knowledge'가(로버트 린드)[7] 결핍되었다는 데에서 찾아서는 안 된다. 자연과학 또한 그러한 '연속체'가 결핍되어 있기는 마찬가지이기 때문이다. 방법의 관점에서 보자면 사회과학이 자연과학보다 열등할 것은 거의 없다. 자연과학의 현실적 유용성이 더 큰 이유는 다른 데에서 찾아야만 한다.

과학에 대한 인간의 주권

여러 자연과학 분과가 현실에서 성공을 거둔 것은 단지 그것들이 산출한 지식이 유효성과 정밀성에서 더 뛰어나기 때문이라는 아주 그럴듯한 주장이 있다. 분명히 이는 대체로 옳은 이야기다. 하지만 이러한 설명은 그것이 입각해 있는 입장의 본질적 특징들을 드러내기보다는 은폐하는 점이 더 많지는 않은지 의심스럽다.

자연과학이 의학, 기술 등의 목적으로 사용될 수 있다는 사실은 무엇보다도 인간이 자신의 물질적 환경에 대해 갖는 태도가 구체적 목적들에 의해 방향지어진다는 사실에 기인하는 것이며, 이 사실은 자연과학 분과가 새로이 생겨난다고 해서 무슨 영향을 받는 것이 아니다. 수리물리학이나 생화학이 발전했지만 다행히도 이 때문에 인간이 자신의 건강에 대해서 관심이 줄어들거나 깊은 구렁을 안전하게 건너가는 일에 무관심해지거나 하는 일은 벌어지지 않았다. 이렇게 여러 과학의 결과물들을 하나로 합치는 일은 '지식 연속체'로서가 아니라 한 묶음의 여러 다른 기술들이 동일한 목적[8]들을 향해 서로 협력하는 형태로 가능해지는 것이다. 상대성 이론이 나오면서 과학에 무지한 사람이 알고 있던 공간과 시간 개념은 폐기되었을지 모르지만, 그 사람이 빠져 죽지 않으면서 강을 건널 수 있는 방법을 알기 원한다는 사실에는 아무런 변함이 없다. 이렇게 실제적인 문제들의 중요성에 대해 모든 사람들이 의견 일치를 본다는 것, 즉 그러한 합의가 과학의 발전으로 인해 영향받는 바가 전혀 없다는 것이 바로 기술 혹은 의학의 진보에 자연과학이 성공적으로 활용되도록 보장해주는 확실한 조건이다.

사회과학에 있어서는 정확히 그 반대가 적용된다. 인간이 자신의 사회적 환경에 대해 갖는 소망 혹은 목적은 거의 언제나 모순적 행동을 암시하는 애매함의 요소들을 포함하게 마련이다. 사회과학의 여러 학문은 사실상 이중적 기능을 가지고 있다. 따라서 사회과학의 유용성은 다음과 같은 두 방향 모두에서 거둔 성과들 사이에서 균형 있게 판단되어야만 한다. 즉, 사회과학이 우리의 목적을 달성하는 데에 얼마나 큰 도움이 되는가만 묻는 것으로는 충분치 않다. 우리의 목적을 명확히 하는 것에 얼마나 도움이 되는가 혹은 방해가 되는가 또한 물어야만 한다. 우리의 여러 상충하는 소망과 이상들을 분명하게 밝힌다는 것이 사실상 최근까지도 사회과학의 거의 유일한 목적이었다. 최근 린드가 말한 바 있듯이,[9] 똑같은 '삶의 리듬' 속에서도 '안전과 모험, 집단에의 응집성과 자생성, 새로움의 추구와 잠복성, 경쟁과 상호성' 등과 같이 정반대의 목적들을 동시에 갈망하는 것이 인간이다. 또한 인간은 자유와 평등, 자유와 질서, 그 밖에도 서로를 배제하는 여러 이상들을 갈망하면서 또한 동시에 성sex과 전쟁, 범죄와 전통, 패션과 비즈니스, 교육과 황홀체험 등과 같이 다종다양하고도 복잡한 문제들에서도 지침을 얻고자한다. 인간이 스스로 자기 마음을 결정할 수 있다면 이는 기적에 가까운 일이며, 거기에다가 만에 하나 과학적 분석이 지금까지 판단의 기준이 되어 온 관습의 토대를 온통 뒤흔들어 놓는 결과라도 낳게 되면 스스로 마음을 결정하는 일은 기대할 수 없게 된다. 사회과학은 인간이 스스로의 목적을 달성할 능력을 향상하게 해줄 수 있지만, 인간이 스스로 자신의 목적을 인식하는 능력은 확실하게 감소시킨다는 것이 문제의 핵심이다.

사회과학이 인간의 여러 소망과 목적에 대하여 엄청난 영향을 끼친다는 것은 부인할 길이 없는 사실이다. 우리 시대에 대중화된 과학이 경제, 성, 도덕, 정치 등의 대중적 현상들에 얼마나 큰 영향을 미치는가를 생각해보라. 그런 과학의 주장 가운데 어떤 것들은 자기들이 존재한다고 주장하는 바로 그러한 현상을 창출함으로써 상당히 의외의 방법으로 논리의 허점을 회피하기도 한다. 영리 사업가들의 공리주의적 심리, 정신분석을 받은 사람들의 성(性)의식, 사회 집단들의 계급의식 같은 것들이 그 예가 된다. 또 프로파간다의 심리학이나 슬럼프의 심리학과 관련된 주장들 같은 경우에는, 반대로 그것을 주장하는 이들이 발견했다고 하는 바로 그 법칙들의 작동을 소멸시켜버리는 결과를 낳아 되레 스스로를 논박해버리는 경향을 띠기도 한다. 하지만 사회과학의 가장 중요한 효과는 그 영향이 쌓이면서 인간 세상을 특정한 방향으로 몰고 간다고 하는 누적적cumulative 성격에 있다. 즉, 사회의 여러 조정 과정에 밑받침이 되는 여러 가치에 대해 사람들 마음속에 혼동을 일으키는 것이 사회과학의 가장 중요한 효과라는 것이다.

그러한 효과가 일정 정도 나타나는 것은 불가피한 일이다. 자연과학에서 힘, 실체, 질료의 개념, 유령 및 도깨비의 개념, 수비학의 개념, 지구가 평평하다는 착각, 공간과 시간 개념에서의 단순성 등을 제거해낸다고 해서 사람들이 자신의 삶을 살아나간다는 본업에 큰 지장을 받는 것은 아니다. 뉴턴, 다윈, 아인슈타인 등이 엄청난 발견을 한다고 해도 인간은 시간, 공간, 중력, 야생동물과 어머니 지구의 표면 등과 관련하여 여전히 그 이전과 거의 변함없는 행태를 보인다. 과학적 발견이 암시하고 시사하는 것 중에는 당황스럽거나 심지어 정신적 동요까지 야기하는 것들이 있음을 부인하고자 하는 것은 아니다. 유령, 지구의 모습, 동물 종(種)의 불변성 등에 대한 전통적 대답은 신학적 교조들과 긴밀하게 연결되어 있고, 이 교조들은 다시 사회의 실체에 직접적인 영향을 미친다. 그 결과 획기적인 과학적 발견이 있을 때마다 커다란 조정이 행해지지 않으면 안 된다. 하지만 결국 이러한 사회적 조정이 이루어졌던 것은 자연과학의 명백한 현실적 유용성이 신학 사상의 방향 재정립에 결정적으로 유리한 쪽으로 작용했기 때문이다. 어쨌건 자연과학이 우리가 생각했던 것만큼 유용했다는 것은, 곧 인간의 실생활에서의 여러 목적이 자연과학 때문에 변화하는 일은 거의 없었다는 것을 충분히 증명해주었다. 인간은 여전히 무거운 것들을 들어 올리고 싶어 했고, 질병을 고치고 싶어 했으며, 큰 불편 없이 강물을 건너고 싶어 했다. 그리고 과학 자체도 인간의 소망이 방향을 바꾸어야 한다고 암시하지 않았다.

　사회과학이 방법론적 순수성을 향해 조금씩 진보했던 과정에도 사회과학의 시야에서 형이상학적 잔존물들을 제거하는 비슷한 과정이 포함되어 있었다. 하지만 그러한 요소들이 사회와 자연 각각에서 맡았던 역할은 서로 대단히 달랐다. 강물은 우리가 시간, 공간, 중력에 대해 무어라고 생각하든 똑같이 흘러간다. 우리가 자연에 대한 우리의 관념을 바꾼다고 해서 그것이 자연 법칙에 크게 영향을 주지는 않는다. 반면 사회에 대한 우리의 관념이 바뀌게 되면 사회의 실체에 작용하는 여러 법칙들 자체가 근본적으로 영향을 받게 된다. 또한 자연과학은 우리의 실용적 목적의 명확성을 위협하지 않지만, 사회과학은 충분히 그렇게 하고도 남는다. 이를 피하려면 X선 사진 촬영자의 손을 좀먹는 X선의 영향으로부터 촬영자를 의도적으로 보호하듯이, 우리 행동의 방향을 인도하는 여러 가치들 또한 사회과학의 유해한 영향으로부터 보호해야만 할 것이다.

다른 말로 하자면, 인간의 삶은 그 삶을 둘러싼 환경의 세계를 향하여 계속 조정해 들어가는 과정이며, 그 환경의 세계를 구성하는 요소들은 다름 아닌 과학이 형이상학적으로 치부하여 제거하려고 드는 바로 그 모태의 요소들인 것이다. 그래서 형이상학은 이러한 요소들을 개념화하여 과학과 경쟁해보겠다고 나서기도 하지만 이는 모두 허사로 끝나며, 도리어 이 때문에 이것은[10] 반(反)과학적인 절망적 시도라는 점이 뻔히 드러나게 되어 형이상학적이라는 말 자체가 오명이 되고 만다. 하지만 또 동시에 형이상학은 자신이야말로 예술, 종교, 도덕, 개인의 삶, 과학 등을 모두 포괄하는 모태로서 인간의 공통된 의식이라는 종합적 성격을 띠고 있다는 점을 들어 스스로의 존엄을 주장하게 된다. 과학을 도구로 사용하기 위해서는 삶의 모태와 생래적 관심(개념화된 형식으로서 보자면 삶에서 우러나오는 여러 가치평가들)은 변함없이 유지되어야만 한다. 과학도 바로 여기에서부터 출발한 것이었다. 어려움이 있다면, 당연한 일이지만 사회과학은 삶에서 우러나오는 그러한 여러 가치평가들 자체에 영향을 주는 경향이 있다는 점이다.

그러한 공준에 함축된 것들을 생각해보면 우리는 멈추지 않을 수 없다. 과학의 모태를 보존하면서도 과학의 진보나 최소한 그 목적을 추구할 가장 효과적인 방법의 선택을 방해하지 않을 수 있을까? 어떤 대가를 치르더라도 그 모태의 보존을 추구해야 하는 것일까? 아니면 오히려 과학의 빛에 비추어 우리의 여러 소망과 목적 자체를 명확하게 또 더 고상하게 만드는 쪽을 바라야 하는 것일까? 만약 삶의 핵심에 미치는 과학의 영향력을 배제하려고 한다면 인류는 어떻게 진보를 이룰 수 있을까? 하지만 그 과정에서 삶의 여러 목적들을 혼동하는 일 없이 그러한 계몽의 도구들을 확보하는 것이 어떻게 가능할까? 진보를 위한 지평을 남겨놓으면서도, 우리가 진보를 추구하는 가운데 길을 잃게 될 위험으로부터 우리를 보호해줄 창조적인 타협이 가능할까? 만약 가능하다면, 그렇게 방향이 잡힌 진보를 위해 필요한 것들은 어떤 것들일까?

이러한 질문들에 대답하려다 보면, 과학의 무차별적 사용을 관행으로 일삼으면서 지식이 인간에게 영향을 끼치는 본질적으로 상이한 여러 방식들에 대해서는 완전히 무시로 일관하는 문명에 대한 비판이라는 큰 작업에 맞닥뜨리게 된다. "모든 지식은 선이다."라는 명제는 "모든 자유는 선이다."라든가 "모든 질서는 선이다."의 준칙들과 마찬가지로 막연한 추상적 명제다. 과학의 이름을 빌려 자행되는 프로파간다에는 여러 위험들이 있거니와, 그 가장 최근의 예 하나는 인간이 갖는 여러 이상에 관하여 파시즘이 과학적 회의주의의 태도를 이용해 먹은 것을 들 수 있다. 간단한 눈속임의 장난질을 통하여, 일반적인 방법론적 공준으로서의 과학적 회의주의가 그러한 여러 이상들의 유효성에 대한 물질적 의심으로 둔갑해버린 것이다. 이런 식으로 사회과학을 사용하게 되면, 이를 견뎌낼 수 있도록 훈련받은 이들을 제외한 모든 이들이 방향도 애매한 여러 가지 영향에 휘둘릴 수밖에 없거니와, 이를 깨달은 전형적인 진보주의자들은 오늘날 진정 패닉 상태에 처해 있다. 그 해결책은 이 문제를 용감하게 직면하는 데에 있으며, 이는 곧 모든 유형의 지식이 무차별적으로 유용하다고 보는 자유주의의 공리를 초월한다는 엄청난 일을 함축한다.

지식이라는 것에 대해 우리가 알고 있는 것 한 가지가 있다면, 어떤 유형의 지식은 인간의 삶에 근본적으로 직접적인 영향을 주지만, 인간이 정해놓은 목적과 목표에 복무한다는 의미에서 그저 도구적이기만한 유형의 지식도 있다는 사실이다. 이는 아주 기초적인 구분이다. 도구적 지식은 공동체가 쓸 수 있는 모든 수단을 동원하여 모두가 알도록 널리 알려야 하지만, 교육이나 의학처럼 그 본성상 인간의 내적·외적 삶을 파괴할 수도 있는 지식은 사회적 책임성을 지닌 지적인 보호 장치들을 두고서 다루어야만 한다. 지식을 다루는 데 있어서 추상적 자유주의에 맞선 파시즘의 반동을 앞질러 차단하기 위해서는 인간과 과학의 관계에 대한 성숙한 종합적 이해가 필요하다.

급속히 성장하는 가운데 실존 문제에 대한 고민이 줄어드는 시기에는 삶의 목적이 무엇인지가 명확하지 않아도 사람들이 그냥 지나칠 수 있으며, 심지어 원활한 적응을 위해서는 그편이 더 유리하다는 감정이 나타나기도 한다. 하지만 이런 식으로 이 시기를 지나는 가운데에도 자신들이 얼마나 값비싼 대가를 치르고 있는지를 인간 공동체는 어느 정도 무의적으로나마 알고 있으며, 과학의 권위에 대해 스스로 추어올리면서도 또 한편으로는 어렴풋하게나마 의심을 품게끔 되어 있다. 이 점에 대해서는 아주 설득력이 있는 입증이 가능하다. 인간 공동체에 그 기본 가치들에 대해 명확하고 절대적인 하나의 정의를 제시하라는 긴급한 요청이 생겨났다고 가정해보자. 그리고 여러 과학이 불러오는 파괴적 영향력에 맞서 온 세상을 진동시킬 만큼 격렬한 반동이 벌어지게 되었다고 해보자. 우리는 이 주제에 대한 코프카의 통찰력 있는 언명에 동의한다. "우리의 세계 일부분에서 그토록 어마어마한 비중을 차지하였고, 또 그토록 광범위한 여러 결과를 가져왔던 지성을 비난하고 격하하는 것은 내가 보기에는 잘못된 과학적 태도의 산물로 보이며, 또 그런 이유에서 그 주장 또한 잘못된 것이다."[11]

한 가지 분명한 것은 다음과 같은 사실이다. 인간 만사를 과학으로 취급하는 위험으로부터 인간 정신이 스스로를 보호하기 위해 그 어떤 보호 장치를 발명하든, 그 목적은 집단 차원이건 개인 차원이건 인간의 진보를 가로막는 것이 되어서는 안 된다는 것이다. 인간은 계속해서 변화할 것이다. 그리고 그러한 변화의 주된 요인들 중 하나는 사회과학의 영향일 것이며 또 그렇게 되어야만 한다. 이렇게 생래적 관심이 진화해 나가는 것은 피할 수 없는 일이며, 인간은 계속 똑같은 존재로 남아 있지 않을 것이다.

우리의 논의가 여기에 도달하면 크게 부각되는 문제가 하나 있다. 인간이 자기 자신이 나아갈 방향을 스스로 설정할 수 있어야 한다는 것이다. 인간이 스스로의 운명을 규정할 수 없다면, 그것을 지배하기를 바랄 수도 없다. 개인마다 스스로의 사회적 목적을 품고 있지 않다면, 새로운 지식을 흡수할 때마다 길을 잃어버리게 되어 있다. 개인이 삶과 세계에 대해 갖는 관심으로 스스로가 진화해나갈 방향을 뚜렷이 밝혀내지 못한다면, 자신의 변화해나가는 방향을 다스리면서 자기 삶에 대한 장악력을 유지할 것을 기대할 수는 없는 일이다.

사회과학의 활용은 과학에 대한 기술적 문제가 아니다. 이는 인간이 모든 삶의 도구들에 대해 계속해서 주인으로 남는 그러한 인간 사회의 정의를 내놓을 수 있느냐의 문제다. 그리고 그 삶의 도구들에는 과학도 포함된다.

12장

—

정치 이론에 대하여[**]

—

정치 이론에 대한 논의의 첫머리에 일반적인 여러 과학 분과들을 두루 살펴보는 것이 너무 엉뚱한 일이라고 느껴질 수도 있습니다. 하지만 논의 과정에서 이 과정의 정당함이 밝혀지기를 바랍니다.

물리학 같은 것이든 정치학 같은 것이든, 모든 과학 분과들은 서로 완전히 독립적인 세 가지 요인이 합쳐져서 존재하게 됩니다. 첫째는 이 세계의 어떤 '구석corner'에 대해 인간이 갖는 관심, 둘째는 구체적 요소들을 하나의 패턴으로 구성하기에 적합한 방법, 셋째는 '구석' 안에 존재하는 관심을 가질 만한 구체적 요소들입니다. 분과 학문은 그런 요소들 안에 존재하며 일정한 패턴을 통해 드러나는 여러 규칙성들을 기록합니다.

이 세 요인들이 상호 독자적이라는 것이 중요합니다. 어떤 것도 다른

[**] 칼 폴라니 문서고, 파일 18-40. 날짜가 없는 타자본.

것의 함수여서는 안 됩니다. 관심이라는 것은 인간이 태어날 때 짊어지고 나오는 원초적인 자질입니다. 대부분의 사람들은 자연, 영광, 사랑, 비밀, 숙명 등에 관심을 가지고, 일부 사람들은 수학의 수열에 관심을 가지며, 일상생활의 문제들에 대해서는 모든 이들이 관심을 가지게 되어 있습니다. 방법이란 구체적 요소들을 처리하고 조작하는 데에 적용할 수 있는 규칙들을 말합니다. 이러한 종류의 규칙들은 무수히 고안할 수 있지만 일정한 패턴을 낳을 수 있는 것들은 아주 드뭅니다. 마지막으로 그렇게 처리하고 조작할 요소들 자체와 그것들이 세계에 실제로 분포되어 있는 양상입니다. 어떤 방법이 일정한 패턴을 낳을 수 있느냐의 여부는 당연히 확률의 문제이며, 그 방법을 통해 여러 요소들을 패턴으로 정리했을 때 이것이 인간의 관심이 뻗치는 영역에 들어오느냐 마느냐 또한 확률의 문제입니다. 하지만 이 세 가지 요소들이 함께 결합되지 못한다면 어떤 과학도 출현할 수가 없습니다.

자연과학에서 여러 조건들을 충족시키며 전혀 예상치 못한 성공을 거둔 예로서 멘델의 유전법칙을 들 수 있습니다. 다양한 종류의 콩들을 체계적인 실행 규칙에 따라서 교배시켜 보았더니 일정한 수(數)적 패턴이 나타났습니다. 그렇다고 해도 만약 우리가 형질 유전이라는 현상에 대해 아무런 관심도 없다면 그러한 방법만으로 하나의 과학 분과가 확립되는 일은 벌어지지 않았을 것입니다.

사회과학의 분야에서 예를 들자면, 희소한[1] 수단들을 놓고서 우선성의 기준에 따라 하나씩 선택한다는 논리의 고안을 들 수 있습니다. 이는 그 자체로는 아무짝에도 쓸모가 없는 방법이지만, 시장에 적용하면 다양한 종류의 상품 가격에서 대단히 복잡한 여러 규칙성을 드러내는 하나의 패턴을 낳습니다. 하지만 이게 놀라운 결과라고 해도, 시장경제에서의 여러 상품 가격이라는 현상에 결부된 인간의 관심이 없다면 그것만으로 이론경제학이 성립하지는 않았을 것입니다. 인간의 관심이 없다면, 이 패턴이 보여주는 여러 규칙성들도 거의……[2] 하지 못했을 것입니다.

이를 정치 이론에 적용해보겠습니다. 정치 이론상에서 만족시키도록 설계된 관심은 대략 정치체를 중심으로 삼고 있습니다. 정치체를 성립시킨 방법은 이성reason의 지배입니다. 이로부터 우리 눈앞에 나타나는 요소들은 한편으로는 개인들의 일부를, 또 한편으로는 공동선의 일부를 구성합니다.

우리는 이러한 여러 기초 위에서 어떻게 하나의 이론이 구축되는지를 보여드릴 것입니다. 그러한 탐구 과정 전체에 걸쳐서 우리는 과학의 구조를 결정하는 세 가지 점을 논의의 기초로 삼을 것입니다.

1. 우리 관심의 방향에 답해주는 과학은 불행히도 극히 드뭅니다. 이 질문에 과학은 한마디로 침묵해버립니다. 과학은 그저 우리 호기심의 일부를 충족시킬 정도로만 관심 대상에 접근하거나 그 한계를 정할 뿐입니다. 대수라고 불리는 수학 분과는 2 곱하기 2가 얼마인가라는 우리의 관심사에 정확히 일치하는 답을 내오는 학문이고, 그 어떤 과학도 여기에 필적하지 못합니다. 우리가 중력이란 무엇인가를 알고 싶어 하는 것은 자연스러운 일입니다. 하지만 물리학자들은 계속해서 그런 질문은 무의미하다고 말합니다. 그리하여 우리는 그들이 우리에게 말해줄 수 있는 것으로 만족합니다.(그것은 우리의 관심사들 중 일부는 완전히 충족시키지만 다른 것들은 부분적으로만 충족시키며, 우리의 애초 관심은 만족시키지 못한 채로 남겨둡니다.)

정치 이론에 대해서도 똑같이 말할 수 있습니다. 사람이 공동체 안에서 자신이 차지하는 위치, 정부의 존재에서 생겨나는 좋은 것과 나쁜 것들, 공적인 문제들에 있어서 옳은 것과 틀린 것, 공동의 안녕에 대한 가능성과 본인이 거기에서 감당하고 차지하게 될 몫 등에 대해 관심을 갖는 것은 너무나 자연스러운 일입니다. 따라서 공동체와 자신을 더 행복하게 하기 위해 해야 할 것과 피해야 할 것에 대한 믿을 만한 지식만큼 반가운 것은 없습니다. 누구나 어떻게 투표해야 할지를 알고자 하며, 정부가 얼마나 오래 갈지, 어떤 대외 정책을 정부가 취해야 할지 등에 대해 알고자 합니다. 하지만 이런 문제들을 모두 가르쳐줄 수 있는 과학은 존재하지 않습니다. 이를 미리 알고 체념하는 편이 더 나을지도 모르겠습니다.

이렇게 되면, 인간은 사회 안에서 자신이 놓인 위치의 성격에 대해 조금이라도 명확한 지식을 얻기 위해 두 번째, 세 번째의 차선을 선택하여, 무어라도 그 질문과 관련이 있는 것이라면 잔뜩 배우는 것으로 만족해야만 합니다. 이것도 그 사람에게는 유용할 수가 있습니다. 그리고 그렇게 관련이 있는 것이 정확히 무엇인가라는 문제에 대해 자연과학의 경우에는 그저 '우리는 무언가 알기를 원한다.'는 의미에서 모두 다 인식과 관련이 있다고 전제해버리고 말지만, 사실 이 질문의 답은 다시 말하지만 우리가 가진 관심의 성격이 정확히 무엇인가에 달려 있습니다.

이 '무언가'라든가 '알기'라든가 '원한다'와 같은 말들은 어떤 것도 정확한 의미를 지닌 것이 아닙니다. 사실상 우리의 관심이라는 것은 간혹 삶의 과정에서 나타날 수 있는 장애의 반영물에 불과할 수도 있으며, 이 경우엔 그 관심을 조리 있게 질문으로 표현할 수도 없을뿐더러 엄밀하게 말해서 대답할 길도 없습니다. 이렇게 우리가 아직 탐구의 자세에까지 이르지 못한 단계에서는 아직 '무언가'에 관심을 갖는 것도 또 무언가를 '원하는' 것도 아니며, 우리가 욕망하는 바를 '아는 것'이라고 말하는 것은 더욱 부정확한 일입니다. 모든 것은 상황에 달려 있습니다. 설령 우리의 관심이라는 것이 지적인 수준에 도달하였다고 치더라도, 이는 여전히 그 관심을 불러일으킨 원인을 해소하기 위해 어떤 행동을 취할지 그 방법을 발견하고자 하는 소망 이상이 아닐 수 있으며, 이는 '지식에 대한 갈망'과는 대단히 다른 것입니다. 어떤 질문이든 측량 가능한 대상에 대해 숫자로 진술하는 것이 이상적인 답변이라는 생각은, 그런 식으로 답할 수 없는 질문들은 모두 별 가치가 없는 것으로 보아야 한다는 물리학자의 말과 똑같은 것입니다. 사실상 정치 이론의 경우 그것이 던지는 질문들 자체가 무의미한 것으로 치부되어 조롱을 받기도 합니다. 하지만 이는 과학적 정신으로는 인간의 문제들을 이해할 수 없다는 무능력을 입증하는 여러 사례의 하나일 뿐입니다. 그것[3]은 그 방법을 무작위로 사용하게 되면 정치체란 무엇인지의 정의 자체가 변하게 되어 사실상 탐구와 조사의 여지가 없다고 주장합니다. 하지만 이는 곧 과학의 '세 번째 차원' 즉 관심의 문제를 완전히 무시하는 것입니다. 만약 '무언가'에 대한 '지식'만이 중요한 것이라면, 그런 것들에서 배울 수 있는 것은 아무것도 없을 것입니다. 하지만 덧붙이자면, 이는 수학에도 똑같이 적용되는 문제이지만 그렇다고 수학이 쓸모가 없다거나 과학적 성격을 잃는다거나 하는 것은 아닙니다. 사실 정치 이론도 수학도 쓸모없는 것이 아닙니다. 단지 그것이 이용되는 목적이 항상 자명하지 않을 뿐입니다.

하지만 정치 이론은 정치체가 무엇인가를 인식하는 데에 대한 관심보다는 그 속에서 어떻게 살아갈 것인가에 대한 관심에 복무합니다.

2. 이성의 지배는 개인의 행위를 공동선과 관련시키는 것으로 이루어집니다. 이는 공동선이 그러한 개인 행위의 '목적'이라는 공리 안에 이미 함축되어 있습니다. 경험적으로 존재하는 사회에 적용할 경우, 이러한 공리는 정말로 모호해 보입니다. 공동선이란 나라의 영광, 현존하는 사회의 존속, 개개인들의 안녕, 공적 생활의 자유, 신과 맺은 계약의 유지, 국제수지 흑자 등 실로 여러 방면의 다양한 문제들을 언급하는 것으로 다르게 해석될 수 있습니다. 또한 개개인들의 행위라고 하는 것도 이에 못지않게 넓은 범위를 아우르는 용어입니다. 이 말은 모든 각도에서 포착되는 개개인들의 사적 및 공적 생활의 전 영역을 포괄합니다. 이제 이성의 지배는 곧 모든 경우에서 이 '공동선'이라는 것이 그 개개인들의 '행위'의 목적이 될 것을 요구합니다.

이러한 공리는 사실상 무의미합니다. 만약 무의미함을 벗어나려면 다음을 의미하는 것이 되어야 합니다. 1) 행위는 '여러 동기들'로 결정된다.(왜냐면 이 경우에만 '목적'이 행위와 연결될 수 있기 때문입니다.) 2) '공동선'이란 모종의 구체적 상태이다.(그렇지 않다면 이는 행위의 목적이 될 수 없기 때문입니다.) 그러나 설령 이렇게 된다고 해도, 방법의 적용은 여전히 매우 모호합니다.

공동선의 어떤 요소들을 개인들의 여러 동기들 가운데 어떤 것들과 연관 지을 수 있는지를 보여주는 명시적 정의가 더 나오지 않는 한, 이성의 지배라는 것만으로는 아무런 인식 가능한 패턴도 내오지 못할 것으로 보입니다.

3. 여러 요소들의 분포가 해답을 제공합니다. 자연 영역과 사회 영역에서 몇 가지 예를 들어보겠습니다. 모든 사람은 청력(聽力)[4]에 관심을 갖습니다. 물론 그 관심의 대부분은 실용적인 것입니다. 대화중이나 음

악 감상 중에 우리는 이러한 청력을 한껏 활용하니까요. 하지만 그 관심의 많은 부분은 또한 인식상의 관심이기도 하여, 청력이라는 현상을 해명하고 또 더 많은 것들에 대해 예측하기를 갈구하는 지적 호기심에도 호소하게 됩니다. 하지만 청력에 대한 관심이 지닌 이 인식상의 열망 또한 세계의 '구석'처럼 보이는 곳을 향하게 되며, 거기에 숨어 있는 다양한 요소들을 지향하게 됩니다. '듣는다'는 것은 음성과 인체해부학을 연결시켜서 감각생리학이라는 학문 분과를 낳을 수 있습니다. 이 학문 분과는 '음성'뿐만 아니라 측량 가능한 공간과 시간(이는 물리학이 아주 성공적으로 탐구한 바 있는 분야입니다.)도 다루게 되며, '음악'과 화성학 법칙들과도 연관이 되며, 악기의 역사 혹은 오페라 창법 기술에 대해서도 관심을 돌리게 됩니다. 그때마다 다양한 요소들이 무대[5]에 오르게 됩니다. 감각생리학과 연결된 인체해부학적 기관과 생생한 소리, 음향학상에서 소리의 밀집[*6]과 간격과 음색, 화성학 이론에서의 여러 음정들, 악기의 역사에 나오는 제조 과정, 오케스트라와 발성 훈련에 관련된 인체 기관들 등이 차례로 무대에 오르는 것입니다. 음성 청취, 노래, 음악, 사람의 대화 등이 모두 우리의 관심이 향하는 그 세계의 구석에서 하나로 묶이게 됩니다. 하지만 이런저런 방법으로 번갈아가며 이 구석에 조명을 비추면 다양한 요소들이 차례대로 우리 눈앞에 드러나게 됩니다. 우리 관심의 여러 흐름 또한 대단히 다양한 방식으로 서로 뒤섞이게 됩니다. 이 별개의 학문들 각각이 모두 청력이라는 현상을 일부분씩 만족스럽게 설명해내지만, 그 어떤 방법도 그 현상 전체를 완벽하게 충족하는 방법은 없으며, 아마도 이 방법들을 모두 함께 사용한다고 해도 마찬가지일 것입니다. 사실 우리의 본래 관심은 그 방법이라는 조명의 방향을 인도하는 것이며, 또한 그러한 작업의 결과물들을 결합시키는 것이기도 합니다. 이 본래의 관심이 손상되지 않는 한, 다양한 학문 분과의 결과물들을 실제 활용에 적용한다는 결정적으로 중요한 기능을 수행하는 것 또한 가능합니다. 하지만 이런 관심이 없다면, 이론적 지식을 경험적 현실에 적용하는 것은 불가능할 것입니다.

　사회과학은 인간이 이루어놓은 것들을 관심사로 삼습니다. 그런데 이것들은 우리 의식 속에서 자연과는 전혀 다른 위치를 차지합니다. 자연의 요소들과 사회의 요소들이 별반 다르지 않다는 사실에 대해서는 많은 논의가 이루어진 바 있습니다. 우리의 신체, 감각, 식욕, 심지어 여러 정신 능력들에까지 걸쳐서 우리의 세계를 광물, 식물, 동물의 세계와 연결시켜주는 논의들입니다. 하지만 비록 이것이 진실이며, 그 때문에 자연과학의 방법이라고 부를 만한 것들로 인간 세상의 일부를 만족스럽게 탐구할 수 있다 하더라도, 자연과학이 갖는 관심의 성격은 사회과학과는 전혀 다르다는 사실은 계속 간과되어 왔습니다. 사회과학에서는 삶을 영위한다는 일이 자연과학 영역에서는 전혀 상상도 할 수 없는 직접성을 띠고서 제기됩니다. 물론 자연과학에서도 삶을 영위하는 문제가 이와 비슷한 절박성을 띠는 경우들이 없지 않지만, 그때의 삶이라는 것은 전혀 다른 의미입니다. 하지만 자연이나 사회나 수많은 학문 분과들이 다룰 수 있는 다양한 요소들이 분포되어 있다는 점에서는 둘 사이에 형식적인 유사성이 있다고 말할 수 있습니다.

　이러한 학문 분과들은 무엇이며, 그것들이 정치 이론과 맺는 관계는 무엇일까요?[7]

　물론 인간 사회는 이론적 관심의 대상만은 아니며, 무엇보다도 실용적 관심의 대상입니다.

인간 사회를 다루는 학문 분과는 사회학, 인류학, 정치학, 경제학, 통계학 등으로 매우 다양합니다. 비록 이들은 모두 인간 공동체, 개인 사이의 관계, 집단의 역사와 삶, 사회 내 인간 행동에서 관찰되는 여러 규칙성 등을 다룹니다만, 각 학문 분과에서 시야에 들어오게 되는 현실의 요소들은 서로 다르거나 혹은 최소한 서로 연결되는 방식이 가지각색입니다. 계량사회학과 법학을, 혹은 생태학과 주권이론을 비교해보면, 똑같은 요소들이 들어 있다 해도 그 분포는 엄청나게 다릅니다. 하지만 모든 학문 분과 가운데에서도 매우 독특한 것 중 하나가 정치 이론입니다.

정치 이론에서는 이성의 지배가 정치체 안에 만들어내는 패턴에 관심이 모아집니다. 개인에게 있어서도 오로지 공동선(이는 인간이 목적으로 삼는 대상이 될 수 있는 상태를 뜻합니다.)을 지향하는 의지만이 모습을 드러내게 됩니다. 여기서의 개인이란 시민적 미덕civic virtue으로 그 의지가 결정되는 시민을 말하는 것으로서, 실재하는 개인의 이상화된 그림자에 불과합니다. 반대로, 공동선에 이바지하는 것은 이 시민들의 의지에 뿌리를 둔 것이므로 정당한 것이 됩니다. 주권은 개인의 자유에서 나타나는 모종의 함수가 됩니다. 사회적 현실의 모든 요소들 가운데에서 이성의 지배가 포괄하는 요소들 이외에는 모두 숨겨버린 덕에, 여러 시민적 권리와 공적 의무 그리고 합법적 권력의 위계 등이 명징하고도 구체성을 갖춘 하나의 패턴으로 형성됩니다. 이는 뼈대만 있는 구조로서, 수학과 마찬가지로 그 내용물은 비어 있는 것입니다.

그런데 앞으로 보겠지만, 조직된 사회의 존속에 있어서 정치 이론만큼 절대적으로 필요한 학문 분과도 없습니다. 이것 없이는 그 어떤 인간 공동체도 진보할 수 없습니다. 정치 이론의 명제들이 더욱 일반적인 형태를 띨수록 그 적용가능성도 더 넓어집니다. 하지만 그렇게 일반화된 이론적 명제들을 경험적 현실에 적용하는 것이 가능한지는 아직 입증되지 않았습니다.

다시 한 번, 그 대답은 과학의 '세 번째 차원' 즉 사람들이 애초에 과학이 생겨나도록 만들었던 관심에 있습니다. 인간의 관심은 단순하지 않고 복잡합니다. 여러 갈래의 이익이 지극히 다양한 방식으로 서로 뒤섞여 있습니다. 우리가 이 세계에서 찾아내는 '구석', 그리고 거기에 집중하는 '관심'이란 겉으로는 단순한 것처럼 보이지만 사실은 다양한 성격과 색조와 강도를 띤 무수히 많은 관심사들이 하나로 결합된 것입니다. 그 구석에 존재하는 여러 현실 요소들은 전혀 예측할 수 없는 방식으로 사방에 퍼져 있습니다. 그 요소들에 방법을 적용하여 생성되는 패턴이 어떠한 것일지도 전혀 예측할 수 없습니다.

이러한 총체적인 관심은 쉬이 사라지지 않고 집요하게 계속되는 성질이 있습니다. 그 때문에 어떤 학문 분과 하나가 생겨난다고 해서 이러한 총체적 관심이 소멸하는 것은 아닙니다. 이는 계속해서 활동성을 유지하며, 그 다양한 학문 분과들에서 얻어낸 결과들을 활용하는 주요한 기능을 수행합니다. 비록 각각의 분과 학문의 방법들은 각자의 '관심 영역'에서 뚜렷이 구별되는 패턴들을 독자적으로 찾아내게 되지만, 여러 가닥의 관심사들을 하나로 묶는 총체적 관심이 발동하여 다양한 방법을 사용하면서 갈래갈래 찢어졌던 그 갖가지 패턴들을 서로 연결시키며 하나로 합쳐내는 것입니다.

13장

—

공공 여론과 국가 지도자의 지도력[**]

—

이제부터 정치가-국가 지도자의 문제를 이야기하려고 합니다. 이 문제를 꺼낸 이유는 비록 간접적으로나마 공공 여론 조사가 역사가들에게 아주 유용하게 쓰일 수 있는 방식을 보여주려는 것입니다. 이를 간접적인 방식이라고 하는 이유는, 이 조사가 우선적으로 도움을 주는 대상은 역사가라기보다는 그의 협력자인 역사사회학자이기 때문입니다.

어떤 국가 지도자가 편협하고 마음을 바꾸려들지 않는 공공 여론에 맞서 성공을 거두는 이야기는 그 어떤 모험소설보다도 흥미진진한 이야기일 것이며, 분명히 아주 감동적인 이야기일 것입니다. 역사학의 여러 주제들 가운데에서 이보다 더 웅장한 것은 없을 것입니다. 또한 여론 조사가의 입장에서 볼 때에도, 여론 조사라는 방법 말고는 달리 알아

[**] 칼 폴라니 문서고, 파일 36-4. 1951년 6월 22일, 미국 공공여론조사협회American Association for Public Opinion Research Princeton, NJ에서 행한 연설.

낼 길이 없는 사실들로 이루어진 사건들은 역사에서 찾아볼 수밖에 없습니다. 따라서 진정한 국가 지도자가 대중들의 정치에 맞서서 찬란한 승리를 거둘 때에 나타나는 공공 여론의 대반전 peripeteiai[1]이야말로 여론 형성이라는 영역에서도, 특히 여론 조사가 지닌 기술의 강점이 가장 돋보이는 영역이 될 수 있습니다. 그렇기 때문에 지금까지 역사를 움직여왔던 예상치 못한 공공 여론의 변화 중 일부라도 이해할 수 있는 실마리를 미래의 역사가들에게 제공하는 임무가 여론 조사가들에게 있는 게 아니냐는 물음이 아주 심각하게 제기될 수밖에 없습니다. 주제를 극적인 방식으로 드러내는 역사가들의 특권을 발동하여 다시 말해 본다면, 다음과 같은 질문이라고 할 수 있습니다. 역사 속에 두드러졌던 국가 지도자들의 지도력의 비밀을 밝혀내는 데에 여론 조사가 기여할 수 있는 몫은 어떤 것일까요?

역사가들이 다루는 역사란 구체적인 시간과 장소에서 벌어졌던 구체적인 사건입니다. 역사가가 다루는 국가 지도자 또한 역사 속에 유일하게 존재했던 특정 인물이며, 역사가가 분명히 밝혀내고자 하는 것 또한 이 특정의 아무개가 어떻게 자신의 문제를 해결하였는가입니다. 국가 지도자가 지닌 지도력의 성격을 설명하는 여러 이론이 있다고 해도(이 이론들은 남들이 만든 것일 수도 있지만 역사가 스스로가 만든 것일 수도 있습니다), 이는 역사가에게는 보조 장치 이상의 것은 아닙니다. 역사가에게 있어서 관심의 중심은 여전히 그 특정의 사건을 해명하는 것에 있기 때문입니다. 그런데 이와 뚜렷한 대조를 보이는 것으로서, 국가 지도자의 전형적인 인물 유형을 연구하는 작업은 역사사회학의 영역에 들어갑니다. 역사사회학자에게 그 과제는[2] 한 사회 내에서 위대한 국가 지도자의 지도력을 가능하게 만드는 조건들을 조사하는 것, 그리고 후대의 사람들이 이렇게 각별히 높은 등급으로 분류하는 국가 지도자 및 정치가들의 성공담에 어떠한 객관적 기준이 있는가를 찾아내는 것입니다. 하지만 사회학자들의 일반화는 꼭 역사가들의 자료에만 의존하지는 않습니다. 사회학의 연구 분야는 성공 사례뿐만 아니라 실패 사례들도 포괄하며, 동시대인들의 의식 안에 살아 있는 이들뿐만 아니라 역사적 인물의 반열에 오르지 못한 인물들도 포괄합니다. 이런 예들은 비록 역사를 기록하는 여신 클리오Klio[*3]의 간택을 받지는 못했지만 그 사실성만큼은 결코 떨어지지 않는 것들이니까요. 결국 역사사회학은 실제의 과거와 항상 맞닿아 있게 되며 따라서 역사와 결부된 인간의 관심과도 항상 맞닿아 있게 되지만, 그렇다 해도 그 자체로는 역사학이 아니라 사회학인 것입니다.

우리가 지금 이해하고자 하는 국가 지도자라는 사회학적 문제를 좀 더 명확히 정의하기에 앞서서, 먼저 위대한 국가 지도자들에게 감명을 받은 역사가들이 그려낸 그 지도자들의 찬란한 연대기를 짧게나마 훑어보겠습니다. 이 불꽃처럼 빛나는 초상화들은 자라나는 아이들에게는 상상력에 영감을 불어넣고, 어른들에게는 더욱 분투하도록 채찍질을 가하며, 궁극적으로는 각 시대의 이야기가 특징 없는 무의미한 이야기가 되지 않도록 의미를 부여해줍니다. 우리는 이 국가 지도자라는 사회학적 문제의 앙상한 논리적 뼈대를 이러한 삶과 의미라는 풍부한 배경에 놓고서 바라볼 것입니다.

역사가들은 이러한 국가 지도자들을 거의 군계일학의 초인으로 그려놓습니다. 여기에 위대한 인물이 있습니다. 이 사람은 범상한 정치가들의 무리 위로 높이 우뚝 서서 결정적인 순간에 조국의 참되고 영원한 이익을 위해 온몸을 던집니다. 온 나라가 이 사람에게 감사를 바치지만, 그 사람은 살아생전에 그 상을 손으로 거머쥐지 못하는 비극의 운명일 때가 많습니다. 그가 그렇게 커다란 목적을 이루게 된 수단은 뛰어난 용기와 혜안입니다. 크든 작든 모든 민족에는 그 나름의 솔론, 테미스토클레스, 아리스티데스, 처칠, 레닌, 바이츠만, 스뫼츠, 간디, 에이브러햄 링컨이 있게 마련입니다. 이들 모두는 정치가였고 죽을 때까지 정치가로 남았지만, 우월한 도덕적 용기와 정치적 지혜를 발휘해 찬란한 승리를 거두고 국가 지도자의 반열에 올라 그 이름을 국민들의 가슴 속에 소중한 기억으로 영원히 새기게 됩니다. 그리고 이들이 거둔 승리의 공식 또한 익숙한 것입니다. 공공 여론에 맞서서 절망적으로밖에 보이지 않는 길고도 격렬한 싸움을 해오다가, 마침내 전혀 예기치 않게 성공의 기적이 찾아온다는 그런 이야기입니다.

이제 우리 문제의 대략적인 구조가 드러납니다. 국가 지도자는 정치가로 시작합니다. 그는 공공 여론의 호의를 입어 권력을 얻습니다. 그런데 이 때문에 그가 아무리 애를 써도 자신의 권력을 가능케 해준 여론 분위기를 넘어설 수는 없게 됩니다. 하지만 마침내 이 사람은 공공 여론이 180도로 전환하여 완전히 분위기가 달라졌을 때에만 달성되는 위대한 정치적 업적을 이룹니다. 그런데 여기에는 가정상으로 정치가가 이룰 수 없는 일 하나가 포함되어 있습니다. 바로 자신의 성공 원인이었던 여론 분위기 자체를 바꾸어놓는다는 과업입니다. 여기에서 의문이 생기게 됩니다. 이렇게 정치적으로 불가능한 일이 어떻게 역사적으로 벌어질 수 있었던 것일까? 이러한 백마술white magic*4)의 기적은 어떤 사회학적 메커니즘으로 작동했던 것일까? 여기에서 우리는 틀림없이 공공여론 조사라는 과학적 문제 하나와 마주치게 됩니다.

그 답은 여론의 총체적 구조에서 찾아야만 합니다. 좀 더 좁은 의미에서의 공공 여론뿐만 아니라 그 근저에 깔려 있는 현상으로서, 훨씬 더 바꾸기가 어려운 여론 환경climate of opinion이라는 것까지 함께 보아야 합니다. 좁은 의미의 공공 여론은 보통 대중들의 신념과 정서가 조직되는 표면적 패턴을 뜻하거니와, 이는 항상 양가적(兩價的) 성격을 가지고 있어서 어떤 자극이 주어졌을 때 그 반응이 긍정적일 수도 부정적일 수도 있습니다. 여기서 긍정적이란 국가 지도자 자신이 찾고자 하는 궁극적 해결책의 방향과 일치한다는 뜻이며, 부정적이란 그 반대 방향을 뜻합니다. 정치가들은 대중에게 심리적 자극을 줄 수 있습니다. 선정적인 방식으로 경고를 날릴 수도 있고, 격정적으로 무언가를 촉구할 수도 있으며, 당면한 위협을 지적할 수도 있고, 사람들의 관점을 급작스럽게 낙관적으로 만들 수도 또 비관적으로 만들 수도 있으며, 한마디로 정치가의 여러 활동을 통해 이루고자 하는 것들을 모두 구사할 수 있습니다. 하지만 이러한 자극은 여론에 반대되는 두 가지 방향으로 영향을 미칠 수 있습니다. 아주 정교하게 행해진 프로파간다라고 해도 의도했던 것과 정반대의 결과를 낳는 때가 종종 있습니다. 그 두 가지 중 어느 쪽의 영향이 현실화될 것인지는 그 당면한 상황을 구조적으로 결정짓는 객관적 환경에 달려 있습니다. 그러한 객관적 환경이 눈앞에 보이는 상황과 일치한다면 표면에 나타나는 여론 또한 한 가지 동일한 방향으로 계속해서 반응을 보일 것입니다. 이런 경우에는 정치가가 어떠한 자극을 주든 간에 그럭저럭 그의 의도와 일치하는 긍정적인 영향을 미치게 될 것입니다. 하지만 그 반대의 경우라면 그러한 자극은 오히려 부정적인 영향을 미치게 될 것입니다.

표면에 나타나는 공공 여론의 패턴과 그 상황의 구조를 결정하는 객관적 환경을 연결지어주는 요소는, 다름 아닌 심층에 도사리고 있는 이른바 여론 환경이라는 것입니다. 여론 환경을 연구하는 사회학은 양가적 경향을 띠는 표면상의 여론과 객관적으로 구조가 결정되는 상황 사이에 존재한다고 여겨지는 그러한 연관 고리에 대해 우리에게 설명해 줄 수 있어야 합니다.

국가 지도자가 단순한 정치가와 차별화되는 지점은, 객관적 상황에 대해 더 뛰어난 이해를 하고 있다는 점, 따라서 여론 환경에 대해서도 더 뛰어난 이해를 하고 있다는 점에 있습니다. 국가 지도자도 일반 정치가도 표면상의 여론이라는 영역에서 싸움을 전개할 수밖에 없다는 점에서는 똑같은 한계를 갖습니다만, 국가 지도자의 경우에는 표면상의 여론에 근거하여 행동하더라도 그 목적은 상황 자체를 변화시키는 것입니다. 즉, 스스로의 권력을 유지하는 것뿐만 아니라(이는 모든 정치가로서는 당연한 일입니다), 그러한 의미의 정치를 넘어서는 더 큰 목적들 또한 추구한다는 것입니다. 간단하게 말하자면, 국가 지도자는 부분적으로는 여러 조건이 바뀌기 전까지도 공공 대중을 조직하기 위해 자신의 권력을 사용하지만, 또 부분적으로는 (가능하다면) 여러 조건에 있어서 자신에게 유리한 변화를 가져오는 데에도 자신의 권력을 사용한다는 말입니다. 그러한 변화는 작은 것이라고 할지라도 여론 환경을 움직이는 데에는 충분할 수 있으며, 이를 통해 자신의 여러 정치적 자극이 낳는 효과를 반대 방향으로 돌려내고 마침내는 긍정적인 여러 반응의 봇물이 터지게 만들 수도 있습니다.

그 예로서 저는 고대 그리스로 가보고자 합니다. 솔론, 테미스토클레스, 아리스티데스는 아테네 민주주의의 가장 위대했던 정치가이자 국가 지도자의 반열에 있는 이들입니다. 이들을 살펴보면, 사회적 행동의 기본 법칙들이 얼마나 잘 변하지 않는 것인지[5] 쉽게 알 수 있습니다. 절정기의 프랭클린 루스벨트 대통령은 통치자의 역량에 있어서 솔론에 거의 근접하게 닮아 있었습니다.

솔론은 귀족 혈통이지만 출신은 중간계급이었습니다. 그가 최고 집정관으로 선출되었을 때 아테네 도시국가의 정치적·경제적 생활은 전례 없는 총체적 위기의 절정에 있었고, 그는 독재적 권력이 부여된 중재자로 선출된 것이었습니다. 자유민들은 부채의 굴레로 인해 노예가 되어버리는, 글자 그대로 침몰 상태에 있었습니다. 공동체 전체가 피비린내 나는 분쟁에 휘말릴 위협이 다가오고 있었습니다. 한편으로는 폭도들의 중우정치와 모든 토지 소유 계급의 토지 몰수 위협이, 다른 한편으로는 백색 테러의 공포 정치 체제 아래에서 일반 민중들이 학살당하는 사태가 금방이라도 일어날 것 같은 위험이 다가오고 있었습니다. 어느 쪽이라 해도 이는 국가의 파멸을 의미하는 것이었습니다. 천재적인 선전의 명수였던 솔론은 자신의 정치 강령을 시가(詩歌)로 만들어 퍼뜨렸습니다. 데모스테네스가 전하는 바에 따르면, 그 서두는 다음과 같습니다.[6]

보라. 이미 아무도 빠져나갈 수 없는 무서운 돌림병이 온 도시를 덮쳤도다. 평민들은 순식간에 그들을 노예로 만들어버리는 굴레를 쓰게 되었고, 이 굴레는 잠들어 있던 전쟁과 내란을 깨워 울부짖게 만들고 있으며, 이 전쟁으로 아름다운 청춘을 구가하던 젊은이들이 무수히 스러지고 말았노라. 우리의 사랑하는 도시는 마치 외적이라도 쳐들어온 것처럼 순식간에 폐허가 되어가고 있노라... 이렇게 공공의 참화가 모든 이의 집을 덮치고 있으며, 이제는 누구도 자기 집에 들어앉아 문을 잠근다 해도 마음 편히 발 뻗고 잘 수가 없게 되었도다...

이 사건들에 대한 아리스토텔레스의 설명을 보면 무엇보다도 심리적·도덕적 문제가 가장 컸다는 것이 분명합니다. 이미 수치스러운 부채의 굴레에 빠져든 평민 대중들은 자신들의 여러 헌정적 권리를 위해 일어서기를 두려워하고 있었습니다. 솔론은 먼저 곡물 수출을 봉쇄하여 기근의 상황을 종식시켰고, 그 다음으로 어차피 강제로 집행할 수도 없게 된 사적 부채와 공공 부채의 탕감을 선언하였습니다. 이러한 조치들을 통하여 그는 평민들의 힘을 육체적으로나 도덕적으로나 회복시킨 것입니다. 궁극적으로 따져볼 때, 그가 개혁이라는 중간 코스를 헤쳐나갈 수 있었던 것도 바로 이러한 구호 조치들 덕분이었습니다. 이를 통해 재산 소유 계급이 특권을 상실하는 대신 재산만큼은 계속 보유하도록 보장하는, 소유 계급이 참아낼 수 있을 만큼의 헌정 변혁을 가져왔던 것입니다. 이렇게 하여 정치적인 대타협을 이루고 여기에서 파당적 대립의 분위기가 줄어들게 된 후에야 비로소 솔론은 통화와 관련한 재건 정책들로 나아갔습니다. 이 정책의 일환으로 도량형을 바꾸었던 것은 아테네의 무역 수지를 장기적이고 실질적으로 개선시켰으며, 한 세대 정도의 이행기를 거치고 나서 아테네는 새로운 기초 위에 우뚝 서게 됩니다.

그로부터 100년 후의 테미스토클레스 이야기로 가보겠습니다. 기원전 490년 마라톤에서 그리스인들이 페르시아인들에게 빛나는 승리를 거두었는데도, 그는 페르시아인들이 보복 공격을 감행할 것을 예견하였고 조국의 군사적 안전에 대해 노심초사하였습니다. 플루타르크의 이야기에 따르면,[7]

당시 테미스토클레스 이외의 아테네 사람들은 모두 마라톤에서 야만인들이 패배하여 전쟁이 끝났다고 생각하였다. 하지만 테미스토클레스는 이것이 더 큰 싸움의 시작일 뿐이라고 생각하였고, 이 때문에 그는 그야말로 헬라스의 수호자로 자처하면서 자신의 도시를 훈련시켰다. 비록 그 전쟁이 아직 임박한 것은 아니었지만 그는 다가오는 악을 미리 예견했던 것이다.

그래서 아테네인들은 라우레이온의 은 광산에서 나온 수입을 관습대로 자기들끼리 나누어 가지려고 했지만, 오로지 테미스토클레스 혼자만이 평민들 앞에 나서서 이렇게 나누어 가지는 것을 그만두자는 대담한 제안을 할 수 있었다. 그의 주장은 그 돈으로 대신 (인근의 섬인) 아이기나Aegina와의 전쟁을 위하여 3단의 노를 갖춘 전함들triremes을 건조해야 한다는 것이었다. 당시 그리스 세계 전체를 시끄럽게 했던 가장 격렬한 전쟁이 바로 아테네와 아이기나와의 전쟁이었는데, 아이기나인들은 전함의 수적 우위로 바다를 통제하고 있었다. 테미스토클레스는 무시무시한 다리우스 대왕이나 페르시아인들의 이야기를 끄집어내어 시민들을 공포로 몰아넣는 짓은 하지 않았다. 그런 일들은 먼 나중에 벌어질 일이어서 그런 일이 다가온다고 겁을 주어봐야 별로 심각한 공포가 일어나지도 않을 일이었다. 대신 그가 원했던 아테네의 무장을 확보하기 위해 그는 아테네인들이 아이기나인들에 대해 품고 있었던 지독한 질투심을 교묘하게 이용하는 방법을 썼다. 그 결과 아테네인들은 그 돈으로 1백 척의 3단 노 전함을 건조하였다. 실제로 아테네인들이 살라미스 해전에서 크세르크세스와 싸웠던 것이 바로 이 전함들이었다.

다른 버전의 이야기에 따르면 테미스토클레스는 그의 계획을 다른 식으로 선전하려고 했었다고 합니다. 그는 공짜로 얻게 된 은을 '가장 부유한' 시민들(연봉 1달러의 인사들dollar-a-year men)에게[8] 일 년간 맡겨 만족스러운 공공 목적에 쓰도록 위탁하자고 제안했습니다. 마땅한 쓰임새를 찾지 못하고 일 년이 지나더라도 이들은 부유한 이들이므로 그 공금을 착복하는 일 없이 안전하게 돌려줄 것이라는 것이었습니다. 그런데 그 사이에 국제적 상황이 점점 더 위태로워지면서 여론 환경이 변화하게 되었고, 불과 일 년 후에는 훗날 살라미스 해전에서 아테네인들을 구원한 전함들이 건설되었다는 것입니다.

마지막으로, 살라미스 해전이 벌어진 불과 일 년 후에 나타난 아리스티데스가 있습니다. 국가 지도자로서 테미스토클레스의 호적수였으며 보수적 정치가였던 그가 가지고 나온 계획은 테미스토클레스의 계획 못지않게 긴 안목에서 나온 것이었지만 본질적으로 그다지 인기가 없을 만한 것이었습니다. 평민들 대부분이 지금까지 살고 있었던 농촌 구역을 버리고 도시 안에 정착해야 한다는 것이었습니다. 그의 목적은 페르시아인들이 두 번째로 복수를 꾀하는 사태에 대비하는 것이었습니다. 이런 일이 벌어지면 아테네는 무력으로 압도당하거나 혹은 식량 수입이 봉쇄되어 굶주림으로 제압당하는 것이 시간문제였기 때문입니다. 그래서 그는 방어적인 해양 제국을 건설하고 조직하고 관리하고자 했습니다. 이렇게 되면 곡물의 수입을 확보하는 데에 필요한 화폐 공납과 함선을 조달할 수 있을 뿐만 아니라, 페르시아인들은 물론 그들이 거느린 대규모 페니키아 함대도 에게 해에 들어오지 못하게 할 수 있을 것이었습니다. 아테네인들은 마라톤과 살라미스에서 실로 아슬아슬하게 승리를 거두기는 했지만, 이런 놀라운 성공이 몇 번이나 반복될 수 있겠습니까? 하지만 자발적인 집단 주거synoecism, 즉 도시로의 이주라는 발상은 농민들에게는 당연하게도 지극히 인기가 없는 것이었습니다. 따라서 그는 빈민들에게 이 계획을 설명할 때에 이를 정부의 비용을 들여 공공시설을 유지 관리하기 위한 계획으로 설명하였고, 한편 부자들에게는 이렇게 하면 전쟁을 통해 많은 전리품과 식민지를 얻을 수 있다는 전망을 제시하여 그 계획에 동의하도록 꾀어냈습니다. 하지만 이 문제의 핵심은 기껏해야 3만에서 4만 가구 정도의 조그만 도시국가인 아테네가[9] 바다의 지배에 나서려면 모든 자유로운 시민들이 행정과 국방의 조직에 몸소 참여하지 않으면 안 된다는 점이었습니다. 이 계획은 어마어마하게 대담한 것이었습니다. 아마도 여기에서 가장 놀라운 점은 이러한 방어적 제국을 세우자는 극단적인 제안이 실제로 실행에 옮겨졌다는 것입니다. 아리스토텔레스는 이 계획의 구체적 사항들을 다음과 같이 묘사했습니다.[10]

그는[아리스티데스는] 평민들에게 어떤 이는 군대에 복무하고 어떤 이는 유격대에, 또 어떤 이는 공직에 참여하는 식으로 모두 다 도시[아테네] 안에서 생계를 꾸려갈 수 있을 것이며, 또 그렇게 하면 평민들이 헤게모니를 확보할 수 있을 것이라고 지적하였다. 평민들은 이 조언을 받아들였다. [...] 아테네의 평민들은 또한 아리스티데스가 자신들에게 제안한 대로 다수의 인구에 대한 광범위한 부양을 보장하였다. 동맹국들이 낸 공물, 조세, 기부 등으로 2만 명 이상을 부양한 것이다.[당시 아티카 전체 시민의 수는 5만 명이 되지 않았던 것으로 추산됩니다.] 배심원이 6천 명, 궁수가 1천6백 명, 기사(騎士)가 1천2백 명, 의회의 의원이 5백 명, 조선소의 보초병이 5백 명, 그 밖에 도시의 보초병이 50명 등이었다. 여기에 행정관이 국내에 약 7백 명, 외국에 약 7백 명 있었다. 나아가 이들이 새로 전쟁을 벌일 때에는 여기에 추가로 2천5백 명의 중장보병, 20척의 호위함[이는 다시 4천 명의 병력을 의미합니다], 제비뽑기로 모은 2천 명의 선원을 실은 공물 수거함들이 있었다. 이들 외에도 프리타네이온[11]에서 부양했던 이들도 있었고, 여기에 고아와 죄수들도 국가에 의해 부양되었다. 아테네 평민들은 이렇게 해서 생계를 이어나갔던 것이다.

테미스토클레스가 아테네의 평민들을 군비 무장의 '함정'에 빠뜨렸던 덕에 아테네가 살아날 수 있었다는 게 곧 입증되었다고 한다면, 아리스티데스가 자신의 지도 아래에 초석을 닦아 건설했던 제국은 모든 헬레네 세계국가들의 진정한 안보 연맹체로 자리 잡았습니다. 비록 그의 후임자들 손에서 이 거대한 동맹체는 아테네가 다른 동맹국들을 지배하는 체제에 가깝게 변질되었고 이것이 결국에는 펠로폰네소스 전쟁에서 아테네가 몰락하는 원인이 되었지만, 이는 아리스티데스의 잘못은 아닙니다.

이러한 2천5백 년 전의 정치가 및 국가 지도자에 대한 나의 설명은 별다른 말을 덧붙이지 않고도 오늘날에도 그대로 적용된다고 생각합니다. 1930년대 초의 미국이라는 환경으로 가봅시다. 여기에서 경제 붕괴가 불러온 사회 전체의 심리적 공황과 파국을 피하는 일은 어떻게 가능했을까요? 또한 1930년대 후반의 경우 교묘한 책략과 현명한 판단력을 발휘하여 고립주의에 젖어 있는 미국의 대중들에게 국제적인 과제를 떠맡을 준비에 나서도록 했던 것은 또 어떻게 가능했을까요? 비록 너무나 과소평가되어 있습니다만, 이는 분명히 기적이 일어났다고밖에 할 수 없는 일이었습니다. 그리고 그 기적의 비밀은 바로 정당 정치인에 불과했던 프랭클린 루스벨트가 국가 지도자로 변모했던 것이었습니다.

하지만 그 메커니즘이 항상 똑같이 작용하는 것은 아닙니다. 공공 여론의 심층으로 좀 더 깊숙이 들어가 보면 당장의 위험과 미래에 다가올 위험이라는 객관적 상황에 대해 본질적으로 정확하게 평가하는 부분이 존재합니다. 국가 지도자는 이 다가오는 변화를 감지하고, 혹시 재난이 이미 진행 중이라면 그 위기를 극복할 여러 가능성들을 판별해냅니다. 국가 지도자가 이룰 수 있는 최고의 업적은 미약한 정치력이라도 이를 지렛대로 삼아 현실의 위험에 대처할 수 있을 때까지 객관적 상황 자체를 바꾸어낸다는 것입니다.

이로부터 다음과 같은 결론을 내릴 수 있습니다. 공공 여론의 심층에는 역사를 움직이는 여러 힘들이 잠들어 있습니다. 그런데도 이를 깨워낼 생각은 하지 않고 그저 표면의 공공 여론을 다루는 것에만 급급하다면 그 사람은 아무리 해봐야 정치가일 뿐입니다. 단순한 정치가를 넘어 국가 지도자가 되는 데에 무엇이 필요한가에 대해서는 방금 보았듯이 묵직한 내용의 대답이 있습니다.

역사가들은 이러한 유형의 문제들을 다루기 위해서 사회학적 시각을 갖춘 여론 조사가들의 작업에 의지하게 될 것이라고 저는 믿습니다.

14장

일반 경제사[**]

오늘 우리가 공부하자고 제안하는 주제인 일반 경제사는 지금 중대한 진보의 문턱에 서 있습니다. 그 임박한 진보는 한 세대 전에 물리학, 생물학, 심리학, 경제학 등의 학문 분야에서 벌어졌던 혁명에 맞먹는 중요성을 가지고 있습니다. 진정한 과학은 결코 멈추어 있는 법이 없습니다.

저는 이 소개 강의에서 1)이러한 진보가 얼마나 넓은 범위에 걸쳐 있는 것인가, 2)이러한 총체적 변화가 일어나는 이유는 무엇인가, 3)이 변화가 지향하고 있는 명확한 방향은 무엇인가를 이야기하도록 하겠습니다.

[**] 칼 폴라니 문서고, 파일 31-6. 1950~1952년, 뉴욕 컬럼비아 대학에서 맡았던 '일반 경제사' 과목의 소개 강의.

이 진보의 범위

지금까지 경제사는 과거의 경제 데이터를 그 역사적 배경의 변화와 함께 연구하는 것에 국한되어 왔습니다만, 더 이상 이는 용납될 수 없습니다. 이제 경제사는 전체 사회에서 경제가 차지하는 위치의 변화, 다시 말하면 사회의 경제적 제도와 비경제적 제도가 맺는 관계의 변화를 포함해야만 합니다. 이 비경제적 제도라는 것에 대해서 우리는 먼저 1)정치적 영역 혹은 정부의 영역 그리고 2)종교, 기술 등을 포함하는 인간 문화의 영역을 언급해야 할 것입니다.

장래에는 이러한 목적에 여러 다른 학문이 기여하게 될 수 있습니다.

1. 사회학은 사회 전체의 구조와 작동이 경제 및 그 다양한 제도들과 연결되는 방식에 대한 연구를 제공할 수 있습니다. 이러한 연구는 스펜서, 마르크스, 뒤르켐, 베블런, 파레토, 막스 베버 등이 인간 경제와 관련한 사회학적 문제에 접근했던 노선을 대략적으로 따를 수도 있을 것입니다.

2. 비교경제학은 오늘날의 경제와 그 주요 제도들에 초점을 두며, 상황이 다양하게 바뀔 때 이들 사이에 나타나는 유사점과 차이점을 분석하게 됩니다. (많은 이들 가운데 여기서는 통계학자인 콜린 클라크Colin Clark, 국제연맹 조사부의 콘드리프J. B. Condliffe, 컬럼비아 대학의 번스A. R. Burns 교수만을 언급해두겠습니다.)

3. 인류학은 다시 한 번 또 다른 접근법을 가능하게 합니다. 이는 여러 원시 사회의 여러 경제를 탐구함으로써 그 문화로 조직되는 여러 행동 동기와 가치들의 총체와 인간의 살림살이가 불가분으로 엮이는 방식을

발견하고자 노력합니다.(말리노프스키, 투른발트, 루스 베네딕트)

4. 마지막으로 지금 이 강의 과목이 다루고자 하는 제도적이며 역사적인 접근법입니다. 과거의 여러 사회에서 경제 제도들이 나타났던 모습을 분석함으로써 우리는 여러 경제 제도의 구조와 메커니즘의 일반적 성격을 파악하는 것뿐만 아니라, 그 제도들이 사회 전체에서 차지하는 위치의 변화가 어떤 조건에서 일어나는지에 대해서도 마찬가지로 유의미한 증후들을 찾아낼 수 있게 될 것입니다. 과거에 이러한 접근법에 가장 근접했던 경제사가들로서 우리는 영국의 커닝엄, 벨기에의 피렌, 러시아의 로스톱체프, 독일의 슈몰러, 뷔허, 막스 베버 등을 들 수 있습니다. 이들 가운데에서도 특히 나의 출발점과 가장 가까운 인물은《일반 경제사》를 쓴 막스 베버이며, 이 강의를 위해 내가 했던 작업은 그가 시작했던 작업의 연속선상에 있다고 나는 간주합니다.

그렇다면 오늘날의 시대와, 경제사를 다시 쓰려고 했던 베버의 기념비적인 노력이 행해졌던 시대 사이의 주된 차이점이 무엇인지 짧게 짚어보겠습니다.

1. 베버는 시장경제의 지속가능성과 생명력에 대해 흔들림 없는 신앙을 키웠던 이였습니다. 그의 노년에 막 모습을 드러냈던 볼셰비즘과 파시즘에 대해서 그는 특별한 의미를 부여하지 않았습니다. 러시아 혁명은 당시로서는 대부분의 관찰자들이 보기에 그저 프랑스 혁명이 동쪽으로 전진해가는 오랜 과정의 연속선에 있는 것으로만 보였습니다. 절대군주정을 전복시키고, 농민을 반봉건적 지주들로부터 해방시키고, 지배적 민족주의에 억압받고 있었던 소수 인종들을 해방시키는 등이

당시의 모습이었으니까요. 파시즘은 당시 이탈리아에만 국한된 현상이었습니다. 따라서 막스 베버 자신의 삶의 경험은 19세기 유형의 문명으로 제한되어 있었습니다. 그는 1929년의 대공황도 보지 못했고, 1931년의 금본위제의 붕괴도 보지 못했으며, 그 이후에 시작된 전 세계적인 경제 시스템의 변형도 보지 못했습니다.

2. 베버가 그의 생전에 최고로 승승장구하고 있던 신고전학파 경제 이론의 교리들을 철석같이 고수했던 것은 이것으로 설명할 수 있습니다. 한 예로, 화폐 이론의 경우 그가 개념과 방법에 있어서 추종했던 미제스와 크나프Friedrich Knapp 두 사람은 서로 반대 입장을 지닌 이들이었지만 금본위제를 철저하게 고수했다는 점에서는 동일한 입장이었습니다.

3. 베버는 경제사 연구에 있어서 주제별 연구에는 아무런 관심도 두지 않았습니다. 그는 1895년에 이미 로마 제국의 쇠퇴에 대한 연구는 우리 시대에 아무런 시사점도 줄 수 없다고 확실하게 단언한 바 있습니다. 그 이후로 그는 전혀 그의 관점을 바꾸지 않았습니다.

이 세 가지 점 모두에서 세상은 근본적으로 바뀌어왔습니다. 이는 곧 경제사 연구에 있어서 진보의 범위가 얼마나 넓은지를 보여주고 있습니다. 이러한 변화의 지점들을 논의하는 가운데에 우리는 경제사에 진보가 나타날 수밖에 없는 여러 이유들을 다루게 될 것입니다.

주제와 방법에 있어서 변화가 나타나게 된 이유들

베버가 서거한 뒤 30년 동안, 19세기부터 이어져온 전 세계의 경제 조직은 환골탈태의 변형을 겪어왔습니다. 두 차례의 세계대전이라는 지각변동의 사건들이 있었지만, 결코 이것들만이 원인이 아니었음은 분명합니다. 산업혁명의 여파로 확립된 시장경제의 유토피아적 성격이 전면에 강력하게 나타나기 시작했다는 사실이 중요하며, 이게 아니었다면 두 차례의 세계대전만으로 그러한 결과가 나타나지는 않았을 것입니다.

1. 시장이라는 경제 조직은 모든 경제 활동이 시장을 통해서 조직된다는 것을 함축하고 있습니다. 소비재는 그것을 시장에 판매하여 얻을 수 있는 소득으로 인해 시장에 나타나게 됩니다. 누구나 자기가 필요한 모든 것을 시장에서 구매하며, 이는 그들이 시장에 다른 것들을 판매하여 얻은 소득의 도움으로 이루어집니다.

2. 이러한 시장 시스템은 토지, 노동 등의 여러 생산요소들 또한 시장을 가지게 되며 시장에서 구입할 수 있게 된다는 것을 함축합니다. 시장에 내다 팔 것이 없는 사람은 없다는 것입니다. 아무런 재산도 소유하지 않은 노동자라면 자신의 노동력을 '판매'하면 됩니다.

3. 이렇게 생산요소들 또한 시장을 갖게 된다는 사실로부터 자기조정 시장 체제가 출현합니다(시장경제). 그 결과 자본은 수익성에 따라서 하나의 투자 분야에서 다른 분야로 이동할 수 있으며, 더 높은 이윤을 달성한다는 목적으로 여러 생산요소들을 판매하며 또 (원리상) 재결합시키게 됩니다.

4. 인간과 자연까지 시장의 자기조정 체제에 포함시킨다는 것은 물론 유토피아적 발상입니다. 그런 시스템이 현실에서 가능할 수는 없습니다. 그랬다가는 인간도 자연도 파괴당하고 말 것입니다. 하지만 이러한 시스템은 사회가 취한 자기 보호의 조치들과 한데 어울려 작동하기

도 했습니다(이중 운동). 1)공장 입법과 노동조합, 2)농산물 관세와 토지 관련 입법, 3)관리 통화 제도, 이 세 가지가 사회의 가장 중요한 자기 보호 조치였습니다. 하지만 바로 이것이 자기조정 체제를 작동하지 못하게 만들어버렸습니다. 이는[1] 민족주의를 함축하고 있었으니, 이는 국제 무역 시스템이 야기한 사회적 혼란에 대해 (영국이라는 최강국을 제외하고는 어디에서나) 정치체들이 취할 수밖에 없는 필연적인 반응일 뿐이었습니다.

5. 시장경제에서는 교역과 화폐가 시장을 통해서 또 시장 안에서 조직됩니다. 교역이란 시장을 통한 재화의 이동이며, 화폐란 이를 용이하게 하기 위한 교환 수단입니다. 하지만 교역과 화폐는 시장의 기능으로서, 이들이 함께 교환학[*2]의 세 기둥catallactic triad을 이룹니다.

시장경제란 이들을 부속물로 동반하게 되어 있기에, 시장경제가 무너지게 되면 세계경제와 연관된 제도적 장치 모두가 하나의 환골탈태의 변형을 겪게 됩니다. 교역, 화폐, 시장은 이제 그 이전의 모습과는 전혀 다른 것이 되어버립니다.

그 결과는 우리 경제의 정치학과 경제 이론에 가장 위험한 위기가 찾아온다는 것입니다.[3]

우리는 전무후무한 이행의 시대를 막 벗어나고 있습니다. 따라서 우리가 나아갈 방향을 찾기 위해서는 역사가 제공해주는 모든 방향 설정을 검토할 필요가 있습니다.

1. 제도적 현실에서의 변화. 교환(지배적인 통합 형태)은 후퇴하고 있으며, 상호성과 재분배가 전면에 나서고 있습니다.

2. 우리의 여러 경제 정책들은 퇴물이 되어버렸습니다.

3. 우리의 국제무역과 국제적 화폐 현상들에 대한 이론은 개혁을 간절히 필요로 합니다. 이는 균형equilibrium 개념에 기초하고 있습니다만, 이 기초는 금본위제의 붕괴와 함께 무너졌습니다.

진보의 명확한 방향

따라서 우리는 다음과 같이 할 필요가 있습니다.

1. 우리의 여러 개념에 명확성과 정밀성을 부여하여, 우리가 실제로 살아가고 있는 현실의 상황에 가능한 한 가장 적합한 용어로 우리 살림살이의 문제들을 체계적으로 설명할 수 있도록 해야 합니다.

2. 인간 사회에서 경제가 차지하는 위치의 변동과 과거의 여러 문명이 거대한 이행을 계획하고 실행했던 성공적인 방법들에 대해 연구하여, 이를 바탕으로 도입할 수 있는 정책과 원리의 범위를 최대한으로 넓혀야 합니다.

3. 자유로운 여러 제도들과 경제 조직의 변화를 수호해야 합니다.

따라서 이론의 임무는 폭넓은 제노석·역사적 기초 위에서 인간의 살림살이에 대한 연구를 확립하는 것에 있습니다.

이를 위한 방법은 생각과 경험의 상호의존에서 찾아야 합니다. 사실적 데이터와 관련이 없이 구축된 용어와 정의들은 공허한 것들이며, 우리의 관점을 다시 조정하지 않은 채 사실들만을 모아놓는 것으로는 아무것도 나오지 않습니다. 이러한 악순환을 끊기 위해서는 개념적 연구와 경험적 조사가 한 발 한 발 보조를 맞추어 함께 나아가야 합니다.

내일은 개념의 명확화에 대해서 이야기를 하겠습니다.

서론

우리가 함께 연구하자고 제안하고 있는 이 일반 경제사는 지난 세대에 물리학, 생물학, 심리학, 경제학 등에서 일어났던 혁명과 맞먹는 중요한 진보의 문턱에 서 있습니다. 진정한 과학은 결코 멈추어 있는 법이 없습니다.

나는 이 서론 강의에서 다음을 이야기하고자 합니다.

1) 이러한 진보가 이루어지는 여러 이유

2) 이 진보가 지향하는 방향들

이 진보는, 경제사의 연구가 (영리 기업의 역사는 물론) 여러 경제 제도들의 역사에만 머무를 것이 아니라 인간 사회에서 경제 시스템이 차지하는 위치를 포함해야 한다는 사실, 즉 사회 내의 경제적 제도들과 비경제적 제도들 사이의 관계에 대한 연구 또한 포함해야 한다는 사실을 나타내고 있습니다.

이 변화의 이론적 원천들

먼저 인접 학문인 인류학에서 여러 발견이 이루어졌습니다. 이 발견들은 프란츠 보아스Franz Boas, 브로니슬라브 말리노프스키 등의 인물과 연관된 것들이며, 여기에 투른발트 또한 더해야 할 것입니다. 이들이 가져다준 혜안은 고전파에서 기인하는 이른바 '경제적 인간'이라는 것에 대한 비판을 함축하고 있으며, 원시 시대 경제학을 문화인류학의 한 분과로 확립하는 결과로 이어지기도 했습니다.

둘째, 18세기와 19세기의 역사는 한Hahn[4]이 정식화한 바 있는 "역사에 대한 경제적 해석economic interpretation of history"[*5]을 지지하는 것으로 보이지만, 그보다 더 이른 시대들을 검토해보면 다른 결과들이 나옵니다. 브룩스 애덤스Brooks Adams와 찰스 비어드Charles Beard와 같은 미국 쪽 저자들은 말할 것도 없고, 토인비A. Toynbee, 커닝엄H. Cunningham, 애슐리 Ashley, 웹 부부, 해먼드 부부, 망투Paul Mantoux, 심지어 립센Eli Lipsen까지 모두 다 경제적 해석이라는 방법을 성공적으로 사용한 바 있습니다. 앙리 피렌은 물론이고 베르너 좀바르트Werner Sombart의 전반기 저작 또한 비슷한 접근법을 사용하여 결실을 낸 바 있습니다. 하지만 마이어E. D. Mayer와 로스톱체프의(두 사람만 언급하겠습니다.) 고대사 저작들(로스톱체프는 특히 경제사가이기도 했습니다.)은 이와는 다른 방향으로 나아가고 있습니다. 경제적 해석의 여러 한계가 명확해지고 있는 것입니다.

이러한 두 가지 요인, 즉 문화인류학의 충격과 고대사에 대한 지식의 눈부신 확장은 막스 베버와 토니R. H. Tawney가 1925년 이전에 시작한 논의에 사뭇 다른 의미를 부여하고 있습니다. 자본주의의 발흥에 종교적 도덕률이 미친 영향에 대한 이들의 논문은 이제 경제와 사회의 관계라고 하는 더욱 큰 문제를 제기하고 있습니다. 막스 베버의 유작인《경제와 사회》문학과지성사, 2003는 이렇게 확장된 범위에서 비록 단편적이기는 하지만 대단히 중요한 관점을 제시한 바 있습니다. 이 저서는 그 제목이 암시하듯 여러 경제 제도를 인간 사회 전체와 연결시킬 필요성을 지적하고 있습니다.

현실에서의 원천들

우리 시대는 파란만장한 인류사에 극적인 장 하나를 추가했습니다. 우리 세대 전체가 집단적으로 겪어야 했던 경험은 우리의 세계관에 깊고 깊은 영향을 끼칠 수밖에 없었으며, 게다가 벌어졌던 사건들의 현상과 의미도 너무나 명백합니다. 제1차 세계대전이 끝난 뒤 19세기 제도적 시스템의 대부분은 붕괴하였고, 이와 동시에 방대한 규모의 여러 경제적 실험들이 출현했던 바, 독일의 파시즘과 러시아의 국가 사회주의 이외에도 무수히 많은 실험들이 있었습니다. 하지만 파시즘의 경우에나 국가 사회주의의 경우에나 그 모험을 결정했던 힘은 분명 경제적 힘이 아니라 정치적 이념의 힘이었습니다.

따라서 우리는 다시 한 번 경제적 제도의 변화가 이른바 경제적 발전이라는 것으로 설명되지 않는 상황을 목도하였습니다. 이 변화에 대한 설명은 다른 분야에서 찾아야만 했습니다.

이로 인해 다음과 같은 누적적 효과가 나타나게 되었습니다.

1. 이제는 사라져버린 19세기 문명이 두드러진 경제적 성격을 띠고 있었다는 점은, 그 이전의 여러 시대는 물론 우리 시대와도 크게 대조되는 것임을 인식하게 해주었습니다. 우리 시대에도 비경제적 요인들이 더 큰 비중을 차지하는 일이 벌어졌으니까요.

2. 경제사를 따로 떼어내어 연구하는 것은 불가능하며, 경제사 연구는 인간 사회 전체라는 더 넓은 범위에서만 가능함을 보여주었습니다.

이러한 요인들이 일반 경제사에 대한 우리의 접근법에 어떤 식으로 영향을 주었는가를 해명하기 위해 따로따로 고찰해보도록 하겠습니다.

원시 '경제학'

제1차 세계대전 기간에, 훈련된 인류학자 한 사람이 자신의 '연구 현장'에 유배된 상태에 처하게 된 것은 역사의 장난이었을까요. 뉴기니 동남쪽 끝에서 떨어져 있는 트로브리안드 제도에서 미개인들과 섞여 살고 있던 브로니슬라브 말리노프스키는 법적으로 오스트리아인이었기에, 영국의 입장에서 보면 자국 영토 안에 살고 있는 적국 국민이었습니다. 따라서 영국 당국은 말리노프스키가 그곳을 떠나는 것을 허락하지 않았고, 덕분에 그는 트로브리안드 제도에서 많은 조사를 할 수 있었습니다. 마침내 유럽으로 돌아와서는 〈트로브리안드 제도 사람들의 원시 경제학The Primitive Economics of the Trobriand Islanders〉(1921)《서태평양의 항해자들 Argonauts of the Western Pacific》(1922) 전남대학교출판부, 2013《미개 사회의 범죄와 관습 Crime and Custom in Savage Society》(1926) 책세상, 2010《미개 사회에서의 성과 억압 Sex and Repression in Savage Society》(1927)《산호섬의 경작지와 주술 Coral Garden and Their Magic》(1935) 아카넷, 2012 등을 출간합니다. 그는 1942년 미국에서 타계했습니다. 하지만 그가 한 이야기들은 비단 인류학 연구만이 아니라 경제사의 관점과 방법에도 이미 영향을 미치고 있습니다. 지금 여든이 거의 다 된 베를린의 투른발트 또한 뉴기니를 연구 현장으로 삼고 있었으며, 1916년 〈미국 인류학자 American Anthropologist〉지에 바나로Banaro 족에 대한 논문을 발표합니다. 앵글로색슨인의 세계에서 투른발트는 주로 그가 말리노프스키에 끼친 영향을 통해서 알려져 있습니다.(투른발트는 비록 인류학자로서 높은 명성을 얻었지만, 막스 베버의 제자였습니다.)

말리노프스키의 설명을 읽으면 문자 사용 이전의 공동체들에서도 그 성원들은 전체적으로 우리가 충분히 이해할 수 있는 방식으로 행동한다는 확신을 갖게 됩니다. 이들에게서 종종 나타나는 낯선 행태는, 그들의 여러 제도가 오늘날의 우리에게 보통 나타나는 것과는 다른 동기를 자극하기 때문일 뿐이라는 점만 감안한다면 충분히 이해가 가능하다는 것입니다. 생계 활동에 관해서 보자면, 상호성이 광범위하게 실행되고 있었다고 합니다. 즉, A집단의 성원들이 그 집단 성원의 자격을 가지고[6] B집단의 성원들에 대하여 A집단의(혹은 또 다른 집단의) 성원들이 행동할 것으로 기대되는 바대로 행동했다는 것입니다. 예를 들어 촌락을 이루고 사는 어떤 씨족의 하부 집단에 속한 남성들은 그들 누이의 남편과 아이들에게 밭에서 난 소출을 공급해주었다고 합니다. 그 누이는 보통 자기들 거처에서 상당히 떨어진 남편의 촌락 안이나 근처에서 살고 있는데도 말입니다. 이 제도 때문에 그 남성들은 누이의 집이 있는 상당히 먼 거리까지 부지런히 그 밭의 소출을 지고 걸어가는 비경제적인 행위를 수행하게 됩니다. (물론 그 남성들 중 누군가가 결혼을 하게 되면 그 아내의 형제들이 그의 가족에게 동일한 봉사를 제공합니다.) 이렇게 모계 쪽 친족들의 가정 경제에 큰 기여를 하는 것 이외에도 선물과 답례의 단일한 상호성 시스템이 생겨납니다. 여기에서 사람들의 행동을 통제하는 동기란, 예를 들어 오빠로서 또 농부로서의 할 일을 제대로 할 줄 아는 사람이라는 공공의 인정을 자랑하는 것과 같이 비경제적인 것입니다. 물론 이러한 동기도 경제적인 자기 이익과 완전히 무관한 것은 아니겠지만 그 관계는 오직 간접적인 것일 뿐입니다. 상호성의 메커니즘은 식량 공급과 같이 비교적 단순한 문제에서 효력을 발휘하며, 국제 교역의 미학적 변종이라고 해야 할 '쿨라kula'라는 지극히 복잡한 제도 또한 이것으로 설명됩니다. 다도해 여러 섬의 주민들 사이에 행해지는 쿨라 거래는,

멀리 떨어진 섬에 살고 있는 수많은 개별 파트너들 사이에서 여러 해에 걸쳐 수십 마일의 위험한 바닷길과 수천 명의 개별 물건들이 함께 뒤섞여 이루어지는 선물 교환입니다. 이 제도의 목적은 경쟁과 갈등을 최소화하고 여러 선물을 주고받는 기쁨을 극대화하는 것입니다.

말리노프스키가 기록한 이러한 사실들 중 본질적으로 새로운 것은 없습니다. 다른 시간과 장소에서 이와 비슷한 것들이 존재했다는 사실이 그 전에도 이미 관찰 기록된 바 있었습니다. 콰키우틀 인디언들의 포틀래치potlatch는 순전히 잘난 체하려는 극도의 속물적인 동기에서 값진 재화들을 일부러 파괴하여 과시하는 행위로서, 위대한 미국 인류학자 프란츠 보아스가 발견해 그의 저서 《콰키우틀 인디언들의 사회 조직과 비밀결사들The Social Organization and the Secret Societies of the Kwakiutl Indians》(1895)에서 자세하게 설명해놓았습니다. 쿨라도 비록 색조와 느낌은 대조적이라고 해도 더 특별난 것이라고 할 수는 없습니다.

하지만 말리노프스키는 민속지 기록자들과 인류학자들의 접근법에 전통적으로 깔려 있던 '경제적 인간'이라는 개념에 대해 눈부신 공격을 감행했으며, 여기에서 원시 사회의 경제학이라는 사회인류학의 새로운 분과가 생겨났습니다. 이는 누구보다도 경제사가들이 지극히 큰 관심을 가질 만한 분야입니다.

신화에나 나오는 저 '개인수의석 미개인'이라는 관념은 이제 죽어 땅에 묻히게 되었고, 그 대극에 있던 '공산주의적 미개인'이라는 관념 또한 마찬가지였습니다. 미개인들의 여러 제도와 우리 제도의 가장 중요한 차이점이 심성의 문제는 아니라고 보게 된 것입니다. 광범위하게 발견되는 공동체적 소유라는 것도 이러한 사회학자들의 현미경으로 들여다보면 그다지 특출난 것이 없음이 드러나게 됩니다. 물론 토지가 부족이나 씨족의 소유였던 것은 맞습니다만 그 '공동체 소유'라는 용어의 내용을 거의 공허하게 만들 정도의 개인적 제권리의 네트워크가 존재한다는 것이 밝혀졌습니다. 마거리트 미드는 이것을 인간이 토지를 소유한다기보다는 인간이 일정한 면적의 토지에 '귀속'하는 것이라고 묘사한 바 있습니다. 사람들의 행위를 지배하는 것은 개개인들에게 부여된 자의적 처분권이라기보다는 일정한 양의 땅뙈기를 경작하는 개개인들의 책임과 약속입니다. 개인적 소유이든 공동체 소유이든 토지에 대해서는 소유 재산이라는 관념 자체를 적용할 수가 없었으며, 따라서 토지 소유권이라는 말 자체도 별 의미를 가질 수가 없었던 것입니다. 트로브리안드 제도 사람들 또한 분배는 대개 선물과 답례를 통해 이루어졌으며, 말리노프스키는 이를 그 행위가 벌어지는 사회학적 상황에 따라서 여덟 개의 다른 종류로 구별하기도 했습니다.

일반적으로 다음과 같이 결론을 내릴 수 있습니다. 물질적 재화의 생산과 분배는 비경제적 종류의 사회적 관계들 속에 묻어들어 있다고 말입니다. 제도적으로 구별된 별개의 경제 시스템(여러 경제 제도의 네트워크)이 존재한다고 말할 수 없습니다. 노동도, 여러 물건의 처분과 분배도 경제적 행동 동기로, 즉 이익이나 지불을 목적으로 혹은 자기 혼자만 굶주림에 처할지 모른다는 두려움 때문에 수행되지는 않았습니다. 만약 굶주림과 이득이라는 개인적 행동 동기로 빚어지는 행위 특징들의 총합을 경제 시스템이라 일컫는다면, 모종의 경제 시스템이라는 것이 분명히 존재했습니다.[7] 하지만 우리는 경제 시스템이라는 말의 뜻을 물질적 재화와 서비스의 생산 및 분배와 관련된 행동 특징들로 보아야 하며(이것이 경제사 연구와 관련이 있는 유일한 의미입니다), 그렇다면 말할 것도 없이 경제 시스템이라는 것이 존재했지만 이는 어디까지나 제도적으로 구별되는 별개의 것이 아니었습니다. 사실상 이는 그저 그 밖의 다른 비경제 적 제도들이 작동하는 데서 나오는 부산물이었을 뿐입니다.

이런 상황이 어떤 것인지는 개인들의 행동 동기를 이끌어내는 기본 사회 조직의 역할을 자세히 들여다보면 쉽게 이해할 수 있습니다. 투른발트는 뉴기니의 바나로 족의 친족 관계를 연구하다가 복잡한 교환 결혼 시스템과 마주치게 됩니다. 한 번에 무려 네 쌍의 남녀가 같은 결혼식에서 부부로 맺어지게 되는데, 신랑 신부 각각은 모두 반대쪽 집단의 특정 인물과 명확한 관계에 놓여 있습니다. 이러한 시스템이 작동하려면 이런 식으로 사람들이 집단으로 미리 묶여 있어야 하며, 이를 통해 씨족을 가상적으로 씨족 하위 집단으로 쪼갤 수 있어야만 합니다. 이를 위해 혼령의 집goblin hall(혹은 남자들의 집)을 나누어 그 오른쪽Bone에 있는 이들과 왼쪽Tan에 있는 이들 둘로 나누는 관습이 있으며, 양쪽이 각각 교환 결혼 시스템을 위한 하위 집단이 됩니다. 투른발트는 이렇게 설명합니다.(1916)[8]

> 이 혼령의 집이라는 제도에 들어 있는 대칭성은 상호성, 즉 '비슷한 것에 비슷한 것'을 준다고 하는 응보retaliation 혹은 보답requital의 원리가 표현된 것이다. 이는 심리학에서 인간의 심리에 깊게 뿌리박고 있다고 말하는 '적합한 대응adequate reaction'의 결과로 보인다. 이 원리는 실로 원시 민족들의 사유에 깊게 침투해 있어서 사회 조직으로 표출되는 일도 종종 있다.

말리노프스키는 투른발트의 이 설명을 그의 저서《미개 사회의 범죄와 관습》(1926)에서 취하고 있습니다. 말리노프스키는 투른발트가 바나로 족의 혼령의 집에서 찾아낸 것과 같은 한 사회 내의 대칭적 분리가 미개 민족 사이에서 상호성의 기초로서 어디에나 존재하는 것으로 밝혀질 것이라고 시사했습니다. 통합의 형태로서의 상호성과 대칭적 조직화는 함께 나타납니다. 이것이 저 유명한 사회 조직에서의 쌍대성(雙對性)에 대한 진정한 설명일 수 있습니다. 회계를 알지 못했던 문자 사용 이전의 사회에 대해서는 실로 다음과 같은 질문이 나오지 않을 수 없습니다. 여러 사회 조직이 이미 만들어져 있는 대칭적 집단들을 제공하여 그 성원들이 서로 상대방 집단의 성원들에게 비슷하게 행동할 수 있어야 한다는 필요를 부족하게나마 충족시켜주지 못한다면, 지극히 다양한 위치에 있는 그렇게 많은 수의 사람들이 긴 세월에 거쳐 어떻게 상호성을 행할 수 있었겠습니까? 이는 사회 조직의 연구에 있어서 대단히 중요한 함의를 담고 있습니다. 무엇보다도 이는 여러 미개 사회에서 종종 발견되는 복잡한 여러 친족 관계가 무슨 역할을 하는지를 설명해줍니다. 미개 사회에서는 여러 친족 관계가 바로 사회 조직의 담지자 역할을 합니다.

별개의 경제 조직이 존재하지 않으며 대신 사회 시스템의 경제학이 여러 사회적 관계에 '묻어들어embedded' 있기 때문에, 노동 분업, 토지의 처분, 노동 관행의 대물리기 등과 관련하여 경제생활을 원활하게 영위하기 위해서는 정교한 사회 조직이 존재해야만 합니다. 여러 친족 관계가 복잡해지는 경향을 갖는 이유는, 별개의 경제 조직이 없는 상태에서 이를 대체하도록 고안된 사회 조직의 근간을 제공해야 하기 때문입니다. (덧붙여 말하자면, 투른발트는 별개의 정치·경제 조직들이 발전하게 되면 그 즉시 여러 친족 관계가 단순해지는 경향이 있다고 말하고 있습니다. 그가 말하는 바, "더 이상 복잡한 친족 관계가 필요 없기 때문"이라는 것입니다.)

경제 시스템이 이렇게 여러 사회적 관계 안에 묻어들어 있는 것을 우리는 원시 사회에서 만나게 되며, 이는 경제사가들에게 아주 흥미로운 몇 가지 문제들을 제기합니다.

1. 시장 시스템을 다른 동기들과 뚜렷이 구별되는 경제적 동기들에 기초한 경제 시스템과 동일한 것이라고 본다면, 인간 역사의 대부분은 경제 시스템이 전혀 별개로 존재하지 않은 상태에서 흘러왔습니다.(물론 이는 정도의 문제입니다. 서로 고립된 여러 시장들, 시장 시스템, 시장경제 등은 단계적으로 연결되어 있기 때문입니다.)

2. 여러 경제 제도는 사회 전체라는 틀 안에서 연구되어야만 합니다. 정치사와 사회사를 배경으로 하여 연구되어야 할 뿐만 아니라 사회 조직의 일부로서도 연구되어야 합니다.

역사에 대한 경제적 해석이 갖는 여러 한계들

앞에서 우리는 다른 또 하나의 요인은, 역사에 대한 경제적 해석이 18세기와 19세기 역사에 대해서는 몰라도 역사 일반에 대해서는 큰 성과를 거둘 수 없다는 것이 인정되고 있다는 점이라고 말한 바 있습니다.

역사에 대한 경제적 해석에 속하는 문헌들은 흔히 알고 있는 것보다 더 크고도 깊은 영향을 미쳤습니다. 경제사가들은 마르크스주의적 분석에 영향을 받기도 하고, 또 독자적으로 그와 비슷한 결론에 도달하기도 했습니다. 이런 이들은 아주 많지만 여기에서는 독일의 좀바르트와 막스 베버, 프랑스의 폴 망투, 벨기에의 앙리 피렌, 영국의 토인비, 웹 부부, 해먼드 부부, 미국의 비어드 정도만 들겠습니다. 독일의 람베르트 Lambert 혹은 영국의 커닝엄 등과 같은 비(非)마르크스주의 저술가들 또한 역사에서 경제적 요인을 마찬가지로 크게 중요한 것으로 보았습니다. 이후 이러한 경제적 해석이 갖는 여러 한계들에 대해 여러 사람들이 경고한 바 있지만, 이러한 경고가 나온 것은 그 반대의 학파에서라기보다는 역사에 대한 경제적 해석에 넓게 보아 우호적이었던 베르너 좀바르트, 막스 베버, 앙리 피렌 등과 같은 학자들로부터였습니다.

그럼에도 막스 베버는 그의 저작《프로테스탄트 윤리와 자본주의 정신》풀빛, 2006 외에서 행했던 분석에서 자본주의가 현실에서 발전해온 과정은 그와 똑같이 중요한 종교적 윤리의 발전 및 그것이 일상적인 사람들의 행태에 끼친 영향과 떼어놓고 설명할 수 없다는 사실을 받아들이게 되었습니다.

이후 베버의 입장에 대해 여러 비난과 공격이 있었지만, 서양에서 자본주의가 발달하는 데에 프로테스탄트 주의가 중요하다는 그의 주장은 흔들리지 않았습니다. 훗날 그는 자신의 명제를 발전시켜서 서양 문명의 여러 기원에 대한 명제들로 벼려내는 바, 그는 서양 문명이 독특한 도시적 생산물이었다고, 즉 여러 도시에서 기원한 것이라고 보았습니다. 또 서양의 도시는 역사상 그 유례를 찾을 수 없는 것이라고 그는 단언했습니다. 도시의 시민권이 부족 및 카스트를 초월했던 것은 오로지 서양의 도시에서만 벌어진 일이었으며, 이에 대해 그는 유대교-기독교의 영향에 그 공을 돌렸습니다. 유대교는 주술을 좋은 것이 아닌 악한 것으로 만들며 그것을 넘어섰고, 기독교는 혈연과 인종을 넘어서서 서양 도시의 보편적 시민을 창출해냈다는 것입니다. 나는 여기에서 베버의 관점을 기록하고 있습니다만, 반드시 이를 인정하고 신봉하는 것은 아닙니다.

역사에 대한 경제적 해석에 공감하는 또 다른 저명한 역사가인 커닝엄은 중세 기독교의 윤리야말로 수도원 운동을 통해 육체노동의 존엄성을 내세우면서 강력한 경제적 개척자의 역할을 하여 서양을 문명화했다는 결론에 도달했습니다.

앙리 피렌은 뛰어난 역사가로서 역사적 유물론을 높게 평가했지만, 십자군 전쟁은 방대한 경제적 결과들을 가져왔음에도 주되게는 종교적 운동으로 보아야 한다고 결론을 내렸습니다. 그에 따르면 이슬람 또한 그 전쟁이 분명히 엄청난 경제적 결과들을 가져왔지만 그 성격은 독특한 종교적 운동이라고 합니다.

하지만 이렇게 다양한 배경을 가진 저술가들 모두가 18세기와 19세기의 서양사가 경제에 의해 결정되었다는 명제만큼은 만장일치로 받아들였을 것입니다. 사실상 경제결정론이란 시장 시스템을 지칭하는 다른 이름에 지나지 않습니다. 즉, 경제학이 사회 안에 묻어들어 있는 것이 아니라, 그 반대로 사회가 시장 시스템에 묻어들어 있는 시스템인 것입니다. 이러한 전개가 벌어진 이유는 단순합니다. 노동과 토지에 대한 경쟁적 시장이 창출되었기 때문입니다. 노동이란 인간의 다른 이름일[9] 뿐이며, 토지란 자연의 다른 이름일 뿐입니다. '경제결정론'이 세상을 지배하게 된 것은 놀라운 일이 아닙니다. 마르크스주의는 19세기 사회가 본질적으로 경제적 사회였다는 인식을 반영하는 것이었습니다. 과거에는 종교적 혹은 정치적으로 결정되는 사회가 존재했던 깃처럼, 우리 사회는 그 내부의 경제적 제도가 결정적인 지위를 갖는다는 사실, 즉 시장 시스템이라는 사실을 특징으로 삼는 사회입니다. 마르크스주의의 오류는 경제결정론이 인간 역사의 일반적 법칙이라는 생각에 있습니다. 그 반대가 진실입니다. 과거에 관해서 보자면, 경제결정론이란 시대착오적 오류일 뿐입니다. 그리고 미래에 관해서 보자면 이는 편견에 지나지 않습니다. 이러한 판단은 하이에크, 버넘James Burnham 등이 내놓은 예견, 즉 산업사회에 경제 계획을 도입하게 되면 자유는 필연적으로 사라질 것이라는 예견에도 간접적으로 적용됩니다. 이들은 우리가 오늘날 개인의 '여러 자유'를 소중히 여기는 것은 온당한 일이지만 이는 어디까지나 자본주의적인 시장 조직으로의 발전 과정에서 생겨난 결과물이라는 사실을 지적합니다. 나는 큰 틀에서 보자면 이러한 주장이 옳다고 믿습니다. 하지만 그들은 계속해서 이렇게 주장합니다. "규제가 없는 시장"이 사라지게 되면 "자유는 필연적으로 사라질 수밖에 없다."고 말입니다. 제가 보기에는 이러한 주장은 역사에 대한 경제적 해석이 시장경제의 바깥에서도 유효하다고 가정하는 것으로서 이는 아무런 근거가 없습니다. 경제결정론이라는 법칙은 시장경제가 존재하는 경우에만 힘을 발휘하는 것이므로, 시장경제가 사라질 경우 과연 그 법칙의 힘에 어떤 영향을 미칠 것인가를 추론하려 드는 것은 결코 논리적인 일이라고 할 수 없습니다.

사실을 보자면, 우리는 장래에도 이루고자 하는 만큼, 또 수호하고자 하는 만큼에 정확히 비례하여 자유를 누리게 될 것입니다. 개인의 자유를 제도적으로 보장하는 여러 장치들은 원리상 그 어떤 경제 체제와도 양립할 수 있습니다. 경제적 메커니즘이 우리의 법칙이 되는 것은……[10] 시장 사회에서만 벌어지는 일입니다. 이러한 상황은 인간 사회 일반에 나타나는 특징이 아니며, 오로지 규제가 없는 시장경제에만 나타나는 일입니다.

이는 경험상으로도 입증된 것입니다. 미국에서는 노동의 동결과 선별적인 사회 서비스가 시행되었지만 미국인들의 본질적인 여러 자유는 전혀 철폐되지 않았습니다. 영국에서는 전쟁 중에 계획경제가 전면 도입되었지만, 전쟁이 최절정에 달했을 때 영국의 여러 공공 자유는 그 어느 때보다도 안전하게 유지되었습니다. 경제결정론에 입각하여 나온 미래 발전에 대한 전망들은 미래의 문제가 시장 메커니즘의 범위를 벗어나는 순간부터 아무런 과학적 근거도 가질 수 없게 됩니다. 다시 반복하지만, 경제결정론은 그저 시장 메커니즘의 다른 이름에 불과한 것입니다.

우리 시대가 아닌 다른 시대의 역사에 대하여, 또 현존하는 시스템 이외의 다른 시스템의 역사에 대하여 이러한 인식을 하게 되면, 그 결과는 우리가 이미 앞서 언급했던 방향으로 당연히 수렴하게 됩니다.

1. 군사적 요인과 정치적 요인처럼 비경제적이지만 경제 제도들의 모습을 결정하는 요인들도 포함시켜야 합니다.
2. 사회 전체라는 폭넓은 장 속에서 이 경제적 요인들과 비경제적 요인들이 맺는 여러 관계를 연구해야 합니다.
3. 우리 세대의 경험을 연구해야 합니다.

우리 시대 우리 세대의 경험이란 러시아와 독일에서 벌어졌던 대변동 사태들을 말합니다. 뉴딜의 경험은 전체적으로 보아 시장 메커니즘이라는 장 내부에서 벌어졌으며 따라서 크게 보아 경제에 의해 결정되었습니다. 하지만 소비에트와 나치의 경험은 비록 서로 성격과 경향은 대단히 다르다고 해도 본질적으로 경제 이외의 것으로 결정되었고, 또 이들이 시작한 과정은 시장경제의 메커니즘을 초월하는 것이었습니다.

러시아 혁명은 역사의 일반 법칙으로서의 경제결정론에 대한 논박이라고 생각할 수 있는 가장 완벽한 예입니다. 스탈린은 러시아 공산당 당원들에게 러시아에서는 경제결정론이 더 이상 작동하지 않는다고 강제로 믿게 하였습니다. 그의 말대로, "사회주의 국가에서는 정책을 결정하는 객관적인 경제적 조건들이란 존재하지 않는다."[11]는 것이었습니다. 그가 말한 것은 시장경제의 바깥에서는 경제에 의한 결정이 존재하지 않는다는 것이었습니다. 경제학의 다른 문제들에 대해서는 공산주의 러시아의 경제 사상은 한심할 정도로 뒤처져 있습니다.

우리는 다음과 같은 결론에 도달합니다.

(첫째로)

1. 원시 경제학의 여러 발견,

2. 역사에 대한 경제적 해석이 갖는 여러 한계에 대한 인식,

3. 우리 시대의 역사적 경험이 갖는 충격

이라는 여러 상이한 요인들이 경제사에 미치는 영향에 있어서는 똑같은 일반적 방향을 가리키고 있습니다.

(다음으로)

1. 경제적 요인들과 비경제적 요인들의 관계는 사회 전체라는 틀 안에서 연구해야 합니다.

2. 사회 안에서 경제 시스템이 차지하는 위치에 대한 19세기식의 해석은 결코 모든 시대로 일반화할 수 없음을 인식해야 합니다. 19세기가 창출했던 것과 같은, 제도적으로 별개의 경제 시스템이라는 것을 모든 유형의 사회에 존재하는 것으로 당연시해서는 안 됩니다.

3. 일반적으로 보아 경제 시스템은 비경제적 제도들과 융합되어 있으

며, 경제사의 주요한 임무 중 하나는 이미 막스 베버가 인식한 바 있듯이, 여러 상이한 인간 사회에서 경제생활이 차지하는 위치를 결정하는 것입니다.

여러 경제 제도의 역사에 대한 연구는 오늘날 일반적으로 새로운 접근법을 취한다는 것을 함축하고 있습니다. 이는 막스 베버의 접근법과 비슷합니다만, 본질적으로는 차이가 있습니다.

(A) 이 접근법은 다음과 같은 점을 강력하게 주장한다는 점에서는 막스 베버의 접근법과 유사합니다.
    (i) 철저한 개념상의 분석
      (1) 용어들의 정의
      (2) 방법에 대한 명징성
    (ii) 조사 범위를 사회 안에서 경제의 위치라는 범위로까지 확장
(B) 하지만 다음의 점에서는 차이가 납니다.
    (i) 조사의 범위를 문화인류학으로까지 연장
    (ii) '경제적'이라는 말을 합리성과 동치시키는 경제적 혹은 시장적 접근법을 피할 것.

따라서 우리의 과제는 다음이 될 것입니다.

1. '경제적'이라는 말을 정의할 것.
2. 여러 경제 시스템들을 아무런 선입견도 갖지 않게 하는 방식으로 분류할 것.

3. 인간 사회에서 경제가 차지하는 위치의 변화를 역사적 예들을 통하여 보여줄 것.

궁극적으로 이 과제는 우리에게 두 가지의 임무를 수행하게끔 합니다. 1)여러 경제 시스템에 대한 파악, 2)경제사에 대한 더 명확한 이해.

이때 우리는 경제사라는 말 앞에 붙은 '일반'이라는 말의 의미에서 중대한 변화를 겪게 됩니다. 전통적으로 이는 서양의 모든 문명화된 민족들과 그에 앞선 여러 고대 문명들을 뜻하는 말이었습니다.

앞으로는 일반 경제사라는 말은 문명화된 민족과 그렇지 않은 민족을 막론하고, 여러 다양한 예들을 동원한 구체적인 묘사를 활용하여 여러 경제 시스템의 일반적 특징들을 연구한다는 뜻이 될 것입니다. 그렇다고 해서 사실을 서술한 역사가 그 중요성을 상실하는 것은 전혀 아닙니다. 오히려 인간 사회에서 여러 경제 시스템이 차지하는 위치에 대해 증거를 제시하는 길은 이러한 역사뿐입니다.

경제사는 이러한 방향으로 그 강조점을 이동하고 있습니다. 우리가 지금 통과하고 있는 제도적 변화의 시대에 있어서 이는 여러 사회과학 가운데에서도 지도적인 위치를 차지하는 분과가 될 것입니다.

우리는 이 과목을 진행하면서 그 연구에 관심을 집중할 것입니다.

15장

—

고대 문명에서의 시장 요소들과 경제 계획[**]

—

오늘은 가급적 간략하게 고대 경제사에 대해 이루어진 오늘날의 연구 상황을 개괄해보도록 하겠습니다. 불과 얼마 전까지만 해도 고대[*1)] 경제사에 대해 많은 이들이 관심을 갖지는 않았지만, (오늘날에는) 여러분도 잘 아시듯이 그렇게까지 동떨어진 주제는 아닙니다. 그 원인이 고대에 대한 우리의 지식이 빠르게 확장된 덕인지, 아니면 '가격 상한제 price curbs'[*2)]에 대한 사람들의 생각이 더욱 급속하게 바뀌고 있기 때문인지는 신문 머리기사를 뽑는 이들이 다루어야 할 문제라고 보는 게 정당할 듯합니다.

제가 오늘 강연에서 출발점으로 삼고 싶은 이야기가 있습니다. 칼 마르크스에게도 많은 것을 가르쳐주었던 프로이센의 융커 사회주의자 로

[**] 칼 폴라니 연구소 문서고, 파일 42-14. 이뤄지지 않은 예일 대학에서의 강의. 아마도 1950년대에 작성된 것인 듯함.

트베르투스 야게초프Rodbertus-Jagetzow는 지금으로부터 85년 전 로마 제국의 조세 제도에 대한 일련의 논문들을 발표합니다. 이 글은 아마 오늘날에도 고대 문명의 경제 문제들을 논의하는 데 있어서 가장 적합한 준거점이라고 할 것입니다. 왜냐면 이 논문[3]으로 인해 야기된 학자들 간의 충돌을 계기로 고대 문명의 진정한 성격을 제대로 이해하기 위한 오랜 세월에 걸친 노력이 시작되었기 때문입니다. 그 이전에는 고대 문명의 발전이 최고조에 이르렀던 몇몇 시점에 대해 현대 세계의 복제판이라고 할 정도로 오늘날의 세계와 비슷했었다는 선입견이 지배적이었고, 이로 인해 고대 문명의 성격은 왜곡되게 이해되었습니다. 로트베르투스가 제기했던 논점은 피상적으로 보자면, (현재를 기준으로 삼아 과거를 해석하지 않기 위해서는) 비판적 사유가 필요하다는 단순하고도 당연한 요구일 뿐이었습니다만, 이것이 경제의 여러 제도에 대한 우리의 개념에 하나의 혁명을 몰고 온 것입니다.

따라서 저는 첫째로 이른바 오이코스 논쟁이라고 불리는 것을 논의하겠습니다. 이 논쟁의 한편에는 카를 뷔허가 있으며, 다른 한편에는 에두아르트 마이어가 있습니다. 이 양쪽의 관점은 실로 오랜 기간 충돌을 일으켰고, 1941년이 되어서도 로스톱체프는 이것이 여전히 해결해야 할 문제라고 간주하고 있습니다. 그 논쟁의 결과는 무엇일까요? 둘째로, 새롭고 더 폭넓은 문제들을 정식화해보도록 하겠습니다. 이 문제들은 그리스나 로마 시대보다 한참 더 옛날의 나일강 계곡과 메소포타미아의 관개(灌漑) 제국들로까지 거슬러 올라가는 것들입니다. 셋째, 최근 연구에서 나온 전반적 결과물들이 과거에 대한 이해에 어떤 의미가 있는지 평가해보고, 가능하다면 오늘날의 여러 문제들을 더 확실하게 파악하는 것에 대한 의미도 평가해보고자 합니다.[4]

오이코스 논쟁

우선 로트베르투스와 뷔허 모두가 오이코스(이는 엄격하게 자급자족만을 추구하는 가정 경제를 뜻합니다.)의 사실 관계에 있어서 틀린 점이 있었다는, 혹은 심하게 과장한 죄가 있었다는 점을 인정하는 것이 그 반대쪽 진영의 사람들에게 공정한 일이 될 것입니다. 로트베르투스에 의하면, 고대인들은 오늘날과 같은 종류의 조세 시스템이 없었다고 합니다. 오늘날에는 토지 시장, 노동 시장, 자본 시장 등으로 시장이 분화되어 있고 그 각각에 따라 다른 유형의 수입의 범주가 형성되어 있지만, 고대 문명에는 이런 것들이 없었다는 것이죠. 그가 오이코스라고 불렀던 완전한 자급자족의 대규모 가정 경제는 가내 및 농장 노예제에 기초를 두고 있다고 그는 보았습니다. 토지와 노동력(즉, 노예)은 소유주의 재산이었으며, 원자재 또한 가정 경제라는 경계선 내에서만 생산 및 생산적 소비가 이루어졌다는 게 그의 주장입니다. 여기에서 '오이코스 정리oikos theorem'라고 할 만한 것이 탄생합니다. 그 30년 뒤 뷔허는 오이코스가 철저하게 자급자족이었다는 주장을 받아들였고, 이로부터 고대 문명의 경제생활 전반이 원시적 성격을 띠고 있었다고 일반화하는 주장까지 도출해냅니다. 그는 고대 문명의 경제생활이 현대 문명보다는 미개 사회의 그것에 더 가깝다고 보았던 것입니다.

오늘날 우리는 로마의 플랜테이션 노예 노동으로 구성된 가정 경제들이 자급자족적인 것이 아니었다는 것을 알게 되었습니다. 이러한 가정 경제들 또한 여러 종류의 교역을 행하는 것이 일반적이었습니다. 마찬가지로 뷔허가 문자 사용 이전 단계의 공동체들에 대해 했던 생생한 묘사 또한 잘못된 것이었습니다. 그는 원시 시대의 미개인이 '혼자서 식량을 찾아다니는' 활동에 골몰했다고 했지만, 이는 만들어낸 그림일 뿐이며 뷔허 이후 최근까지 원시 시대의 경제학에 대해 발견된 사실들을 완전히 무시하는 것입니다.

하지만 이는 중요한 문제가 아닙니다. 로트베르투스의 오이코스 정리는 여러 정확하지 못한 내용을 담고 있지만, 그렇다 해도 경제 활동과 시장 활동을 동일한 것으로 가정해서는 안 된다는 중요한 경고를 담고 있습니다. 그리고 고전고대에 대한 길잡이로서 사회인류학을 참조해야 한다는 뷔허의 문제 제기 또한 대단히 큰 결실을 가져온 것으로 판명되었습니다. 비록 로트베르투스도 뷔허도 자신들의 입장에 담겨 있는 의미를 충분히 깨닫지는 못했습니다만, 훗날 막스 베버의 저작에 이르러 고대의 자본주의라는 문제가 근본적으로 다시 정립된 것은 이들의 창의적 문제 제기 덕분이었으며, 결국에는 그 덕분에 바빌로니아 경제의 여러 수수께끼들 중에서도 해결되는 것들이 나올 것입니다.

논쟁의 주제로 되돌아가도록 하겠습니다. 카를 뷔허는 일찍이 1893년, 니부어Niebuhr, 그로트Grote, 몸젠Mommsen 등의 위대한 역사가들이 제시하는 고대사의 그림에 암묵적으로 현대적 관점이 숨어 있음을 밝혀내고 이를 거부하였습니다. 그에 따르면 이 대학자들은 정치사에 있어서는 올바른 방향으로 큰 진보를 이루었지만, 고대 문명의 경제적 현실을 제대로 평가하는 데에는 실패했다는 것입니다. 이 역사가들은 오랜 전통을 가진 전설적인 역사 서술과 단절하고 마침내 그리스와 로마의 역사를 신이나 반신(半神)이 아닌 우리와 똑같은 사람들의 이야기로서 일상생활의 용어로 풀어냈다는 것입니다. 하지만 이 학자들이 살았던 일상생활의 환경은 (우리들이 오늘날 살고 있는 일상생활의 환경과 마찬가지로) 고대 로마인들의 그것과는 크게 달랐습니다. 우리의 환경을 서술하다 보면 공장 도시factory town, 주식 시장, 식민지 확장, 고용주와 피고용자들의 계급투쟁, 자본주의와 사회주의의 이데올로기들 등의 문제가 나오게 마련입니다. 하지만 이 역사가들은 은행가 파시온Pasion*5)과 같은 인물을 보면서 기원전 4세기의 아테네 또한 자신들에게 친숙한 것인 양 느끼게 되었고, 브루투스의 고리대 대부업을(이는 식민지 정부에 대부되었습니다.) 보면서 또는 기사단equestrian corporation*6) 사업가들이 만들어 낸 투기 붐을 보면서 존 로John Law와 '거품'7)을 연상했던 것입니다. 또 아테네와 로마에서 상인 및 교역가 계급이 권력을 가지게 되는 과정, 평민들의 반란, 그 밖에도 사람들이 별 근거 없이 고대에 나타난 사회주의 및 공산주의 운동들이라고 여겼던 것들 등 이 모든 것들이 (오늘날 우리 눈에도 대강 그런 것처럼) 이 역사가들의 눈에는 익숙한 것처럼 보였습니다. 그리하여 이들은 고대인들의 삶을 그려내면서 그 그림에 현대적인 색조를 입히고 말았던 것입니다.

이렇게 고대 문명을 19세기 말fin de siecle 유럽 문명의 모습으로 그려내다 보면, 시장도 교환도 없이 그저 노예들의 합숙소만 즐비하게 늘어선 로트베르투스의 오이코스라는 것과는 전혀 동떨어진 그림이 되고 맙니다. 더욱이 율리우스 벨로크Julius Beloch가 불평했던 것처럼, 고대 지중해 지역이 뽐내는 매혹적인 근대성을 완전히 벗겨내 버리고 그것을 거의 아프리카인들의 크랄kraal 제노*8) 수준으로 격하시켜 버렸던 뷔허의 원시주의와는 아예 화해의 여지도 없을 만큼 심하게 모순됩니다. 에두아르트 마이어는 1895년까지도 여전히 신이 나서 고대인들의 번창하는 교역과 상업을 묘사했지만, 뷔허는 은행과 제조업체들이 존재했던 고대 바빌로니아 시대부터 서양의 근대 국가가 확립될 때까지의 기간에는 국민경제Volkswirtschaft, 즉 일정한 정도의 복잡성을 갖춘 영토적 경제라고 부를 만한 것이 전혀 존재하지 않았다고 강력하게 주장하였습니다.

이는 실로 정면충돌이었습니다. 현대주의자들과 원시주의자들은 처음에는 사료의 해석뿐만 아니라 사실들 자체에 대해서도 전 영역에 걸쳐 충돌하는 듯했습니다. 그러다가 그 후 면밀한 분석을 한 결과, 이들이 의견 불일치를 보였던 것은 사실들 자체라기보다는 그 사실들을 해석하는 문제였다는 것이 드러나게 되었습니다. 하지만 이는 한참 시간이 지난 뒤에야 인식된 일이며, 어떤 문제들에서는 명료화를 어렵게 만드는 장애물들이 훨씬 더 나중까지 사라지지 않는 경우도 있었습니다. 아마도 이 점을 강조해서 말씀드려야 할 것 같습니다. 특히 이러한 장애물들을 제거하는 마지막 조치가 아직도 널리 행해지지 않고 있으며, 이를 어떻게 성공적으로 수행할 것인가를 보여드리는 것이 오늘밤 제 강연의 목적 중 하나이기 때문입니다. 우리가 고대 그리스와 로마를 부적절하게 현대화하는 태도의 문제를 바로잡지 못한다면, 훨씬 더 먼 과거인 바빌로니아, 수메르, 아카드, 아시리아 등의 문제들에 대해 조금이라도 진정한 이해에 도달하는 일은 전혀 기대할 수가 없을 것으로 보입니다.

먼저 이 논쟁과 관련한 사실들부터 살펴보겠습니다. 자연스러운 일이지만, 처음에는 논의가 주로 고대 그리스의 경제생활과 관련된 이런저런 규모의 차원에 집중되었습니다. 그리스 교역의 실제 범위와 총량은 어떠했는가? 그중 수출을 위해 생산된 제조업 물품들은 얼마나 되었는가? 아테네의 여러 공장들은 어느 정도의 규모로 운영되었는가? 그리고 얼마나 많은 노예를 두었고 또 얼마나 많은 자유 임금 노동자를 고용했는가? 신용, 화물 운송, 보험 제도들과 관련한 상태는 어떠했는가? 아테네 은행업체들의 여러 활동과 영업 방법은 무엇이었는가? 상법의 발달 상태는 어떠했는가? 식민지와 모국 사이에는 교역이 얼마나 활발했는가? 통화 정책과 통화 개혁의 기초가 되었던 생각은 무엇이었는가? 아테네의 교역 정책은 어떠했으며 그들이 벌인 전쟁 중 어느 만큼이나 교역과 관련된 전쟁이었는가? 교역과 상업적 이익은 국내의 정책과 대외 정책을 형성하는 데에 얼마나 큰 영향을 미쳤는가? 솔론 그리고 클레이스테네스 시대에 벌어졌던 혁명의 정확한 사회경제적 내용은 무엇이었는가? 등등.

이 문제들에 대한 세부 지식이 얻어지기는 했지만, 그 연구의 전체적인 결론은 실로 특이할 만큼 애매한 것이었습니다. 대략적으로 볼 때, 사실과 관련하여 더 많은 것이 알려질수록 현대주의자들 쪽에서 내놓았던 주장들이 지나친 과장이었음이 더욱더 극적으로 밝혀졌습니다. 제조업체들의 규모, 교역 조직의 수준, 은행업의 발달 정도, 사적 영리 기업의 범위 등이 모두 그랬습니다. 결국에 가면 사실들뿐만 아니라 그를 놓고 현대주의자들이 내놓았던 해석 또한 거품이었음이 밝혀지게 됩니다. 마이어와 벨로크는 기원전 8세기와 7세기 그리스인들이 벌였던 식민지 건설 활동이 엄청나다고 믿게 만들었지만, 이것이 교역에 대한 관심 때문에 시작된 것은 아니었다는 것이 판명되었습니다. 우어Ure 교수는 기원전 7세기와 6세기에 나타난 참주들이 금권정치를 지향하는 거대 고용주들이라고 주장했습니다만 이 또한 사실이 아니었습니다. 글로츠Glotz와 투탱Toutain, 퍼거슨Ferguson과 로스톱체프Rostovetzeff는 6세기 동안 아테네를 갈가리 찢어놓았던 내분stasis이 주로 도시의 제조업으로 인해 생겨난 것이라고 주장했지만 이 또한 사실이 아니었습니다. 필만Pöhlmann은 솔론의 개혁과 클레이스테네스의 혁명 또한 발흥하는 도시의 중간계급과 여기에 동맹을 맺은 막 생겨나던 프롤레타리아의 압력 때문에 일어난 것이라고 믿었지만 이 또한 사실이 아니었습니다. 아티카[*9)]의 외교 정책은 교역상의 이익을 고려해 형성된 것이라고 거의 모든 역사가들이 생각했지만, 이 또한 눈에 띌 만큼 그랬던 것은 아니었습니다. 아티카는 역사적으로 존속한 전 기간에 걸쳐 계속해서 품목을 막론하고 수입과 수출의 관세를 일률적으로 2퍼센트로 매겼으며, 따라서 산업보호주의란 전혀 존재하지 않았다는 결정적인 증거를 보여주고 있습니다. 덧붙여 말하자면, 로마인들도 그 수치만 5퍼센트로 달랐지 나머지는 똑같았습니다.

하지만 그렇다고 해서 원시주의자들 쪽이 승리를 선언하고 트로피를 가져갈 수 있었느냐 하면 그렇지는 않았습니다. 그렇게 할 수 없게 만든 분명한 사실들이 있었기 때문입니다. 세계적 교역은 분명히 기원전 1500년경 미노아 문명의 지중해 교역의 출현으로까지 거슬러 올라가는 것이었고, 페니키아인들이 행했던 세계적 교역 또한 몇 세기의 간격을 두면서 나타났으며, 이것이 대략 기원전 8세기가 되면 점차 아조프해(海)에서 대서양까지, 또 다뉴브강에서 나일강까지 걸쳐 있었던 그리스인들의 교역으로 대체되었던 것입니다. 이와 똑같이 부인할 수 없는 사실은 아테네에 은행업과 관련된 여러 장치들이 존재했으며, 이것이 그리스 세계의 경제생활 방식에 깊고도 지속적인 영향력을 행사하게 되었다는 점입니다. 따라서 세계적 교역이 존재했던 것은 물론이며, 게다가 그리스인들이 선도적으로 금융 장치까지 제공했다는 증거가 분명합니다. 그렇다면 기원전 7세기 그리고 4세기에 각각 나타났던 세계적 교역 및 은행업 이전에도 비록 높은 발달 수준은 아니었어도 교역과 신용이 존재했다는 것은 부인할 길이 없으며, 이는 분명히 원시주의의 관점을 근본부터 허물어버릴 만한 공격이 됩니다.

이렇게 전체적인 결론을 추려보면 그 결과가 참으로 헷갈립니다. 고대 사회의 식민지, 전쟁, 계급 등은 결코 '현대적'인 것은 아니었던 것으로 보이지만, 교역과 화폐의 사용은 근대 초기 정도의 규모로 존재했다는 것을 부인할 수 없기 때문입니다.

그런데 이러한 혼란은 상당히 간단하게 설명할 수 있습니다. 원시주의자들이나 그 적대자들이나 공히 범했던 오류는, 인간 사회에 있어서의 '현대성'과 '원시성'의 문제는 교역이나 화폐가 아니라 시장 메커니즘의 존재 여부로 판가름 나는 것이라는 사실을 깨닫지 못했다는 점입니다.

우리가 보기에 한 사회가 '현대적'이 되는 것은, 다름 아닌 시장 제도들의 영향력이 한 공동체의 전체 문화, 특히 경제생활에 얼마나 깊이 침투하고 있는가에 달려 있습니다. 시장의 여러 제도는 시장적인 성격을 갖는 구체적 동기와 상황들, 기술과 문화적 특징들과 불가분으로 얽혀 있습니다. 우리 시대의 생활에 나타나는 투기와 광고, 숨통 끊기 가격 경쟁cutthroat*10)과 각종 로비 등과 같은 뚜렷한 현대적 특징들은 바로 시장 시스템의 효과와 부산물들과 관련이 있습니다. 따라서 경제생활에 '현대적'이라는 말을 적용하는 것은 생각보다 그리 애매하거나 피상적이지 않습니다. 현대적이란 말은 시장으로 조직된 사회에서 공통적으로 파생되는 다양한 특징들을 함축하고 있습니다.

그런데 이는 또 우리가 마땅히 예측할 수 있는 바와 전적으로 일치하는 것이기도 합니다. 왜냐면 궁극적으로 따져보면 현대적인 생산 조직이란 곧 시장 조직이기 때문입니다. 현대의 사회 계급들이란 특정한 시장에서 결정되는 각종 소득을 통하여 형성된 계급들입니다. 또 현대의 사회적 투쟁이란 경제적 계급들, 즉 시장 계약에 의해 그 지위가 결정되는 집단들 간의 투쟁이며, 여러 갈등 또한 그러한 시장 계약을 둘러싼 갈등입니다. 뷔허가 자급자족적 오이코스를 언급할 때에는 말할 것도 없이 이런 모든 이야기가 암묵적으로 전제되어 있습니다. 로트베르투스가 자신의 오이코스 개념에 적용한 기준이 바로 이 교환과 시장의 부재(不在)라는 것이었기 때문입니다. 즉 이들이 원시 사회의 원시적 성격을 주장하면서 뜻했던 바는 그저 모종의 단일한 시장 시스템이라는 것이 없었다는 것이었지만, 로트베르투스도 뷔허도 이러한 자신들의 결론을 명시적으로 내걸지는 않았습니다. 그 결과 이들은 교환의 여러 제도라는 포괄적인 개념 안에 교역, 화폐, 시장을 하나로 묶어버리는 실수를 저질렀고, 그리하여 제도적 분석이 성과를 낼 수 있는 가능성을 모두 차단해버리고 말았던 것입니다. 이들은 교역, 즉 먼 곳에서 재화를 획득해오는 행위를 시장과 다른 것으로 구별하는 작업도 하지 않았고, 교환과 무관한 여러 화폐 용법을 시장과 분리하는 작업도 하지 않았습니다. 오히려 이 세 가지를 하나의 제도적 삼위일체로 융합시켜버렸습니다. 그 결과 노동 분업이 있는 곳에는 항상 교역, 화폐, 시장이 한꺼번에 따라붙게 되었습니다. 덧붙여 말하자면, 이러한 의미론상의 약점은 화폐가 나타나는 곳에는 항상 교역의 존재도 가정할 수 있으며, 또 교역이 나타났다면 항상 시장의 존재 또한 가정할 수 있다는 그릇된 생각으로 다시 이어지게 되었고, 이로 인해 여러 사실들 특히 조직화된 시장의 존재 여부와 같은 결정적인 사실들에 대해서조차 확실히 구분하여 말하는 것이 힘들어지게 되었습니다.

하지만 실상을 보면 이러한 가정들은 모두 현대적인 조건들의 잔여물이며, 이는 교환 경제학의 전통적 개념들에 의해 강화되었을 뿐입니다. 로트베르투스와 뷔허는 지적으로 용감하고 방법론적으로 급진적인 이들이었는데도, 문제를 확실하고 명료하게 볼 수 있도록 해줄 유일하고도 결정적인 정식화 작업 하나를 하지 않고 지나쳐버렸습니다. 이들은 시장을 현대성의 원천으로서 명료하게 지목하지 못했고, 그 결과 시장의 여러 제도를 교역 및 화폐(이것들은 시장 메커니즘과 비교적 독자적인 것들입니다.)와 대비시키지도 못했습니다. 교역-화폐-시장이 삼위일체를 이루는 것이야말로 우리의 현대적 시장 시스템을 다른 시스템과 뚜렷이 구별해주는 특징으로서, 여기에서는 모든 교역이 시장을 통해서, 즉 다른 말로 하자면 수요-공급-가격 메커니즘을 통해서 작동합니다. 우리가 사는 세상에서는 교역이 시장을 통해서 이루어지며, 또 교역에서 사용되는 화폐라면 그 기능은 분명코 교환의 매개수단입니다. 하지만 고대의 세계에서는 전혀 그렇지 않았습니다. 교역이 수행되는 으뜸가는 통로는 시장이 아니었고, 화폐가 반드시 교환의 매개수단으로서 기능한 것이 아니었습니다.

이 점을 명확하게 이해하는 것이 고대 문명을 이해하는 데에 결정적이며, 또 지난 몇 세기를 빼면 거의 경제사 전체를 이해하는 데에도 그렇습니다. 따라서 여기에 좀 더 이야기를 덧붙이고 싶습니다. 교역은 개인적이라기보다는 집단적 성격을 지닌 선물 교역, 원정 교역, 의례적 ceremonial 교역, 왕의 허가장을 받아 이루어진 교역 등의 비시장적 형태를 띨 수 있으며, 또 과거에는 대개 이러한 형태였습니다. 미찬기지로 수량화가 가능한 물체들, 즉 화폐 물체들의 여러 용법 중에서도 가장 광범위하게 쓰였던 용법은 1)지불 수단과 2)가치표준이며, 이 두 기능이 반드시 동일한 종류의 물체로 수행되었던 것은 아닙니다. 화폐의 용법 중 하나인 3)교환의 매개수단은 예외적인 것이었으며 오로지 제도화된 시장 안에서만 일반적인 것이었습니다. 그리고 이 제도화된 시장이란 앞에서 제가 말씀드린 바 있듯이 그 자체로 독특한 발전의 결과물로 간주되어야 할 뿐, 단순히 교환과 무관한 화폐 용법들이나 교역이 존재한다는 이유만으로 제도화된 시장 또한 당연히 존재했을 것으로 여겨서는 안 됩니다. 따라서 원리상으로 보자면, 시장이 존재하지 않는다고 해도 비교적 높은 수준의 여러 교역 활동 그리고 다양한 비교환적 화폐 용법들(지불 수단이나 가치표준)이 얼마든지 있을 수 있다는 것입니다. 요컨대, 교역 및 화폐 그리고 시장은 분명하게 구별해야만 한다는 것입니다.

이러한 관점에서 보자면, 오이코스 논쟁 결과 밝혀진 사실 관계는 더이상 모순적으로 보이지 않게 됩니다. 고대 지중해에 세계적 교역이 있었고 또 그에 따른 은행업이 존재했던 것이 사실이지만, 이런 것들이 수요-공급-가격 메커니즘을 통해 수행되었다는 증거는 존재하지 않습니다. 이러한 조건에서라면 고대 그리스 사회와 그 경제생활이 우리에게 '현대적'이라고 느껴지지 않는 것은 전혀 놀라운 일이 아닙니다.

이 지점에서 이 세계적 교역 그리고 은행업이라는 용어 자체가 혼동을 낳기 매우 쉽다는 점에 주목해야 합니다. 용어 자체는 부적절한 것이 아닙니다. 은행업도 분명히 있었고 또 당시에 알려진 세계는 한쪽 끝에서 다른 쪽 끝까지 교역으로 연결되어 있었으니까요. 하지만 이 용어들은 우리 시대의 현대주의적 관점에 스며 있는 진화론적 오류를 키울 위험이 있습니다. 고대 문명에서의 세계적 교역은 대외 교역 발전의 절정에서 나타난 완성물이 아니라(우리 시대의 경우에는 그렇습니다.) 오히려 그 발전 과정의 시발점이었으며, 또한 신석기 시대에는 유일한 교역 형태였을 가능성이 높습니다. 이는 고대의 식민지 건설이 가장 가까운 곳이 아니라 가장 멀리 떨어진 곳의 식민지부터 시작하여 그 사이의 식민지들이 나중에 건설되는 것이 일반적이라는 사실과 마찬가지입니다. 이미 오래 전에 에두아르트 마이어는 파라오 시절의 이집트에서 시작하여 좀 더 가까운 시대의 바스코 다 가마와 콜럼버스 등의 세계 탐험가들에 이르는 탐험의 역사에서 수많은 비슷한 예를 제시한 바 있습니다. 콜럼버스는 비록 중간에 예기치 않은 일을 만나 멈추는 바람에 그의 목적지였던 인도에는 이르지 못했지만, 그 탓을 그에게 돌리지 않는 것이 공정한 일일 것입니다. 만약 그가 미대륙과 인도가 어디에 있는지를 사전에 미리 알았다면, 그는 미대륙 따위는 너무 가까워서 목표로 삼을 가치가 없다고 생각했을 것임에 틀림없습니다.

다시 은행업으로 돌아갑니다. 우리는 은행업이 화폐와 신용을 다루는 발전된 형태라고 생각하는 경향이 있습니다. 실제로 이 시대(기원전 4세기)에는 주화의 통용에 항상 검사와 환전이라는 육체노동을 하는(그리고 비천한) 직업이 필요했고, 이 작업에는 사다리꼴의 계산틀을 이용했습니다.[*11] 하지만 심지어 저 뛰어난 은행가 자유민 파시온마저도 저축의 안전한 보관, 당사자가 찾아와야 하는 요구불예금, 전당업, 비상업적 담보를 통한 대출 등의 활동을 전혀 넘어서지 못했습니다. 물론 여기에서 결정적인 지점은 고대의 경제생활이 시장을 통해 이루어진 것이 아니었기에 현대적 은행업의 원재료라고 할 각종 신용 도구들을 만들어 내지는 않았다는 것입니다. 로마의 은행업은 그리스 은행업보다 오히려 낮은 수준이었으며, 프톨레마이오스 왕조 시절의 이집트 은행업은 화폐가 아닌 '현물'의 직접 거래로 발전하였습니다. 따라서 은행업 자체의 존재 여부를 고대 세계의 경제의 '현대성'을 판단하는 기준으로 사용한다면 그 앞에서 살펴본 세계적 교역의 경우와 똑같이 오해를 낳게 되어 있습니다. 교역-화폐-시장의 삼위일체와 마찬가지로 여기에서도 원시주의자들 스스로의 사유 안에 남아 있었던 현대주의의 잔존물로 인해 완고한 진화주의가 생겨났고, 이것이 다시 현대주의자들로 하여금 고대에 세계적 교역과 은행업이 있었다는 사실을 이른바 '현대적' 성격의 증거로 들먹일 수 있도록 틈을 준 것입니다.

우리는 이렇게 결론을 내릴 수 있습니다. 로트베르투스와 뷔허가 시작한 논쟁은 크게 볼 때 그 두 사람의 입장이 본질적으로 옳다는 결론으로 끝났다고 말입니다. 하지만 여기에는 분명한 단서가 있습니다. 이러한 결론은 제도에 대한 혜안이 있을 때에만 얻을 수 있는 것이며, 그 두 사람조차도 이러한 혜안을 아직 제대로 갖추지 못했다는 점입니다. 동시에 다음도 지적해야 하겠습니다. 문명 세계에서 시장 시스템이라는 대단히 **중요한** 기원이 사실상 고전고대의 후기, 즉 대략 기원전 4세기 이후의 시대에 시작되었다는 사실을 이들이 완전히 간과했다는 점입니다. 물론 이러한 시장 시스템은 전사(戰士) 중심의 사회라는 원시적 틀에서 발전했기에 그 팽창 능력에는 치명적인 한계가 있었던 것도 분명하지만, 그러한 시장 시스템이 있었다는 사실 자체는 틀림이 없습니다.

이를 통해서 이제 강연의 후반부로 넘어가게 됩니다. 고대 경제의 '현대성'에 대한 논쟁을 대체하게 될 것으로 보이는 좀 더 폭넓은 질문들이 그 주제입니다.

새로운 질문들

물론 이러한 결과들은 그리스와 로마의 폴리스poleis가 갖는 사회학적 성격에 대한 막스 베버의 진단과 완전히 일치합니다. 베버에 따르면 폴리스란 부분적으로 탈부족화된 사람들의 정착 형태로서, 그 지도층은 항상 전사(戰士) 길드 조직의 성격을 유지하였고, 따라서 이를 민주화한다는 것은 인구의 모든 계층 특히 농민 계층을 그 전사 길드에 포함시킨다는 것을 의미했다는 것입니다. 이는[12] 본질적으로 약탈 행위를 하는 공동체로서 전쟁과 정복, 약탈과 해적질, 해군력 등 무력을 동원한 식민화 그리고 공물의 갈취, 야만인들과 자국민을 포함한 신민들 및 복속민들에 대한 착취 등을 목적으로 조직된 집단이었습니다. 이 공동체가 시민들을 부양해야 한다는 평등주의적 주장들과 귀족들의 지도력 등은 그 부족적 유산의 일부였습니다. 우리는 이러한 집단이 지배층 공동의 노력으로 어떻게 공동 부양을 위해 조직되었던가를 현실적으로 세밀하게 묘사한 최고 권위의 문서를 가지고 있습니다. 1891년에 초고가 발견된 아리스토텔레스의 저작 《아테네의 헌법》이 바로 이 과정을 설명하고 있습니다. 아리스토텔레스에 의하면, 귀족정은 페르시아인들에게 승리를 거둔 뒤(이때는 기원전 479년입니다.) 살라미스 해전에서의 전투에서 헌신성을 보여주어 높은 평판을 얻게 되었다고 합니다. 평민들의 지도자이자 정책의 방향을 지휘했던 것은 아리스티데스와 테미스토클레스였습니다. 아리스티데스는 델로스 동맹을 구축하였고, 그 최대의 수혜자는 바로 아테네였습니다. 이것은 기원전 478년의 일입니다. 아리스토텔레스는 계속해서 이렇게 말합니다.[13]

이 일이 있은 후 아테네 국가의 신뢰가 증가하고 또 많은 부가 축적되는 것을 보면서 아리스티데스는 평민들에게 그 동맹의 지도권을 장악하고 시골을 떠나 아테네 시내에 정착하라고 조언하였다. 그는 평민들에게 어떤 이는 군대에 복무하고 어떤 이는 유격대에, 또 어떤 이는 공직에 참여하는 식으로 모두 다 도시 안에서 생계를 꾸려갈 수 있을 것이며, 또 그렇게 하면 평민들이 헤게모니를 확보할 수 있을 것이라고 지적하였다. 평민들은 이 조언을 받아들였다. 그리고 평민들이 이 최고의 통제력을 잡게 되자 그들은 치오스, 레스보스, 사미아 섬만 제외하고 나머지 동맹국들에게는 아주 거만하게 대하였다. 그들은 자신들의 제국을 보호하기 위해 이 섬들을 유지하였고, 이들의 헌법도 건드리지 않았으며, 또 이들이 가지고 있던 지배 체제가 무엇이건 그대로 유지하도록 허락하였다. 아테네의 평민들은 또한 아리스티데스가 자신들에게 제안한 대로 다수의 인구에 대한 광범위한 부양을 보장하였다. 동맹국들이 낸 공물, 조세, 기부 등으로 2만 명 이상을 부양한 것이다.[당시 아티카 전체 시민의 수는 5만 명이 되지 않았던 것으로 추산됩니다.] 배심원이 6천 명, 궁수가 1천6백 명, 기사(騎士)가 1천2백 명, 의회의 의원이 5백 명, 조선소의 보초병이 5백 명, 그 밖에 도시의 보초병이 50명 등이었다. 여기에 행정관이 국내에 약 7백 명, 외국에 약 7백 명 있었다. 나아가 이들이 새로 전쟁을 벌일 때에는 여기에 추가로 2천5백 명의 중장보병, 20척의 호위함[이는 다시 4천 명의 병력을 의미합니다], 제비뽑기로 모은 2천 명의 선원을 실은 공물 수거함들이 있었다. 이들 외에도 프리타네이온*14)에서 부양했던 이들도 있었고, 여기에 고아와 죄수들도 국가에 의해 부양되었다. 아테네의 평민들은 이렇게 해서 생계를 이어나갔던 것이다.

그로부터 몇십 년이 지나면 시민권의 가치는 사상 최고로 치솟습니다. 페리클레스가 다스리던 시기에는 자신의 조부모(친가로나 외가로나)가 모두 아테네에서 태어난 시민이라고 뽐낼 수 있는 이들만이 시민권을 유지할 수 있었습니다. (여기가 작은 도시국가이며, 이곳의 귀족들은 그리스 세계 전체의 군주들 및 지배자들과 통혼을 맺는 것이 일상사였음을 생각해 보십시오.) 이러한 상황에서 시민들이 가난하더라도 품위 있는 삶을 어떻게 유지할 수 있었는가는 플루타르크의 《키몬Cimon》에 나오는 다음 구절을 보면 드러납니다. 키몬은 밀티아데스Miltiades의 아들로서 그 자신도 명성 높은 아테네의 제독이었으며, 페리클레스 시대에 가장 인기 있는 보수파 지도자였습니다. 플루타르크는 다음과 같이 말합니다.

그는[키몬은] 이미 부유했으므로, 자신의 원정에서 적으로부터 명예롭게 얻어낸 수입을 자신의 동료 시민들에게 아낌없이 나눠줌으로써 더욱 더 큰 명예를 얻었다. 그는 자신의 밭에 있는 울타리를 없애버리고 이방인들과 궁핍한 시민들이 그 땅의 결실을 거리낌 없이 가져갈 수 있을 만큼 다 가져가도록 했다. 또 그는 자신의 집에서 매일 저녁 식사를 제공하였다. 물론 그 식사는 소박한 것이었지만 많은 이들이 배불리 먹을 수 있었고 가난한 이는 누구라도 들어와서 먹을 수 있었기에, 시민들은 이를 통해 아무런 고생 없이 생계를 이으며 오로지 공적인 업무에만 전념할 자유를 얻을 수 있었다. (플루타르크,《키몬》, 10)

아티카에서의 경제생활을 처음에 지배했던 통합 형태는 교환이 아니라 상호성과 재분배였습니다. 물론 기원전 7~8세기에 와서 씨족 간의 유대가 느슨해지면서 (대를 물려 내려가는 싸움과 불화, 토지 재산에 대한 가족 권리, 고정된 소유권 등) 상호성의 요소들은 크게 약화되는 것이 사실입니다. 호메로스의 서사시가 그리고 있는 시대에는 일반적이었던 선물교역과 그 밖의 고도로 발달된 선물 답례 시스템이 바야흐로 사라져가고 있었습니다. 하지만 씨족 생활에 존재했던 재분배적 형태들까지 상호적 형태들과 똑같이 사라지지는 않았습니다. 씨족 생활의 재분배적 전통의 많은 부분을 폴리스가 받아 안은 것입니다. 토지의 분배kleroi, 전리품의 분배, 라우리온 광맥의 발견이라는 행운*15), 마찬가지로 시프노스 섬에서의 금광 발견, 생계비를 지원받을 권리나 위급 상황에서 곡물을 분배받을 권리, 공적 행사에 참여할 권리, 즉 시민의 여러 의무를 이행한 것에 지불받을 권리 등 이 모든 것들은 고전 공동체들에서 재분배 요소를 강화시켜주는 대단히 현실적인 것들이었습니다. 폴리스의 경제적 조직의 기초는 공동 행동으로 얻어진 것들의 재분배, 전리품과 공물의 분배, 정복 토지와 식민지 사업에 대한 분배, 제3자와의 교역에서 얻은 이익의 분배 등이었습니다.

나는 아리스토텔레스가 행했던 성찰을 통하여 여러분께 이 모든 것들을 상기시켜 드리고자 합니다. 그런데 높은 수준의 학자들, 예를 들어 울리히 폰 빌라모비츠 묄렌도르프Ulrish von Wilamowitz-Moellendorff조차 아테네의 조직에 대한 아리스토텔레스의 설명을 아리스티데스와 중우정치에 대한 풍자라고 여겨 아예 고려 대상에 넣기조차 거부한 바 있습니다. 하지만 저는 이제는 진정한 증거들을 제대로 평가할 때가 왔으며, 명백한 사실과 어긋나는 편견임이 분명할 때에는 제아무리 명망 높은 이들의 견해라고 할지라도 무시해야 한다고 생각합니다.

하지만 기원전 4세기가 되면 우리는 원시주의자들과 갈라서게 됩니다. 그리스인들이 고대의 경제생활에 했던 위대한 기여는 시장 관습과 사적 교역을 발전시킨 것입니다. 물론 아테네의 전사 길드는 이 새로운 세계적 교역에 있어서 적극적인 참여자였다기보다는 기생적 관계로 머물렀지만 말입니다. 폴리스에는 자유로운 헌법만이 아니라 도시 시장도 존재했으며, 이는 고대의 사회학에 있어서 지배적인 사실입니다. 폴리스적인 생활방식은 이 두 가지가 합쳐져서 만들어진 것입니다. 우선 저는 시장에 대해 살펴보겠습니다. 이 도시 시장의 새로운 발전은 정확하게 연대를 댈 수는 없겠습니다만, 솔론 시대의 아티카에서는 이미 시장을 친숙하게 여겼다고 보는 것이 공정할 듯합니다. 하지만 또 시장이 충분히 발전하게 된 것은 참주정[16]이 무너진 뒤에야(기원전 560년) 벌어진 일이라고 보아야 할 것입니다.

시장이 발전하게 된 주된 요인 중 하나는 참주정의 발흥과 통치, 몰락 과정이라고 저는 믿습니다. 이를 지지하는 맥락에서, 참주정은 시장 관습의 포용과 거의 비슷한 정도로까지 폴리스 자체에 있어서도 특징적인 사건이었다고 말할 수 있을 것입니다.

1. 참주정의 발흥은 그 전까지 대부분 사적 개인들이(보통 출생이 고귀한 이들이었지만) 제공해오던 것들에 대해 공공 서비스를 발전시켜야 한다는 절박한 필요의 결과로 나타나는 것이 보통입니다. 그러한 서비스는 경찰, 야경(夜警), 토지 측량, 조세 징수 등은 물론 신전의 건축, 보수, 재건 그리고 관개(灌漑)와 여타 수리사업 및 항만 시설, 용병의 공급, 주화의 조폐, 시장의 수수료와 관세 등과 같은 국가 수입의 징수 등을 포함하는 것이었습니다. 이 모든 작업에는 여러 무리의 피고용자들이 필요했습니다. 최하층 시민thetes[*17]과 거류외인들metics,[*18] 이방인들, 농장 노역의 죄수들, 노예들에서 뽑은 숙련 노동자들과 일꾼들이 그들이었습니다. 폴리아이누스Polyaenus의 저삭은 참주정의 문화적 특징들을 살펴볼 수 있는 훌륭한 자료입니다만, 그는 데이니아스Deinias, 팔라리스Phalaris, 테론Theron 등이 권력을 잡는 과정을 거의 동일한 이야기로 그려내고 있습니다. 이들은 먼저 신전 건축, 야경, 토지 측량, 조세 징수와 같은 공공 서비스들에(이중 하나 혹은 모두 다) 대해 계약을 얻어냅니다. 그 다음에는 이를 수행하기 위해 많은 사람들을 고용하고 다시 이들의

도움을 얻어 권력을 장악하는 줄거리입니다.

2. 발흥 뒤에는 통치가 이루어집니다. 이 새로운 왕……[19] 공공 서비스는 국유화됩니다. 그가 고용한 이들은 공무원이 되며, 이것이 곧 새로운 관료제를 이룹니다. 페이시스트라투스Peisistratus가 아주 좋은 예입니다. 그가 다스리던 기간에는 정부 스스로가 신전과 수리사업 등 공공사업을 떠맡았고, 이제 더 이상 민간인이 수주하는 일이 없게 되었습니다. 그가 가지고 있던 사적인 조폐 시설이 공공 조폐청이 되었고, 그의 '올빼미'[20]는 이후 몇 세기 동안이나 아티카 지역의 교역에 있어서 중요한 발명품이 됩니다. 그렇다면 그는 이 스키티아 노예 경찰들, 자신의 용병들, 공공사업에 참가한 숙련 노동자들과 일꾼들, 한 무리의 토지 측량가들과 행정관들을 어떻게 먹여 살렸을까요? 당연히 그의 치하에서 아테네가 시행했던 십일조(현물) 제도를 통해서였으며, 이 제도는 그의 이전에도 또 이후에도 전혀 존재하지 않았던 것입니다. 아리스토텔레스의 글에 나오는 한 구절이 바로 이러한 점에 대해 언급하고 있습니다.

3. 통치 이후에는 (아주 빠르게) 몰락이 나타납니다. 이때 벌어졌던 사태는 다름 아닌 그 국유화되었던 서비스들이 다시 사유화되는 것이었습니다! 국가 수입, 공공사업 등은 다시 민간인들과의 계약으로 수주되었습니다. 물론 아테네인들은 광산은 물론 조폐청, 스키티아인 경찰 등에 대한 소유권은 계속 보유하였습니다. 하지만 그 밖의 모든 공공 서비스는 다시 민간인 계약자들에게 주어졌고, 공공의 통제 아래에서 사적 개인들이 운영하도록 넘겨졌습니다. 일부 서비스들은 완전히 축소되거나 위급할 때에만 발동되는 것으로 돌려지기도 했습니다. 그런 것들 중에는 대단히 중요한 것들이라 할 군대와 조세 징수까지 포함되어 있었습니다. 그리하여 아티카에서는 필요할 때에만 군대를 모으거나 혹은

그 과정을 장군들에게 위촉하였고(부분적으로는 공공 자금을 사용), 필요할 경우에는 에이스포라^{eisphora[21]}를 거두었으니, 이는 말하자면 긴급 상황의 자본 과세라고 할 만한 것이었습니다. 하지만 얼마 전에 국유화되었지만 이제 다시 탈국유화되어버린 서비스에 종사하던 수많은 사람들, 즉 노동자들, 일꾼들, 관료제 등은 다시 민간 개인들의 손에 넘어간 것입니다.[22]

우리는 바로 이 시점에서 시장 관습이 큰 공공적 중요성을 얻게 되었다고 봅니다. 옛날에는 부족의 추장들과 장원을 거느린 영주들의 재화를 털고 그 정치적 영향력의 도움을 얻어 노동을 조직한다는 방법에 의존했지만, 이러한 옛날의 원시적인 방법들은 결국 참주가 되려는 야망을 가진 자들만 낳는 꼴이 되어 더 이상 사용할 수가 없었습니다. 그리하여 이제 공공시설의 일을 맡은 피고용자들*[23]은 자신들의 일용할 물품들을 자신들의 봉급으로 아고라^{agora*[24]}에서 조달하게 되었습니다. 이러한 상황이 벌어졌던 증거를 우리는 군대 영역에서 찾을 수 있습니다. 펠로폰네소스 전쟁의 후반부에 이르면 군대가 진군해나가는 경로를 따라서 총사령관이 여러 시장에서 '조달', '비축', '준비'함으로써 군수물자를 보급하는 관행이 나타났고, 이는 소아시아의 아게실라오스 Agesilaos*[25] 군대에서 훨씬 더 뚜렷하게 나타나게 됩니다.

총사령관은 현지의 시장을 이용하며, 그러한 시장이 없을 경우에만 다른 방법으로 조달을 꾀합니다.(약탈 부대를 파견하거나 현지인들에게서 징발할 수도 있으며, 군 진영 내에 시장을 마련하여 군수 납품업자들이 자주 드나들도록 할 수도 있습니다.) 이렇게 군대에서 시장을 이용했던 것이 큰 중요성을 가진다고 보이며, 공공 서비스에 종사하는 인원들을 먹여 살린다고 하는 큰 문제 또한 전적으로 이 시장이라는 방법으로 해결했던 것입니다.

그런데 아고라는 폴리스라는 생활방식의 일부로 통합되었지만, 당시 민간인들의 외국 상대자와의 사적인 교역 또한 급속하게 발전하고 있었던바, 이는 최소한 아테네만 놓고 보자면 전혀 폴리스로 흡수되지 않았습니다.(그 전의 코린트 그리고 그 후의 로도스의 이야기는 전혀 다른 특징들을 보여주고 있습니다. 하지만 폴리스의 원형이 된 것은 스파르타도 또 이 두 도시도 아닌 바로 아테네였습니다. 폴리스는 도시 바깥 지역을 뜻하는 동방의 코라chōra라는 말과 대조되는 가운데 그리스 문명의 핵심 요소가 됩니다.) 왜냐면 전사 길드로서의 폴리스의 성격이 이를 절대로 허용하지 않았기 때문입니다. 인류의 초기 역사에 알려져 있었던 교역자의 두 가지 유형 가운데 아테네인들이 알고 있었던 것은 하나뿐이었습니다. 바빌로니아와 수메르의 담카르damkar는 신분상의 상인으로서 공동체에 소속된 사람이었습니다만, 이러한 유형의 상인은 초기 아테네에서는 전혀 나타나지 않았으며, 또 페이시스트라투스 이후가 되면 더 이상 나타날 여지도 없게 됩니다. 다른 한 유형의 상인은 '소속'이 없는 사람입니다. 이들은 외국인과 이방인들로서, 페니키아인들이나 베두인족과 같은 교역 민족의(흔하지는 않습니다.) 일원일 수도 있으며, 아니면 팔레스타인의 게르ger[*26]나 그리스의 거류외인처럼 당시 세계에 넘쳐나던 유동 인구의 일원이 해당 지역에 정착하는 일종의 국외자detached person, DP인 경우입니다. 이러한 두 번째 종류의 교역자는 비록 멸시받는 직업이기는 했지만, 명예와 지위를 얻어내기 위해서는 자신의 직업을 충실히 따르는 수밖에 없었습니다. 지중해 교역은 페니키아인들의 것이 아니라 그리스인들의 것이 되었지만, 이 '그리스인들'이란 아테네인들이나 스파르타인들을 말하는 것이 아닙니다. 이것이[27] 덕성 있는 시민의 직업으로, 즉 한 사람의 자유인 시민politēs의 직업으로 용납되었던 것은 아니라는 것입니다.

아고라는 폴리스에 내화되어 시민적 삶과 긴밀하게 결합되어 있었지만, 대외 교역은 폴리스와의 관계에 있어서 전적으로 외적인 것이었습니다. 이러한 사실로부터 폴리스 구조의 본질적인 측면 하나를 도출할 수 있습니다. 아테네는 자부심 가득한 서유럽 중세의 도시 상인merchant-burgess의[*28] 고향 같은 것이 된 적이 한 번도 없으며, 아테네의 아고라를 모방하여 곳곳에서 생겨났던 수많은 다른 폴리스의 아고라들 또한 도시 외곽의 농촌chōra으로 전혀 침투하지 못했습니다. 아고라의 정치적–사회학적 구조가 이런 일들을 불가능하게 만들었습니다. 이는 곧 시민들의 조직이었기 때문입니다. 폴리스는 이러한 헌정상의 한계를 넘어선 적이 결코 없습니다. 그리스 세계의 시장 시스템이 결국 실패하게 된 것도, 또 로마 제국이 급격한 팽창 속에서 세계 제국을 통합하는 여러 임무에 맞도록 시장 시스템을 적응시킬 수 없었던 것도 결국에는 바로 이러한 한계에서 기인하는 것이었습니다.(하이켈하임[*29]의 생각을 빌리자면 이와 아주 희미하게나마 비슷한 일이 그 전에도 벌어졌었는지도 모릅니다. 신석기 시대에도 분명히 여러 시장이 존재하기는 했지만, 이는 청동기 시대에 들어와 도시 국가의 관개 제국에 이르도록 지속적으로 발전하지는 못했으며, 그 성장의 속도 또한 그리스 시대에 들어 문명화의 힘들이 엄청나게 터져 나오면서 벌어졌던 활발한 경제 활동의 성장에 견줄 만한 것이 전혀 아니었습니다.)

여기에 고대사의 새로운, 하지만 결정적인 문제가 있습니다. 시장이라는 방법의 탄생지가 바빌로니아가 아니라 그리스였다는 것을 인정하게 되면, 경제 활동의 통합에 있어서 나타나는 시장적 형태와 비시장적 형태의 문제는 초점이 제각각 다른 방향으로 이동하게 됩니다.[*30)] 그러한 비시장적인 방법은 상호성과 재분배에 기초하고 있으며, 우리는 이 둘을 묶어서 짧게 계획경제planning라고 부르겠습니다. 시장적 요소들과 계획경제의 관계 또한 새로운 시각에서 볼 수 있게 됩니다. 바빌로니아의 여러 경제를 얼마나 만족스럽게 묘사할 수 있는가가 그 시험대가 될 것입니다. 이집트보다 메소포타미아가 더 부각되는 이유가 있습니다. 경제 활동은 엄청나게 증가하는 가운데 (그 활동에는 교역과 화폐 사용은 물론 넓게 보아 영리적 거래에 해당하는 것까지 포함됩니다.) 오히려 시장이 사라지는 일이 벌어졌던 것이 바로 메소포타미아였으니까요. 따라서 새로운 경제사학의 개념적 도구들의 설명력을 보여주는 시험대는 메소포타미아가 되어야 할 것입니다. 화폐의 예만 따져보겠습니다. 시장이 존재하지 않으며 따라서 국내 경제에서는 교환의 매개 수단으로 화폐가 거의 쓰이지 않는 상태인데, 가치표준으로서의 화폐는 말할 것도 없고 지불 수단으로서의 화폐까지도 쓰이는 것은 어떻게 가능할까요? 그 밖에도 대답을 기다리는 비슷한 성격의 문제들이 여럿 있습니다...

초기 바빌로니아, 즉 바빌로니아 제1왕조에서는 은(銀)이 가치표준으로서 기능했지만, 신전의 회계는 경제의 핵심 부문에서 지불 수단이었던 보리를 단위로 하여 이루어졌습니다. 사실상 보리는 조세, 지대, 임금 등에서 유일한 지불 수단이었습니다.

그렇다면 1세겔의 은에 대해 여러 재화들의 일정한 양을 등가로 선언하는 법령들에 나타나는 등가 관계는 의미하는 바가 무엇일까요? 오랜 시간에 걸쳐서 이 등가 관계에 대해 그토록 놀라울 정도로 안정성을 지켜냈던 목적은 무엇이었을까요? 이 등가 관계를 안정적으로 지켜내기 위해서 현실의 측량 표준 자체를 바꾸어 가면서까지(이는 드문 일이 아니었습니다.) 형식적 안정성을 지켜내려 했던 목적이 무엇이었을까요? (덧붙여서, 도량형 시스템 자체는 건드리지 않으면서 이러한 목적을 달성하기 위해 조작적 목적으로 이용되었던 고안물은 무엇이었을까요?)[31]

　이러한 문제들 그리고 이와 비슷한 다른 문제들에 만족스러운 답을 내기 위해서는 지금 우리가 가지고 있는 지식으로는 부족합니다. 하지만 우리 지식의 한계를 예단하지 않으면서도 다음과 같은 정도는 지금도 말할 수 있습니다. 인간의 경제가 시장경제의 완성을 향해서 점진적으로 움직여왔다는 식의 전통적인 세계상으로는 과거를 만족스럽게 파악할 수가 없다고 말입니다. 시장의 요소들은 오늘날까지 인류 역사에 계속해서 나타났다가 사라졌다가를 반복했으며, 통합해야 할 영토가 갑자기 팽창할 경우에는 시장 조직이 실패를 겪게 되고 비시장 요소들이 전면에 부각됩니다. 역사의 여러 다양한 시대에 시장 요소들과 비시장 요소들이 이렇게 반복적으로 나타나는 방식을 연구하는 것이야말로 가장 중요하며 또 가장 흥미로운 일입니다. 그리고 이는 크게 보아 비슷한 문제가 다시 인류에게 제기된 현재 그리고 가까운 미래에 대해서도 큰 중요성을 갖는 문제입니다. 고대사 연구는 오늘날 우리들의 일상적 문제들을 개념적으로 파악하는 데에 가장 절실하게 필요한 개념 작업 도구들을 담은 상자의 하나임이 분명히 드러날 것입니다.

4부

—

위기와 전환

—

16장

오늘날의 중요한 문제 : 답변[**]

NE[1)]의 25/26호에 〈공동 소유의 경직된 체제〉[2)]라는 제목으로 게재된 논문에서 푀르스터F. W. Förster 교수는 기독교-톨스토이적 관점과 볼셰비즘의 관점을 대조시킨다. 그리고 이 글은 29/30호에서 옐리네크Adele Jellinek의 대응을 촉발시켰다(〈사회주의의 윤리적 가치〉[3)]). 31/32호에서 나는 마르크스주의 세계관의 논점에 대한 비판적 고찰을 제시했다. 이 글은 〈이데올로기의 위기 : F. W. 푀르스터의 '공동 소유의 경직된 체제'에 대하여〉[4)]라는 제목으로 게재되었다.

그 시작은 다음과 같다. "오늘날 마르크스주의와 사회주의를 똑같은 것으로 섞어버리는 태도가 지배적이며, 이는 모든 현대 사상의 진전을 겁주어 위축시키는 유령 노릇을 하고 있다. 우리 시대의 가장 긴급한 사

[**] 칼 폴라니 문서고, 파일 2-9. 1919년, "Worauf es heute ankommt: Eine Erwiderung"이라는 제목이 붙은 독일어 타자본.

회 문제들을 해결하려는 모든 지적인 시도는 이러한 지적인 늪에 빠져 허우적거리고 있는 실정이다."(p.458) 그 결론은 이러하다. "공리주의적 윤리학, 역사적 유물론, 실증주의 인식론, 결정론적 철학, 이 모든 것들은 새로운 국면에 더 이상 유효하지 않다. 하지만 이데올로기로서의 마르크스주의는 이를 기초로 삼고 있다. 마르크스주의의 시대는 끝났다."(p.461)

나는 NE의 36호에 게재된 프리츠 뮐러Fritz Müller의 반박글(여기에서 그는 푀르스터와 본인 모두를 논의하고 있다.)을 지금에야 받아 보았다. 그 글의 제목은 〈기독교적 아나키스트들과 위기의 예언자들: 푀르스터, 폴라니 등의 논의에 대하여〉[5]이다. 뮐러는 푀르스터에 대해서는 형식상으로는 경의를 표하면서 내용상으로는 노골적으로 깔보고 있다. 그리고 나에 대해서는 형식상으로는 노골적으로 깔보면서 내용에 대해서는 전혀 관심을 두지 않고 있다. 하지만 양쪽 모두 결과는 같다. 푀르스터는 고귀한 이로 여겨지며 따라서 그의 관점도 옳지만, 모든 고상한 정신이 그러하듯 그의 관점 또한 별 중요성은 없다는 것이다. 한편 나에 대해서는 무슨 이유에서인지 "왕년의 헝가리 공산주의자"라는 딱지를 붙이고 있으며, 그야말로 인간 이하의 존재로 취급한다. 따라서 설령 나의 관점이 옳다고 해도 바로 그 이유 때문에 별 중요성을 가질 수가 없다는 것이다. 뮐러는 이러한 방식으로 앞서 말한 내 글의 내용에 대해서는 아무런 일관된 입장도 내놓지 않으면서 주제와는 실로 아무 상관도 없는 글재주만 피우고 있다. 나는 옛날식의 신조이든 새로운 신조이든 공산주의자는 결코 되어본 일이 없으며, 헝가리에서는 오랫동안 반(反)마르크스주의를 고수한 것으로 여겨져 온 사람이다. 나는 이 글에서 푀르스터와 나의 공통된 관심을 객관적 방식으로 변호하기 위하여 그의 여러 명제들을 다시 한 번 논하도록 하겠다.

자본주의 시대가 동터온 이래로 모든 사회철학은 현실 옹호 진영과 사회주의 진영이라는 두 개의 진영으로 갈라졌다. 후자는 모든 착취의 철폐를 요구하며, 자유롭고 평등한 개인들의 사회를 창출하는 것을 목표로 삼는다.

19세기의 여러 사회주의 학파는 다시 두 개의 방향으로 나아가게 된다. 하나는 마르크스주의 사회주의자들로서, 스스로를 사회민주주의자라고 부르는 개혁주의 정당과 스스로를 볼셰비키주의자(공산주의자)라고 부르는 혁명 정당이 이에 속한다. 또 다른 하나는 자유주의적 사회주의자들로서, 급진파와 토지 개혁가라 알려져 있는 개혁주의 정당과 여러 다른 아나키즘 집단으로 흩어져 있는 혁명 정당이다.

마르크스주의적 사회주의는 마르크스와 엥겔스에게서 물려받은 폐쇄적인 유산을 내세우는 획일적인 사상 체계를 가지고 있지만, 자유주의적 사회주의는 19세기 독자적인 사상가들의 자유로운 지적 공동체로서 존재하고 있다. 이 계보는 튀르고와 애덤 스미스에서 시작하여 캐리Carey, 프루동, 뒤링, 바스티아 등을 거쳐 헨리 조지, 허버트 스펜서, 크로포트킨,*6) 헤르츠카Hertzka, 오펜하이머 등으로 이어진다. 이들이 지닌 여러 차이점과 분열점을 모두 넘어서서 본다면, 이들의 저작을 하나로 묶어주는 중심 주제가 더욱더 분명하고 의미심장하게 드러닌다. 그 중심 주제는 다음과 같은 것이다.

자유는 모든 진정한 조화의 기초이다. 자유로 인해 생겨나는 상태는 자연적인 상태이며, 그 조화는 스스로에 기초한 것이어서 확고하고 흔들리지 않는다. 모든 인간의 삶을 이렇게 이상적으로 그려낸 상(像)은 '자연법의 여러 요구'에서 나오는 것이 아니다. 이러한 이상은 필연적인 것이며, 오히려 자연법이라는 관념 자체가 애초에 바로 이러한 이상에서 나온 것이다. 이 특별하고도 뛰어난 이상적인 모습은 그 어떤 전제주의Willkür와도 거리가 멀다. 이는 모든 폭력이 사라지고 그리하여 진정한 진짜 자유가 찾아왔을 때 필연적으로 도달하게 될 상태를 명쾌하게 그려낸 것이다.

경제적 이상

저 영국-프랑스 대혁명의 목적은 경제적 자유를 실현하는 것이었다. 하지만 그 혁명은 완수되지 못했다. 토지에 대한 독점이라는 봉건적 제도가 혁명 뒤에도 살아남았고, 그 결과 자유로운 경제를 지향하는 새로운 힘들을 거꾸로 뒤집어버렸다. 이동의 자유와 더불어 토지에 대한 자유로운 소유가 곁들여질 때에야 비로소 노동과 자연의 여러 힘이 자유로운 관계를 맺을 수 있었을 터인데, 이것이 실현되지 못한 것이다. 바로 이 때문에 자본주의가 나타나게 된다. 자본주의는 폭력과 자유의 혼종으로서, 과거의 적나라한 폭력이 낳은 혐오스런 산물과 자유로운 미래의 여러 힘이 결합된 것이다. 이는 '발전에 필연적으로 나타나는 단계'가 결코 아니며, 창조적 힘이 마침내 처음으로 완전하게 표출되려 하는 바로 그 시점에 발전이 정체되는 바람에 생겨난 산물이다. 자본가의 이윤은 순수 토지 지대(리카도가 말하는 차액지대로서, 이는 부차적 역할을 수행할 뿐이다.)의 결과가 아니며, 한계지에서도 생겨나는 지대이다. 토지에 대한 강제력을 수반한 독점Bodensperre[7]은 토지 없는 노동자들이 항상 존재할 것임을 뜻한다. 이들은 자신들의 땅에서 자신들의 노동으로 산출했을 것보다 더 낮은 임금을 받는 종속적 노동자로서, 언제든지 고용할 수 있는 자들임을 뜻한다. 이 토지 없는 계급이 토지 소유 계급에게 내어주는 잉여가치는 토지 소유 계급의 개별 성원들에게 각자가 '자본'에 대해 갖는 지분에 따라 분배된다. 이러한 토지에 대한 독점이 계속되는 한 비단 토지뿐만 아니라 모든 자본 또한 '이윤을 산출'할 수밖에 없게 된다. 어떤 임금도 농업에서의 '한계 노동자'의 임금보다 위로 올라갈 수는 없다. 왜냐면 임금 피라미드의 밑바닥을 결정하는 것은 항상 이 농업 '한계 노동자'의 기아(飢餓)임금이기 때문이다. 따라서 자본의 이윤은 순수 토지 지대에 기초를 두는 것이며, 마르크스주의자들이 가정하는 것처럼 토지 지대가 자본 이윤에 기초를 두는 게 아니라는 것이다. 어떤 이들은 현실을 지배하는 것이 자유 경쟁의 경제 법칙이며 착취 또한 여기에서 나오는 것이라고 믿지만, 실제로 현실을 지배하는 것은 강권적인 토지 소유라는 정치적 법칙이며, 오히려 자유 경쟁은 이것 때문에 소멸하게 된다.

여러 순종적 형태의 노동은 기억할 수도 없는 옛날부터 폭력의 정치적 결과물이었다. 노예제와 농노제는 정치적 정복의 결과물들로, 이것이 경제적 착취의 기초이다. 잉여가치를 추출해가는 도구로서의 자본주의는 이러한 순종적 형태의 노동에 기초하는 것으로, 그 진정한 이름은 토지에 대한 독점이다. 굶주림 때문에 농촌을 떠나 도시로 몰려드는 싼값의 노동자 집단 또한 바로 이 도시에 대한 독점 그리고 지배적인 순종적 형태의 노동이 가져온 결과물일 뿐이다.

오늘날 경제를 지배하는 것은 자유가 아닌 독점이다. 이러한 토지에 대한 독점은 마르크스주의자들이 주장하는 것처럼 "자유 경제의 결과물"이 아니며, 오히려 바로 이것이 자유로운 시장경제가 형성되는 것을 가로막고 있다. 이는 자유롭고 평등한 인간들 사이의 경제를 불가능하게 만들고 있으며, 오늘날의 이른바 경쟁이라는 것을 그 대립물, 즉 재산 소유 계급에 의한 무소유 계급의 착취로 전화시키는 것 또한 바로 이 "경제외적인 힘"(마르크스)인 것이다. 잉여가치는 자유시장경제의 가치 법칙에 따라서 생겨나는 것이 아니라 그것과 모순을 이루면서 생겨나는 것이다. 강제력에 기초한 재산 소유가 자유로운 경제를 제약하고 있기 때문이다.

이러한 흐름의 생각은 오이겐 뒤링의 다음과 같은 인용문에 처음으로 포착된 바 있다.

> 노예제와 임금 결박과 같은 제도들은 폭력에 기초한 재산 소유와 쌍둥이처럼 엮여 있으며, 이것들은 사회-경제 체제를 구성하는 헌법적 형태로 순수하게 정치적 성격을 가진 것들로서 간주되어야 하거니와, 지금까지는 오로지 자연적 경제 법칙의 결과들이 제 모습을 드러내는 틀로서만 여겨져 왔다.[8]

프리드리히 엥겔스는 이러한 생각을 뒤링의 모든 저작의 '기본 주제'라고 보아 이를 논박하려고 했지만, 우리의 견해로 볼 때에는 전혀 성공을 거두지 못했다.

자유주의적 사회주의의 입장에서 볼 때에는, 자본주의의 근본적 문제라고 할 정의롭지 못한 경제적 구성 그리고 이를 떠받치는 착취 등은 모두 노동의 진정한 자유에 여러 제약이 가해진 결과물들이다.

자본주의의 2차적 문제들 또한 이와 동일한 근원에서 생겨난다.

잉여가치에서 완전히 해방된 경제라면 수요와 공급은 생산과 분배를 조화롭게 규제하는 장치로서 기능하게 된다. 여기에서는 합당한 임금 이외에 그 어떤 '사업가의 이윤 entrepreneurial profit'도 존재하지 않는다. 가격은 오직 등가의 노동가치만을 실현할 뿐 은폐된 잉여가치를 실현하지는 않으며, 따라서 경제 위기 또한 존재하지 않는다. 생산이 사회적 필요욕구와 상충되도록 만드는 '이윤 경제'의 여러 변태적인 행태 또한 사회의 이익을 보장하는 탁월한 장치로 탈바꿈하게 된다.

이렇게 구성된 사회에서는 자유로운 협동이 협업의 일반적 형태가 된다. 생산과 소비는 자율적인 협동조합들이 서로 유기적으로 맺는 구조 안에서 다름 아닌 시장에 의해 조직될 것이며, 유통 과정을 복잡하게 만드는 중간 거래, 투기, 그 밖의 모든 기생적 행태들은 완전히 배제될 것이다. 하지만 이는 이제 기계적이 아닌 유기적 형태로 조직될 것이다. 사회의 모든 성원 한 사람 한 사람이 소비, 생산, 그리고 자기가 속한 협동적 사업체들의 좁은 범위 안에서 자신의 위치를 자신이 처한 환경에 비추어 개괄할 수 있게 될 것이다. 이들은 생기 넘치는 직관으로 자신의 경제적 이익과 협동적인 이타주의의 충동을 둘 다 이끌어낼 수 있을 것이고, 이러한 충동들을 계속해서 재검토할 수 있게 될 것이며, 자신의 인격 전체를 쏟아부어 그 충동을 보존하고 또 풍부하게 키워나갈 것이다. 경제 위기의 두 번째 원천인 시장에서의 조직화의 결핍은 이렇게 유기적 방식으로 시정될 것이며, 그 과정에서 전체 유기체를 이끌어가는 보이지 않는 세포라고 할 능농적 개인을 파괴하는 일도 없을 것이다.

자유주의적 사회주의의 착상에서 보자면, 이러한 사회적 삶의 상(像)은 현실에 부합하는 것으로서, 일종의 유기적 실체를 떠올리게 한다. 경제란 살아 있는 과정이며, 제아무리 정밀하게 천재적으로 착상된 것이라고 해도 그 어떤 기계적 장치로도 대체할 수 없는 것이다. 자유주의적 사회주의의 입장에서 볼 때, 통계적인 방법을 동원하여 사람들의 여러 필요욕구, 능력, '사회의' 여러 이익을 결정하고 또 이것을 기초로 삼아 이에 조응하는 시스템을 세우겠다는 희망은 아무런 근거도 없는 헛된 희망에 지나지 않는다. 이러한 시스템이 작동한다고 해봐야 개인들이 지닌 여러 필요욕구에도, 그들의 다양한 능력에도, 또 그들의 이익에도 전혀 부응하지 못한다.

'통계에 의한 결정'이라는 방법은 근본적인 오류를 안고 있다. 여기에서 측량하는 것은 그 크기와 양에 따라 수가 결정되는 사물들과는 전혀 다른 것이다. 사람, 여러 상품, 노동시간, 토지 단위, 농산물 생산량, 마력(馬力) 따위는 '숫자로 셀' 수 있지만, 사람들의 다양한 필요욕구와 능력, 작업 강도와 질, 토지의 비옥도, 어떤 발명이 가져올 여러 기술적 가능성 등은 그렇게 할 수가 없다. 그런데 살아 움직이는 경제 과정에서 중요한 것은 오직 이러한 요인들뿐이다. 경제의 촘촘한 혈맥 조직에는 숫자로 분석할 수 있는 시장을 불빛으로 삼아 명쾌하게 조명할 수 있는 부분도 있지만, 그런 부분과 통제의 대상으로 삼아야 할 실제 경제를 동일한 것으로 본다는 것은 마치 인간의 정신에서 명료하게 의식으로 떠오르는 부분을 우리의 무의식적 정신 유기체(의식은 이것의 기능일 뿐이다.) 안에 숨어 있는 내용과 동일한 것으로 보는 것이나 마찬가지다. 시장은 말 그대로 특수한 감각기관이어서, 이것이 없다면 경제의 순환 시스템이 무너지고 말 것이다. 그리고 시장이 그 지각 기능을 성공적으로 수행할지의 여부는 바로 자유로운 가격 형성에 달려 있다.

사회적 노동의 생산물을 분배하는 방법으로는 두 가지를 생각할 수 있다. 하나는 시장을 수단으로 삼는 방법으로, 시장은 무수한 가격들이 엮어내는 복잡한 거미줄의 중심에 서서 사람들의 필요욕구에 맞는 재화를 내어주게 된다. 다른 하나는 시장을 활용하지 않는 방법으로, 이 경우에는 직접적인 배분이 이루어진다. 현실은 전자이며, 후자는 국민경제에서나 세계경제에서나 가능하지 않다. 후자의 경우 가격 형성을 대신할 수 있는 것이 아무것도 없다. 비록 이론상으로는 인간적 가격이라는 것을 생각할 수 있다고 해도, 이때의 가격은 현존하는 여러 필요욕구에 대해 현존하는 여러 재화가 어떻게 상응하는지를 표현하는 분배 지수를 드러내는 것이 아니기 때문이다. 그와 반대로 여기에서 가격은 유동적인 지수일 뿐 현시된 여러 필요욕구와 현시된 노동의 노고를 보여주지 못하며, 대신 그러한 현시된 모습들 배후에 숨어 있는 필요욕구와 노동 수입의 변화의 모멘트들을 보여주는 것이다. 이것들 자체는 현실에 존재하는 양이 아니라 경제의 유기적 생활 과정에 나타나는 미분값들일 뿐이다. 이러한 가격은 현실에 나타날 때에는 규칙적이고 비교적 일관된 성격을 띠기 때문에, 그 가격이 순전히 기능적 성격을 지닌다는 사실은 가려진다. 가격이란 상품이 갖는 성격이 아니라 생산자들 사이의 여러 관계임은 분명하다. 하지만 이러한 관계 양상은 무수한 경제 세포들이 빽빽하게 엮어내는 거미줄로 가려져, 우리는 오로지 그것들이 통합된 결과만을 알 수 있을 뿐이며, 그 결과가 바로 가격이다. 통계에 따라서 여러 가격이 스스로를 규제할 것이라고 기대하는 것은 마치 공장의 여러 설비에 맞춰 자기 팔에 감은 혈압계가 오르내릴 것이라고 기대하는 것만큼이나 헛된 짓이다. 그리고 시장경세와 시징이 없는 경제 사이에는 중간 지대가 있을 수도 없다. 이는 마치 사람의 수족을 잘라 모아놓고도 그 하나하나에 계속 피가 힘차게 돌 것이라고 전제하거나, 혹은 인공심장 장치를 달고도 인간이 살아 움직일 수 있다고 전제하는 것과 같다.

이것이 바로 협동적 사회주의가 시장경제와 동의어가 되는 이유다.

이때의 시장경제란 잉여가치의 수탈을 여러 상품의 가격 안에 은폐하는 현장인 자본주의적 이윤 경제의 무정부적 시장이 아니라, 자유로운 노동 생산물이 등가 관계로 교환되는 유기적 구조를 갖춘 시장이다.

이러한 유기적인 경제에 대한 직관은 곧 자유주의적 사회주의가 원리상 **중농주의적**physiocratic 교리(튀르고, 캐리, 오펜하이머, 다니엘A. Dániel)임을 뜻한다. 생산 전체가 농업의 산출에 달려 있다는 것이 자유주의적 사회주의의 근본 원리다. 따라서 자유주의적 사회주의에 있어서 산업 조직의 여러 형태는 항상 2차적인 문제로서, 이것만으로는 결코 토지의 헌법적 형태들을 결정할 수 없는 것으로 여겨진다. 도시에서 벌어지는 모든 운동의 의미와 내용은 농촌에서 결정된다. 기계의 기술적 생산성이 초기 자본주의 시대에는 노동자들의 **평균** 생활수준을 끌어올렸던 것이 사실이지만, 빈곤과 참상의 바다였던 농촌은 여기에서 혜택을 봄과 동시에 또한 도시 노동자들의 생활수준을 중세의 직인들과 장색들journeymen보다도 훨씬 낮은 수준으로 끌어내렸다(프란츠 오펜하이머). 게다가 산업사회로의 변화가 생산성을 높이는 것이라고 한다면, 그 효과는 언제나 장기적으로는 농업 노동자들의 생활수준을 올리는 것으로 이어져야 했다. 그런데 이러한 그들의 생활수준 향상은 여러 정치적 혁명의 결과라는 것이다.

따라서 자유주의적이며 중농주의적인 경제관에 입각한 자유주의적 사회주의의 입장에서 볼 때, 가장 우선시되는 것은 농업에서의 협동조합 문제다. 물론 이는 자발적인 사업체여야만 한다. 그렇지 않을 경우에는 아예 협동조합 사업이라는 말 자체가 성립하지 않을 것이다. 법으로 강제된 협동과 자유로운 협동 사이에도 중간 지대가 있을 수 없다. 문서상으로는 이 둘이 별 차이 없어 보이겠지만, 현실에 있어서는 마치 살아 있는 인간과 원형 감옥panopticon에서 마네킹이 되어버린 인간만큼 판이하게 다른 것이다. 이 둘은 구성, 동력인efficient cause, 신진대사 면에서 다르며, 따라서 지속성과 생명 기능 등 모든 점에서 근본적으로 다르다. 칼 카우츠키는 농업 문제에 대한 이해가 모자랐다는 점에서도 하나의 반면교사이지만, 특히 협동조합의 문제를 실로 엉망으로 다루고 있다는 점에서도 역사적인 의무태만의 죄를 피해갈 수 없다. 게다가 협동조합은 시장이 없는 경제라는 조건하에서는 생각조차 할 수 없건만, 카우츠키는 으뜸의 경제 형태를 공산주의적인 국유 경제로 놓고서 협동조합은 그저 그야말로 여기에 장식품으로 딸려오는 하위 형태로 다루어 버리는 심각한 오류까지 저질렀다. 지난 몇십 년간 마르크스주의가 이론과 실천에서 의도적으로 등한시하며 범했던 여러 오류 중에서도 협동조합에 관한 것만큼 심각한 것은 없으며, 가장 못되게 보복적으로 굴었던 것도 바로 이 문제에서였다.

국가가 창출한 협동조합이라는 것은 대규모 공기업 이상 아무것도 아니며, 여기에 참여하는 이들 사이에 여러 관계 또한 오로지 강제(그 강제라는 것이 얼마나 정의로운 것으로 혹은 타당한 것으로 느껴지든)적으로만 생겨나게 된다. 이러한 협동조합은 개인들의 이익, 목적, 혜안 따위가 아니라 다른 사람들의 의지에 그 존재의 근거가 있으며, 그를 통해 운명을 공유하게 된다. 이 관계 안에서는 궁극의 단위인 개개인들이 눈에 보이지도 않을 만큼 적은 노력이라도 내놓게 되어 있으며, 이것이 공동 생산물의 가치에 있어서 마찬가지로 눈에 보이지 않을 만큼 작지만 그래도 예측할 수 있는 가치의 상승과 조응하게 된다. 이 관계가 바로 협동적 노동의 생산성을 결정하는 지수quotient이다.

비록 아주 보잘것없는 크기라고 해도 이러한 능률이 없다면 협동조합은 결코 임노동에 비해 우월할 수가 없다. 오히려 그 반대다. 임노동의 경우에는 돈독이 오른 자본가가 자본가의 이익을 위하여 해고와 굶주림이라는 채찍을 휘둘러 그들 노력의(비록 아주 높은 정도의 전문성Potens에 미치지는 못하지만) 마지막 지출까지 노동자들을 쥐어짜게 되어 있기 때문이다.

하지만 봉건적 영지(領地)에 있는 토지와 사람들을 법령을 통해서 공산주의적인 '대규모 협동조합 사업체'로 변형시키는 일은 결코 가능하지 않다. 이는 두 가지 점에서 불가능하다. 첫째는 방금 대략적으로 설명한 것으로서, 협동조합을 법령으로 만든다는 것 자체가 불가능하다는 점 때문이다. 농업 노동자들, 농장 일꾼들, 소작농들 등을 모아놓고서 자유롭고 자발적으로 서로 협동하라고 강요하는 것은 가능한 일이 아니다. 둘째, 그러면서 동시에 이들의 노동 생산물을 공공재산으로 간주하고 공산품과 교환하도록 강제하는 것 또한 불가능하다. 이는 반(半)노예화 상태에 있는 농촌 사람들로 하여금 자유로운 협동에 종사하면서 또 동시에 시장 없는 국유 경제에 종사하라고 강제하는 것에 해당한다. 이러한 시도는 아무런 결실도 맺을 수 없다. 자유주의적 사회주의의 입장에서 볼 때 존재할 수 있는 것은 오로지 자발적인 협동조합뿐이며, 다른 형태는 전혀 생각조차 할 수 없다. 헝가리에 소비에트 정권이 들어섰던 기간에 붉은 페인트를 칠한 대규모 봉건적 사업체들이 있었거니와, 이들이야말로 혁명을 과시하기 위한 전시용 마을Potemkin villages의 원형이라고 할 만한 것이었다. 내란이 벌어지다 보니 이런 일들도 하지 않을 수 없었겠으나, 이는 국민경제라는 맥락에서는 그런 사업체들이 결코 지속될 수 없다는 것을 논박이 아니라 오히려 입증해주는 예다.

자유주의적 사회주의는 근본적으로 폭력에 강력히 반대한다. 자유주의적 사회주의는 개인들에게 지배력을 행사하는 유기체로서의 국가만이 아니라 만사를 관리하는 행정 단위로서의 국가 또한, 현실상으로는 필요악이며 이론상으로도 쓸모없고 유해한 구성물이라고 본다. 개인들의 삶과 활동을 통해서만 생겨날 수 있는 것을 국가 권력을 사용하여 대체하려는 시도는 반드시 파괴적인 결과를 가져올 수밖에 없다는 것이다.

'공산주의 국가 경제'는 오직 그 사상이 생겨난 공간인 도시의 사업체들에 대해서만 유효한 것이다. 이 산업체들은 그 수도 많고 중요한 것들이기도 하여 이들을 사회화하는 것은 시급하고도 필수적인 일이다. 하지만 산업의 재조직 과정에서 시장경제를 철폐하면 경제 자체가 결딴나버리고 말 것이므로 이는 결코 해서는 안 될 일이다. 다른 한편으로 이것이 농업으로까지 확장되어서도 안 된다. 이곳이야말로 대규모의 협동조합이 깃들 수 있는 진정한 고향이기 때문이다. 사회화라는 것이 국유 경제와 동의어가 되어서도 안 된다. 국가는 사회화의 기관이 되어서는 안 되며, 최소한 기업의 궁극적 소유주가 되어서는 안 된다. 모든 이들의 경제적 자치가 사회화의 기관이 되어야만 한다. 그들이 만든 여러 기관들, 노동자 평의회, 그 밖의 자율적인 소비와 농업 생산의 대표체들이 그 역할을 맡아야 한다. 이 점에 대해서는 다시 논할 것이다. 여기에서는 그저 자유주의적 사회주의가 주요한 기계직 생산수단의 사회화를 시급한 조치로 요구하지만, 이는 어디까지나 자유롭고 협동적인 시장경제라는 원칙을 침해하지 않는 선에서라는 점만 밝혀두는 것으로 족하다.

따라서 자유주의적 사회주의는 두 가지 점에서 '공산주의'의 필연성을 이야기한다. 비록 이것이 시장 없는 경제라는 고유한 의미에서의 공산주의로 나아간다고 주장하는 것은 결코 아니지만 말이다. 두 가지 필연성 중 하나는 오래 지속되는 것으로서 대규모 산업체들의 사회화이다. 또 다른 필연성은 일시적인 것으로서 전쟁과 혁명이 벌어질 때마다 공산주의가 뒤따르게 되어 있다는 것이다. 이는 참전한 군대의 물자 조달 혹은 내란시의 전략에 따른 결과이다. 이는 단지 프롤레타리아 봉기에 부수적으로 수반되는 것이지 그 봉기가 지닌 역사적 의미에서 나오는 필연성은 아니다. 이는 나중에 정치적·역사적 차원을 논하면서 더 자세히 설명할 것이다.

그 부분으로 들어가기 전에 자유주의적 사회주의 사회의 현실적 건설을 위해 실제로 쓸 수 있는 수단들을 간단히 나열해보고자 한다.

1. 경작 가능한 토지를 경작하고자 하는 의사와 능력을 가진 모두에게 무상으로 배분하는 완전한 토지 해방

2. 모든 농업 노동자들에게, 다시 말해서 스스로를 대규모 사업체로 조직한 모든 형태의 생산자 협동조합 및 여타 협동조합들에게 완전한 재산권을 보장할 것.

3. 이에 상응하는 대규모 산업 기업체들을 조직된 경제의 여러 기관들로 대표되는 만인의 경제적 자치로 이전할 것. 유기적인 경제적 자치(평의회와 주민회의 시스템)와 만인의 민주적 대의제를 완벽하게 분리할 것. 후자는 경제를 교란할 권리를 전혀 갖지 않을 것.

4. 정신노동과 육체노동의 완전한 유기적 평등화. 육체노동과 정신노동이 동등하게 대표되는 형태의 대의제만을 정의로운 것으로 간주한다. 생산적 노동력과의 자유로운 임금 협정.

5. 모든 가격 및 임금의 규제, 토지의 징발과 분할Requisitien und Rayonierung,

모든 관세와 쿼터, 여타 자유 시장에 대한 모든 개입을 가능한 한 빠르게 완전히 중지할 것.

정치적·역사적 관점

볼셰비즘의 역사는 짧지만 여러 확실한 결과들을 가져왔다.

14개월 전 나는 러시아 혁명의 교리에 대하여 다음과 같이 서술했다.

러시아에서 볼셰비즘의 정치적 승리는 공산주의적 경제 프로그램이 완전히 패배했다는 것을 뜻한다. 소비에트 정부가 거둔 성공은 모두 중앙집권화된 국유 경제의 요구들을 폐기하는 것을 대가로 얻은 것이다. 러시아에서 나타난 것은 시장 없는 교환이 아니며, 사회를 위한 사회를 통한 생산이 아니며, 토지의 국유화가 아니다. 여기에서 나타난 것은 시장, 토지의 사적 소유, 자발적이고 자유로운 협동조합들이 여러 식료품 시장을 지배하는 상황, 성과급의 화폐 임금 등이며, 이 모든 것들은 내전으로 인하여 어쩔 수 없이 타락한 형태들로 나타나고 있다. 특히 암시장 거래, 투기, 기업 이윤에 대한 국가 보장, 숙련 노동자의 임금을 처음에는 인위적으로 낮추었다가 그 다음에는 인위적으로 올린 것, 생산 저하, 과도한 착취 등이다. 당시로서는 이해할 수 없었던 것, 혹은 기껏해야 잘못 이해할 수밖에 없었던 것이 오늘날에는 공인된 역시적 현실이 되어 있으니, 소비에트 정부의 완전한 정치적 승리는 러시아의 중앙집권화된 국가 경제의 완전한 붕괴와 더불어 나타났다는 것이 그것이다. 오늘날 러시아를 지배하는 정치권력은 레닌의 것이지만, 경제 권력은 자기 자신의 토지에서 생산하는 새롭고 자유로운 러시아 농업협동조합들로서, 이들은 함께 모여서 자발적이고도 크고 강력한 덩어리를 형성한 바 있다. 이와 똑같은 진실을 부정적인 방식으로 증명한 사례는 헝가리다. 헝가리에서는 소비에트의 정치권력이 러시아만 못하였던바, 이는 순전히 소비에트 정부가 자신의 온 힘과 노력을 그 경제 강령을 실현하는 데에 쏟아부은 결과였다. 뜻깊고 원대한 포부로 공산주의 경제를 건설하려고 시도했지만 완전히 실패로 끝났으며, 이러한 시도만 없었더라도 헝가리의 소비에트 권력은 오늘날에도 건재했을 것이다. 러시아도 헝가리도 우리에게 똑같은 교훈을 일깨운다. 프롤레타리아 독재의 정치적 성공과 경제적 성공은 서로를 배제한다는 것이 그것이다. 여기서 정치적 성공이란 국가 권력을 노동계급의 손에 집중시키고자 하는 노력을 말하며, 반면 경제적 성공이란 경제를 공산주의에 맞게(시장이 없고 중앙집권화된 국유 경제) 재구조화하려는 노력을 말한다. 하지만 공산주의만 빼고는 다른 모든 사회주의적 경제는 노동계급의 정치권력과 얼마든지 조응할 수 있다. 이 사실이 유럽의 미래를 결정하게 될 것이다.

볼셰비즘 운동의 역사적 의미는 공산주의가 아니다. 프롤레타리아 독재에 실현된 진정한 의미는 다음의 두 가지다. 하나, 이는 역사적으로 존재해왔던 여러 국가들 사이에 그어진 숨 막히는 국경선을 영구히 지워버릴 것이다. 둘, 이는 경제라는 토양에서 거대한 대토지 농업과 독점 자본주의 권력을 완전히 뿌리 뽑을 것이다. 그 효과는 이론적으로 볼 때 본질상 파괴적 속성을 띠는 것으로서, 만약 그렇게 해서 해방된 여러 토지 세력들이 적절한 방식으로 재건의 과업에 전력을 바치지 않는 한, 유럽은 향후 수십 년간 완전한 경제적 무정부 상태와 정치적 전제주의가 지배하는 황무지가 되어버릴 것이다. 이러한 재건을 이룰 수 있는 유일한 형태는 바로 협동적 사회주의다.

부르주아지가 지배 세력으로 상승하면서는 국민국가가 창출되었다.

노동자들이 지배 세력으로 상승하면 세계국가를 창출하게 될 것이다. 하지만 여러 부르주아 혁명을 지탱했던 것은 그 혁명 계급인 부르주아지의 물질적 이익이었다. 그 이익의 승리가 더욱 완벽할수록 부르주아 계급이 이루어낸 성취의 수준도 더 높아졌다. 정치적 반동이 제아무리 몰아친다고 해도 경제적인 차원에서 부르주아 계급이 성취한 찬란한 승리까지 뒤로 물릴 수는 없는 것이다. 그 반대로 산업 프롤레타리아트의 입장에서 볼 때 공산주의로 나아가는 길이란 투쟁도 고난이고 그 결과도 고난이며, 여기에 정치적 패배까지 겪을 경우엔 더할 나위 없는 고난을 뜻한다. 하지만 앞에서 말했듯이 장기적으로 볼 때 모든 경제적 진보는 오늘날까지 농촌의 무산자들이 겪고 있는, 도처에 만연한 심각한 빈곤과 비참을 개선하는 데에 반드시 도움이 되게 마련이다. 이 모든 것들은 경제적 혁명이 아닌 정치적 혁명을 가늠하는 지표들이다. 이 정치적 혁명은 예전의 '높은 신분들'이 누리던 범접할 수 없는 정치적·법적·독점적 특권들을 파괴할 것이며, 이를 통해 자유로운 토지에서 자유로운 노동을 하는 여러 세력들이 매우 큰 권력을 갖게 될 것이다. 하지만 이는 더욱 근본적인, 경제적 의미에서의 혁명은 아니다. 이는 영국-프랑스 대혁명에서 시작되었던 운동의 전복이 아니라 오히려 완수를 대표하는 것이기 때문이다. 하지만 만약 이 혁명이 지금의 혼란을 뚫고 살아남기만 한다면, 이는 인류가 먼 미래를 염두에 두고 이루어낼 수 있는 가장 중요한 경제적 진보가 될 것이다.[9]

인간 사회는 모든 전쟁과 혁명에 내재되게 마련인 숙명적 공산주의와 진정한 의미에서의 세계 대혁명을 혼동하지 않을 때에야 비로소 이러한 진보를 이룰 수 있을 것이다. 그러한 세계 대혁명은 공산주의와는 관계가 없으며, 전 세계의 해방된 토지 위에서 자유로운 노동자들 사이의 자유로운 협동이 가져올 최종적인 창조물인 것이다. 이러한 세계는 피르스터의 말을 빌자면, "극도로 자유로운 개인들의 활동 사이에 벌어지는 풍부하게 표현된 협동적 상호작용의 최종적 결과물"[10]로서 살아남든가 아니면 사멸하든가 하게 될 것이다.

오늘날 결정적으로 중요한 문제

하지만 오늘날 결정적으로 중요한 문제는 자유주의가 과거의 정책이 아니며 아나키즘이 미래의 정책이 아니라는 것, 그리고 이 둘이 공유하는 이념적 내용이야말로 지금 현재의 현실을 이루고 있다는 점을 이해하는 것이다.

오늘날 결정적으로 중요한 문제는, 자유주의적 사회주의자들과 아나키즘 사회주의자들이 지난 1세기 동안 해왔던 여러 요구가 바로 지금의 현실에서 충족되고 있다는 사실을 제대로 파악하는 것이다. 그것도 유토피아적 형태로서가 아니라 현실적인 정치적 내용을 가지고 충족되고 있는 것이다. 세계 혁명이 일어난다면 그것이 이룩할 사회는 공산주의가 아니라 오히려 자유주의적 사회주의일 것이다.

마지막으로, 오늘날의 결정적으로 중요한 문제는 협동적 경제가 공산주의와 양립할 수 없다는 점을 이해하는 것이다. 협동적 경제는 오로지 자유로운 협동과 자유로운 교환이 자유롭게 상호작용을 맺을 때에만 존속할 수 있기 때문이다.

오늘날 모든 전투적 활동가들은 자신들의 소명이 강제력을 동원하여 인류를 구원으로 이끄는 것이 아니라, 인류의 자유를 회복시키는 것이라는 점을 가슴깊이 느껴야만 한다. 그리고 이 세계를 구원할 수 있는 것은 자유이며, 그 밖의 어떤 것도 아니라는 점에 대해 마음속 깊이 확신을 가져야 한다.

이것이 결정적으로 중요한 문제다.

---

* 키아란 크로닌Ciran Cronin이 독일어에서 영어로 옮김.

• 영역자의 말 : 칼 폴라니의 미출간 1919년 에세이인 이 글의 타자본 8페이지의 사진을 컨커디어 대학의 칼 폴라니 문서고에서 내게 구해주고, 또 번역할 때도 여러 점에서 도움을 준 개러스 데일에게 감사한다. 타자본은 무수한 오타와 잘못들이 있지만 대부분 연필로 수정되어 있다.(아마도 폴라니 본인으로 생각할 수 있다). 또 몇 구절은 거의 읽기가 힘들며 한 구절은 완전히 판독할 수 없었다. 하지만 그 해석에 따르는 여러 난점들을 상당히 신뢰할 만한 방식으로 해결할 수 있었기에(판독할 수 없는 구절의 경우 조르조 레스타의 도움을 얻었다.) 굳이 본문에서 따로 밝혀두지 않았다.

17장

현대 사회에서 서로 충돌하고 있는 철학들**

1강

현대 사회에서 서로 충돌하고 있는 철학이라고 할 때, 이는 흔히 파시즘과 공산주의가 민주주의에 대해 던지는 도전이라고 이해되고 있습니다.

이 강연의 목적은 그 도전의 진정한 성격을 드러내는 것입니다. 덧붙여서, 우리는 또한 위의 문제 설정이 그 안에 내포된 문제를 정확하게

** 칼 폴라니 문서고, 파일 15-2. Conflicting Philosophies in Modern Society, University of London, Eltham London County Council Literary Institute, 1937-8. 이 타자본은 여섯 개의 강연을 담고 있으며, 각 강연은 페이지마다 오른쪽 위 구석에 '강연 1', '강연 2'...라고 쓰여 있다. 두 번째 강연부터는 각 강연마다 따로 제목이 있으나 첫 번째 강연은 따로 제목이 없다. 이 여섯 강연이 한데 모여 긴밀히 결합된 한 덩이를 이루고 있음은 분명하다. 폴라니는 앞의 두 강연을 요약하여 부르는 방법으로 '첫 번째 강연'과 '두 번째 강연'이라는 말을 쓰고 있다(그리고 글 내부 참조cross-references의 두 경우가 더 있지만 비슷한 종류이다).

묘사하는 것인지도 밝혀낼 것입니다.

민주주의에 대한 영국의 이상과 유럽의 이상

민주적이라는 말은 우리에게 익숙한 정치철학 용어입니다. 하지만 영국의 민주주의와 유럽 여러 나라의 민주주의에 체현되어 있는 일련의 이상들은 서로 큰 차이를 보이고 있습니다. 그런데 여기에다 이렇게 동일한 용어를 적용하는 것이 과연 정당한 일일까요?

영국의 민주주의와 유럽 대륙의 민주주의는 서로 변종일 뿐 동일한 부류에 속한다는 것이 일반적인 가정입니다. 영국 웨스트민스터 의회는 종종 여러 다른 의회의 어머니라고 언급되기도 하며, 유럽 나라들의 의회는 영국을 모델로 하여 생겨났다고 여겨집니다.

영국의 민주주의 유형과 유럽 대륙의 민주주의 유형 사이에 여러 차이점이 나타나는 것은 단순히 그 모방이 불충분했기 때문이라고 그 원인을 돌리곤 합니다. 따라서 유럽 대륙에서 겪고 있는 여러 민주주의 제도들의 위기는 민주주의 철학을 고수했기 때문이 아니라 충분히 고수하지 못했기 때문이라고 이야기합니다. 이러한 해석이 과연 올바른 것일까요?

여러 이상들

1. **영국의 민주주의**   영국 민주주의는 자유라는 사상을 중심으로 삼습니다. 이는 공동체의 여러 가지 일을 최소한의 강제력과 최대한의 보편적 동의에 따라 해결하는 방법입니다. 영국 민주주의의 성격을 잘 드러내는 존재는 바로 의장chairman입니다. 여기에 해당하는 존재가 유럽

대륙에는 없습니다. 대신 유럽 나라들에는 회장 president이 있지만, 그 여러 기능은 실로 의장의 기능과는 거의 정반대라고 해야 할 것입니다. 의장의 임무는 어떤 문제를 토론하고 심의할 때 그 문제와 관련이 있는 모든 의견의 **흐름**들이 명확하게 **표출**되도록(각각의 흐름이 여론의 지지를 얼마만큼 받고 있는지 일정하게 보여주는 것도 바람직합니다.) 토론과 심의가 수행되는 것을 보장하는 것입니다. '회합의 의미'를 의장이 규명하려다 보면, 숙고해야 할 문제에 대해 불필요한 선입견을 만들어내게 마련입니다. 또 그렇게 해서 결정된 바를 실제로 집행하는 데에서도 불가피한 것 이외에는 어떤 강제력도 사용하지 않습니다. 특히 중요한 점은 소수파에 대한 문제입니다. 압도적 다수가 있다고 해도, 자신들이 소수파와 다수파 어느 쪽에 속하는지와 무관하게 일반적 이유로 볼 때 꼭 필요하다고 생각하는 정도 이상의 강제력을 소수에게 행사하는 법은 없습니다. 공동체 내에서 최대한의 자유는 바로 이러한 방법을 통해서 달성됩니다.

영구적인 선거구에서 주기적으로 선출된 대의 기구의 회합일 경우, 다수가 의견이 다른 소수에 대해 강제력을 사용할 권리를 남용하지 못하게 막는 안전장치가 또 하나 있으니, 양당제가 바로 그것입니다. 가장 많은 사람들의 공통된 합의를 대표하는 다수파가 그러한 자신의 기능을 남용하여 불가피한 정도 이상으로까지 소수파에게 강제력을 행사하려 든다면, 다음 선거에서는 거의 자동적으로 소수파로 전락하게 되어 있습니다.

양당제는 이렇게 영국 민주주의의 주요한 특징을 체현하고 있습니다. 영국의 양당제 역시 여러 문제들을 처리합니다만, 최소한의 강제력을 사용하여 그 처리를 완수합니다. 안정된 다수가 없다면 의회는 정부를 효율적으로 뒷받침할 수 없습니다. 그리고 정권을 잡은[1] 정당이 때때로 다른 정당들에 의해 교체되지 않는다면 다수제는 소수에 대한 독재와 똑같은 것이 될 것입니다.

이 시점에서, 민주주의가 자유를 보장하도록 고안된 정부 형태에는 본질적으로 여러 한계가 있음을 지적해야 하겠습니다. 물론 모든 추상적 원리를 완전하게 현실에서의 실천과 관행으로 바꾸어낼 수는 없습니다. 하지만 지금 우리는 그 원리 자체에 본질적으로 내재한 여러 한계들을 말하고 있는 것입니다. 여러 문제들을 처리해야 한다는 요구 자체가 자유의 본질과 결부된 것입니다. 여러 일들을 처리할 수 있다는 것은 단지 공동체 생활의 실용적 측면일 뿐 공동체 내에서 자유를 성취한다는 주된 문제와는 관련이 없다는 생각은 옳지 않습니다. 그 반대입니다. 이는 원리상의 문제이기도 합니다. 예를 들어, 어떤 공동체가 있는데 적절한 통치 기구가 없어서 그 목적을 달성할 수가 없는 상태라고 가정할 때, 자유를 보장하도록 고안된 통치 형태를 둔 민주주의가 성립하기 위해서는 안정적 다수라는 것이 필요하다는 것을 금방 깨닫게 될 것입니다. 하지만 안정적 다수를 확립한다는 것은 곧 여러 개인과 집단이 그 다수파가 지닌 여러 확신과 이익 관계에 복속당하게 된다는 것을 함축합니다. 이렇게 개인들과 영구적 소수파가 존재한다는 것은 민주적 방법이 실제 적용에 있어서는 본질적으로 한계를 갖는다는 점을 알 수 있습니다. 이들은 그야말로 상식적 판단으로 나룰 수밖에 없습니다(이는 곧 우리가 근간으로 삼았던 원리가 여기서 무너진다는 말이기도 합니다).[*2]

민주주의는 궁극적으로 그 스스로의 여러 한계를 가능한 한 자유의 정신에 입각하여 극복하고자 노력하게 되어 있으며, 이것이야말로 민주주의라는 방법의 본질적인 특징입니다. 인종, 언어, 민족, 지리적 차이, 종교적 신념, 특정한 경제적 혹은 직업적 이해관계 등으로 인해 영구적 소수가 될 수밖에 없는 이들은 법령을 통해 어느 정도 보호받게 됩니다. 이 법령은 민주적 국가가 바로 그 자신의 본성 때문에 자신의 권력을 제한해야만 한다는 내용을 담고 있으므로, 자기 부정적이라고 하겠습니다. 지역과 사업장 안에서의 자치라는 원리, 관용의 원리, 문화적·종교적 자율의 원리, 산업 및 경제 문제에 대한 불개입의 원리 등은 모두 이러한 제한을 표현한 것입니다.

자유라는 방법은 곧 양당제라는 경계선을 넘어서까지 그 정신을 적용해야 한다는 것을 요구하는 것입니다.

2. **유럽 대륙의 민주주의**   유럽 대륙에서의 민주주의는 평등의 원리를 중심으로 삼습니다(그 반대는 귀족정 혹은 과두정입니다). 따라서 민주주의는 방법이 아닌 목적이 됩니다. 그 목적이란 사회의 현실적 조건 속에서 인간 모두의 평등이 상당한 수준으로 발현되게 하는 것입니다. 현실에서 이는 곧 출생과 부에 따른 차별은 의미가 줄어들고, 대신 개개인의 타고난 능력에 따른 차이의 범위는 더 넓어진다는 것을 뜻합니다. 국가는 평등의 수호자가 되며, 특정 개인이 다른 개인들을 지배한다든가 한 집단이 다른 집단을 지배하는 일이 생기지 않도록 설계되어 있습니다. 그 결과는 강력한 국가이지만, 다수의 결정에 반대하는 소수자들에 대한 고려는 별로 이루어지지 않습니다. 법의 관할 영역이 넓고 그것을 집행하는 힘도 강합니다.

사회적 민주주의가 상당한 정도로 달성되어 있습니다. 로마 교황청의 고위 성직자, 제국 군대, 오스트리아의 고위 공직자들 중에는 중하층 계급과 농민의 아들 출신이 압도적으로 많습니다.

여러 제도들

영국　민중주권의 원리와 봉건적 특권의 원리가 함께 섞여 헌정의 기초를 이룹니다. 투표권은 불과 수십만 명 정도에게만 주어집니다. 대중 교육은 새로이 나타난 특징으로, 현실적으로 초등교육의 의무화는 1891년부터, 또 중등교육의 의무화는 1903년부터입니다.[3]

오스트리아에서는 1867년 이후로 공립 초등학교가 의무화되었을 뿐만 아니라 사실상 다른 유형의 학교는 허용되지 않았습니다. 상류계급 [가족들]조차도 아이들을 공립 초등학교에 보냈습니다. 덧붙여 말하자면, 이것이 바로 이곳 학교들이 그토록 높은 수준에 도달했던 한 이유입니다. 중등교육은 14세를 분기점으로 그 이하 연령과 그 이상 대학 직전까지의 연령으로 유형이 나뉘지만, 이중 후자에 해당하는 고등학교는 오직 한 종류만 있습니다. 이렇게 교육은 계급적 구별에 대한 표현이 아니라 국민적 통일의 장치가 됩니다.

이렇게 두 가지 대조적인 민주주의 유형을 뚜렷하게 구별해야 합니다. 영국식의 자유지상주의적libertarian 형태의 정부는 민주적 방법에 기초하며, 국가 권력에 대한 제한과 위계적인 사회 계층화를 보이고 있습니다. 이와 반대로 유럽 대륙의 **평등주의적**egalitarian 형태의 정부는 사회 평등을 보장하도록 설계되어 있으며, 강력한 중앙 정부, 보통선거권, 교육의 평등을 그 주된 제도적 특징으로 삼습니다.

그렇다면 자유와 평등은 사회를 조직하는 원리로서 서로를 배제하는 것일까요?

자유와 평등

자유와 평등은 결코 서로를 배제하는 것이 아니며, 사실상 서로 한 짝을 이루는 것입니다. 다시 말하면, 이들은 개성적 인격personality이라는 기독교의 개념에서 귀결되는 것들입니다.

자유란 인간의 영적 본성의 핵심입니다. 자유는 사실상 영(靈)spirit[*4]의 다른 이름일 뿐입니다. 개성적 인격에 대한 기독교의 깨달음이란, 곧 모든 인간 한 사람 한 사람은 구원해야 할 혼soul을 지니고 있으며 이 결정적인 측면에서 모든 인간은 평등하다는 진리의 발견입니다.

하지만 이러한 주장에 무언가 따를 만한 교훈이 있을까요? 어떤 사람들은 그런 깨달음은 오직 이상적 사회, 즉 교회와 하나가 된 이들의 사회 같은 곳에나 적용되는 이야기라고 할 것입니다. 하지만 그런 사람들에게, 그러면 어째서 당신들은 사회를 완벽하게 만들기 위해 끊임없이 노력하는 것인지 설명해보라고 하면 당혹스러워할 것입니다. 그들이 무어라고 대답하건, 우리는 자유와 평등을 보통 현실에 존재하는 사회의 제도적 삶에도 마땅히 적용되어야 할 원리로 생각하는 것이 분명한 사실입니다.

바로 여기에서 우리의 문제가 나옵니다. 어떤 원리를 제도로서 구현한다는 것은 필연적으로 미흡할 수밖에 없으며, 제도화된 원리라는 것은 그렇게 제도화된 만큼에 비례하여 그 본래 원리를 왜곡한 것일 수밖에 없습니다. 따라서 이 제도가 역시 마찬가지로 또 다른 원리를 부분적으로만 구현한 다른 제도와 충돌할 수밖에 없다는 것은 전혀 놀라운 일이 아닙니다. 사실 자유를 희생하지 않고서는 평등을 법으로 성취할 수 없습니다. 또 불평등한 사회 안에서 자유를 보장하기 위해서는 반드시 불평등의 유지를 대가로 할 수밖에 없었습니다.

민주주의가 다양한 방향으로 발전하게 되는 여러 원인은 바로 이러한 제도적 성취의 장에서 찾아야만 합니다. 이를 위해 우리는 영국과 유럽 대륙의 민주주의의 공통된 기원을 찾아 멀리 1천 년도 넘는 옛날로 거슬러 올라가 보아야만 합니다.

자유의 두 가지 원천

게르만인들의 촌락 공동체 및 그 부족 사회가 로마 문명과 접촉하였을 때, 혈연관계 대신 토지가 정치와 경제의 새로운 기초로 나타나게 됩니다. 자유민 공동체는 몰락하였고, 국가 주권 조직은 혈연을 기초로 성립할 수가 없었습니다. 이에 따라 정치 및 경제생활의 새로운 단위로서 장원 체제가 출현하게 됩니다.

하지만 장원 체제를 기초로 했을 때 국가의 영토주권을 확립할 수 있는 것은 다음의 두 가지 방법뿐입니다.

1. 장원 영주들의 국가 연맹체, 즉 봉건 영주*5)들의 공화국(여기서 왕은 단지 동등한 이들 중에서의 제1인자primus inter pares에 불과합니다.)을 통하여. 이는 순수 봉건제에서 나타났던 바로, 프랑스를 그 예로 들 수 있습니다.

2. 절대 군주제, 왕권의 신성화, 모든 신민들(봉건 영주이건 자유민이건 농노villain이건 노예이건)에 대한 왕의 직접적이고도 효과적인 주권의 확립을 통해서.

서유럽(유럽 대륙과 영국)의 역사는 대략 800년에서 1800년까지는 이 두 가지가 번갈아 나타나는 역사였습니다.

앞서 말한 국가 주권을 확립하는 두 방법은 모두 자유의 원천이 되었습니다.

1. 봉건 영주들은 왕의 권력을 제한하며
2. 왕은 봉건 영주들의 권력을 제한한다.

이 첫째 유형의 자유는 흔히 헌정적 자유constitutional liberty라고 불리며, 동시에 봉건 영주들이 되찾은,[6] 자신들의 신민을 노예화할 자유와 동의어일 때가 종종 있었습니다. 그리고 두 번째 유형의 자유는 여러 사회적 자유로 이어집니다.

영국의 경우 노예, 하층 소작농, 농노, 직인 등이 모두 왕에게 자유를 빚지고 있었습니다. 노예무역을 중지시키려 했던 정복자 윌리엄 왕[*7] 이후 헨리 2세의 치안관 심문Inquest of Sheriffs[8][*9]에서 인클로저를 제한했던 머튼 법령Statute of Merton[10][*11]에 이르기까지, 이는 거의 항상 적용되는 바였습니다. 대륙에서와 마찬가지로 왕은 정치적으로 봉건 영주 이외의 여러 계급과 동맹을 맺어 봉건 영주 권력에 맞섰습니다(14세기 흑사병 기간과 같이 가끔 전반적인 경제적 비상사태가 터질 때는 예외였습니다).

다른 한편, 봉건 영주들은 왕의 자의적인 권력에 맞서는 보호 장치를 강화할 책임을 가지고 있었습니다.

이렇게 자유는 헌정적 차원과 사회적 차원이라는 두 방향 모두를 영양분으로 삼아 자라났습니다.

유럽 대륙에서의 발전 과정도 본질적으로 비슷합니다. 여기에서도 왕은 봉건 영주들의 권력에 고삐를 채우기 위해 노력했으며, 봉건 영주들은 헌정에 근거한 자신들의 여러 권리를 주장하였습니다. 그리고 여기에서도 왕과 봉건 영주들은 자신들의 목적을 달성하기 위해 다른 여러 사회 계급과 동맹을 맺었습니다. 중요한 차이는 그들 각각이 동맹을 맺은 계급이 달랐다는 점입니다. 그리고 이 동맹 또한 그들 사이에 벌어진 투쟁의 성패를 좌우했던 경제적 발전 단계에 의존하고 있었습니다.

그 후 영국에서의 발전은 유럽 대륙에서의 발전을 앞지르게 됩니다. 예를 들어 독일에서는 장원 체제가 1825년경까지 유지되었지만, 영국에서는 이미 14세기 말쯤 되면 쇠퇴하게 됩니다. 이는 양털 무역의 결과였습니다. 14세기 말경이 되면 장원에서의 농노의 부역 의무는 대개 금납화되며, 농노제는 이미 사라지게 됩니다.[*12)] 농촌의 변화에 따라 중간계급은 차지인(借地人)의 형태를 띠게 되며, 새로운 양털 산업은 기계를 사용하지 않았기에 여전히 농촌 산업으로 남아 있는데, 이 점이 대단히 중요합니다. 영국은 산업혁명이 일어나기 이미 몇 세기 전에 산업 국가가 된 것입니다. 이러한 발전에 산업 프롤레타리아트가 함께 나타나지도 않았습니다. 헌정을 둘러싼 투쟁이 결정적인 국면에 도달했을 당시 이 새로운 중간계급은 이미 대개 향신gentry 계급에 동화된 상태였고, 스스로의 힘으로 그 투쟁을 치렀습니다. 노동계급이 존재하지 않았기에 이 중간계급은 노동계급을 자기 쪽으로 끌어들이기 위해 타협을 할 필요도 없었습니다.

대륙에서는 이 결정적 투쟁이 산업혁명 기간의 초입, 심지어 그것이 한창 진행되고 있는 도중에 벌어졌습니다. 왕도 중간계급도 노동계급의 지지를 얻기 위해 애써야 했습니다. 프랑스 혁명 당시 노동계급은 봉건제를 폐지하는 투쟁에서 중간계급의 중요한 동맹자였습니다. 1830년,

그리고 나중인 1848년에는 중부 유럽 전역에 걸쳐서 규모는 작지만 비슷한 일들이 벌어졌습니다. 마침내 1917년과 1918년에는 이와 동일한 과정이 동유럽, 발칸 나라들, 러시아로까지 확산됩니다.

덧붙여서, 이는 영국과 미국을 포함한 앵글로색슨 지역의 노동계급 운동과 비교했을 때, 유럽 노동계급 운동에 특징적으로 나타나는 계급 의식을 설명해줍니다. 과거에 그들에게 부여되었던 역사적 역할이 이들 유럽 노동계급의 의식을 구성하는 요소가 되었던 것입니다. 사회적 평등과 다소간의 사회주의적 성격을 띠는 여러 이상이 유럽 대륙에서는 민주주의의 본질적인 일부가 되었습니다.[13]

2강 자유방임과 민중 정부

우리 시대의 민주주의에 대한 도전의 성격을 탐구하는 가운데 우리는 영국과 유럽 대륙의 민주주의 유형을 구별해보았습니다. 전자는 자유 개념을, 후자는 평등 개념을 중심으로 하고 있다는 것을 알게 되었습니다. 전자는 자유지상주의적, 후자는 평등주의적이라고 부를 수 있습니다. 우리는 이러한 상이한 발전이 이루어진 근원을 찾기 위하여 오래 전 옛날로 돌아가 보았습니다. 영국에서는 산업노동계급이 아직 나타나지 않은 시대, 즉 산업혁명보다 족히 1세기 앞서서 민주적 정부 형태가 최종적으로 확립되었다는 것을 알게 되었습니다. 영국에서는 중간계급이 스스로 민주적 형태의 정부를 확립하였으며, 자유라는 사상을 그 기초로 삼았습니다. 유럽 대륙에서는 민주적 형태의 정부를 낳은 투쟁에서 중간계급과 나란히 노동계급이 일정한 역사적 역할을 맡았고, 이는 프랑스, 프러시아, 이후에는 오스트리아 제국과 러시아 제국에서도 나타났던 바였습니다. 이 나라들 이외에 민주주의가 평등주의적 유형을 띠는 곳은 오직 13세기의 스위스, 16세기의 네덜란드, 18세기의 미국처럼 아주 일찍이 외국의 봉건주의 세력에 맞서 국민적 혁명을 일으킨 결과 민주적 형태의 정부가 수립된 곳들뿐입니다.

1

이로써 우리는 우리의 문제를 좀 더 정밀하게 정식화할 수 있게 되었습니다. 우리 시대의 민주주의에 대한 도전이란 무엇보다도 먼저 유럽 대륙 유형의 민주주의에 대한 도전입니다. 하지만 이 도전이 순전히 유럽 유형의 민주주의에만 국한되는 것은 아닙니다. 의회주의의 위기는 그보다 훨씬 더 전반적인 위기에 묻어들어 있는 것이기 때문입니다. 우리와 같은 유형의 문명에 속하는 사람들 대다수는 지난 5년간 혹은 길어도 10년도 채 안 되는 기간에 자신들의 정치적 혹은 경제적 체제에서 큰 변화를 겪었습니다. 이 과정에 휘말렸던 사람들의 숫자는 5억에서 6억을 헤아립니다. 러시아, 미국, 이탈리아, 독일의 인구만 합쳐도 4억 정도가 될 것이며, 오스트리아, 폴란드, 포르투갈, 그리스, 유고슬라비아 그리고 대여섯 개의 작은 나라들의 인구를 더하면(그리고 아마 일본도 더해야 할 것입니다. 여기에서도 대단히 급진적인 변화가 진행되고 있으니까요.) 그 수가 거의 6억에 육박합니다. 이 모든 나라들에서 헌정 질서에 입각한 정부라는 정치 체제(독일과 이탈리아의 경우) 혹은 경제 체제가(러시아의 경우) 사라졌거나, 아니면 둘 사이의 관계가 근본적으로 바뀌었습니다.

이것이 바로 이 강연에서 다루고자 하는 문제인, 현대 사회에서 서로 충돌하고 있는 여러 철학의 역사적 배경입니다.

2

앞서 말한 위기의 근원을 찾아내기 위해서는 근대 사회 역사의 더욱 초기 시대로 되돌아가서, 경제적 자유주의와 정치적 민주주의 사이의 관계를 검토해보아야 합니다.

우리 문명의 중요한 특징은 사회 안에서 경제 영역이 뚜렷이 구별되는 별개의 영역으로 존재한다는 점입니다. 장원 체제에서도 또 훗날의 중상주의 체제에서도 정치 체제와 경제 체제는 동일한 사회 조직의 서로 다른 측면에 지나지 않았습니다.

인간 사회에 보편적으로 나타나는 특징은 법적·도덕적·경제적 조직이 하나라는 점입니다. 즉, 그것들이 서로 다르다고 우기는 것은 전혀 자연스럽지 않습니다. 이렇게 보면 우리의 현재 상태는 정치 영역과 별개인 경제 영역이 따로 발전해왔다는 점에서 대단히 독특하다고 할 수 있습니다. 좀 더 오해의 여지가 없는 용어를 쓰기 위하여, 우리는 경제적 자유주의를 자유방임laissez-faire이라는 이름으로, 그리고 정치적 민주주의는 민중 정부popular government라는 이름으로 부르겠습니다. 이렇게 하면 우리가 어떤 유형의 경제적 자유주의와 어떤 유형의 정치적 민주주의를 염두에 두고 있는지가 더 분명해지니까요.

3

우리의 현재 경제 체제에서 기초가 되는 원리는 사회 내에서 재화의 생산과 분배가 의식적인 개입이나 계획 없이 이루어진다는 것입니다. 경제 영역은 자율적이며, 다른 말로 하자면 스스로의 과정들을 규제하는 여러 법칙들로 스스로 성립합니다. 이 과정들은 자동적이어서 그 어떤 외부의 개입이 없어도 계속해서 작동할 수 있습니다. 이 과정들은 자기 조정적입니다. 이 경제 영역은 자신의 자율성에 침해가 벌어질 때에는, 즉 그 자동성에 간섭이 벌어질 때에는 불리한 방향으로 반응합니다. 그 결과 특정 기간 내에 생산되는 물질 재화의 총량이 줄어드는 경향이 있습니다.

이 시스템은 어떤 방식으로 조정될까요? 이는 여러 상품의 가격이 지시하는 바에 따라 움직입니다. 유용한 물품들은 상품으로서 가격을 갖습니다. 자본의 가격은 이자라고 불리며, 토지의 가격은 지대, 노동의 가격은 임금이라고 불립니다. 이 가격들은 자본 시장, 토지 시장, 노동 시장, 원자재 시장이라는 상이한 시장들에서 생겨납니다.

이러한 체제가 얼마나 인위적 경향을 띠는지는 굳이 강조할 필요도 없을 것입니다. 토지와 노동이 상품의 성격을 갖는다는 점만 생각해보아도 충분히 알 수 있습니다. 토지와 노동이 순전히 시장의 여러 법칙에 따라 사고팔고 생산하고 재생산하는 상품에 불과한 것이 되면, 그 어떤 사회도 존속할 수 없을 것입니다. 우선 토지를 보죠. 이는 엄격한 의미에서 볼 때 생산 자체가 불가능한 것입니다. 또 사회적 삶의 질은 그 사회 스스로가 토지를 활용하는 여러 방식에 따라 좌우됩니다. 노동이라는 상품에 반드시 따라오는 부속물이 있으니, 그 이름은 인간입니다. 이 때문에 노동을 진짜로 하나의 상품으로 보는 것은 거의 악마적인 장난이 되고 맙니다. 물론 경제학 이론을 떠나 노동이 실제로 상품으로 간주된 적은 한 번도 없습니다. 그리고 경제적 자유주의가 생겨난 그 순간부터 그에 맞서는 반작용이 나타나고 계속 이어져왔습니다.

이를 좀 더 일반적인 방식으로 말해보자면, 경제적 자유주의가 실제로 한 사회의 물질적 삶 전체를 장악하는 일이 벌어졌다가는 곧바로 사회를 파괴하게 될 것이라는 것입니다. 물질적 생산과 재화는 사회를 구성하는 오직 한 부분일 뿐입니다. 삶을 구성하는 데에는 그 밖에도 다른 가치들이 많이 필요하지만 여러 재화를 생산하는 과정에서 이 가치들이 파괴당하고 말 것입니다. 그러면 사회 또한 붕괴하고 말 것입니다.

사실상 이는 산업혁명 초기에 나타났던 대단히 두려운 위협이었습니다. 자유방임의 영향력이 산업 생활 전체를 장악하기 오래 전에 이미 필수 가치들의 파괴라는 것이 너무나 명백하여 도저히 간과할 수가 없을 정도였습니다. 산업혁명이라는 상황 속에서 인간이 자연, 자신의 기술, 자신의 가족, 자신의 전통과 맺는 여러 관계가 완전히 파괴되었던 것입니다.

이러한 위협에 대한 반작용은 두 측면에서 나타났습니다. 한 측면은 전통적 가치를 소중히 여기는 계몽된 보수주의자들로서 윌버포스 William Wilberforce[*14)]와 같은 유형의 기독교 개혁가들이 주축이 되었고, 다른 측면은 벤덤과 같은 유형의 급진파들로서 인간 이성의 힘에 기초하여 사회 비판을 전개하는 이들로 이루어졌습니다. 이 두 흐름에서 우리는 훗날의 킹슬리-모리스[*15)] 유형의 기독교 사회주의자들뿐만 아니라 모리스[*16)] 유형의 사회주의적 비판의 선조들을 볼 수 있습니다. 이와 동일한 집단적 결합은 다른 나라에서도 보입니다. 비스마르크와 라살레 Ferdinand Lassalle의 '동맹'이 그 예입니다. 무제한의 자유laissez aller의 확장에 대해 전통적인 봉건계급들과 이 새로운 산업 계급들은 어디에서나 날카롭게 대응하였습니다.

19세기의 역사는 이렇게 한창 진행되던 새로운 성장에 대해 사회 전체가 대응하면서 빚어지는 상황이 지배하였습니다. 그 주된 결과는 정부의 여러 기능의 광범위한 확장이었습니다. 영국에서처럼 국가의 권력이 제한되었던 곳에서는 노동조합과 같은 자발적 결사체, 협동조합, 교회 등의 다른 요소들이 출현하여 다양한 측면에서 견제받지 않는 경쟁의 원리를 제한하였습니다.

따라서 실제로 벌어진 상황은 산업과 정부의 상호 제한과 상호 침투였습니다. 자유방임과 민중 정부가 공존하였던 것입니다.

4

평등주의적 유형의 민주주의가 특별한 어려움과 씨름할 수밖에 없음은 당연합니다. 정부가 민중들의 요구를 끌어안는 쪽으로 나아갈수록 의회는 점점 더 노동계급의 경제적 자기 보호 도구가 되는 경향을 띨 것이기 때문입니다. 이는 경제 위기의 경우에 특히 그렇습니다.

이러한 상황에서는 사회의 계급 구조가 반응하게 되어 있습니다. 봉건적인 계급 체제는 대혁명을 거치면서 부분적으로 평등하게 되었지만, 옛날 장원 체제의 계급들이 사라진 자리는 대개 새로운 생산도구의 소유자들과 이들의 명령을 받아 일하는 사람들로 채워졌고, 이는 새로운 차별을 낳았습니다. 산업 체제 아래에서는 일자리 제공 등의 영향력을 오로지 소유자들만 갖게 되는 것이 필연적인 현상입니다. 하지만 만약 이 체제가 기능을 멈추거나 엉망으로 기능하게 되면 이 산업 체제의 불충분한 작동으로 피해를 보게 될 노동자들이 스스로를 보호하기 위해 자신들의 정치적 영향력을 활용한다는 것 또한 피할 수 없는 일입니다. 그런데 여러 인간적 가치를 보장받으려면 그 대가로 산업 영역이 더 많은 어려움을 겪게 됩니다. 만약 경기 불황이 나타나서 수십만 사람들의 삶이 위태로워진다고 해도 경제 체제의 잔인한 자동적 메커니즘이 요구하는 대로 그냥 굶주리게 내버려둔다면, 아마도 경기 회복이 찾아오는 시점이 앞당겨질지도 모릅니다. 하지만 우리 문명이 이러한 인신 공양의 원리를 물질적 재화를 생산하는 방법의 일부로 받아들이는 일이 과연 가능하겠습니까? 스스로를 계속 기독교 사회라고 표방하려는 문명이라면, 그럴 수는 없는 일입니다.

이러한 분석을 통해서 볼 때 다음과 같은 점이 명확해집니다. 산업 체제가 무너져 내리는 경우에는 자유방임과 민중 정부의 양립이 불가능해진다는 것입니다. 그 경우에 둘 중 하나는 사라져야 합니다.

하지만 그러한 큰 경제 위기는 본질상 피할 수가 없는 것입니다. 방금 말한 바와 같이 자유방임과 정부 개입 사이에 미묘한 균형을 취하다 보면 가격 체제가 점점 더 경직적으로 변하게 되고 상황 변화에 적응하는 능력도 더 떨어지게 되기 때문입니다. 조세, 사회 보험, 지방자치체의 여러 활동, 보호관세, 임금 규제 등은 여러 항목의 생산 비용을 고정시키는 경향이 있었으며, 이에 따라 전체 가격 시스템의 탄력성 또한 떨어뜨리는 경향이 있었습니다.

국제경제의 영역으로 가게 되면 가격 시스템의 탄력성이 특히 더 절실하게 필요해집니다. 금본위제, 자유무역, 자본수출 등은 국제경제의 상황에 한 나라의 가격 시스템이 적응해 들어갈 때에만 비로소 작동할 수 있는 것들입니다. 다른 말로 하자면, 국제경제 체제의 이러한 큰 특징적 제도들은 한 나라의 시스템 내부에서의 탄력적인 적응을 전제조건으로 삼는다는 것입니다. 하지만 앞서 말한 이유 때문에 바로 그러한 한 나라 안에서의 적응 능력이 감소하게 됩니다. 우리 시대에는 여러 나라의 경제가 촘촘하게 짜여 있거니와, 이는 이미 전쟁 이전의 기간에 그 구조가 형성된 것이었습니다.

전쟁이 끝나자 전 세계에 걸쳐서 대규모의 적응이 필요해졌습니다. 적응을 위한 방대한 노력들이 실패하기도 했습니다. 전쟁 이전 기간에 엄벙덤벙 이루어졌던 개입주의 대신, 이제는 각 나라마다 통일된 산업 체제와 경제 체제가 완전히 성숙한 모습으로 나타나게 되었습니다. 이것이 현재 위기의 배경이 되는 상황입니다.

5

이렇게 갈등의 원천은 산업 영역과 정치적 조직 영역 각각에 있습니다만, 두 영역에 대한 철학에 대단히 중요한 수정들이 가해지고 있기도 합니다. 파시즘을 낳은 이 위기 상황의 성격을 제대로 파악한다면 현재의 전환을 풀어갈 열쇠를 얻을 수 있습니다.

언젠가 정치 체제도, 또 경제 체제도 더 이상 만족스럽게 기능할 수 없는 시점이 옵니다. 전반적인 불안감이 사회를 장악할 것입니다. 민주주의를 희생해서라도 생산을 수호하자는 파시즘이라는 지름길이 있습니다. 민주주의를 지속시키기 위해서는 새산 소유 제도에 일정한 변화를 가져와야만 합니다. 따라서 여러 민주주의 제도의 파괴는 이 산업 체제를 지속시키기 위한 안전장치인 것입니다.

민주주의의 철학은 사회주의적인 것이 되는 경향이 있습니다. 자유 방임 철학은 반(反)민주주의의 경향을 띱니다.

3강   자급자족과 국제무역

서론

첫 번째 강연에서는 민주주의에 대한 영국식의 이상과 유럽 대륙식의 이상을 구별해보았습니다. 자유지상주의적 유형과 평등주의적 유형을 대조해보았고, 이를 통해 '민주주의의 위기'에 들어간 것은 주로 후자라는 점을 알게 되었습니다.

두 번째 강연에서는 자유방임 철학과 민중 정부의 철학이 서로 상호 작용하는 모습을 살펴보았습니다. 자유주의적 경제학과 민중 정부는 19세기에 미묘한 균형에 도달하였지만, 그 대가는 경제 체제의 비탄력성이었습니다. 국가와 산업이 서로 엮여 들어가게 된 결과 더욱더 촘촘하게 짜인 단위인 국민국가가 출현하였습니다. 전쟁이 끝난 뒤 모든 나라에서 갑자기 대규모의 적응을 이루어야 한다는 지상과제가 나타나자, 이렇게 비교적 경직된 체제들은 시험대 위에 오르게 됩니다. 다양한 나라들이 이러한 새로운 상황에 스스로를 적응시키고자 노력했던 과정에서 우리 시대의 두 가지 주된 특징이 나타납니다.

1. 한 나라의 영역에서는 독재의 발흥
2. 국제 영역에서는 자급자족autarky을 지향하는 움직임

특히 오늘밤 논의하고자 하는 것은 이 두 번째 상황의 전개입니다. 자급자족을 지향하는 발전은 독재의 발흥에 못지않게 놀랍습니다.

자급자족의 여러 기원

자급자족의 발전에 있어서 결정적인 요인은 갈수록 경직되어가는 경제 체제 안에서 급작스럽게 적응해야 한다는 절박한 요구였습니다. 이러한 탄력성의 감소가 어떤 효과를 가져왔는지 먼저 고찰해보겠습니다.

국제 금본위제는 전쟁 이전 시대에는 국제경제 시스템의 추축이라고 간주되었거니와, 이는 온당한 것이었습니다. 장기 대부는 물론 각국의 국제수지를 균형으로 맞추는 데에 필요했던 무역 흐름의 자유 또한 금본위제라는 기초에 의존했습니다(관세가 반드시 이 흐름을 막는 것은 아닙니다).

하지만 금본위제는 한 나라 안에서의 가격 수준이 아무 장애 없이 오르내린다는 것을 전제로 하고 있습니다. 현재 우리 체제에서 이는 곧 호황과 불황·실업 사이를 오간다는 것을 뜻합니다. 가격 수준이 하락하면 생산 활동은 손실을 보게 되고, 따라서 완전히 멈추는 것은 아니라고 해도 위축되게 됩니다. 하지만 어쨌건 금본위제를 유지하겠다고 결의한다는 것은 필요한 경우 이러한 결과까지도 감내하겠다는 의지를 함축하는 것입니다. 그 결과가 아주 파괴적인 것이 아닌 한 금본위제 유지 제안도 수긍이 가는 것일 수 있습니다.

제1차 세계대전과 그 후의 여러 국제 조약 체결은 여러 나라들 사이의 전통적인 경제 균형을 교란했습니다. 이 균형을 계속 유지하려면 각국 내부 경제가 여기에 여러 가지로 적응해야 했는데, 이러한 적응은 곧 산업 활동의 완전한 중지 또 많은 경우 대중들이 실제로 굶주리게 됨을 뜻하는 것이었습니다.

그런데 더욱 놀라운 것은 여러 나라들이 전통적 방법을 써서 금본위제를 복구하기 위해 엄청난 노력을 했다는 것입니다. 이 전후 기간의 전반부에 이루어진 여러 나라들의 노력이 일종의 씨앗을 뿌린 셈이 되었고, 그 후반부의 사태 전개는 겉으로 드러나지는 않았지만 바로 그 씨앗이 자라난 결과였습니다.

여기에서 여러 나라들을 세 묶음으로 나눠보겠습니다.

첫째, 중부 유럽과 동유럽의 여러 '패전'국들. 여기에 러시아도 포함
    됩니다.
둘째, 서유럽의 '승전'국들
셋째, 미국

첫 번째에 속하는 나라들, 즉 러시아, 독일, 오스트리아, 헝가리, 그밖에 대여섯 개의 작은 나라들의 통화는 1922년과 1925년 사이에 회복되었습니다. 두 번째로 프랑스, 벨기에, 영국 등 전승국들의 통화는 1925년과 1926년에 회복되었습니다.

셋째로 미국은 1927년 이후 영국이 금본위제를 유지하도록 도왔으며, 그렇게 하기 위해 자국의 이자율을 낮게 유지하였는데 이것이 미국 내에 숨겨진(혹은 '잠재된'이라고 말하는 것이 낫겠습니다.) 인플레이션을 야기하여 1929년에 역사상 최악의 경제 위기로 터지게 됩니다.

전체적으로 볼 때, 일어났던 일은 다음과 같은 것이었습니다. 둘째 집단 나라들은 첫째 집단 나라들의 정부에게 금본위제로 복귀하도록 설득하였고(우리가 아는 바이지만 이는 너무 성급한 것이었습니다), 이 과정에 따르는 비용을 해결하기 위해 첫째 집단 나라들에게 장기 대부를 지

속적으로 제공하여 그 나라들이 국제수지 적자를 해결하도록 도왔습니다. 1927년 이후에는 미국 또한 둘째 집단 나라들에게 비슷한 방식으로 행동했습니다. 궁극적으로는 두 집단 모두의 누적된 적자가 미국에게 부담으로 돌아왔습니다. 제아무리 부를 자랑하는 미국이었다고 해도 이를 모두 인플레이션으로 감당하는 데에는 한계가 있었습니다.

미국인들이 이러한 과업을 떠맡은 것은 겉으로는 순수하게 인본주의적인 행동으로 보이지만, 실은 자신들을 포함한 전 세계가 전쟁 때문에 부유해진 것이 아니라 가난해졌다는 사실을 받아들이기 꺼려했기 때문입니다. 이들은 전쟁으로 빈곤에 처한 유럽 지역에서 사람과 재화가 마구 수입되어 들어오는 것을 차단함으로써 유럽의 빈곤이 자기들 나라에까지 밀려드는 것을 막고자 했던 것입니다. 만약 그렇게 하지 않았다면 유럽에서 가난한 이민자들의 물결이 밀려들어 왔든가 아니면 그들이 생산한 값싼 재화들이 밀려들어 왔을 것이며, 이는 필연적으로 미국의 과도하게 높았던 임금과 소득 수준을 내리누르게 되었을 것이고, 이를 통해 미국과 유럽의 생활수준을 평준화시켰을 것입니다. 전쟁이 끝난 뒤의 세계경제가 사람과 재화의 자유로운 이동을 통해 회복을 이룬다는 것은 이러한 모습을 띨 수밖에 없었습니다. 하지만 미국은 유럽에서 이민자와 재화의 흐름이 자국 영토로 밀려드는 것을 막는 쪽을 선호했습니다. 이것이 곧 미국에서 유럽 여러 나라로 장기 대부가 지속적으로 유출된다는 것을[17] 의미한다고 해도 말입니다.

결국 제1차 세계대전의 휴전으로부터 1929년 12월 말일까지의 전 기간은 전통적인 여러 방법으로 조정을 꾀했던 기간이었습니다만, 그 끝에 가면 월스트리트에 폭풍이 몰아치게 되고 여러 나라의 국내 경제에도 심각한 긴장이 찾아오게 됩니다. 유럽에서는 정부 재정의 균형을 위한 가혹한 지출 삭감으로 사회 서비스와 사회 수당 등을 최소한으로 줄이면서 임금을 압박해 수출을 증대시키는 것이 불가피하게 되었습니다. 중부 유럽과 동유럽의 여러 민족들이 이 기간에 겪어야 했던 고통은 실로 아연실색할 만한 것이었습니다.

영국에서도 무역 침체가 계속되었고 실업은 기승을 부렸습니다. 국제수지는 갈수록 더 악화되었습니다.

자급자족

이 최초의 심각한 불황으로 아슬아슬하게 유지되었던 균형은 다시 한 번 무너지게 됩니다.

미국은 잉글랜드 은행the Bank of England과 비공식적으로 맺었던 통화 협정을 포기하고, 마침내 1933년에는 당시 파운드의 안정화에 몰두하고 있던 영국의 절박한 처지는 조금도 고려하지 않고 스스로 금본위제를 폐지하게 됩니다. 영국 또한 금본위제를 폐지하여 전 세계를 놀라게 했고, 해외 대부를 금지했으며, 중부 및 동부 유럽을 파멸에 이르도록 내버려두었습니다.

중부 유럽과 동유럽 나라들은 다시 용광로 속으로 빠져들게 됩니다.

곤란에 부딪힌 이 나라들은 비록 금본위제를 폐지할 수밖에 없는 상황이었지만, 순순히 수건을 던지며 항복한 것은 아니었습니다. 금본위제를 복구하기 위한 방대한 노력이 새롭게 시작되었습니다. 하지만 이번에는 각국이 자국 통화를 보호하기[18] 위해 무역에 대한 심각한 제한 조치들(무역 쿼터, 봉쇄, 특혜 관세, 청산 시스템, 통화에 대한 제한 조치)을 도입해야만 했습니다. 하지만 이런 일이 벌어졌던 것은 자급자족의 목적이 아니라 오히려 그 반대였습니다. 관련국들이 통화의 안정성을 지키기 위한 싸움 때문에 억지로 처하게 된 고립 상태를 극복하기 위한 것이었습니다. 하지만 비극은 그러고도 이러한 고립 상태를 결코 극복할 수 없었다는 것이었습니다. 모든 나라들이 노력을 기울였지만 결국 모든 나라들이 다 실패하고 말았습니다. 탄력적이지 못한 이들 나라들의 경제 체제는 더 이상의 압력과 왜곡의 변형을 한사코 거부하였습니다. 다양한 나라들이 자국 통화를 안정화시킨다는 목적에서 대개 의식하지 못하는 가운데 반(半)통제, 반(半)자급자족의 경제를 확립하는 방향으로 나아가게 되었습니다. 이들은 이러한 조치들을 임시적인 것으로 의도했습니다. 하지만 현실적으로는 이것이 금본위제의 종말을 뜻하는 것이었으며, 그와 함께 국제 자본 시장과 국제 원자재 시장의 종말도 의미하는 것이었습니다. 덧붙여서, 이렇게 전통적인 국제경제 체제들이 사라져버린 상황에서 고립되어버린 각국은 이 새로운 상황에 자국 경제를 적응시키지 않을 수 없었고, 바로 그러한 노력의 와중에서 바로 여러 형태의 독재 정부가 출현하게 된 것입니다. 어째서 자급자족을 지향하는 경향성이 전 세계적으로 나타났는가는 이것으로 설명할 수 있습니다. 오늘날에는 전 세계 모든 나라들이 관리 통화제를 취하고 있고, 외국으로의 대출을 통제하고 있으며, 외국 재화의 유입을 다양한 방식으로 제한하고 있습니다.

이제는 가진 나라들과 가지지 못한 나라들의 문제를 살펴보도록 하겠습니다. 일부 나라들은 원자재와 식민지가 없기 때문에 어쩔 수 없이 자급자족을 선택할 수밖에 없었다는 잘못된 신화가 있습니다. 이는 분명히 본말이 전도된 이야기입니다. 여러 통화들이 서로 쉽게 교환되고, 자본의 이동이 이루어지며, 여러 상품의 흐름이 아무 제한도 받지 않는 국제경제 체제가 지속되는 한, 어떤 나라의 국민경제에 원자재와 식민지가 결여되어 있다는 사실은 아무런 결점이 되지 않습니다. 벨기에나 스위스 또는 독일의 저 빛나는 산업적 성공을 보십시오. 국민국가의 주권이 특출한 경제적 중요성을 갖게 되는 것은 바로 제한적인 자급자족 상황에서입니다. 한 나라가 자국 통화를 지불 수단으로 하여 원자재를 구매할 수 있는 유리한 위치에 있다고 해도, 이 유리함이 그 나라의 자산이 될 수 있는 것은 그 나라가 관리 통화제에 있을 때입니다.

가진 나라들과 가지지 못한 나라들 문제의 진정한 중요성은 다음과 같은 것입니다. 자급자족의 조건하에서는 장기적으로 우리의 경제 체제가 전반적으로 빈곤화되는 것을 면할 수 없습니다. 또 다른 한편으로 식민지 소유에서 변화가 일어난다고 해도 이 해악을 해결할 수는 없습니다. 가진 나라들이라고 해도 자기들이 필요한 것을 모두 갖고 있지는 못합니다. 그러니 가지지 못한 나라들로서는 더더욱 그럴 수가 없습니다. 이 나라들은 이제 국제적으로 행해졌던 노동 분업을 자국 경제의 내부에 다시 이루어야만 합니다.

이러한 사실들로 비추어볼 때, 다음과 같은 점들을 깨닫는 것이 중요합니다.

1. 19세기식의 국제무역 철학은 이제 사라질 때가 되었습니다. 국제주의를 국제적 금본위제, 자유무역, 자유로운 자본 이동과 동일시하는 것은 완전한 시대착오입니다. 전쟁 이전 기간의 국제경제 체제는 다시는 돌아오지 않을 것이며, 또 그렇게 될 수도 없습니다.

2. 자급자족의 의미는 국제적인 경제 협력의 새로운 체제를 확립할 필요에 비추어서 판단할 문제입니다.

관리 통화, 외환 평형화 기금, 외국인에 대한 토지 대여와 외국 무역에 대한 통제 등은 상시적인 것이 되었습니다. 이런 것들은 경제 관계를 절반쯤 혹은 완전히 통제하는 사회가 새로이 갖추게 될 기관들의 맹아입니다. 경제적 전쟁의 무기로서나 또 경제적 협동의 도구로서나, 이런 것들은 지나간 시절의 여러 방법보다 비교가 되지 않을 만큼 더 효과적입니다. 우리가 결정해야 할 진정한 문제는 이것들을 활용할 그 두 가지 방법 중 어떤 것을 선택할 것인가입니다.

여기에서 가진 나라들과 가지지 못한 나라들의 문제에 담긴 진정한 의미를 짚어볼 수 있습니다. 이른바 가지지 못한 나라들은 강한 힘을 가진 국가들로서 이 새로운 국제적 구조에 대한 만족스런 해결책이 제국 건설에 있다는 생각을 키우고 있는 듯합니다. 이를 달성하기 위해서 이들은 자급자족의 새로운 기관들을 가장 과감한 방식으로 싸움의 도구로 활용하고자 합니다. 이른바 가진 나라들은 이 새로운 국제경제 질서의 기초로서 법의 지배를 확립하고자 하는 경향이 있습니다.

이러한 사상 노선을 가장 잘 표현해주는 정치적 어구가 바로 집단 안보collective security입니다. 어떤 나라가 이러한 생존 양식에 적응하고자 하는가 아닌가는 그 나라가 자급자족의 필요를 어떤 방식으로 해석하는가로 가장 쉽게 판단할 수 있습니다. 어떤 나라들은 이를 경제적 전쟁의 무기로서뿐만 아니라 자기 이웃나라들에 대해 가장 치명적 형태의 현대적 살육전을 개시할 전제조건으로 보고 있습니다. 다른 나라들은 이를 국제 공동체를 다시 확립해야 한다는 절박한 필요를 알리는 경고로 보며, 무엇보다도 그 목적을 달성할 수 있는 도구로 봅니다. 자급자족을 둘러싸고 나라마다 다양하게 나타나는 이러한 여러 철학 사이의 차이점이야말로 아마도 오늘날 여러 나라들을 갈라놓는 가장 진정한 경계선을 대표하는 것이라 하겠습니다.

4강 사회주의 러시아

우리 시대 민주주의에 대한 도전의 성격에 대한 탐구에서 우리는 드디어 오늘날의 유럽에 현실로 벌어진 제도적 발전들(특히 소비에트 러시아, 이탈리아 파시즘, 독일 민족사회주의)에 대해 논할 수 있는 단계에 도달하였습니다.

우리는 1강에서 민주주의에 대한 영국식 이상과 유럽 대륙식 이상의 차이를 살펴보았습니다. 둘 사이의 차이는 그 각각의 역사적 기원, 즉 제도적 민주주의가 확립되었던 시기로 거슬러 올라가 그 근원을 살펴보면 잘 알 수 있습니다. 영국에서는 민주주의의 확립이 산업혁명 훨씬 이전에 이루어졌지만, 유럽 대륙에서는 산업혁명이 시작된 이후에 이루어졌습니다. 따라서 노동계급의 역할 또한 양쪽에서 차이가 났습니다. 영국 민주주의는 주로 농촌과 도시의 중간계급이 확립한 것이었습니다. 유럽 대륙에서는 산업노동계급이 중간계급의 동맹 세력으로 행동했습니다. 유럽 대륙의 민주주의가 평등주의적 특징들을 띠게 된 것은 노동계급의 영향에 기인하는 것이었습니다.

이제 사회주의 러시아로 이야기를 옮기겠습니다. 먼저 명심해야 할 사실이 있습니다.

1. 러시아 혁명은 프랑스 혁명의 여파로 유럽을 가로질러 동쪽으로 확산되었던 여러 혁명들 가운데에서 가장 최근의 것입니다. 이 모든 혁명들은 귀족 사회와 봉건적 형태의 소작제에 기초한 반봉건적 절대주

의를 폐지하는 결과를 가져왔습니다. 더욱이 프랑스 혁명으로 시작된 민족의식의 발흥이 계속되었습니다. 처음에는 독일과 이탈리아, 그 다음에는 발칸의 여러 나라들, 훨씬 나중에는 다뉴브강의 분지 지역과 동유럽 중부, 그리고 마지막으로 서부 러시아의 수많은 민족들과 중부, 동부, 시베리아 러시아에 거주하는 민족들이 민족 언어와 민족 문화의 자유를 쟁취하였습니다. 차르 체제의 몰락, 반봉건적 소작제의 폐지, 러시아 제국 내 1백 개 이상의 소수민족 해방 등은 1789년 프랑스 혁명에서 기원한 일련의 과정에서 마지막 단계로 보아야 합니다.

2. 산업 발전 과정에서 봉건제의 몰락이 나중에 벌어질수록 노동계급의 영향력도 더 커지고 민주주의 또한 더욱 평등주의적인 경향을 띠게 됩니다. 봉건제가 가장 오래 지속되었던 러시아에서는 평등주의 사상이 아예 사회주의적인 형태를 띠고서 나타났습니다. 다른 식의 발전은 예측조차 불가능한 일이었습니다.

왜냐면 러시아에서는 당연하게도 노동계급이 절대주의와 반봉건적 소작제의 폐지에서 지도적 역할을 수행하였기 때문입니다. 따라서 차르 체제와 반봉건제를 대체한 제도적 체제는 사회주의적 민주주의가 되는 경향이 있었습니다.

하지만 러시아가 사회주의적이라는 것은 어떤 의미에서일까요? 그리고 러시아에서의 사태 전개는 어느 만큼이나 민주적 이상들에 의해 결정되었던 걸까요? 이 두 질문에 대답해본다면 오늘날 소비에트 러시아에서 벌어지고 있는 중요한 철학적 갈등이 간명하게 요약된다고 말해도 좋을 것입니다.

1

러시아 혁명의 지도자들은 자신들의 (마르크스주의) 철학에서 영감을 얻어 정치적 행동에 착수했습니다.

우리의 주제와 관련해서는 특히 다음 세 가지 점이 중요합니다.

1. 봉건 사회에서 사회주의 사회로 이르는 길은 자본주의를 통과한 다. 사회주의에서는 자본주의 내에서 자본주의가 발전시켜놓은 생산도 구를 공동체가 빼앗아 관리한다.

2. 역사를 만드는 것은 인간이지만, 이른바 위인들의 변덕에 따라 마음대로 만들어지는 것은 아니다. (이 '위인들'이란 자기 시대의 필연적 요청 들을 인식하고 자기들의 여러 능력을 그 요청들에 복무하도록 사용한 개인들일 뿐이다.) 산업 발전 과정에서 필연적으로 나타나는 여러 단계들은 건너뛸 수 있는 것이 아니다.

3. 이 과정에서 인간의 진정한 본성이 스스로를 표출하고 또 충족시 킨다. 오늘날의 현대적 조건 아래에서 궁극적인 이상이 되는 것은 착취 도 강제도 없는 사회이다.

이러한 원리들(레닌주의 원리들)에 비추어, 레닌주의 집단은 다음과 같은 점을 강하게 주장합니다.

1. 제1차 세계대전은 제국주의 국가들 간의 경쟁에서 야기되었으며, 세계 혁명으로 이어지도록 되어 있다.

2. 러시아는 사회주의의 확립을 지도할 수가 없다. 그러한 지도력은

서방의 자본주의 국가에 있는 노동계급에게서 나온다.

3. 사회주의는 오직 의도적으로만, 즉 성공적인 세계 혁명의 과정에서만 확립될 수 있다.

따라서 이들 정책의 주요한 개요는 다음과 같이 요약할 수 있습니다.

1. 무슨 대가를 치르더라도 전쟁을 종식시키고 세계대전을 세계 혁명으로 전환시킬 것.

2. 예상되는 반혁명 기도에 맞서 러시아에서의 차르 전제정에 대한 중간계급 혁명의 승리를 확보할 것. 다른 유럽 대륙의 여러 혁명에서 벌어졌던 것처럼 중간계급이 노동계급 동맹 세력과 함께 이룬 승리의 결실을 기만적으로 빼앗아가는 일을 막을 것. 이러한 목적들을 이루기 위해서 혁명적 과정을 가능한 한 멀리까지 밀고 나갈 것.

3. 러시아의 후진적 조건, 즉 (a)농업적 성격, (b)높은 문맹률과 산업적 기율의 결핍으로 인해 러시아 혁명에 주어져 있는 여러 한계들을 절대로 간과하지 않도록 할 것.

이 '사회주의적'이라는 용어는 여기에서 '공산주의적'이라는 말과 동의어로 쓰입니다. 물론 이 두 용어는 두 가지 측면에서 구별해야 합니다.

첫째, 공산주의에 도달하기 위해 사회가 거쳐가야 하는 여러 다른 단계들을 논의하는 가운데, 사회주의적이라는 용어는 그 첫 번째 단계에 그리고 공산주의라는 용어는 그 두 번째인 궁극적 단계에 적용됩니다. 그 차이는 재화와 소득(이 두 용어는 여기서 동일한 것으로 쓰입니다.)의 분배가 행해지는 원리입니다. 사회주의에서는 봉사, 성취, 능력merit에 따라 보상이 행해지는 것이 원칙이며, 공산주의에서는 재화의 풍족함이 이미 달성되었다고 가정되므로, 모든 이들은 자신의 능력에 따라서 그리고 자신의 필요에 따라서라는 것이 한편으로는 노동과 고역의 분배를, 또 다른 한편으로는 재화와 서비스의 분배를 지배하는 원리가 되어야 한다는 것입니다.

둘째, 사회주의 그리고 궁극적으로 공산주의를 달성할 수 있는 방법을 논의할 때 노동계급 운동 진영 내부에 두 개의 주요한 정당이 떠오르게 됩니다. 사회주의당과 공산주의당입니다. 둘 사이의 주요한 차이점은 그들의 목적을 달성하기 위해 활용하고자 하는 방법에 관한 것으로, 한 경우에는 평화적이고 점진적으로 자본주의를 사회주의로 변혁하고자 하며, 다른 경우에는 프롤레타리아 독재를 통해 변혁하고자 합니다. 물론 전자는 사회주의당이 지지하는 방법이며, 후자는 공산주의당이 지지하는 방법입니다.

2

레닌과 그 추종자들의 이러한 마르크스주의 원칙들에 비추어보면 러시아 혁명의 주요 과정을 가장 잘 이해할 수 있습니다.

러시아에서 1917년 2월의 케렌스키 혁명을 지지했던 산업 계급 및 상업 계급은 숫자도 비교적 적었고 응집력과 기율이 결여되어 있었습니다. 그런데 이들과 동맹을 맺었던 산업노동계급은 비교적 다수였고 응집력과 기율에 있어서도 아주 높은 수준에 도달해 있었습니다.

러시아의 여러 산업은 대부분 중앙에 집중되어 있었고, 비교적 많은 수의 노동자들이 현대적 시설에 고용되어 있었습니다.

1789년 프랑스에 있었던 기술공과 산업노동자들은 비교적 원시적 형태였고, 1848년의 중부 유럽에 있었던 산업 프롤레타리아는 좀 더 진보된 유형이었습니다. 이에 비해 1917년의 러시아는 산업 프롤레타리아 가운데에서 현대적 대공장 노동자들이 차지하는 비율이 아마도 세계 어느 나라보다도 높았을 것입니다. 중간계급의 미약함과 대공장 노동자들의 상대적으로 강한 힘이 러시아 혁명의 진행 과정을 결정하였던 것입니다.

1. 케렌스키의 중간계급 정부는 노동계급의 전폭적인 지지를 얻어내지 못한다면 차르 체제의 장군들이 이끄는 반혁명군의 단호한 공격에 맞서 스스로를 지탱하는 것조차 꿈도 꾸기 힘들었습니다. 한편, 당시의 상황에서 볼 때 이 새로운 민주주의가 노동계급의 지지를 끌어내기 위해서는 사회주의적 성격을 띠는 것이 불가피했습니다.

2. 하지만 레닌과 그 추종자들이 보기에는 이 새로운 민주주의의 '사회주의적 성격'과 사회주의는 전혀 다른 것이었습니다. 볼셰비키는 1917년 11월 권력을 장악한 한참 뒤에도 러시아에 사회주의를 확립할 것을 거부하였습니다. 사실 이를 거부하는 것이야말로 이들 정책의 주춧돌 중 하나였습니다. 소비에트 정부는 공장들에 대한 노동자 자주 관리의 도입 이상으로는 전혀 나아가지 않았습니다. 이를 넘어서서 더 나아가게 된 것은 고용주들과 산업가들의 사보타주로 인해 정부가 여러 공장의 소유권을 떠맡지 않을 수 없게 되었을 때에 비로소 벌어진 일입니다.

3. 이른바 전시 공산주의라는 것은 외국의 간섭과 내란으로 인한 여러 군사적 필요 사항들을 드러내지 않고 합리화하는 것이 그 부분적 성격

이었습니다. 볼셰비키의 한 분파가 공산주의 사회의 즉각적인 확립을 단호하게 밀어붙였던 것은 사실입니다. 전면적으로 노동자를 징발함으로써 노동의 군사화를 지지하고, 또 가장 가난한 빈농층을 뺀 나머지 농민 집단 전체에 대해 가차 없는 전쟁을 벌일 것을 지지한 일군의 지도자들이 있었는데, 그 가장 중요한 인물이 트로츠키였습니다. 레닌 자신은 전시 공산주의를 선호하지 않았던 것으로 알려져 있으며, 사회주의 이론을 근거로 이를 정당화하는 짓은 분명히 거부했습니다. 이는 그의 주요한 정치적 교리 가운데 하나, 즉 농업 국가에서는 노동계급이 농민들 전체를 책임져야 하며 이들을 혁명에서의 동맹 세력으로 보아야 한다는 교리와 반대되는 것이었습니다. 이러한 노농 동맹은 무엇보다도 농촌 빈민에 기초해야 하지만, 여기에서 배제되는 것은 부유한 농민들일 뿐 나머지 농민 집단 대부분은 중립화시키거나 가능하다면 지지층으로 끌어들이기 위해 노력해야 한다는 것이었습니다.

4. 1921년 대기근으로 전시 공산주의가 완전히 붕괴하자 이는 신경제정책NEP이라는 전략적 후퇴로 이어졌습니다. 레닌은 농업에서 부분적으로 자본주의 방법으로 돌아간다면 혁명도 한숨 돌릴 여지가 생기며, 이를 통해 힘을 모아 그 주된 과제인 세계 혁명의 추진으로 나아갈 수 있다고 시사했습니다. 세계 혁명이 도래하지 않는다면 러시아에 사회주의 체제가 들어선다고 해도 여러 자본주의 각국 정부의 필연적인 적대적 동맹 앞에서 스스로를 유지할 희망이 없다는 것이었습니다.

5. 레닌이 죽은 뒤에도 오랫동안 당은 신경제정책 노선을 계속 유지했습니다. 하지만 세계 혁명은 일어나지 않았으며, 대신 자본주의의 안정화가 당시의 추세였습니다. 그러나 레닌이 예견했듯이 신경제정책은 불가피하게 소농의 정치적 영향력을 증가시키는 경향을 보였으며, 역

시나 레닌이 예견했듯이 그들의 영향력은 러시아에서 자본주의의 복구를 지향하고 있었습니다. 다른 한편 볼셰비키 정부의 행정 조치들은 도시 인구를 먹여 살리고 산업을 발전시키는 방향을 지향했고, 이에 필연적으로 농민들에게 끊임없이 간섭함은 물론 징벌적인 조치들을 내리게 됩니다. 서유럽에서 적용되었던 바가 러시아에서도 적용되었습니다. 자유주의적 경제와 민중 정부는 서로 양립할 수 없으며, 특히 후자가 산업노동계급의 이익에 추동되어 행동에 나서게 될 경우에는 더욱 그러했습니다. 농민들은 점점 더 정부의 간섭에 저항하였고, 농장 경영의 기초로 오로지 이윤 말고는 그 어떤 것도 거부하였습니다. 이 때문에 신경제정책은 작동할 수 없게 됩니다. 그 결과 산업에 들어가는 농산물 원자재가 크게 줄어드는 일이 벌어졌습니다. 1926년 이후에는 중화학 공업단지의 상황이 급격하게 악화되는 것이 뚜렷했습니다.

6. 산업에서의 5개년 계획과 농업의 집산화는 분명하게 사회주의를 지향하는 움직임이었습니다. 러시아는 이제 더 이상 기다릴 여유가 없었습니다. 레닌은 신경제정책을 전략적 후퇴로서 착상했지만, 이를 일시적 조치에서 영구적 입장으로 전환하는 것은 불가능한 일이었습니다. 혁명을 반동의 반란에서 안전하게 지켜내려면 산업을 정치적으로 농민들로부터 독립시켜야만 했습니다. 신경제정책은 본질적으로 자본주의와 사회주의 사이의 유보적 상태로서 계속될 수 있는 것은 아니었습니다. 몇몇 중부 유럽 나라들에서는 파시즘 독재 치하에서 이와 비슷한 보류 상태가 나타나 마침내 자본주의로의 회귀가 벌어졌습니다만, 러시아에서만큼은 노동계급 정당의 독재 아래에서 사회주의가 확립되는 결과가 나왔습니다. 하지만 이렇게 사회주의의 방향으로 길을 떠난 스탈린의 조치가 이론적으로 갖는 함의가 대단히 중요합니다. 스탈린

의 강령은 한 나라 안에서도 사회주의를 확립하는 것이 가능하며, 러시아의 경우에는 그 나라 자체가 무려 하나의 대륙이라서 더욱더 그러하다는 점을 함축하고 있었습니다. 러시아의 생산수단은 대부분 공동체의 관리 아래에 놓여 있습니다. 그렇지 않은 경우는 소유자 스스로가 일꾼인 경우이거나 소유자들이 협동조합을 이루고 있는 경우입니다. 생산 시설의 소유권이라는 명목으로 벌어지는 노동 착취는 성공적으로 폐지되었습니다. 러시아는 모든 면에서 하나의 사회주의 국가입니다.

7. 하지만 민주주의는 어떨까요? 현재까지 러시아 혁명이 보여준 모습을 보면, 이렇게까지 지도적 인사들의 사회철학에 크게 종속되었던 사회적 변란은 극히 드물다고 하겠습니다. 만약 사회 변혁을 시작한 이들의 철학으로 그 변혁 과정을 적절하게 판단했던 경우가 있다면, 이는 분명히 러시아 혁명입니다. 이 점 때문에 마르크스주의적 사회주의 철학은 우리의 질문에 정확한 대답을 얻는 데에 있어서 으뜸가는 중요성을 갖습니다. 하지만 마르크스주의 철학은 관련된 모든 측면에서 볼 때, 복합적인 산업사회에서 개인주의를 일관되게 지속시키는 것 이외의 그 어떤 것도 아닙니다. 그 정치철학의 기초 원리 가운데 하나는 자유입니다. 혁명가의 신앙고백은 글자 그대로 받아들이는 것이 안전합니다. 이런 것들은 궁극적으로 민주주의의 새로운 형식들을 확립하는 방향을 지향하고 있습니다...

5강 이탈리아와 오스트리아의 법인 단체주의 국가

저는 2강에서 자유방임 경제학과 평등주의적 유형의 민중 정부의 양립 불가능성에서 어떻게 '파시즘적 상황'이라는 결과가 나오게 되는지를 보여드리려 했습니다.

이탈리아의 이른바 법인 단체주의[19] 국가corporative state는 파시즘적 해결책을 가장 잘 보여주는 예입니다. 이는 주로 노동계급이 정치 영역 혹은 경제 영역에서 스스로를 표출할 수 있는 대의제 민주주의의 여러 제도들을 억압하는 것으로 이루어져 있습니다. 의회와 노동조합은 폐지됩니다. 그러면 남게 되는 것은 오로지 자본주의적 사회 구조뿐입니다. 이렇게 산업의 여러 분야에 따라 조직된 자본주의적 사회 구조가 현실상의 법인 단체주의 국가인 것입니다.

이론상의 법인 단체주의 국가는 그보다 훨씬 많은 것을 담고 있다고 주장합니다. 경제생활 전체가 국가의 기율에 종속된다는 것입니다. 여기에서 곧바로 큰 문제 하나가 떠오릅니다. 우리는 민중 정부가 산업에 간섭할 때에 경험하게 되는 어려움을 상술한 바 있습니다. 가격 체제와 여러 시장에 대한 간섭은 자유주의적 경쟁 시스템의 마비로 이어지게 됩니다. 그렇다면 파시즘 국가는 사적 소유에 기반한 기업에 간섭하면서도 거기에서 발생되는 손실은 피해간다는 문제를 과연 성공적으로 해결해놓았을까요? (그 어떤 자본주의 기업도 영구적으로 손해를 떠안는 법은 없습니다. 이는 너무나 자명한 이야기입니다. 국가가 그 손실을 떠안는다면 그에 필요한 자금을 공급해줄 모종의 영구적 기금이 별도로 존재해야만 합니다. 하지만 이는 경제학석으로 불가능한 일입니다.) 이탈리아의 법인 단체주의 국가는 그 해결책을 찾았을까요?

법인 단체주의 국가에 관한 진실은 무엇인가

이탈리아 파시즘 혁명에서 연합체[20] 단계syndical phase는 1922년에서

1926년까지 지속됩니다.

이 연합체는 고용주들의 조합union 그리고 피고용자들의 조합으로서, 산업 부문과 지리적 단위에 따라 각각 조직되어 서로 대응하는 조직을 이룹니다. 그 두 조직이 함께 연합체가 되어 산업을 조직하는 것입니다. 이 연합체의 관할 영역은 임금, 노동시간, 전반적 근로 조건 등 노동 문제들입니다. 단체 협상이 없을 경우에는 노동 재판소labor courts가 결정을 내립니다(이 조직은 사용자들과 피고용자들을 전국적 총연맹과 연합체들syndicates의 총연맹의 형태로 강제로 조직한 것에 불과합니다).

이 파시즘 연합체는 공식적인 독점권은 없지만 실정적-법률적factual-legal 독점권을 가지고 있습니다. 오직 파시즘 조합체들만이 1)해당 산업 부문을 대표할 수 있으며, 2)법적 구속력이 있는 단체 협상에 서명할 수 있으며, 3)해당 산업 부문에 속하는 모든 이들에게서 회비를 거둘 수 있기 때문입니다.

노동헌장The Charter of Labor이 있지만 이는 법적 구속력이 있는 문서는 아니며 여러 원칙을 천명한 것일 뿐입니다.

법인 단체주의는 1926년에 시작됩니다.

법인 단체corporation란 국가, 정당, 전문가 대표자들이 매우 공고한 틀로 묶여 있는 연합체syndicate입니다.

이러한 형태를 띠는 연합체들은 산업을 실제로 통제하는 국가 기관들이라고 여겨집니다. 즉, 이 기관들은 산업에 대한 국가의 행정 및 관리를 허용할 수 있게 되었습니다. 이 조직은 어디까지 발전해왔을까요?

1928 법인 단체부corporative ministry*21)

1930 법인 단체청corporative chamber : 800명 중에서 지명.

1932 전국 법인 단체 평의회 National Council of Corporations

1934 여러 법인 단체들(이 해 말경)

1936 비상시의 원리가 받아들여짐(전쟁 산업 원리)

6강 나치 독일의 당, 국가, 산업

우리는 이제 우리가 밟고자 한 과정의 거의 끝에 도달하였으니 그 결과물들을 요약해보아야 하겠습니다. 오늘은 독일을 이야기하겠지만, 이는 독일에서의 상황 전개가 우리의 명제들을 어느 만큼이나 확인해주는 경향을 보이는가로만 논의를 제한하겠습니다. '오늘날의 유럽'이라는 우리 과목에서 우리는 주로 갈등을 일으키고 있는 여러 철학이라는 각도에서 문제를 접근해 들어왔습니다. 이 갈등은 보통 민주주의에 대해 공산주의와 파시즘이 도전하고 있다는 공식으로 요약되고 있습니다. 우리는 우리 시대의 민주주의에 대해 이루어지고 있는 도전의 근본적 성격을 밝혀냄으로써 이러한 공식의 유효성을 묻고자 합니다.

우리 논의의 주요한 결론은 다음과 같습니다.

서유럽 나라들의 종래의 정부 형태들을 지칭하는 말로서 이 '민주주의'라는 용어는 분명히 하나의 뜻만을 지닌 것이 아닙니다. 이는 자유지상주의 유형이냐 평등주의 유형이냐에 따라 진혀 다른 일련의 제도들을 지칭하게 됩니다. 역사적으로 보자면 이는 그러한 제도들이 확립되었던 시점의 산업 발전 단계에 달려 있으며, 따라서 군주적 전제정의 폐지와 가장 밀접히 관련된 사회 계급들이 어떤 것이었는가에 달려 있습니다. 영국에서는 왕실의 특권(절대 군주정)에 맞선 전투를 중간계급 스스로가 치렀으며, 그 투쟁 과정에서 이들은 토지의 향신 계층과 융합하여 단일의 사회적 상류계급을 형성하게 됩니다. 그 결과 영국에서 민주주의의 관념에는 사회적 평등의 요소가 전혀 들어가지 못하게 되었습니다. 영국 민주주의가 확립되었을 때에는 근대의 산업노동계급이 아직 태어나지 않았으며, 결국 이들이 아무런 역할도 할 수 없었던 것입니다. 유럽 대륙에서는 노동계급이 전제정에 대한 투쟁에 참여하였고 그 뒤에 출현한 민주주의에도 확실한 발자취를 남겼습니다. 이곳의 민주주의는 평등주의적인 민주주의가 되었습니다. 노동계급이 근대적이고 현대적일수록 그들의 민주주의는 더욱더 사회주의적 경향을 띠었습니다. 즉, 민중들이 산업사회에 의식적이고 책임 있게 참여하는 일이 가능하도록 소유 체제의 변화를 이루는 것이었습니다. 러시아 혁명은 프랑스 혁명으로 시작된 일련의 복합적인 대변동들의 마지막으로서 나타났습니다. 러시아 혁명은 1)반혁명에 맞서 정치적 민주주의가 스스로를 유지하기 위해서는 사회주의적 형태를 띨 수밖에 없으며, 2)사회주의가 확립될 당시의 독특한 조건들(높은 문맹률, 여러 산업과 민주적 전통의 결핍 등) 때문에 사회주의의 여러 형식들이 특정한 형태의 발전으로 나아갈 수밖에 없는 조건에서 민주주의적 철학이 낳은 결과물이라고 간주해야만 합니다.

1)독재의 역할, 2)자급자족이라는 두 가지가 민주주의를 대체하는 것들이라고 잘못 알려지면서 이 문제를 제대로 파악하는 것을 어렵게 만들었습니다. 하지만 우리는 이 두 가지를 제거할 수가 없습니다. 또한 이것들 중 어떤 것도 파시즘에만 고유하게 나타나는 것도 아닙니다.

독재는 비상시기에 어디에서나 일반적으로 나타나는 특징으로서, 강력한 행정부라는 의미에서 보자면 우리 시대의 보편적인 특징이기도 합니다. 이 점에서 본다면 러시아 정부와 독일 정부, 일본 정부, 이탈리아 정부, 미국의 뉴딜 정부, 1931년 의회에서 실질적으로 10분의 9에 해당하는 다수를 획득하여 등장한 영국의 거국 내각 정부 등은 본질적으로 아무 차이가 없습니다. 물론 큰 차이를 낳는 문제는, 이러한 여러 정부를 움직이게 하는 것이 민주적인 의도인가 아니면 다른 것인가에 있습니다.

자급자족의 경향 또한 우리 시대의 한 특징입니다. 이는 자유주의적 자본주의 아래에서 얻어진 경제생활의 국제적 조직이 붕괴하면서 나타난 불가피한 결과물입니다. 차이점이 있다면 다양한 국가마다 이 자급자족의 새로운 기관들을 작동하게 만드는 방식이 다른 나라들에 대해 협동적 방식이냐 아니면 적대적 방식이냐입니다. 어느 쪽이 되었든, 관리 통화(외환 평형 기금은 있을 수도 있고 없을 수도 있습니다), 자본수출 통제, 대외무역의 양자 간 규제 등을 위한 자급자족의 기관들 자체는 모두 공통적으로 나타납니다. 민주적 국가들과 비민주적 국가들은 단지 국제적인 경제 조직을 새로운 기초 위에서 복구하는 데에 이 제도들을 어떻게 사용해야 하느냐에 있어서만 차이를 보입니다. 파시즘 국가들은 이를 제국의 기초 위에서, 즉 단일의(물론 자신들의) 통제 아래 정치적 통일을 통해서 이를 행하고자 하는 반면, 민주적 국가들은 여러 국가들 사이의 평화로운 협동을 통해서 이를 행하고자 합니다. 하지만 과연 각국이 자국 경제에 대해 이른바 사회주의적 변형의 방향으로 더욱 분명하게 움직이지 않고도 이것이 가능할 것인지는 두고 보아야 합니다.

하지만 우리의 관점에서 보자면, 즉 여러 나라에서 나타난 강력한 정부 혹은 독재 그리고 자급자족의 여러 경향들 모두가 그저 부수적인 결과물들에 지나지 않는다면, 현재 벌어지고 있는 긴급한 상황의 성격은 어떻게 이해해야 할까요?

현재의 긴급 상황의 성격

우리의 산업 조직과 정치 조직을 각기 떠받치고 있는 원리들은 서로 양립할 수 없습니다. 이것이 문제의 핵심입니다. 자유방임 경제학과 민중 정부란 계속해서 나란히 존재할 수가 없는 것입니다. 전쟁 이전의 기간에 이 둘 사이에 이루어졌던 미묘한 균형은 계속될 수가 없었습니다. 그러한 균형에 필수적인 여러 적응 조치들을 계속 공급할 수가 없었으며, 무엇보다도 국제 영역에서 그러했습니다. 경제생활과 관련된 기존 국제 조직은 변화하는 세계경제의 조건에 맞추어 한 나라의 산업과 무역이 자동으로 재조정되는 것에 기초하고 있었습니다만, 각국 내부에서 국가와 산업이 갈수록 더 상호침투하게 되는 반면 요구되는 변화는 점점 더 규모가 커지면서 국민경제 자체가 점점 더 경직적으로 되어갔고, 그 결과 그러한 조정은 점점 더 어려운 일이 되었습니다.

세계대전과 평화 조약의 효과로 갑자기 대규모 재조정이 불가피해지자 거의 모든 나라들이 긴급 상황에 직면하게 되었습니다. 1920년대 동안에는 이러한 긴급 상황을 자동적 적응이라는 옛날의 자유주의적 노선으로 대처하려는 노력이 전 세계적으로 벌어졌습니다만, 이는 대공황이 터져 나온 1930년을 기점으로 완전히 실패하고 말았습니다. 그리고 그 대공황 자체가 부분적으로는 그러한 1920년대의 노력이 빚어낸 결과였습니다. 그 전까지 완전히 회복된 듯 보였던 경제생활의 국제 조직이 붕괴하였고, 세계 각국은 최소한 자국 통화의 내부적 안정성만큼은 지켜내겠다고 기를 쓰면서 생사의 아귀다툼을 벌이게 됩니다. 자급자족과 강력한 정부가 현실에서 전 세계로 확산된 것이 바로 이 기간입니다. 그리고 파시즘의 여러 경향들이 갑작스럽게 각광을 받으며 나타나게 된 것도 바로 이 단계에서였습니다. 평등주의적 유형의 민주주의가 지배하는 나라들에서는 이러한 파시즘의 경향이 승승장구하고 있었습니다.

이러한 (파시즘의) 여러 경향이 나타난 이유는 무엇이었을까요?

민주주의에 대한 파시즘의 도전

이러한 긴급 상황이 전개되던 과정에서 각국의 민중 정부는 산업 체제에 대해 대대적으로 간섭하지 않을 수 없게 됩니다. 우리의 경제 체제라는 것이 외부의 간섭을 흥정을 통해 수용할 수 있는 것이 아니라는 점이 곧 분명해졌습니다. 우리의 경제 체제는 여러 면에서 그 작동이 만족스럽지 못한 것이지만, 거기에다가 간섭까지 받으면 그 작동이 장기적으로 더욱더 불만족스러워집니다. 생산수단에 대한 사적 소유의 체제 아래에서는 산업에 대한 국가의 간섭이 종종 그 의도와 정반대의 결과들을 낳게 되기 때문입니다. 실업을 해결하려고 취한 조치들이 오히려 실업률을 더 높게 만들 수 있습니다. 한편 이러한 긴급 상황으로 인해 자유주의 경제학은 더 이상 계속 적용될 수 없다는 점도 명백해집니다. 이러한 상황에서는 산업 지도자들이 민중 정부에 적대적으로 되어 민주적 정당 체제의 권위를 삼식하려 들게 됩니다. 그리고 대규모 독점 자본big business은 그 대안으로서 자신들 스스로의 정부를 제안합니다. 산업의 우두머리들captains of industry, 즉 자본 소유자들 및 그들이 임명한 경영자들이 사회 문제를 직접 관리하는 것입니다. 민주적 의회는 도무지 말을 듣지 않기 시작하고 비상 입법을 법령화하기 위해서 사회주의적 조치들까지 지향하는 경향을 띠니까요. 이러한 조건하에서는 정치적 메커니즘도 산업의 메커니즘도 작동할 수가 없게 됩니다. 사회 전체가 옴 짝달싹 못하는 교착 상태에 처할 위협을 받게 됩니다. 정치 체제와 산업 체제 양자 모두가 급작스럽게 붕괴하는 게 아니냐는 공포가 전 국민을 사로잡게 됩니다. (미국에서처럼) 만약 금융과 대규모 독점 자본의 지도 자들이 신뢰를 받지 못하는 상태라면 이 운동은 여러 정치 세력의 독재 를 지향하게 됩니다(이것이 뉴딜이라고 불리는 것입니다). 만약 민중 정부 가 힘을 잃게 되면, 이 운동은 자본주의 기업과 산업체 소유자들의 독재 를 지향하게 됩니다. 파시즘이 출현하게 됩니다.

민주주의에 도전하는 것은 파시즘입니다. 민주주의로 경제 체제에 효과적으로 간섭할 수 없다는 것이 분명해진 상황에서, 그래도 경제 체 제에 대한 간섭이 반드시 필요하다는 것이 그 도전의 내용입니다. 파시 즘은 피할 수 없는 것이 됩니다.

파시즘의 해결책

파시즘의 특징은 그것이 궁극적으로 가져오는 변화에 드러납니다. 파시즘을 연구하는 데에 열쇠가 되는 것은 파시즘 운동이 아니라 파시 즘의 여러 제도입니다. 이를 연구하면 민주적 제도들이 폐지되거나 활 동을 멈추어버린 현대 사회의 그림이 드러납니다. 일하는 민중들은 정 치 영역에서도 산업 영역에서도 영향력을 행사할 가능성이 전혀 없으 며, 노동자 정당과 노동조합 조직들 모두가 폐지된 상태입니다. 산업 영 역에서는 본질적인 변화가 없습니다. 소유 체제는 지속됩니다. 생산수 단의 사적 소유 또한 유지됩니다. 파시즘의 본질적인 주장은, 이러한 조 건에서라면 자본주의에 대해 흔히 나오는 세 가지 주된 불평불만도 해결할 수 있다는 것입니다. 즉, 거래의 침체와 경제 계획의 결여, 피고용자들의 고용 불안, 정당화될 수 없을 만큼의 극심한 소득 격차가 그것들입니다.

말하자면 파시즘이란 자유, 평등, 평화를 영구적으로 제거한다는 대가를 치름으로써 이러한 자본주의의 문제들을 개혁하겠다는 약속인 것입니다. 일단 노동계급의 영향력이 제거되고 나면, 자본주의적 산업과 국가가 서로 양립할 수 있다는 것은 표면상 불가능한 일이 아닌 것으로 보입니다. 이렇게 되면 자유주의적 자본주의는 이른바 법인 단체주의 자본주의로 대체되며, 민중적 민주주의는 파시즘 국가로 대체됩니다. 이것이 바로 법인 단체주의 국가가 의미하는 바입니다.

이탈리아에서는 앞에서 우리가 보았듯이, 이 법인 단체주의가 아직 시험대에 오르지 않았습니다. 파시즘 국가가 과연 독립적인 세력으로서 산업에 간섭할 수 있을지는 의심스럽습니다. 실제로 벌어진 상황은 전쟁 산업의 팽창입니다. 즉 어떤 체제나 궁극적 해결책이 나타난 것은 아닙니다.

독일은 어떨까요?

1933년 신분제 국가Ständestaat*22)를 향한 운동은 중지됩니다. 정책······23) 전쟁 산업의 시대.

조직의 원리들은 모호하지만 경쟁적인 것이며, 어떤 문제가 내포되어 있는지를 명확하게 의식하지 못하고 있습니다.

따라서 파시즘의 도전은 다음과 같이 세 가지입니다.

1. 기술적 혹은 조직적인 도전 : 이 세 가지 면에서 파시즘은 과연 자본주의를 개혁할 수 있을까요?

2. 정치적 도전 : 제국 건설이라는 것이 과연 평화의 문제를 해결할 해법이 될 수 있을까요?

3. 도덕적 도전 : 과연 우리는 이러한 상태를 감수할 수 있을까요?

18장

—

금융 공황이 가려버린 사회주의의 전망[**]

—

시장경제 메커니즘은 19세기 노동계급의 정치적 투쟁에서 중요한 의미를 갖는다. 그것이 그들 투쟁의 형식에 있어서나 기회 및 가능성에 있어서나 얼마나 깊은 영향을 미쳤는지 간과될 때가 많았다. 이 메커니즘은 우리 시대에 결정적인 변화를 겪고 있다. 따라서 사회주의 운동이 새롭고도 중대한 단계에 도달했음이 드러나게 될 것이다.

자유주의적 자본주의가 이상으로 삼아 근접하고자 했던 시장경제란 자기조정을 원리로 삼는다. 이는 본질적으로 토지, 노동, 화폐의 시장들로 구성된 단일의 시장 체제다. 그 메커니즘과 관련해서 세 가시 점을 분명히 해두어야 한다. 첫째, 그 작동은 인간 사회의 구조에 대한, 특히 인간 그리고 인간을 둘러싼 자연환경에 대한 심각한 위험들을 내포하고 있으므로 반드시 사회 보호의 반작용을 불러일으키게 되어 있다. 둘

[**] 칼 폴라니 문서고, 파일 19-17. 날짜가 없는 타자본.

째, 이러한 반작용들은 시장 메커니즘에 마구잡이로 개입하게 되기에, 엄밀하게 경제적 관점에서 보면 해로운 것들일 수 있다. 셋째, 계획에 의한 경제 개입이 기미라도 보이게 되면 그것이 설령 경제적으로 이로운 것이라고 해도 금융 시장은 공황으로 반응한다. 이러한 위협이 존재하는 한, 사회주의적 해결책들은 내용을 막론하고 필시 세상에서 가장 위험한 조치들로 보이게 마련이며, 당연히 결사적인 정치적 저항에 부닥치게 된다.

1

시장경제에서 비롯되는 여러 위험은 바로 시장경제의 확립을 위해 꼭 필요한 사항들에서 직접적으로 생겨나는 결과이다. 이러한 사항들 중에는 사회의 안전을 보장하기 위한 모든 전통적 장치들의 철폐도 포함되어 있다. 자본주의 이전 사회 체제에서는 농업을 비롯한 모든 산업에서 관습과 법률이 그러한 안전장치를 제공하였고, 산업노동자들에게는 일자리를, 농민들에게는 토지의 경작권을 안전하게 보장해왔다.

자유주의적 자본주의하에서는 전통적인 노동과 토지의 조직이 사라지고 그 자리에 자유로운 경쟁적 시장이라는 발명품이 들어섰다. 이 독특한 제도는 우리에게는 너무나 익숙한 것이지만, 그렇다고 이러한 격변으로 인하여 사회 존속의 기본 요소들(인간 그리고 인간을 둘러싼 자연환경)이 학대당하는 운명을 면치 못했다는 명백한 사실을 간과해서는 안 된다. 경쟁적 노동 시장이든 부동산 시장이든 아무 견제 없이 기능하게 내버려둘 경우 인간은 물론 인간의 환경까지도 파괴하게 되어 있다. 인간과 환경을 마치 상품들, 즉 내다 팔기 위해 생산된 물건인 양 여기는 모종의 독특한 허구가 벗어날 길 없는 파괴를 가져오는 것이다.

　노동 시장의 메커니즘을 홀로 작동하게 내버려둘 경우 전면적인 파괴가 벌어질 위험이 생겨난다는 것은 너무나 명백하기 때문에 자세히 말할 필요도 없을 것이다. 인간 노동을 하나의 상품으로 다룬다는 것은 마치 그것이 내다 팔기 위해 생산된 것인 양 취급한다는 것을 뜻한다. 하지만 현실적으로 노동이란 인간의 한 활동이며, 고유한 의미에서의 상품과는 아무런 닮은 점이 없다. 이는 인간이 심리적·생리적·도덕적 존재로서 갖는 여러 기능의 일부일 뿐이다. 지금 문제 삼고 있는 노동을 담고 있는 인간 존재 자체가 '내다 팔기 위해 생산된 것'이 아니다. 마찬가지로 노동의 '공급' 또한 판매를 위해서 '생산'되는 것이 아니라 그와는 전혀 다른 일련의 동기들에서 나오는 것이다. '노동의 판매'라는 이야기가 성립하려면 무수한 여러 허구를 전제해야 한다. 우선 모든 개인을 노동하는 자들과 임금을 주면서 일을 시키는 자들 두 편으로 나누는 제도가 있으며, 인간 세상의 유용한 활동이 이 제도를 통해서만 벌어지도록 세상 질서를 조직할 수 있다고 가정해야 한다. 그리고 이 상황을 마치 '노동'이라는 상품이 있어서 그것이 노동자에게서 구매자로 이전되는 것인 양 해석해야 한다는 것 등이다.

　물론 여기에서 문제가 되는 것은 이러한 가정들이 허구적 성격을 갖는다는 것이 아니다. 노동을 특정한 계약의 수체로 성의하는 법적인 허구나, 또 '노동'이라는 상품을 희소하고 유용한 사물로 보는 경제적인 허구나, 그 자체로는 실제의 세계와 무관하게 성립하는 것이다. 여기에서 정작 문제가 되는 것은 노동 시장이라고 묘사되는 조직이 요구하는 바를 그대로 따를 때 인간이 어떠한 상황에 놓이게 되는가이다. 그 요구대로 따르게 되면, 다섯 살짜리 아이가 자신의 '노동'을 대상으로 삼고서는 팔아서 이익이 된다고 스스로 여기는 만큼의 노동시간(12시간이든 14시간이든 16시간이든)을 스스로의 자유 의지로 판매하는 계약을 맺도록 행동하게 된다. 한 사람의 거래자라는 입장에 놓인 아이에게 자신의 노동이라는 상품이 언제 어디서 어떤 조건으로 인도되는지는 본질적인 문제가 되지 않는다. 사실상 거래자 자신은 스스로 소유한 재화에 따라 붙는 부속품에 지나지 않는 존재가 되었고 그 재화의 운명을 고스란히 따르는 수밖에 없다. 그 과정에서 자신이 죽고 썩어 없어진다 해도 말이다. 비록 똑같은 정도는 아니지만 이는 모든 사람들에게 공히 적용되는 바이다. 그리하여 이러한 체제를 수용한 여러 도시의 민초들은 불과 한 세대 정도 만에 인간의 꼴을 완전히 잃어버리고 말았거니와, 이는 필연적인 일이다.

토지도 마찬가지다. 일단 땅을 조각조각 잘라 거기에 결부된 여러 권리들, 즉 임차, 임대, 매도의 무제한의 권리는 물론 토지의 무차별한 사용, 비사용, 남용의 권리까지 함께 개인들에게 나누어주어 자기들 이윤을 위해 맘대로 처분할 수 있게 하면 토지는 끝장이 나게 되어 있다. 이렇게 되면 토지 소유자, 점유자, 그 위에서 일하는 노동자가 모두 파멸하게 되며, 그 토지를 둘러싼 여러 자원들, 즉 토양의 '파괴할 수 없는' 힘[1]은 물론 농촌의 기후, 건강, 안전까지 모두 파괴된다는 것을 뜻하기 때문이다. 토지는 인간과 마찬가지로 내다 팔기 위해 생산되는 것이 아니다. 이는 자연의 일부이다. 부동산 시장에 토지의 운명을 내다 맡기게 도와주는 그러한 법적·경제적 허구는 노동의 경우에서 우리가 만나게 되는 법적·경제적 허구와 전체적으로 유사하다. 있는 그대로 보자면, 토지란 인간의 삶의 터전으로서, 인간의 모든 활동이 벌어지는 장이고 인간 생명의 원천이며 안심할 수 있는 장소다. 인간은 땅에서 세월을 보내다가 결국 흙 속으로 돌아가게 되어 있다. 토양 그 자체도 상업적인 목적으로 취급당하는 운명을 거스를 수 없다. 어디서나 토양은 과도한 경작과 목축으로 침식당하고 벌겋게 맨살이 노출되며 메마른 부스러기 흙으로 변해버려, 모든 지역이 개간 이전의 숲, 늪지대, 사막 등의 상태로 돌아가 버린다. 이렇게 토지라는 자산이 쓰레기가 되어가면 사람들 모두의 미래가 어두워진다. 여러 자원을 외국에 넘겨주게 되면 국가의 안보도 위협당한다. 토지 보유의 여러 형태가 경작자의 안정된 정착과 건실한 가정과 건강한 삶의 모습을 허락하지 않는 것으로 변해가면서, 국민 전체의 삶의 힘은 이로 인해 잠식당하고 결국 좋아들고 만다. 자유 농민층이 자투리땅밖에 없는 영세농 혹은 축 늘어진 무기력한 프롤레타리아의 상태로 강등되어버린다는 것은, 곧 그 민족은 끝장이 났다는 것을 뜻한다. 인간은 자연과 긴밀하게 삶을 영위하게 되어 있으므로, 토지에서 나오는 것들의 경제적 운명을 토지 위에서 일하는 이들에게 정상적인 삶을 창출할 수 있는 방식으로 조직하지 못하면 농업 자체가 파괴되고 말 것이다.

경제에 대한 개입주의의 뿌리가 바로 여기에 있다. 시장의 작동에 대해 외부에서 간섭을 행한다는 것이 사회 전체가 보여준 대응이었으며, 이는 시장의 작동이 가져오는 해로운 결과들에 맞서 사회 조직체를 보호하기 위해 꼭 필요한 것이었다. 이러한 간섭들 중 일부는 정부 기관이나 입법 기관에서, 또 어떤 것들은 노동조합이나 협동조합과 같은 자발적 결사체들에서 기인하였으며, 또 어떤 것들은 교회나 학술 단체, 언론 매체 등과 같은 공공 여론이나 도덕적 삶을 지향하는 기관들에서 비롯되기도 했다. 노동에 관해서 보자면, 이러한 가지가지의 개입으로 인해 각종 공장법, 사회 보험, 최소한의 교육 및 문화, 지자체가 조직하는 거래, 다양한 형태의 노동조합 활동들이 생겨났다. 토지에 있어서는 보호주의의 개입이 토지 관련 법률들, 농업 관련 법률들, 가옥 및 임대차 관련 법률들, 여러 형태의 농업 보호주의 등과 같은 모습을 띠고 나타났다. 이러한 규칙들, 규제들, 제한들, 비시장적 활동들이 갖는 사회적 유용성은 바로 노동과 토지, 즉 인간과 자연을 되돌릴 수 없는 해악으로부터 보호하는 것에 있음이 너무나 분명했다.

2

보호주의의 개입으로 이익을 보는 것은 무엇보다도 사회이며, 그로 인해 불이익을 얻게 되는 것은 주로 경제이다. 보호주의의 개입은 인간과 자연환경의 파괴를 막아 사회 조직을 강화하지만, 이로 인해 사회로 돌아오는 배당금이 줄어들 수 있다. 시장 메커니즘에 대해 산발적이고 마구잡이로 개입이 행해지면 시장 체제의 작동은 그렇지 않은 경우보다 악화되는 것이 일반적이기 때문이다. 물론 경제에 대한 개입이 종합적이고 계획적인 방식으로 이루어져서 사회 보호와 경제적 이익을 결합시키는 경우에는 그 반대 현상이 나타난다. 하지만 '사회주의적' 성격을 띤 그런 조치들을 슬쩍 암시하는 것만으로도 시장에는 곧바로 신뢰의 위기가 나타나며 전체 시스템까지 무너질 수도 있다.

이러한 상황은 불가피하게 노동계급 정치의 여러 형식과 기회에 큰 영향을 미쳤다. 지배계급은 시장 체제를 민중적 민주주의의 성장에 맞서 스스로를 보호하는 방어기제로 활용했고, 민주주의의 권력이 사회주의적 해법들을 밀어붙이려고 할 때에는 더 강력하게 방어기제를 들이댔다.

민중적 민주주의가 자유주의적 자본주의 내에서 그 위상이 모호해진 것은 주로 이러한 상황이 낳은 결과였다. 시장의 활동은 광범위한 여러 반작용을 불러일으켰고, 또 대중들이 정치적 영향력을 갖도록 하라는 강력한 민중적 요구를 낳기도 했지만, 막상 그렇게 해서 얻어진 권력을 활용하려고 하면 이는 시장 메커니즘의 본성에 의해 큰 제약과 마주치게 되었다. 산발적이고 개별적인 개입과 간섭은 사회적 견지에서 보면 제아무리 시급한 것이라고 해도 경제적으로는 해로운 결과를 불러오는 경우도 많았다. 경제적으로 유용한 계획적인 간섭과 개입 조치들은 아예 고려의 대상조차 되지 못했다. 정치적인 차원에서 보자면, 점진적인 작은 개혁은 시장의 작동에 훼방을 놓는 해로운 것이라는 의심을 받았고, 공공연한 사회주의적 해결책들은 경제적으로 이익이 될 수 있었는데도 완전히 배제당했다. 이러한 상황에서는 비록 민중적 민주주의의 여러 세력과 힘들이 놀랄 정도의 권력을 가지고 있다고 해도 그 힘이 제한당할 수밖에 없었던 것이다.

19장

오늘날의 전환 시대에 대한 다섯 개의 강연:
19세기 문명의 사멸**

서론:제도적 접근

이번 다섯 개의 강연 주제는 방대하고도 독특한 사건입니다. 20세기의 양차 대전 사이라는 짧은 기간에 벌어진 19세기 문명의 사멸이 그것입니다.

이 기간의 처음 무렵에는 19세기의 여러 이상들이 더할 나위 없이 높은 위치를 점하고 있었습니다. 사실 그 이상들의 영향력은 당시 최고조에 이르러 있었습니다. 그리고 이 기간이 끝날 때쯤에는 우리와 같은 유형의 사회를 세계의 지도적 위치에 올려놓았던 체제가 거의 아무것도

** 칼 폴라니 문서고, 파일 31-10, "Conference 1". 컬럼비아 대학에서 다섯 개의 강연으로 이루어진 과목의 일환으로 행해진 강연.

남지 않고 사라졌습니다. 이 기간에 각국 내부에서는 대의제 민주주의가 자유 체제를 수호했으며, 자유주의적 자본주의의 영향력 아래에서 모든 문명화된 국가들 내부의 후생은 엄청나게 증대되었습니다. 세력 균형을 통해서 길고 파괴적인 여러 전쟁들에서 비교적 자유로울 수 있었고, 금본위제가 탄탄한 기초를 제공하여 거의 지구적 규모로 광대한 경제적 협력 체제를 구축할 수 있었습니다. 물론 이 세계가 완벽했던 것은 전혀 아니었지만, 최소한 완벽의 상태를 향하여 순조롭게 나아가는 것으로 보였습니다. 그런데 이 독특한 구조물이 갑자기 무너져 내렸습니다. 오늘날 우리가 맞닥뜨린 과제들은 이러한 대사건에 비추어보지 않으면 제대로 이해할 수 없다고 우리는 믿습니다. 이 사건은 일국적인 동시에 국제적이며, 정치적인 동시에 경제적입니다. 한마디로 우리의 모든 제도들이 다 여기에 연결되어 있습니다. 그래서 역사가로서는 도대체 어디에서 시작하면 좋을지를 놓고 당황할 수밖에 없습니다.

보수적 1920년대와 혁명적 1930년대

1914~1918년의 제1차 세계대전은 전체적으로 보아 19세기 유형에 충실한 전쟁으로서, 강대국들이 한편으로 뭉쳐 다른 편으로 뭉친 강대국들과 대치하는 모습을 보였습니다. 교전국들과 중립국들, 군인들과 민간인들, 영리 활동과 전쟁 등이 모두 서로 뚜렷이 구별되기도 했습니다. 전쟁이 끝날 때쯤에는 전쟁 이전과 거의 똑같은 삶이 계속 되도록 보장하는 것을 목표로 하는 조약이 체결되었고, 패배 또한 그 조약에서 나온 산물이었습니다. 전쟁의 목적도 딱히 무어라 말하기 힘들었고 또 무언가 본질적인 것을 얻어 전쟁이 종료된 것도 아니었습니다. 이렇게

모든 면에서 비슷했지만, 제1차 세계대전은 그 이전의 어떤 전쟁보다 더욱 공포스러운 것이었습니다.

1920년대 경향은 뚜렷이 보수적 성격을 띠었습니다. 1917~1923년에는 동유럽에서 요란한 혁명과 반혁명의 장관이 연출되었지만, 설령 그것들이 단순한 패전의 충격에서 생겨난 혼란 이상의 것이었던 경우에도 동유럽 사회에 아무것도 새로운 요소를 들여오지는 못했습니다. 힌덴부르크와 윌슨 대통령뿐만 아니라 레닌과 트로츠키 또한 19세기 전통에 살고 있는 이들이었습니다. 이 시대의 경향은 그저 17세기와 18세기의 영국 혁명, 미국 혁명, 프랑스 혁명 등과 흔히 연관되는 그러한 체제를 확립하고 결국에는 재확립하는 것에 지나지 않았습니다. 전통적인 목적들을 추구하기 위해 급진적인 정책들이 사용되었던 것입니다. 제1차 세계대전의 주된 성격은 20세기가 시작된 이래 이 체제를 옴짝달싹 못하게 만들었던 여러 난제들을 폭력으로 극복해보려는 시도였지만, 별다른 결실을 맺지는 못했던 것입니다. 평화가 찾아온 1920년대에는 이러한 노력이 더욱 격렬해졌지만, 전쟁이 가져온 결과로 인해 이러한 난제들은 더욱 풀기 어려워지고 말았을 뿐입니다.

그러다 1930년대가 되자 불현듯 변화가 찾아왔고, 그 기세는 실로 입이 딱 벌어질 정도였습니다. 그 이정표가 된 사건은 영국 그리고 결국 모든 다른 나라들의 금본위제 포기, 러시아의 5개년 계획과 특히 집단농장화, 뉴딜의 개시, 나치즘 혁명, 강대국들이 자급자족적인 제국 형태를 선택하면서 벌어진 세력 균형의 붕괴 등이었습니다. 1940년이 되면서 이 산업 체제의 잔존물은 모두 사라졌고, 몇 개의 고립된 지역들을 제외하고 전 세계의 모든 민족들은 완전히 새로운 제도적 환경 속에서 살게 되었습니다.

외부적 원인 이론

1914~1939년의 사반세기를 멀리서 조감도로 바라본다면 이 변화가 급작스럽고도 전 세계적이었으며, 실로 다양한 사회적·정치적 성격을 지닌 나라들이 모두 그 범위 안에 포함되어 있었다는 점을 확연히 알 수 있습니다. 이러한 결과를 낳은 원인이라면 당연하게도 이 나라들 내부의 것일 리는 없습니다. 이 시대를 살았던 이들로서는 이 사건을 1914~1918년에 벌어진 제1차 세계대전의 피바람과 고통의 연장선으로 볼 수밖에 없었습니다. 하지만 앞에서도 말했듯이 이 사건으로부터 그리 오랜 시간이 지나지도 않은 시점인 오늘날 돌이켜보면, 제1차 세계대전 그리고 그 직후에 벌어졌던 여러 혁명 자체는 19세기의 연장이었을 뿐이며 훨씬 더 깊고 광대하게 뻗쳐 있었던 과정의 한 국면에 불과한 것이었음이 드러납니다. 따라서 우리는 다음과 같은 결론을 내리지 않을 수 없습니다. 국제적 차원에서 진행되어온 모종의 발전 과정이 소리 없이 역사의 경로를 결정하였고, 마침내 '1920년대'의 끝자락에서 광대한 대전환으로 변화가 터져 나오게 되었던 것이라고 말입니다. 우리는 이 저변에 깔려 있는 총체적인 사건이란 다름 아닌 우리 문명이 무의식적으로 그 삶과 성장을 의존해왔던 국제 체제의 해체라고 주장합니다.

이러한 결과로 이어신 섬신적인 어려 변화는 이미 1914~1918년의 제1차 세계대전보다 훨씬 전부터 진행되고 있었지만 당시에는 아무도 눈치 채지 못하고 있었습니다. 사실 이 체제는 20세기에 들어서면서부터 이미 점점 더 커져가는 긴장하에서 작동하고 있었습니다. 정치에서는 서로 적대적인 여러 동맹체들이 형성되면서 세력 균형의 종말을 맞게 됩니다. 세력 균형은 여러 개의 독자적인 국가들의 존재와 이들 각각이 펼치는 독자적 정책들을 전제조건으로 하는 것으로서, 영구적인 강대국 집단들로 이루어진 모종의 시스템과는 양립할 수가 없는 것입니다. 경제 영역에서 보자면 이러한 강대국 동맹체들의 형성은 곧 무역 경쟁을 수반하게 되는 것으로서, 각국 내부 체제에 가해지고 있었던 부당한 긴장이 바로 이것 때문에 적나라하게 드러났습니다. 하지만 1914~1918년의 제1차 세계대전은 이 세계를 참혹하게 파괴하고 빈곤으로 몰아넣었을 뿐 그러한 문제점들을 경감시키지는 못했고, 그 뒤에 서방 국가들이 맺은 일련의 조약들은 오히려 문제를 악화시키고 말았습니다. 패전국들을 영구적으로 무장 해제해버리면 세력 균형의 기초 자체가 사라져버리며, 그에 따라 정치적 문제도 해결불능이 되어버린다는 것은 쉽게 알 수 있습니다. 이는 세계경제를 다시 부양시킬 기회를 또다시 빼앗아갔습니다. 이러한 체제에는 여러 약점이 있지만, 특히 일정한 정도의 평화를 전제로 하는 국제 정치 체제가 없으면 금본위제의 작동을 기대할 수가 없다는 문제가 있었습니다. 모든 것을 초토화시킬 수 있는 전쟁을 막아줄 이러한 보호 장치가 이제 사라져버렸으므로, 금본위제를 회복하고자 하는 모든 노력은 더욱더 확실하게 실패의 운명이 결정되고 말았습니다. 제1차 세계대전은 19세기의 정치적·경제적 메커니즘을 짓누르던 긴장을 완화시키려 노력했지만, 이렇게 그 질서를 더욱 돌이킬 수 없을 만큼 약화시키고 말았습니다. 이 질서를 복구하기 위한 1920년대의 각고의 노력은 이미 실패할 수밖에 없는 운명이었고, 그러한 노력의 절정은 오히려 새로운 파국으로 들어가는 입구로 판명되었습니다. 이 국제 체제가 마침내 무너지게 되자 그 영향을 피할 수 있는 나라는 하나도 없었습니다.

사실들

국제 체제의 해체에 대한 이러한 설명은, 어디에서나 그 위기의 초점이 대외적 사건들 특히 통화와 환율의 문제에 맞춰져 있었다는 사실을 볼 때 놀랄 만큼 강력하게 입증됩니다. 유럽 각국의 내부에서 벌어졌던 정치 위기는 예외 없이 통화 문제에 기원을 두고 있었습니다. 1920년대에 걸쳐서 환율이란 모든 것을 아우르는 요인이었습니다. 중부 유럽 국가들의 대외적 통화 가치가 소멸하는 사건에서 그 10년 후에 있었던 세계경제회의World Economic Conference에 이르기까지, 제1차 세계대전 이전의 통화 체제로 되돌아가려는 노력은 거의 전 세계적인 것이었습니다. 여러 나라의 통화 위기가 계속 줄지어 터지면서 가난한 발칸 국가들이 탄력성 있는 국제적 신용 체제로 풍요로운 미국과 연결되었지만, 이 신용 체제는 불완전하게 복구된 여러 통화의 긴장을 사방으로 전달하는 기능을 했습니다. 처음에는 그 긴장이 동유럽에서 서유럽으로 넘어왔고, 그 다음에는 서유럽에서 미국으로 전달되어, 마침내 미국 자신도 세계의 절반이 넘는 나라들의 누적된 적자에 짓눌려 쓰러지고 말았습니다. 1929년 월스트리트에서 터져 나온 경기 침체는 1919년 이래 다뉴브강과 라인강 지역에 잠복해 있었던 긴장으로 인해 태풍으로 변해버렸습니다. 1930년대 조 2개의 앵글로색슨 나라[*1)]가 금본위제를 탈퇴해버리는 사건은 역사를 두 시대로 나누는 분수령이 되고 말았습니다. 1920년대에는 모든 노력이 여전히 금본위제의 궁극적 붕괴를 예방하는 방향으로 이루어졌지만, 1930년대가 되면 이 흐름이 역전되어 각국은 모든 노력을 금본위제 붕괴라는 확정된 사실에다 스스로를 적응시키는 방향에 맞추게 됩니다. 대외적 상황이 경제 문제들보다는 정치 문제들에 더 관련이 많았던 경우들도 없지 않았습니다. 하지만 이 단계에서 우리는 국제 체제의 경제적 측면과 정치적 측면을 너무 세밀하게 구별하려고 들 필요는 없습니다. 여기서는 그저, 원리상 외부 요인을 고려하지 않은 분석은 이 위기에 대해 충분한 설명을 끌어낼 수 없다는 점만 지적해두겠습니다.

국제 체제

사실상 국제 체제는 정치적이면서 경제적인 것입니다. 금본위제는 국제 규모에서의 자본 시장, 통화 시장, 원자재 시장을 포괄하는 단일한 세계경제의 기초가 되었습니다. 이러한 상황은 법적인 것이 아니라 실제 사정에 따라 정립된 것이었고, 이러한 상황으로부터 혜택을 보는 이들도 그 실체조차 제대로 깨닫지 못하고 있었습니다. 정치 영역에서는 이러한 비공식 조직에 견줄 수 있는 것조차 없었습니다. 세력 균형이라는 것이 있어서 대규모의 전쟁에서 각국을 막아주기는 했으며, 또 금본위제와 같은 단일의 세계 통화 체제도 이것 덕분에 가능한 것이었지만, 이는 금본위제보다도 더 법적 제도로서의 성격이 덜한 것이었습니다. 하지만 사회 조직의 기능은 공식적인 재가(裁可)에만 의존하는 것이 아닙니다. 한 사회는 자신의 삶을 가능케 해주는 여러 제도들의 진정한 성격을 그 제도들이 사멸하고 난 뒤에야 비로소 깨닫게 되는 것이 상례입니다.

하지만 국제 체제 안에서 경제가 지배적 요인이었다는 사실은 간과해서는 안 됩니다. 세계를 실질적으로 조직한 것은 경제였지 정치가 아니었습니다. 제국주의적 경쟁을 야기하고, 또 제1차 세계대전으로의 길을 닦았던 것도 경제적 긴장이었습니다. 1920년대 각국의 국가 지도자들이 모든 정력을 기울였던 것도 제1차 세계대전 이전의 경제 체제를 복구하기 위한 목적이었습니다. 전쟁 복구, 환율의 안정화, 국제적 부채, 해외 대부, 무역 봉쇄, 각종 생활비용 지수 등은 대중과 정치가들 모두의 당면한 관심사이기도 했습니다. 그리고 경제적 자급자족은 1930년대에는 세계 어디에서나 유일의 지배적 경향이 되어버립니다.

하지만 국제경제 체제의 붕괴 자체는 설명이 필요합니다. 하지만 이는 이번 강연의 영역을 멀리 벗어나는 일입니다. 이러한 모험은 자그마치 현재 위기의 성격과 기원을 정확히 밝혀낸다는 더욱 커다란 이야기이니까요. 다른 말로 하자면, 이는 자본주의와 민주주의와 같은 우리의 기본적 제도들을 일반적인 쉬운 용어로 정의하는 작업을 뜻합니다. 우리의 다음 강연은 주로 이를 주제로 삼을 것입니다.

—

20장

오늘날의 전환 시대에 대한 다섯 개의 강연 : 통합된 사회로의 경향[**]

—

정치학과 경제학의 분리

19세기 사회는 자유주의적 자본주의와 대의제 민주주의라는 두 개의 기둥 위에 서 있었습니다. 경제 영역과 정치 영역은 분리되어 있었습니다. 그 사회가 그토록 빠르게 무너지게 된 것도 여기에서 실마리를 찾을 수 있습니다. 경제와 정치 영역이 서로 분리된 상태가 일시적인 것을 넘어 지속될 수 있을 것이라고 기대한다면 이는 환상일 뿐입니다. 어떤 사회가 그 일상적 작동의 궤도 안에 별개로 존재하는 자율적이며 자기 조정적인 경제 영역을 포함한다는 생각은 결코 실현될 수 없는 유토피

[**] 칼 폴라니 문서고, 파일 31-10, "Conference 2". 컬럼비아 대학에서 다섯 개의 강연으로 이루어진 과목의 일환으로 행해진 강연. 날짜 없음.

아입니다.

표면적으로 보면 제가 이해하기 힘든 주장을 하고 있다고 느끼실 수 있습니다. 우리에게는 정치적 필요와 경제적 필요가 분리되어 있으며, 따라서 그 필요에 각각 복무하는 두 개의 제도적 체제 또한 한 사회 안에서 별개의 다른 것으로 존재하는 게 마땅하다는 것만큼 명백한 진리가 없다고 보이니까요. 인간이 식량과 같은 것들에 대해서는 경제적 욕구를 가지며, 안전이나 보호와 같은 것들에 대해서는 정치적 욕구를 가진다는 것은 분명한 일이 아니겠습니까? 총보다는 버터를 (또 마찬가지로 버터보다는 총을) 훨씬 좋아하는 사람이 있다고 해도, 제정신이라면 누구든 총을 버터로 오인하지는 않을 것입니다. 사회 안에 여러 경제 제도와 정치 제도가 별개로 존재해야 한다는 것은 사물의 본성상 필연적인 것처럼 보입니다.

하지만 좀 더 자세히 살펴보면 이는 정당화될 수 없는 가정으로서, 이를 입증할 수 있는 것은 불과 몇 세대밖에 되지 않는 짧은 기간에 생겨난 여러 인습과 습관 말고는 아무것도 없다는 것이 드러납니다. 물론 인간은 식량과 안전이 필요합니다만 그렇다고 해서 이러한 욕구들을 충족하는 데에 별개 집합의 제도들이 필요한 것은 아닙니다. 즉, 그 제도들이 각각 분명히 구별되는 동기에 기초해야 하며, 또 그 동기로 움직이는 별개 집합의 사람들이 시휘해야 하는 것은 아니라는 말입니다. 그 반대입니다. 19세기의 몇몇 사회들에서 볼 수 있는 제한된 일부 경험을 제외한다면, 과거에 존재했던 모든 인간 사회는 사회의 제도적 통일성에 기초했던 것으로 보입니다. 다른 말로 하자면, 한 집합의 제도들이 사회의 경제적 필요욕구와 정치적 필요욕구 모두에 복무하도록 고안되어 있었다는 것입니다.

가격 경제 혹은 시장경제

자유주의적 자본주의는 본질적으로 가격 경제(혹은 시장경제)입니다. 이는 곧 재화의 생산과 분배가 여러 시장의 작동에서 나오는 여러 가격으로 통제된다는 것을 뜻합니다.

모든 유형의 재화에 대해 시장이 존재합니다. 모든 종류의 상품에 대해서는 상품 시장이 존재하며, 자본의 이용을 위해서 자본 시장이 존재하며, 토지의 이용을 위해서 부동산 시장이 존재하며, 노동력의 이용을 위해 노동 시장이 존재합니다. 이러한 방식으로 모든 생산요소는 그 자신의 시장을 갖게 됩니다.

따라서 모든 유형의 재화에 대해 가격이 존재합니다. 갖가지 상품에 대한 가격은 상품 가격이라고 불리며, 자본의 이용에 대한 가격은 이자라고 불리며, 토지의 이용을 위한 가격은 지대라고 불리며, 노동의 이용을 위한 가격은 임금이라고 불립니다. 이렇게 생산의 모든 요소는 자기 자신의 가격을 갖습니다.

이러한 시장의 작동은 두 가지의 결과를 가져옵니다.

재화의 생산은 여러 재화의 변화하는 수량과 질에 따라 결정되며, 한 나라의 여러 자원은 노동이든 토지이든 자본이든 여러 상품이든 자동적으로 배치되고 처분됩니다.

이렇게 생산된 재화의 분배 또한 동일한 메커니즘으로 결정됩니다. 그 여러 재화의 가격 일부가 특정한 재화를 판매한 이들의 소득을 형성하기 때문입니다. 자본의 이용을 판매한 이들에게는 이자가 주어지며, 토지의 이용을 판매한 이들에게는 지대가 주어지며, 노동력의 이용을 판매한 이들에게는 임금이 주어지며, 마지막으로 모든 종류의 상품들을 판매한 이들에게는 이윤이 주어집니다. 이때 이윤은 판매 가격에서 비용을(물론 이는 단순히 해당 재화를 생산하는 데에 필요한 여러 재화의 가격입니다.) 뺀 잉여입니다. 이러한 여러 소득의 총액은 일정한 기간 내에 생산된 여러 재화의 총량을 구매할 수 있는 액수입니다. 이렇게 가격 체제는 그 안에서 생산된 재화들을 자동적으로 분배하게 됩니다.

시장경제의 핵심 메커니즘을 도식적인 방식으로 설명하는 것은 이 정도로 해두겠습니다. 수백만의 사람들이 수십만의 정교한 재화들을 생산하고 다시 이를 그들 사이에 분배하는 일이 이 메커니즘을 통하여, 또 이 메커니즘 안에서 벌어지고 있으며, 이 메커니즘은 그 기술적 과정, 금융적 과정, 소비 과정 전체의 모든 세부 사항들을 규제하고 있습니다. 잠시만이라도 머릿속에서 그려본다면 이 메커니즘이 그야말로 위대한 인간 정신의 업적이며, 이에 비하면 이집트의 피라미드는 아무것도 아니라는 것에 동의하실 것입니다. 이것이 처음으로 우리 의식의 지평선에 등장하였을 때, 마치 맨눈으로 태양을 보았을 때처럼 인간을 어질어질 비틀거리게 만들었다는 것도 당연한 일입니다. 우리 유럽 사회가 낳은 산업혁명과 기계제 시대는, 이리하여 전 인류로 하여금 초기 산업주의라는 불지옥을 통과하여 마침내 이 체제의 엄청난 물질적 혜택을 실제로 누릴 때까지 계속 전진하도록 자극할 만큼, 충분히 강력한 영감의 원천이 되었던 것입니다.

하지만 자유주의 경제학자들이 교조주의를 갖게 된 데에는 또 다른 이유가 있습니다. 가격 경제 혹은 시장경제가 발전해갈수록 그 원리 또한 더욱 극단적으로 적용되어갈 수밖에 없다는 것입니다. 애덤 스미스와 같은 초기의 자유무역주의자들이 교조적으로 보였다고 해도, 그들의 교조주의는 훗날 나타난 맨체스터 학파[*1)]의 그것에 비하면 아무것도 아니었습니다. 그리고 맨체스터 자유주의자 또한 오늘날의 자유주의적 자본주의 옹호자들과 비교하면 비굴하리만큼 타협적으로 보일 지경입니다. 코브던Richard Cobden과 브라이트John Bright는 라이어널 로빈스Lionel Robbins나 루트비히 폰 미제스의*2) 경직된 광신에 비교한다면 그저 기회주의자들로 보일 뿐입니다.

이러한 사실이 나타난 이유는 대단히 단순합니다. 시장경제라는 게 실제로 작동하려면 여러 상품 가격, 지대, 이자, 임금 등 모든 가격에 대해 그 어떤 간섭도 없어야만 하기 때문입니다. 가격의 자기조정 체제가 작동하는 것은 판매 가격에 비용을 넘는 잉여가 존재하느냐에 달려 있습니다. 그러한 잉여가 존재하지 않는다면 아무것도 생산될 수가 없습니다. 따라서 만약 판매 가격이 하락한다면 비용 또한 하락하도록 허용되어야 합니다. 이는 인간의 의지나 감정 혹은 이상과 전혀 무관한 문제입니다. 시장경제의 운영 준칙으로 볼 때 영속적으로 손해를 낳는 생산은 자동적으로 배제되게 되어 있습니다.

이것이 바로 이 체제하에서 여러 상품들뿐만 아니라 토지, 노동, 자본 등 모든 생산요소들에 대해 자유로운 시장이 확립되어야 하는 이유입니다. 만약 가격 체제가 탄력적이지 못하여 여러 상품 가격이 다양한 시장들 사이의 상호 교류에 따라 자유롭게 오르내리는 것이 허용되지 않는다면, 이 체제는 원리 차원에서조차 자기조정 기능을 잃게 되며 결국 이 거대한 메커니즘 전체가 무너지게 됩니다. 그리하여 인류는 대량 실업, 생산의 중지, 소득의 손실, 그로부터 빚어지는 사회적 혼란과 무정부 상태라는 위험에 곧바로 맞닥뜨리게 되는 것입니다.

사회와 시장

모든 생산요소들에 자유로운 시장이 확립되어야 한다는 이 명제는 겉보기에는 아주 단순해 보입니다만, 실제로는 사회 전체가 시장 체제의 필요에 복속되어야 한다는 것을 뜻합니다. 생산요소들 가운데에는 토지와 노동도 있으며, 이 둘 모두를 상품으로 간주하여 취급하기 위해서는 상당한 허구를 그 기초에 깔아야만 합니다. 노동이란 곧 인간을 의미하지만 인간이야말로 사회를 구성하는 요소이며, 토지란 인간이 삶을 영위하는 어머니 대지의 다른 이름일 뿐이기 때문입니다. 사회 안에 따로 분리되어 존재하는 시장경제를 확립하려는 노력 속에서 사회 전체는 이렇게 시장경제의 필요에 복속당하고 마는 것입니다. 그리하여 거의 아무도 의식하지 못하는 사이에 전대미문의 것 하나가 출현하게 됩니다. 바로 경제적 사회economic society라는 것으로서, 즉 사회가 그 존속을 오로지 물질적 재화에만 의존한다는 가정에 기초한 인간 공동체입니다.

이러한 가정은 그릇된 것이며, 이는 얼마든지 입증할 수 있습니다. 목숨과 팔다리의 안전을 지켜내는 것 또한 일용할 양식만큼이나 절대적으로 중요한 문제입니다. 총과 버터*3) 사이에 무조건 하나만 선택하라고 한다면 명확한 답이 있을 리 없습니다. 하지만 만약 어떤 사회가 영속적으로 존재하려면 무수히 다양한 요건들을 충족시켜야만 합니다. 우리의 환경인 자연, 이웃, 우리의 기술과 상당히 안정적인 관계를 맺어야 하며, 사회 성원들의 군사적 능력과 건강 및 체력도 유지해야 하며, 확고한 인간성의 기초 위에서 새로운 세대를 길러낼 수 있을 만큼 미래에 대해 충분히 안정된 전망도 만들어내야 합니다. 이러한 요건들은 물질적 재화의 풍족만으로 대체할 수 있는 게 아니라는 것은 너무나 명확합니다. 시장이라는 "악마의 맷돌"은 자신의 토지를 조각내어 개별화하거나 혹은 사용되지 않은 채 방기되도록 허용하는 사회는 물론, 노동력을 과도하게 혹사시키거나 아예 녹이 슬도록 방기하는 사회를 순식간에 빻아 가루로 만들어버립니다. 또한 신용 체제를 인플레이션으로 몰고 가거나, 모든 인간 사회에 체현된 살아 숨 쉬는 공동체의 필요와는 본질적으로 동떨어진 맹목적 메커니즘의 변덕에 따라 경기가 질식하도록 내버려두는 사회도 순식간에 가루로 만들어버립니다.

시장 유토피아와 떼려야 뗄 수 없는 이러한 위험들의 진정한 성격은 이로써 명확해집니다. 사회를 위해서는 시장 메커니즘에 제한을 두어야만 합니다. 하지만 이는 경제생활에 심각한 해를 반드시 가하게 되어 있으며, 따라서 사회 전체에도 해를 가하게 되어 있습니다. 우리는 선택할 수 없는 두 개를 놓고 선택을 해야 하는 딜레마에 빠지게 되었습니다. 결국 파멸에 이르게 되어 있는 유토피아의 경로를 계속 밟아나갈 것인가, 아니면 이 경로를 멈추고 이 기적과 같이 훌륭한, 하지만 지극히 인공적인 체제의 장치를 내다 버리는 위험을 무릅쓸 것인가입니다.

본래 통일되었던 사회, 그리고 통합을 향한 현재의 경향

정치 영역과 경제 영역의 분리는 우리와 같은 유형의 사회에만 나타나는 독특한 특징입니다. 과거에 존재했던 부족 사회도, 도시국가도, 여러 봉건 사회도 이러한 특징을 보인 적이 없습니다. 이 모든 사회들에서 인간의 다양한 필요욕구(안전과 보호, 정의와 질서, 물질적 재화, 성생활과 재생산 등)의 충족을 가져다주었던 것은 단일 묶음의 제도들이었습니다. 부족 사회와 봉건 사회의 종교 제도, 의례 제도, 가족 제도, 기타 어떤 제도도 그러한 정치 및 경제 영역의 분리를 가져오지는 않습니다. 오늘날 우리 사회의 바로 전 단계 사회였던 중상주의 또한 사회의 제도적 통일성에 기초한 정치-경제 교리 체계였습니다.

시장경제가 왜 결코 현실이 될 수 없는지는 그것이 지닌 유토피아적 성격을 보면 알 수 있습니다. 시장경제는 항상 실제의 사실이라기보다는 이데올로기에 가까운 것이었습니다. 공장 입법과 보호무역주의, 노동조합과 교회 등은 토지와 노동에 대해 제한 없는 시장을 둔다는 가정들에 맞서 거칠게 벌어졌던 반작용의 두드러진 인자들이었습니다. 다른 말로 하자면, 정치와 경제의 분리는 결코 완벽하게 실현된 적이 한번도 없었다는 것입니다. 시장경제를 지향하는 운동이 그 절정에 달하기도 전에 이미 사회의 통합이 시작되었던 것입니다.

하지만 이러한 사태 전개는 사회 체제의 긴장을 가중시켰을 뿐입니다. 산업과 국가, 경제와 정치의 상호 간섭을 규율할 수 있는 상위의 원칙은 전혀 없었습니다. 노동계급은 경쟁 체제가 가져올 최악의 결과들로부터 자신을 보호하기 위하여 민주적 국가의 여러 제도들을 이용하였고, 재계의 지도자들 또한 정치적 민주주의를 약화시키기 위하여 자신들이 소유한 산업 시설과 금융을 이용하였습니다. 이는 그릇된 통합이었지만 19세기 말의 사회는 그 부수한 예들을 보여주고 있습니다. 시장경제를 신봉하는 이들은 관세 정책과 노동조합의 독점적 관행이 불황을 악화시키고 무역을 제약하는 직접적 원인이 될 때가 많다고 지적하였으며, 이들의 주장은 정당한 것이었습니다. 이들이 보지 못했던 것은, 이러한 국가 및 자발적 조직들의 자기 보호 조치들이야말로 시장 메커니즘의 맹목적 행동이 야기할 파괴에서 사회를 구출할 유일한 수단이었다는 점입니다.

제1차 세계대전 이후의 유럽에서는 경제와 정치의 분리가 모종의 파국적인 국내 상황으로 발전하였습니다. 산업의 우두머리들은 여러 민주적 제도들의 권위를 잠식하였고, 한편 민주적 의회는 계속해서 시장 메커니즘의 작동에 간섭하였습니다. 마침내 사회의 정치적 제도와 경제적 제도 모두가 당장에라도 마비되는 일이 얼마든지 벌어질 수 있는 상황에 이르고 말았습니다. 사회를 다시 통합해야 한다는 것이 분명해졌습니다.

이러한 위기의 상황에서 파시즘 혁명이 터져 나온 것입니다. 선택은 둘 중의 하나였습니다. 민주주의의 기초 위에서 정치권력을 통하여 사회를 통합할 것이냐, 민주주의가 너무나 힘이 약하다는 것이 판명될 경우 민주주의의 희생을 대가로 하여 권위주의적 기초 위에서 전체주의의 모습으로 사회를 통합할 것이냐가 그것이었습니다.

제가 확신하는 바로는, 미국의 사회 체제는 이러한 비극적인 딜레마에 직면하고 있지는 않습니다. 하지만 자유의 상실을 피하고자 한다면, 다음의 두 가지 조치를 동시에 취해야 할 것입니다. 사회 통합의 필요를 받아들이고, 동시에 이를 민주적 수단을 통해 달성해야 한다는 것입니다.

후기 : 칼 폴라니의 법·정치 사상에 대한 소고

마리아비토리아 카탄자리티

이 책에 수록된 글들은 세계사에 대해 반세기 이상 수행된 면밀한 고찰과 검토의 결과물들이다. 1920년대에서 1950년대 말까지의 장구한 기간에 걸친 폭넓은 여러 주제는 칼 폴라니의 과학적 연구 활동의 산물이 지닌 성격을 잘 드러내고 있다. 그의 개인사의 궤적과 거대한 정치적·역사적 중요성을 갖는 사건들[1]이 놀랄 정도로 서로 교차했던 덕분에, 폴라니는 '아름다운 시절belle époque'에서 제1차 세계대전을 거쳐 1918년과 1919년의 헝가리 혁명과 제1, 2차 세계대전 사이에 벌어진 여러 급진적 변혁들은 물론 냉전의 첫 단계에 이르기까지 20세기의 주요한 역사적 순간들 몇몇을 직접 목격할 수 있었다.

이러한 서구의 역사는 그의 개인사와 떼려야 뗄 수 없이 긴밀하게 연결되어 있으며, 이것이 폴라니의 저작이 지닌 본모습을 형성한 거대한 주형(鑄型)이었다. 그는 법률가로 훈련받았고, 언론인으로 일했으며, 부르주아 사회 질서의 '이탈자'로서 방랑과 추방을 되풀이했다. 또 그의 사유는 항상 면밀하고도 철저했다.[2]

복잡하기 이를 데 없는 폴라니의 저작을 단순화하는 것은 쉬운 과제가 아니지만, 아마도 그 저작들을 관통하는 폴라니의 독특한 초점 하나를 잡아내는 일은 가능할 것이다. 그것은 민주주의와 인간 존재 사이에 확고한 친화성을 정립하는 것이었다. 폴라니에게는 이 친화성의 정립이야말로 사회 운동의 목표였다.[3] 그의 지적 발전의 내력에는 바로 이러한 이상에 온몸을 던졌던 이야기와, 사회의 지배적인 생각과 관습을 한사코 거부하는 '비순응주의nonconformism'의 이야기가 담겨 있다.

이미 이야기했듯이 칼 폴라니는 법학으로 학위를 받았지만, 이를 자신의 지적 노력의 으뜸가는 중심으로 여긴 적은 결코 없었다. 오히려 폴라니의 저작에서 법 이론에 대한 성찰은 경제학에 대한 성찰과 비교해 보면 주변적인 위치에 머무를 뿐이다. 그렇지만 몇몇 구절들을 추슬러 보고 또 비어 있는 부분을 추적해보면, 법에 대한 폴라니의 제도주의적 관점을 흥미롭게 재구성할 수 있다. 이 책에 실린 다양한 글들은 폴라니의 사유에서 엿볼 수 있는 이러한 차원을 분명히 드러내고 있다. 그는 의도적으로 형식주의와 거리를 유지하고 있거니와 그로 인해 여러 법적 현상을 '묻어들어 있음embeddedness'[4]과 '경제주의적 오류economistic fallacy'를 이해하기 위한 도구로 사용할 수 있는, 일종의 규범적 모형을 선호하는 쪽으로 나아갈 수 있었다.

이러한 '약음 효과muting effect'는 우리로 하여금 여러 전통적 범주들, 특히 규범 체계의 자율성이라는 범주를 해체하는 유형의 인류학에 대해 생각하도록 이끈다. 법에 대한 폴라니의 입장을 간단히 정의할 수 있을 만큼 근거자료가 많지 않으므로, 우리는 그의 저작을 해석할 때에 법이 갖는 의미를 최소화하는 해석을 따르는 것이 온당하다. 하지만 이와 마찬가지로 법학자가 '비(非)법학자'의 눈으로 법을 관찰하려고 노력하는 한, 규범적 패러다임은 상당한 의의를 갖는다.

폴라니는 법에 대해서 항상 사실적 방식으로 접근한다. 그는 여러 규범들[5]을 결정하는 사회적 요인들에 주의를 기울여 현실의 삶에서 가져온 사실들을 사회학적 분석의 시금석으로 삼는다. 이 마지막 명제는 원시 사회에 대한 연구에서 전제로 취할 만한 것으로서, 말리노프스키[6]

와 모스가 총체적인 사회적 사실들, 즉 종교, 법, 도덕, 경제 등 모든 유형의 제도들에 걸쳐 있는 사실들의 존재에[7] 대해 가졌던 관점과 괄목할 만큼 수렴한다. 따라서 법 또한 경제를 사회에 통합시키는 데에 복무하는 비경제적 제도들 가운데 하나에 속하게 된다.

이 점에 있어서 특히 중요한 것은 이 책의 〈금융 공황이 가려버린 사회주의의 전망〉에 나오는 다음과 같은 구절이다.

> 노동을 특정한 계약의 주체로 정의하는 법적인 허구나, 또 '노동'이라는 상품을 희소하고 유용한 사물로 보는 경제적인 허구나, 그 자체로는 실제의 세계와 무관하게 성립하는 것이다. 여기에서 정작 문제가 되는 것은 노동 시장이라고 묘사되는 조직이 요구하는 바를 그대로 따를 때 인간이 어떠한 상황에 놓이게 되는가이다.[8]

사회적인 '설득력'의 문제는 그래서 여러 규범적 명령의 문제를 포함하는 것으로 보인다.[9] 그는 이 책의 뒷부분에서 좀 더 직접적으로 다음과 같이 말한다. "하지만 사회 조직의 기능은 공식적인 재가에만 의존하는 것이 아닙니다."[10] 그 기능은 또한 개인과 그 개인의 환경적·사회적 맥락 사이에 확립된 구체적 관계에 의존한다는 것이다.[11]

폴라니에게 법의 내러티브란 그 사체로 사회적 내러티브와 평행을 이룬다. 《거대한 전환》에서 그가 1795년 스피넘랜드 법에 대해 보여준 사회학적 분석(법적 혹은 역사적 분석이 아니라)이 좋은 예가 된다.[12] 폴라니는 주어진 환경에 처한 인간의 상태를 이해하는 수단으로서 그 법이 불러온 사회적 결과에 관심을 두고 있다.[13] 예를 들어 1601년의 구빈법에서 1834년 스피넘랜드 법의 철폐에 이르기까지 영국에서 빈민들을 위해 마련된 입법은 그 보조금을 받는 이들의 조건을 개선시키지 못했다.[14] 왜냐면 그러한 법들이 당대의 문화에 뿌리를 두지 않았기 때문이다. 오히려 이 법들은 노동의 탈규제를 낳고 말았다.[15] 경제를 여러 사회 제도 중의 하나로 분리했다가 다시 통합하는 과정이 어떤 법적 결과를 낳게 되는가에 대해서 그는 얼핏 보기에 모순적인 태도를 보이고 있는 듯하지만, 그의 분석이 이처럼 형식적 준칙들의 사회적 결과에 항상 관심을 두었다는 점에 주의를 돌려야만 그러한 모순을 해명할 수 있다. 폴라니가 재구성한 시장경제의 발흥 과정에서 법은 이중적 기능을 맡는다. 법은 경제를 사회에서 떼어내는 요소로서 작동할 뿐만 아니라, 동시에 사회의 자기방어 메커니즘의 요소로서, 즉 경제를 다시 사회에 묻어들게 하는 메커니즘의 요소로서도 작동하는 것으로 나타난다.[16]

폴라니의 분석에서 핵심적인 요소 하나는 인클로저, 즉 한때 주인 없이 공동체 전체가 이용하도록 되어 있던 토지를 귀족과 부유한 지주들이 울타리로 막아버리는 현상이다. 처음 단계에서는 인클로저가 경작에서 목축으로의 이행에 수반되는 점진적인 과정이었지만,[17] 그 뒤에 따라온 농업의 산업화 기간에는 농민들의 삶의 질을 악화시키는 데 복무했을 뿐이다.[18] 이러한 두 번째 이행기에 일어난 사회적 해체는 《거대한 전환》에서뿐만 아니라 이 책에 수록된 〈민주적 영국 문화의 미래〉에도 잘 묘사되어 있다.[19] 이와 궤를 같이하여 여러 사회 계급 사이의 관계에도 근본적인 변화가 일어났고, 그 뒤를 따라 산업가들은 절대 왕정이 빈민들을 위해 확립해놓은 부조 체계를 해체하는 데 성공하였다. 면화 제조업의 발전은 이러한 현상의 대표적인 예이며, 여기에서 법은 주된 역할을 맡는다. "자유무역과 직결된 주도적 산업이었던 면화 제조업만 하더라도 보호관세, 수출 장려금, 간접적인 임금 보조금 따위의 도움을 빌려 나타난 것이다. 마찬가지로 자유방임이라는 것 자체도 국가에 의한 법령과 집행을 통해 나타난 것이었다."[20] 자기조정 시장의 창출 역시 1834년의 엘리자베스 구빈법 철폐와 1846년의 곡물법 철폐 그리고 금본위제를 도입한 1844년의 은행법 통과로 더욱 전진하였다.[21] 이러한 해석에서 법은 시장을 제도화하기 위한 메커니즘으로 작동한다. 또한 "여러 시장의 형성을 막는 것은 어떤 것도 허용이 불가"[22]하기 때문에, 법은 또한 자기조정 체제가 자유롭게 기능하도록 보장하는 역할도 맡는다. 하지만 동시에 법은 시장의 작동에 대한 무수한 제약과 제한으로 나타날 수도 있다. 폴라니는 중세의 길드와 중상주의의 여러 정책을 예로 든다. 여기에서 토지와 노동은 군사 체계, 사법 체계, 행정 체계, 정치 체계의 기초가 되며, 그것들의 이용은 법과 관습에 따라 규제되고 보호되며,[23] 이로써 가격 메커니즘에서 벗어나게 된다.

폴라니가 규정하는 법의 본성은 역설적인 것으로서, 다음과 같은 그의 말로 집약할 수 있다. "자유방임은 중앙 계획이 만들어낸 것이었지만, 중앙 계획은 중앙 계획이 만들어낸 것이 아니었다."[24] 따라서 자유방임은 다양한 사회 시스템들을 수단으로 하여 실행되었고 그 가운데에서도 특히 법률이 중요한 역할을 맡았지만, 그에 대한 반작용은 자생적이었다. 자기조정 시장과 자신을 보존하고자 하는 인간의 본능 사이에 갈등이 빚어지면서 집단적인 사회적 반작용이 일어나, 토지와 노동을 일반 재화의 지위로 전락시키는 데에 혈안이 된 메커니즘으로 사회가 불안정해지는 효과를 중립화하고자 했다. 하지만 이러한 반작용이 자생적이었다고 해서 이것이 법률의 부재를 의미하는 것은 아니었다. 그 반대였다. 이러한 정서는 이 책에 수록된 글 〈금융 공황이 가려버린 사회주의의 전망〉에서 분명하게 나타난다.

이러한 간섭들 중 일부는 정부 기관이나 입법 기관에서, 또 어떤 것들은 노동조합이나 협동조합과 같은 자발적 결사체들에서 기인하였으며, 또 어떤 것들은 교회나 학술 단체, 언론 매체 등과 같은 공공 여론이나 도덕적 삶을 지향하는 기관들에서 비롯되기도 했다. 노동에 관해서 보자면, 이러한 가지가지의 개입으로 인해 각종 공장법, 사회 보험, 최소한의 교육 및 문화, 지자체가 조직하는 거래, 다양한 형태의 노동조합 활동들이 생겨났다. 토지에 있어서는 보호주의의 개입이 토지 관련 법률들, 농업 관련 법률들, 가옥 및 임대차 관련 법률들, 여러 형태의 농업 보호주의 등과 같은 모습을 띠고 나타났다.[25]

이러한 반대 운동이 자생적인 성격을 띠고 있었다는 점에서 폴라니는 사회가 국가 폭력의 사용을 반대하면서도 자기 보존의 노력을 이룰 수 있는 법적 공간을 찾아낸다. "정부가 비경제적인 목적에서 사회 전체에 시장을 강제하려는 의식적이고도 종종 폭력적인 개입의 결과로 시장이 나타났던 것이다."[26] 이 인용문이 있는 같은 페이지에는 경제와 정치의 분리에 대한 흥미로운 관찰도 나온다. "경제사에 관한 연구를 통해 전국적 시장의 출현이 정부의 통제에서 점진적이고 자생적으로 해방되어 나타난 결과가 결코 아니라는 것이 밝혀지고 있다."[27] 자유주의 경제의 발흥과 몰락을 고찰해본다면, 경제를 사회에서 뽑아냈다가 다시 묻어놓는 대칭적 과정(이를 폴라니는 이중 운동이라고 규정하였다.)을 동일한 현상의 관련된 결과들로 해석해야만 한다. 이러한 과정에서 법의 역할은 중립적인 것으로 나타나며, 어떤 주어진 갈등과 관련하여 법이 적실성을 갖는가는 그것이 권력을 내세우는 데에 쓰이는가 아니면 어떤 권리의 주장을 조정하는 데에 쓰이는가에 따라 달라지게 된다. 우리는 이 책에 수록된 강연 〈통합된 사회로의 경향〉에서 이와 관련된 예를 볼 수 있다. "노동계급은 경쟁 체제가 가져올 최악의 결과들로부터 자신을 보호하기 위하여 민주적 국가의 여러 제도들을 이용하였고, 재계의 지도자들 또한 정치적 민주주의를 약화시키기 위하여 자신들이 소유한 산업 시설과 금융을 이용하였습니다."[28] 하지만 폴라니가 이러한 반대 운동을 반드시 '긍정적인' 현상으로 보지 않았다는 점에 주목할 필요가 있다. 이는 폴라니가 공장과 노조 관련 법률, 농업 보호 관세, 통화의 통제 등과 같은 자기 보호 조치들이 가져온 결과들을 어떻게 분석하였는가에서 추론할 수 있다. "하지만 바로 이것이 자기조정 체제를 작동하지 못하게 만들어버렸습니다. 이는 민족주의를 함축하고 있었으니, 이는 국제무역 시스템이 야기한 사회적 혼란에 대해 (영국이라는 최강국을 제외하고는 어디에서나) 정치체들이 취할 수밖에 없는 필연적인 반응일 뿐이었습니다."[29]

이러한 관찰로부터 우리는, 경제를 제도적 과정으로[30] 보는 폴라니의 담론이라는 맥락에서는 법이 중요한 역할을 맡지만 그 성격이 항상 명확한 것은 아니라는 명제를 연역할 수 있다.

그렇기는 하지만, 폴라니의 사유에서 법이 어떤 기능을 하는지 좀 더 명확하게 알기 위해서는 1920년대에 그가 사회주의적 회계에 대해 남겼던 저작들을 고찰하는 것이 도움이 된다. 여기에서는 법과 경제학의 관계가 비록 순수하게 추상적인 모델에 적용되고 있지만 그래도 놀라울 만큼 색다른 관점에서 고찰되고 있다.[31]

바로 이러한 맥락에서 '사회법'이라는 개념이 떠오른다. 폴라니는 사회법에 대하여 "생산의 지향점이 공동체에 유용한 방향을 향하도록 만드는 원리들을 뜻한다."[32]라고 말하고 있다. 다른 말로 하자면, 이상적인 이행기 사회주의 경제의 틀 안에서 사회법은 자본주의 경제가 낳은 여러 실수를 바로잡고자 노력하여, 생산 활동이 여러 사회적 목적을 지향하도록 하며 재화의 평등한 분배를 보장한다는 것이다. 필자가 보기에 사회법이 주된 목적으로 삼는 바는 생산성의 극대화, 사회적 생산의 공평한 분배, 생산 과정이 공공의 효용을 위한 것이 되도록 하는 것 등이다.[33]

특히 이 책에 수록된 〈오늘날의 중요한 문제 : 답변〉은 사회주의 경제의 회계 가능성을 다룬 폴라니의 여러 저작의 맥락에서 다시 읽어볼 수 있다.[34] 그에 따르면 시장 사회주의가 지향하는 주요 목적들을 체현한 협동체의 법적 형태는 바로 자발적인 농업 협동조합으로서, 여기에서는 모든 성원이 "자신이 처한 환경에 비추어 자신의 위치를 개괄할 수 있다."[35] 이는 좀 더 인격화된 경제의 비전으로서 시장경제가 낳는 소외에 맞서는 방향을 지향한다. 폴라니는 생산자들의 결사체와 소비자들의 협동조합 간의 협상을 통해 경영과 조직이 이루어지는 종류의 경제를 상상하고 있다. 산업적 조직화의 방법을 농업의 필요에 맞추는 것이 그 좋은 예가 될 것이다.[36] 폴라니의 관점에서 볼 때 법적인 틀, 즉 소유와 경영의 체계는 농업 협동조합들이 스스로 규정하는 농업의 이해관계에 바탕을 두어야 한다는 결론이 도출된다. 반대로 그러한 필요를 고려하지 않은 채 작동하는 선험적인 소유 및 경영의 법적 체계는 폴라니의 관점과는 거리가 먼 것으로 보인다.[37]

지금까지 검토한 바에 따르면, 현실을 규명하는 데 있어 복합성 및 복잡성을 다뤄야 하는 유형의 사회적·경제적·정치적 분석에 대한 성찰과 함께 과학적 방법의 현실적 타당성에 대해서도 고찰해야 할 필요가 생긴다. 이 점에서 볼 때 이 책에 수록된 〈사회과학을 어떻게 활용할 것인가〉와 〈정치 이론에 대하여〉를 언급할 필요가 있다. 이 두 글에서 폴라니는 사회과학의 방법과 특징에 대해 성찰하고 있다. 〈사회과학을 어떻게 활용할 것인가〉에서 그는 "모든 과학은 필연적으로 인간 삶의 환경이라는 맥락에서 그 방법을 적용할 수 있는 요소들로 주제를 제한할 수밖에 없다."[38]고 말하고 있다. 따라서 과학은 현실에 적용 가능한 추상적 모델을 만들기 위해서 선별적으로 작동하며, 애초에 과학의 문제를 제기했던 우리의 본성적 혹은 생래적 관심에는 오직 부분적으로만 기대게 되어 있다(때로는 과학의 시야에서 완전히 배제해버리기도 한다). 폴라니에 따르면 지식의 연속체continuum of knowledge[39] 따위란 존재하지 않으며, 다양한 여러 연구 기법의 배열만이 있을 뿐이라고 한다. 인간이 자신을 둘러싼 환경과 직면했을 때 갖게 되는 '생래적 관심'[40]이란 사회과학의 방법으로는 결코 완전히 충족시킬 수 없으며, 이 점에서는 법학과 정치학도 마찬가지라는 것이다.[41] 이 점은 〈정치 이론에 대하여〉에 간명하게 진술되어 있다. 이 글에서 정치학의 방법은 정치체에 대한 지식을 결정하는 것이 아니라 정치체 안에 존재하는 잠재적 규칙들의 발견을 촉진하는 것이라고 말하고 있다.[42] 게다가 사회과학의 영향은 가치 평가의 기준에도 변동을 불러올 수 있고 그에 따라 끊임없는 분화differentiation의 과정들을 포함하게 되기에, 사회과학은 점차 우리의 생래적 관심으로부터 멀어지게 될 수 있다.[43] 따라서 폴라니는 지기 언급적이지 않은non-self-referntial 방식으로 의식의 문제를 분석한다. "우리 관심의 여러 흐름 또한 대단히 다양한 방식으로 서로 뒤섞이게 됩니다. 이 별개의 학문들 각각이 모두 청력이라는 현상을 일부분씩 만족스럽게 설명해내지만, 그 어떤 방법도 그 현상 전체를 완벽하게 충족하는 방법은 없으며, 아마도 이 방법들을 모두 함께 사용한다고 해도 마찬가지일 것입니다."[44]

정치 이론에 대해 폴라니가 언급한 바를 보면, 그가 서구 근대 특유의 법적·정치적 범주들을 활용한 방식을 더욱 깊이 고찰할 수 있다. 그 범주들에는 정치적인 것, 민주주의, 전쟁과 평화는 물론 유럽이라는 개념 자체도 포함된다.

폴라니는 경제라는 것이 반드시 정치 제도들 안에서 존재하며 발전해야 한다고 굳게 믿으며, 자유주의의 황금시대에 출현했던 자기조정 시장이라는 현상이 그 시대 특유의 의식(儀式)에 지나지 않는다고 굳게 믿는다. 모든 사회 체제의 본질적 요소는 경제적인 것이 아니라 정치적인 것이다. 폴라니가 말하는 '정치적'이란, 일정한 영토 안에서 선택을 행할 수 있는 능력임이 분명하다. 그는 근대 법학 이론을 완전히 받아들이고 있으며, 자신의 유럽적 배경을 드러내면서 국민국가의 용어 체계를 사용하고 있는바, 심지어 지구적 현상들을 언급할 때조차도 그럴 때가 있다. 1919년의 글 〈오늘날의 중요한 문제 : 답변〉에서 그는 여전히 사회주의 혁명으로 국민국가의 경계선이 사라질 가능성에 대한 믿음을 내비치고 있지만, 후기 저작들에 보면 다른 접근법을 취하고 있다. 이 새로운 접근법에서는 국가들 사이의 투쟁에서 국가 내부의 투쟁으로 넘어가는 것이 양적인 차이에 불과한 것으로 나타난다. 국가 내부의 투쟁을 언급하면서 폴라니는 "국내의 시민전쟁internal civil war"이라는 말을 쓰고 있다. 슈미트의 1927년 저서 《정치적인 것의 개념》살림, 2012[45]에 서술된 슈미트의 친우-적 대립쌍을 암시하는 폴라니의 언급이 있지만, 이는 슈미트와는 전혀 다른 방식으로, 즉 전쟁과 관련된 사건들의 현상 기술적 요소로만 사용할 뿐 정치적인 것을 구성하는 요소로 사용하고 있지는 않다. 그래도 칸지아니가 지적하고 있듯이 의미심장한 중요성을 지니고 있다. 폴라니가 보기에 전쟁이란 그 성격상 몰인격적인 것이며, 적대감이라는 특정한 부정적 가치를 체현하는 것이 아니다. 그래서 그는 심지어 원치 않는 전쟁의 예까지도 언급하고 있다.[46] 그가 이 책의 2부에 수록된 몇 개의 글(〈국제적 상호 이해의 성격〉〈평화의 의미〉〈평화주의의 뿌리〉)에서 주장하고 있듯이, 전쟁은 여러 갈등을 해소하기 위한 제도이다. 따라서 전쟁을 없애기 위해서는 그와 동일한 기능을 하는 새로운 제도들을 찾아내야만 한다는 것이다.[47] 폴라니의 입장은 뱅자맹 콩스탕Benjamin Constant이 《현대인과 비교한 고대인의 자유》에서 "전쟁이란 순전히 충동, 상업, 계산속이다. 따라서 전쟁의 자리를 상업이 차지하는 시대가 반드시 올 것이라는 결론이 나온다. 그리고 우리는 이미 이러한 시대에 도달하였다."[48]고 주장했던 입장과는 분명하게 차이가 있다. 콩스탕은 이 '상업'이라는 용어를 글자 그대로의 의미가 아니라 계약에 근거한 활동 전반을 지칭하는 것으로 쓰고 있을 가능성이 높다. 하지만 그와는 반대로 폴라니가 보기에는 전쟁을 대체할 수 있는 것은 오로지 정치 제도뿐이다. 그러한 제도 중 하나가 국제 조약이며, 이는 내란의 문제가 국제적 수준에서 되풀이되는 것을 미연에 방지하는 기능을 갖는다. 따라서 국가들 사이의 갈등을 해소하는 메커니즘은 무장 갈등이든가 국제 조약이든가 둘 중 하나다.

'정치적'인 것에 대해 상세하게 논하다 보면 민중의 정부와 법의 정부, 통치자와 피통치자 사이의 영원한 갈등이 부각된다. 이 책에 수록된 〈공공 여론과 국가 지도자의 지도력〉이라는 글은 훌륭한 지배자의 여러 책임에 초점을 맞추고 있다. 폴라니에 따르면, 이러한 인물은 공공 여론을 종합적으로 이해할 수 있어야 하며, "공공 여론의 심층에 당장의 위험과 미래에 다가올 위험이라는 객관적 상황에 대해 본질적으로 정확하게 평가하는 부분이 존재"[49]하는 경우에는 그 심층의 수준까지 고려할 수 있어야 한다. 지배 권력은 민중 전체를 문화의 진정한 담지자라고 인정하여 항상 고려해야 하며, 따라서 민중에게 사회적 책임을 가지고 행동하도록 촉구해야 한다. 폴라니가 말하는 문화란 문명의 여러 생산물들을 삶의 조건에 맞게 사용하는 능력을 말하며,[50] 따라서 그 생산물들을 "사람들이 자기들 삶의 방식과 일치하게 만들어가는 대상인 여러 사회적 현실"[51]과 조응하도록 만드는 능력이다. 방금 말한 글에서 폴라니는 루스벨트를 위대한 국가 지도자로 보고 있다. 1929년의 위기 이후 미국의 운명을 뉴딜이라는 정치 개혁을 통하여 회생시켜낸 국가 지도자라는 것이다. 그는 국가 지도자의 여러 특징과 공공 여론과의 관계를 분석하기 위하여 루스벨트라는 위대한 국가 지도자의 예를 들고 있다. 특히 국가 지도자와 공공 여론의 관계는 지식과 이해에 기초하고 있는 것으로서, 이 두 가지 모두가 강력한 행정력을 규정하는 요소들이라는 것이다.[52] 행정부의 여러 특권에 관련하여 폴라니는 뉴딜 시기 권력의 중앙 집중과, 러시아 및 독일의 독재 체제하에서 전개되었던 경제 위기 사이에 중요한 유사점들을 찾아내고 있다.[53] 1935년에 쓴 글에서 폴라니는 행정부가 긴급 조치를 취할 가능성을 옹호하고 있으며, 이를 통해서 저 유명한 셰크터 판결Schechter ruling에 대한 그의 회의감을 보여주고 있다.[54] 이 판결은 의회가 루스벨트 대통령에게 중요한 여러 권력을 위임했던 것이 헌법에 어긋난다고 보아 상업적 거래와 주와 주 사이의 운송에 관한 것 이외의 경제 정책들에 대해서는 연방 정부의 결정을 금지하였고, 이 원칙을 어긴 법적·행정적 조치들 또한 마찬가지로 헌법에 어긋난다고 판결하였다.[55] 그렇기 때문에 '헌법의 수호'를 놓고서 1930~1931년 사이에 벌어졌던 켈젠[56]과 슈미트의 유명한 논쟁에 있어서, 자유주의적 헌정주의의 개념이 단지 가설적으로 주어졌던 것이라고 해도 폴라니가 헌법 수호 역할을 독일 연방 대통령Reichspräsident이 아닌 헌법 재판소에 부여하는 쪽을 선호했을 것이라는 것도 어렵지 않게 상상할 수 있다. 그렇다면 칼 폴라니는 '정치적인 것'에 대해 어떤 역할을 부여했던 것일까?

대중의 합의를 독점하여 다수의 선택을 자기 자신의 결정과 일치하는 것으로 해석해낼 능력을 갖춘 국가 지도자의 개념은 비록 논쟁의 여지는 있지만 마땅히 헌정적 형태라는 더 폭넓은 논의의 맥락 속에서 바라보아야 한다. 이 논의는 1920년대 초 폴라니와 미제스가 기능주의 원칙들에 기초한 사회주의 경제의 현실 가능성을 놓고 벌였던 유명한 논쟁을 상기시킨다.[57] 미제스는 생디칼리슴과 집단주의는 화해할 수 없다고 주장한다. 헌정적 형태란 오직 힘이 강한 쪽의 승리로 끝나게 되어 있는 갈등의 산물이기 때문이라는 것이다. 하지만 폴라니는 생디칼리슴과 집단주의 중 하나만을 선택해야 한다는 주장은 근거가 없다고 생각하였다. 그 주된 이유는, 헌정적 형태에서의 권력관계란 결코 사회적 인정이라는 문제에서 독자적으로 존재할 수 없으며, 따라서 두 입장 모두가 일정한 균형점을 찾을 수밖에 없다는 데에 있었다. 폴라니에 따르면, 개인의 경제 활동을 결정하는 것은 생산자와 소비자로서 갖는 근본적으로 구별되는 두 가지 동기이지만, 이 또한 마찬가지로 의사 결정의 행위 속에서 상호 수렴되게 되어 있다는 것이었다.

정치적 정당성과 그것을 구현하는 다양한 형태들이라는 문제는 이러한 배경에서 출현한다. 폴라니가 개념적으로 준거하는 바는 루소이지 홉스가 아니며,[58] 그의 연구 영역 또한 제도적 차원에 있다.[59] 그가 말하는 제도란, 법적 권력 혹은 합리적 권력으로부터 독자적으로 존속할 수 있는 무언가를 말한다. 하지만 제도적 형태는 재판정의 경우처럼 사회적 평화를 보장하기 위한 목적에 복무하는 합법적 권력 구조와 일치할 때가 아주 많다.

재판정이라는 것이 존재하는 덕분에 개인들이 얻어낼 수 있는 이점은 (혹은 불리한 점은) 재판정이 존재함으로써 공동체 전체가 얻어낼 수 있는, 그리고 덧붙여 말하자면 개인이 공동체의 일원으로서 얻어낼 수 있는 이점과(혹은 불리한 점과) 완전히 성격이 다른 것이다. 개개인들은 공동체 성원의 자격으로서 볼 때에는 공동체 내부에 평화가 오는 것에서 혜택을 입게 되지만, 소송을 제기할 수 있는 자격으로 보자면 법에 직접 호소할 수 있게 된 것에 내재하는 여러 다양한 이점들을(혹은 결국 불리한 점들을) 확보할 수(혹은 겪어야 할 수) 있게 되는 것이다.[60]

폴라니는 따라서 정치적 책무의 목적은 개인들이 서로 평화롭게 공존을 추구하는 것에 있으며, 이를 실현하기 위해서는 모두가 자유로우면서 또 동시에 '도처에서 사슬에 묶여' 있게 되는 바로 그러한 제도들의 도움을 얻어야만 한다는 점을 인정한다.

법과 정치에 대한 폴라니의 성찰은 또한 영토라는 주제에도 초점을 맞춘다. 이 책에 수록된 전쟁에 관한 세 개의 글[61] 이외에도, 그는 〈오늘날의 유럽〉이라는 제목의 1937년 글에서 이 주제를 다루었다.[62] 이 저작은 주로 1919년의 국제연맹이 결국 실패하게 된 것에 대한 폴라니의 환멸을 다루고 있으며, 국제연맹 조약문 가운데에서도 성원국 중 어느 나라든 공격의 표적이 될 경우 전체가 집단행동을 취한다는 원리를 담은 16조 그리고 적용이 불가능해진 조약들의 수정에 대한 19조에 비판의 초점을 두고 있다. 이러한 견해들로 인해 폴라니 또한 비록 각도는 달랐지만 베르사유 조약을 비판했던 한스 켈젠과 카를 슈미트 같은 동시대인들과 한 무리가 되는 셈이다. 특히 켈젠은 국제연맹의 조약이 강제하는 제재 시스템의 여러 결함들을 비판하였고, 그 대신 국제 재판소 International Court of Law의 창설을 주장했다.[63] 한편 슈미트는 전후의 패전국 보상 체제가 범죄 행위의 경중에 비례하지 않는다고 비판하였다.[64] 한편 폴라니는 국가란 정해져 있는 경계선 안에서만 존재할 수 있으며, 이 경계선에 대한 분쟁은 국제 조약 혹은 극단적인 경우in extremis엔 전쟁이라는 두 가지 의사 결정 과정 중 하나를 통해서 해결할 수 있다는 근대 정치학의 전통적인 사상에서 영감을 얻는다.[65] 폴라니의 입장은 배제의 입장은 아니었다. 사실상 그는 국제연맹 내의 민주주의 및 사회주의 나라들이 집단 안보 정책을 행동에 옮길 것을 제안하였다.

폴라니에 따르면, 이 경계선의 문제에는 국내의 공간과 국제적 공간의 구별이 따라오게 되지만 이 둘은 현실적으로 이질적인 것이 아니라고 한다. 경계선이 확정되지 않을 경우 그 어떤 정치적 형태도 존속할 수가 없기 때문이다.[66] "갈등 당사국들이 더 상위의 주권에 함께 소속되어 있는 게 아닌 한"[67] 전쟁이 필연적인 결과가 된다. 여기에서 합리적 합법 권력 앞에서 민중을 하나로 아우르는 베버식의 복종의 연대라는 생각이 출현하는 듯하다. 폴라니는 이를 '충성loyalty'이라고 규정한다.[68] "현실의 공동체들은 국가를 단위로 조직되어 있으며, 그 공동체가 만족스럽게 기능하기 위해서는 국가에 대한 일정한 충성심이 존재해야 합니다."[69]

이 문제는 서양이라는 복잡한 질문과 연관되어 있으며, 특히 브레턴우즈 협정이 만들어낸 국제적 차원의 여러 기회들과 연관되어 있다.

1930년대 말의 폴라니의 정치적인 것에 대한 사유가《정치적인 것의 개념》[70]에 드러난 카를 슈미트의 입장과 비슷한 점이 있다면, 1950년대 말의 폴라니의 서구 보편주의에 대한 비판은《대지의 노모스》민음사, 1995[71]에 나타난 슈미트의 관점과 쉽사리 유사점을 찾을 수 있다. 폴라니는 서구의 보편주의가 승리를 거두었던 원인을 정치권력에 대한 긍정에 돌렸다. 폴라니의 정신적 지평에 유럽 공법ius publicum europaeum이라는 목표가 들어설 자리는 없지만,[72] 그럼에도 이와 관련하여 몇 가지 생각들을 탐구해보는 것은 흥미로운 일이다. 폴라니가 "비었다"고 정의한 공간은 오로지 경계선이 없는 공간뿐이며, 영국이 성공한(전후의 카를 슈미트의 관점에 따르면[73] 이는 해양 논리의 승리다.) 원인을 국가의 내적 응집력과 외부적 동맹이라는 두 개의 요인에 돌린다. 그런데도 폴라니는 정치적으로 유럽의 국민국가를 미국처럼 권력이 제한된 정치적 국가와 구별한다.[74] 이 책에도 수록된 미국을 다룬 글에서 폴라니는 미국의 제도적 메커니즘에 대한 통찰력 있는 분석을 내놓으면서, 미국이라는 국가는 유럽 국가들과는 대조적으로 사회에 대한 침투력이 훨씬 약하다는 점을 강조한다. 폴라니에 따르면, "미국에서는 정치적 국가란 헌법에 의하여 사회의 한쪽 구석으로 쫓겨나 있습니다. 미국인들에게 국가란 어쩔 수 없이 꾹 참고 용인해야 할 존재로만 여겨지며, 그 어떤 경우에도 유럽의 국가들과 비슷한 권력과 권능을 얻으려 들어서는 안 된다는 조건하에서만 존재"[75]한다. 따라서 미국에서는 사회가 정치적 국가의 지지가 없이도 존속한다. 사실상 유럽 대륙 모델과 함께[76] 미국 시스템이 "외국의 봉건주의 세력에 맞선 국민적 혁명의 결과"[77]라는 점을 이해한다면 평등주의적 민주주의 국가의 하나라고 간주할 수 있다. 미국 내의 여러 사회적 차이는 영국의 경우와 비교해본다면 계급의 산물이 아니라 소득의 산물에 지나지 않는다. 게다가 모든 이들에게 잠재적으로 재산과 운수가 급변할 가능성이 항상 열려 있다. 미국이 자유의 상실이라는 위험을 겪지 않고도 민주적 수단에 의해서[78] 사회 통합을 이룰 수 있는 것도 바로 이러한 이유에서다. 그래서 폴라니는 유럽 쪽을 선호하는 편향 따위는 전혀 갖고 있지 않다. 사실 그는 유럽이야말로 지구적 위기의 원천이라고 여긴다. 국가에 대한 그의 사유는 전적으로 자유라는 사상으로 지향점이 맞추어져 있으니, 폴라니는 자유라는 사상을 다음과 같이 묘사한다.

> 제가 자유라고 말하는 것은 구체적인 여러 제도들로 나타난 여러 공민적 자유 civic liberties (복수로 쓴 여러 자유 freedoms)입니다. 즉, 사람은 자기 양심의 인도에 따라 스스로 확신하는 바를 따를 수 있다는 것을 말합니다. 남과 다를 수 있는 자유, 자기 스스로의 관점을 견지할 수 있는 자유, 자기 혼자서라도 소수파를 구성할 수 있는 자유, 하지만 그러면서도 어느 공동체에나 반드시 필요한 이탈자라는 역할을 수행함으로써 공동체의 명예로운 성원이 될 자유 등입니다.[79]

여기서 말하는 자유란 국가라는 테두리 안에서 태어나고 규정되는 자유임이 분명하다. 왜냐면 "이런 성격을 기진 공동체라면 그 국경선이 확정되고 이에 대한 분쟁의 위험에 대해 안심할 수 있는 상태가 되기 전까지는 법과 질서, 안전과 안보, 교육과 도덕, 문명과 문화 등을 전혀 제공할 수"[80] 없기 때문이다. 만약 국가가 부정적 자유로 이해되는 헌정적 자유를 보장하는 존재인 동시에 평등이라는 형태의 사회적 자유를 보장하는 존재이기도 하다면, 그러한 자유는 오로지 사회가 "전체

대중들에게 노동, 삶, 일상의 의미를 전달"[81]할 수 있을 때에만 충분히 실현된다는 것 또한 진리다.

폴라니는 국가가 사회적 자유라는 형태로 평등을 보장하는 유럽식 국가의 전망, 그리고 개인의 자유가 성장할 수 있도록 하기 위해 정치적 국가의 역할이 주변화되는 종류의 평등주의적 사회의 전망, 그 양쪽 모두를 지지하는 것으로 보인다. 폴라니에게 근본적인 논점은 헌정적 형태들의 역동성과 관련하여 산업화와 계급의식의 발전이 가져오는 충격, 즉 권력의 행사와 이에 대한 사회의 인식 사이의 관계에 대한 것이다. 자기조정 시장 즉 가격 시스템이라는 맥락에서, 다시 말해 국가의 여러 규제 메커니즘이 없는 상태에서는 자유라는 사상이 소멸하게 된다. 폴라니는 19세기의 규제 없는 자본주의가 결국 자유라는 개념을 좀먹는 결과를 낳게 되었다고 주장한다.[82] 이러한 가정에는 기원후 800년에서 1800년 사이 유럽에서 번갈아 나타났던 자유지상주의적 민주주의와 평등주의적 민주주의라는 두 모델의 중첩이 갖는 여러 한계가 체현되어 있다.[83] 이 두 모델은 헌정적 민주주의의 여러 형태라는 점에서는 중첩되지만, 이 둘은 또한 근본적인 차이점들을 담고 있기에 서로를 배제할 수밖에 없다는 것이다. "사실 자유를 희생하지 않고서는 평등을 법으로 성취할 수 없습니다. 또 불평등한 사회 안에서 자유를 보장하기 위해서는 반드시 불평등의 유지를 대가로 할 수밖에 없었습니다."[84]

자유의 여러 한계에 대한 폴라니의 성찰은 경제결정론에 대한 그의 비판과 만나게 된다.[85] 폴라니는 자유의 발전은 기술이나 그 어떤 유형의 경제 조직과도 독립적인 것이라고 주장한다. 왜냐면 "개인의 자유를 제도적으로 보장하는 여러 장치들은 원리상 그 어떤 경제 체제와도 양립할 수"[86] 있기 때문이다. 따라서 자기조정 시장이라는 현상은 자유에 있어서 본질적인 것이 아니며, 사회 전반에 걸친 정치적 민주주의의 확장은 산업의 민주화를 통해서 가능하다는 것이다.[87]

하지만 폴라니는 현실 가능한 사회적 국가의 모델에 대해 논할 때는 더욱 강력하고도 근본적으로 현실주의를 요구하고 나선다. 그는 다음과 같이 주장한다.

> 물질적 존재로서의 인간은 현실에서 항상 전 세계에 걸친 상호의존의 형식을 취할 수밖에 없습니다. 마찬가지로 인간이라는 존재의 정치적 형식들 또한 필연적으로 전 세계와 연결되어 있습니다. 우리의 문명이 살아남기 위해서는 지구 위의 모든 나라들이 정복과 복속을 통한 세계 제국의 틀 안에서, 혹은 국제적 협력을 통한 세계 연합의 틀 안에서 그 나라들을 모두 아우르는 단일한 정치체의 구속력 안에서 자리를 잡아야만 합니다.[88]

이 점은 폴라니의 사유 그 중심에 있는 것으로 보인다. 사실 전쟁과 협력이란 사회 계급 사이에서나, 정복자와 피정복자 사이에서나, 또 가진 나라들과 못 가진 나라들 사이에서나 구별 없이 사용되는 도구들일 뿐이다. 이것들은 한 개인과 한 사회가 다른 개인 및 사회와 공존하거나 그러지 못하게 되는 형식들인 것이다.

자본주의와 민주주의의 관계는 경세와 징치의 조화라는 문제와 연결되어 있다. 민주주의적 형식들을 버리면 필연적으로 다양한 인간적 관계가 충격을 받게 될 뿐만 아니라 좀 더 일반적으로는 사회의 존재를 표현하는 여러 형태들까지 충격을 받게 된다. 민주주의의 영역은 필연적으로 포용적이 될 수밖에 없다. 민주주의는 특정 개인들에만 혜택을 주고 다른 개인들은 배제할 수가 없기 때문이다. 그렇다면 정치가 물질적 존재의 여러 현실에 순응해야지[89] 파시즘 체제의 발흥에서처럼 그 반대가 되어서는 안 된다.[90] 정치의 역할은 리스크로 인해 통제 불능의 결과들이 나오는 것을 허용하지 않는 것이다. 만에 하나 이런 일이 벌어질 경우 시장은 계산 불가능성에 휩싸일 것이며, 근대적 합리성은 무력화되어 리스크를 관리한다는 그 으뜸가는 역할을 수행하지 못하게 될 것이다.[91]

이러한 과정에서 갈등이라는 것은[92] 국내법에서나 국제법에서나 헌정적 형태를 결정하는 중핵이 된다.[93] 호르헤스는 폴라니를 언급하면서 탈국민국가 시대인 오늘날의 제도적 지형을 다루기 위해 자신이 "여러 갈등의 법conflicts law(여러 수준으로 이루어진 시스템에서 제도적 결정의 다원성에서 야기되는 갈등에 관한 법)"이라고 부르는 것을 놓고 3중적 전망을 주장하고 있다. 즉, 여러 규제 시스템들이 큰 차이를 보일 경우 작동하게 되는 초규범들meta-norms을 찾을 것이며, 여러 국제적 협정들을 실행에 옮길 것이며, 여기에 비정부 행위자들을 포용할 것 등이 그 내용이다.[94]

폴라니는 여러 권리들이 상품화되는 사태가 나타나기 오래 전에 세상을 떠났지만,[95] 이는 그가 경제적 재통합을 위한 도구로 가설적으로 상정했던 바로 그러한 형태들의 하나였다. 그는 또한 1970년대에 나타난 각국 사회민주주의의 쇠퇴를 보지도 못했고, 따라서 국가가 리스크 관리를 비공식적 권력들에게 위임하기 시작한 이 시대도 보지 못하였다.[96] 하지만 그는 1944년 브레턴우즈 회의 이후에 나타났던 것과 같은 유형의 국제적 협력이 성장하는 것은 목도하였다. 그 협력의 목표는 제1, 2차 세계대전에서 경험했던 바와 같은 초토화를 피하면서도 자본주의의 보이지 않는 손이 작동할 수 있도록 넓은 공간을 허락하는 것이었으니,[97] 이것이 바로 그 직후인 1947년 관세와 무역에 관한 일반 협정GATT을 통해 법령화되었던 프로그램이었다. 그와 같은 기간에 그는 마셜 플랜에 이어 유럽에서도 비슷한 시스템이 창출되어 결국 1949년 석탄 및 철강 유럽 공동체ECSC가 형성되는 것도 목도하였다. 폴라니가 〈서양의 거듭 남을 위하여〉라는 글(이 책의 제목을 여기에서 따왔다.[*98])에서 말한 바 있듯이, 서양이 직면하고 있는 도전은 진정한 문화 혁명을 시작하는 것이었다. 이 혁명은 과학, 기술, 경제 조직이 제각각 통제 불능의 차원에 빠져들게 만드는 왜곡된 체제에 도전하는 혁명이었다. 이 현상의 뿌리는 자유주의적 자본주의가 스스로를 대의제 민주주의로부터 분리해냈던 19세기로까지 거슬러 올라간다.[99] 견제 없는 진보에 고삐를 채우는 일은 곧 인간성이라는 가치를 위해 효율성을 희생하는 것, 즉 민주적인 사회 통합을 뜻하는 것이 될 터이다.[100] 폴라니는 사회의 재통합이 가능하다는 믿음을 결코 잃지 않았지만, 마찬가지로 단순한 입법의 개입만으로는 본질적으로 여러 한계가 있다는 것 또한 잘 알고 있었다. 이러한 인식은 시장경제의 도래와 위기에 대한 그의 비판적 분석에 명확히 나타난다. 폴라니의 사유를 오늘날 벌어지고 있는 사건들과 비교해볼 때, 법률이란 중요한 것이지만 그 자체로는 "확고한 인간성의 기초 위에서 새로운 세대를 길러낼 수 있을 만큼 미래에 대해 충분히 안정된 전망"[101]을 보장할 수 없다는 추론을 얻을 수 있다. 이러한 보장은 법률보다 더욱 강력한 무언가에서 나와야만 하며, 폴라니는 이를 우리가 공유한 문화에 내재한, 즉 우리의 공동체를 집단적이고 포용적인 것으로 확립하고자 하는 우리의 활동에 본질적으로 내재한 여러 가치와 동일한 것이라고 보았다.[102] 문화가 없는 법률은 힘이 약하다는 것이 드러날 것이며, 무엇보다도 사회 안에서 통합적 기능을 수행하지 못할 위험을 안게 된다.

폴라니의 사상은 새롭고 독특한 탐구의 길로 나아가도록 이끌고 있지만, 이는 법학자들에게는 매력적인 것으로 다가갈 수도 또 불신을 불러일으킬 수도 있다. 문화적 위기와 금융 위기가 '구조들'이 아닌 인간의 삶을 휘말아 넣고 있는 한복판에 살고 있는 우리에게 폴라니의 저작들은 세계인으로서의 삶을 살았던 한 '잊힌 사람'[103]의 인생행로에 주의를 기울이도록 인도하고 있다.

* 칼 입센Carl Ipsen과 마이클 입센Michael Ipsen이 영어로 번역함.

옮긴이의 말

홍기빈

이 책은 2014년 폴리티^{Polity} 출판사에서 출간된 칼 폴라니의 강연과 에세이 등을 모은 선집《서양의 거듭남을 위하여 *For a New West : Essays, 1919-1958*》를 번역한 것이다. 이 책의 본문 앞뒤에 붙은 서문과 후기에서 볼 수 있듯이, 이 책은 본래 이탈리아의 폴라니 연구자들이 편집하고 이탈리아어로 번역하여 2013년에 출간된 바 있다. 하지만 칼 폴라니의 본문은 거의 다 영어로(16장의 원문은 독일어) 쓰여 있으며, 또 폴리티 출판사의 영어판에는 이탈리아 편집자들의 글 두 편이 모두 영어로 번역되어 실려 있다. 이 책의 번역 또한 영어판에 근거하여 이루어졌다.

폴라니가 스스로 밝히고 있는 바와 같이, 그의 저서《거대한 전환》의 핵심 명제는 19세기 이후의 사회사는 자기조정 시장을 창출하려는 운동과 그에 맞선 사회의 자기 보호 운동이라는 이른바 '이중적 운동'으로 설명할 수 있으며, 1930년대에 시작된 대공황, 파시즘, 세계대전이라는 거대한 사건들 또한 그러하다는 것이다. 폴라니는 무수한 요소들 사이의 복잡하기 짝이 없는 상호작용으로 엮어지는 문명과 그 역사적 운동을, 단지 '경제적인' 제도 하나를 끌어내어 그것으로 모두 다 설명하려는 어처구니없는 짓을 벌이려는 것이냐고 자문한 뒤, 당당하게 그렇다고 답하고 있다. 그의 말은 농담이 아니다. 이 책에서 그는 몇백 년 아니 몇천 년에 걸친 서구 문명사의 흐름을, 자기조정 시장이라는 하나의 제도가 어떻게 성립하였고 그것이 어떻게 다시 서구 문명의 운명을 결정하였는가라는 질문 하나로 시종일관 집요하게 이야기를 짜나가고 있다.

그렇다면 폴라니는 그가 말하는 "속류 마르크스주의자들"과 마찬가지로 경제가 문명의 모든 것을 결정한다고 주장하는 경제주의자인가? 아마도 이처럼 폴라니에 어울리지 않는 묘사도 없을 것이다. 정확히 그 반대의 명제가 폴라니의 주장이기 때문이다. 즉, 인간 세상의 모든 경제는 따로 존재하는 것이 아니라 문명 전체에 깊숙이 묻어들어 있다는 것이 그의 관점이다. 따라서 《거대한 전환》은 폴라니의 가장 유명하고 또 가장 중요한 저서임에 틀림이 없지만, 그 책의 핵심 주장은 폴라니 사상 전체의 일부에 불과하다. 자기조정 시장이라는 '경제' 제도가 19세기 이후의 인류 역사를 모습 지었다고 한다면, 그 반대 방향의 이야기, 즉 자기조정 시장이라는 제도가 어떠한 문명적 역동에서 생겨났으며 또 문명 전체에 편재하는 여러 요소들과 어떻게 상충하거나 조응하면서 작동하며 어떠한 모순을 낳는가에 대한 성찰이 폴라니 사상의 다른 한 쪽을 구성하고 있다. 여기에 번역하여 내놓는 폴라니의 글 모음집은 바로 이러한 문명의 여러 다양한 측면들(제도, 역사, 문화, 과학)에 걸친 폴라니의 폭넓고 다양한 사유를 보여주고 있다. 이를 통해 자기조정 시장이라는 맹목적인 이상에 근거하여 생겨난 현대의 (서구) 문명을 휩싸고 있는 여러 위기와 붕괴의 증후를 읽는 법을 보여주면서, 그러한 위기를 넘어서서 자기조정 시장이 아닌 '인간의 살림살이'로서의 경제에 근거한 새로운 모습의 문명으로의 재생을 요구하고 있다.

20세기의 사회 이론을 풍미했던 구조주의 및 기능주의의 체계는 인간 세상의 여러 제도들을 모두 그 '기능'으로 환원하는 습성을 남겨놓

앉다. 물론 제도는 사회 전체 차원에서 요구되는 여러 기능을 수행한다. 하지만 제도라는 것이 그러한 여러 기능을 수행하기 위해서 나타나는 것은 결코 아니며, 그러한 기능의 합리성에 따라서 작동하고 진화하는 것도 아니다. 제도란 일정한 사회의 성원들이 모두 공유하는 '상상'의 산물이다. 어떤 문명이든 그 안에서 통용되는 상징과 기호가 있으며, 그 것들에 의미를 부여하고 또 그것들로 새로운 상징과 기호 및 의미를 산출해내는 의미화signification의 과정을 포함한다. 사회가 그 안팎에서 새로운 요구와 필요가 나타날 때 이를 감지하고 그것을 충족하기 위한 여러 기능을 수행하는 것은 분명한 사실이지만, 이는 어디까지나 그러한 의미화를 통해 구성되는 '상상계' 속에서만 이루어지게 되어 있다. 따라서 어떤 제도의 발생과 발전 과정을 있는 그대로 이해하기 위해서는 그 것을 그 제도의 기능으로 환원하여 이해하려는 사고방식을 버리고 그 제도를 낳고 키워낸 '상상계'의 의미화 과정을 살펴볼 필요가 있다.**

아마도 이러한 관점에서의 접근이 가장 절실한 경우 중 하나가 바로 자기조정 시장이라는 제도의 경우일 것이며, 폴라니가 취했던 접근법도 바로 이러한 것이라고 할 수 있다. 마르크스주의와 시장 근본주의자들은 비록 정치적 입장은 상극에 있지만, 근대의 시장 자본주의라는 제도를 모종의 기능('자본 축적' 혹은 '파레토 최적을 통한 만인의 후생 극대화')을 수행하는 장치로서만 바라본다는 점에서는 동일하게 경제주의적 관

** 이는 카스토리아디스의 사회 이론에 입각한 주장이다. Cornelius Castoriadis, K. Blamey tr. *The Imaginary Institution of Society* London : Polity, 1987. 카스토리아디스 또한 폴라니의 저작에서 많은 영감을 얻었으며, 폴라니와 모스Marcel Mauss의 사상에 입각해 공리주의적·기능주의적 사회 경제 이론에 맞서고자 하는 일군의 프랑스 사회과학자들과의 토론 속에서 폴라니의 관점과의 친연성을 보여준 바 있다. *Democracy and Relativism : Discussion with the "MAUSS" Group.* 이 글은 인터넷에서 구할 수 있다.

점을 취하고 있으며, 이것이 또한 폴라니가 양자 모두를 비판했던 지점이기도 하다. 하지만 자기조정 시장이라는 제도는 그러한 '기능'을 위해 출현한 것이 아니다. 그리고 그 긴 역사 속에서 항상 순탄하게 '자본 축적'이라는 기능을 성공적으로 수행해왔던 것도 아니며, '만인의 후생 극대화'를 위해 작동했던 것은 더더욱 아니다. 폴라니는 자기조정 시장이라는 제도의 발생과 그 발전 과정을 그러한 기능적 합리성의 필연에 따라 설명하는 방식을 버리고, 대신 문명 전체의 맥락에서 생겨난 '상상'과 '의미화'를 중심으로 삼는 방법을 취하고 있다.

사람들이《거대한 전환》을 읽을 때 가장 애먹는 부분이라고 하는 6장에서 10장에 이르는 부분이 바로 이러한 폴라니의 방법을 잘 보여주는 부분이다. 5장에서 폴라니가 설명하고 있듯이, 중상주의와 절대왕정의 시대가 되면서 비록 전국적 시장national market이라는 것이 나타나기는 했지만, 이것이 결코 아무 규제가 없는 자기조정 시장 체제로 자연스럽게 진화할 수 있는 것은 아니었다. 18세기 후반이 되면서 산업혁명과 기계제 생산이 영국에서 폭발적으로 벌어졌지만, 이 또한 그 자체로 자기조정 시장이라는 제도를 가져온 것은 아니었다는 것이다. 관건은 그로 인해 폭증한 근대적 무산계급이라는 새로운 존재를 어떠한 '상상'으로 담아낼 것이며 어떻게 의미화했느냐였다는 것이다. 무슨 일이 벌어지고 있었는지를 파악할 수 없었던 동시대인들로서는 이것이 전통적 범주인 '빈민'의 증가라고밖에는 생각할 도리가 없었고, 한없이 늘어나는 '빈민 문제'의 해법은 무엇이냐라는 틀로 논쟁이 벌어진다. 이 과정에서 맬서스 및 리카도의 인구 법칙과 임금 철칙과 같은, 현대인의 눈으로 보면 어처구니없는 '자연적 법칙'의 상상이 나타났고, 그 귀결로서 '자유로운 노동 시장', 즉 모든 노동자들이 스스로를 노동 시장의 상품으로 판매하여 그것으로 스스로의 생계를 해결하도록 하자는 전대미문의 제도가 나타났다는 것이다. 그리고 이러한 노동의 상품화가 이윽고 자연과 화폐마저 철저한 상품으로 치부하는 상상과 의미화로 이어져 결국 인간, 자연, 화폐를 모두 상품으로 삼는 자기조정 시장 체제가 나타났다는 것이 폴라니의 설명이다. 이러한 설명에는 어떠한 기능적 합리성도 목적론적 발전 논리도 없다. 오로지 문명 전체가 스스로에 닥쳐온 새로운 상황과 변화를 어떠한 상상과 의미화로 소화하였으며, 그 내부의 정치와 문화와 종교가 어떻게 삼투작용을 벌였는가에 대한 이야기가 있을 뿐이다.

앞에서《거대한 전환》의 서술 및 인식 관심과 반대 방향으로 폴라니의 생각을 탐구해 들어가야 한다고 했던 이유가 여기에 있다. 그는 '기능적 제도'에서 사회가 만들어진다고 생각한 사람이라기보다는 그 반대로 한 문명의 성원 전체가 공유하는 상상과 의미화에서 제도가 생겨난다고 생각한 이다. 따라서 자기조정 시장이라는 전대미문의 제도를 만들어낸 근대 서양 문명의 상상과 의미화에 대한 그의 생각이 없을 리 없다. 하지만 그러한 그의 생각은《거대한 전환》에서 일부가 드러날 뿐, 출간된 다른 저서 및 편집서 그리고 학술 논문들에도 잘 드러나지 않는다. 이러한 그의 생각을 찾아내기 위해서는 결국 강연, 에세이, 개인적 노트 등의 문서에 의존하는 수밖에 없고, 이를 위해서는 그가 남긴 문서고를 뒤지는 수밖에 없다.

이 책을 처음으로 편집한 이탈리아 연구자들이 바로 이 작업을 한 셈이다. 이들이 이 책 첫 장의 원본 제목을 따서 이 책의 원제를 '서양 (문명)의 거듭남을 위하여'라고 달았던 것이 바로 이들 작업의 성격을 잘 드러내고 있다. 이 길지 않은 글 묶음은 시간적으로도 긴 기간에 걸쳐 있지만, 여기에 수록된 글들이 보여주는 폴라니의 사유의 지평은 실로 놀랄 만한 폭을 보여주고 있다. 이는 어찌 보면 당연한 일이다. 근대 자본주의를 해명함에 있어서 폴라니와 동일한 맥락에서 문명사적 접근을 취했던 선구자들인 막스 베버나 베르너 좀바르트 또한 그 저작을 보면 그 관심사와 사유의 지평이 아찔할 정도로 넓음에 압도당하게 된다. 인류 역사의 극적인 이정표를 이룬 근대 자본주의의 발생이라는 대사건을 해명하기 위해서는 그러한 넓은 시각을 가지는 것이 당연히 요청되는 바인 듯하다. 비록 폴라니는 베버나 좀바르트와 같이 문명사 전체를 일별하는 체계적 저서를 출간할 기회는 없었지만, 이 책에서 파편적이나마 엿볼 수 있는 그의 사유의 폭은 앞의 두 대가의 그것을 방불케 한다.

그런데 폴라니의 사유가 앞의 두 대가를 넘어서는 지점도 분명히 있다고 보인다. 그것은 서양, 나아가 서양이 그 틀을 만들어낸 현대의 세계 문명 전체의 '갱생'에 대한 간절한 마음과 그러한 인식 관심에서 나오는 여러 성찰이다. 주지하듯이 베버나 좀바르트 모두 자본주의에 포섭당한 인류의 미래에 대해 그다지 희망적이지 않았고, 그 운명에 대해 대개 체념하거나 아니면 그 모든 잘못을 엉뚱하게 유대인들에게 돌리고 대신에 '튜턴족의 영웅성'이라는 해괴한 해결책으로 빗겨가버리기도 했다. 하지만 폴라니의 사유는 크게 다르다. 근대 자본주의라는 운영 시스템을 문명의 차원으로 들어가 그것을 그 원본 코드로 분해하는 데 그치지 않고, 그 원본 코드에 담겨 있는 서양 본래의 정신을 성찰하고 비판하여 새로운 차원으로 과학, 제도, 경제학, 기술 등이 모두 변혁될 것을 갈망하고 있다. 그리고 그렇게 새로이 혁신된 문명의 코드를 근간으로 하여 자기조정 시장이라는 신화를 대체하는 새로운 경제 체제가 출현할 것을 갈망하고 있다.

이 책을 번역하는 가운데 머리에서 떠나지 않았던 상념 하나는, '동양 문명에 대해서도 이러한 깊은 성찰의 작업이 필요하다'는 것이었다. 적어도 한국, 중국, 일본 세 나라만큼은 이미 아주 성숙한 자본주의를 갖춘 나라이며, 정도의 차이는 있지만 '자기조정 시장의 신화'가 큰 힘을 발휘하는 사회이기도 하다. 하지만 역사와 문화가 다른 이 나라들에서 그러한 '신화'가 수입되어 착근되는 과정이 서양과 동일할 리는 없다. 앞에서 말한 관점에서 보자면, 이 지역 또한 그 특유의 상상과 의미화의 기제를 몇천 년씩 유지해온 나라들이며, 따라서 시장경제 혹은 근대 자본주의가 제도화되고 정당화되는 과정에서 나타났던 그러한 상상과 의미화의 역동성 또한 엄청났을 뿐만 아니라 서양의 그것과는 대단히 다른 과정과 논리를 거쳤을 것이다.

 예를 들어보자. 이 책의 10장에서 폴라니가 논의하고 있는 미국과 오스트리아 비엔나의 교육 제도의 차이, 그리고 그 각각이 그 나라의 사회경제 체제와 어떻게 맞물려 있는가를 본다면, 과거제도와 문신 관료 체제를 천 년 가까이 혹은 그 이상 유지해온 이 동양 나라들에서 교육 제도가 자본주의 안착과 어떻게 맞물려 있는지에 대한 생각을 해보지 않을 수 없다. 또 17장에서 민주주의의 상이한 기원을 영국과 유럽의 중세사로까지 거슬러 올라가는 폴라니의 논의를 본다면, 동양에서 민주주의의 기원이(그런 것이 있었다면) 어떻게 뇌며 우리가 지금 보고 있는 민주주의는 어떠한 착종의 산물인가에 대해 생각하지 않을 수 없게 된다. 14장과 15장에서의 고대 경제사와 일반 경제사에 대한 폴라니의 성찰을 읽다 보면 과연 동양에서의 고대 이래의 경제사는 어떠한 틀로 재구성되어야 할까에 대해 고민하게 된다. 하지만 이렇게 폴라니가 서양 문명에 대해 던졌던 그 많은 질문들을 동양에서 던지고 성찰하는 작업이 충분했는가는 과문해서인지 몰라도 확신이 없다.

　이 책은 읽기 쉬운 책은 아니다. 현대 사회의 성격과 인류의 미래라는 큰 질문을 놓고 일생 동안 고민했던 한 사상가의 사유가 찐득찐득한 밀도로 집약되어 있는 책이기 때문이다. 하지만 비록 한 번에 꿀꺽 삼킬 수 있는 책이 아니라 해도, 옆에 놓아두고 두고두고 펼쳐보며 벗 삼아 대화하는 책으로 가까이 한다면 많은 지혜와 새로운 생각의 방향을 열어갈 수 있을 것이다.

　이 책의 출간과 더불어, 한국에서의 폴라니 연구에서 볼 때 축하할 만한 기쁜 일이 있다. 2015년 3월, 칼 폴라니 사회경제연구소가 출범한 것이다. 캐나다 몬트리올의 컨커디아 대학에 있는 칼 폴라니 정치경제 연구소Karl Polanyi Institute of Political Economy와 한국의 서울 사회경제 네트워크가 결연을 맺어 품어낸 이 연구소는, 이후에도 칼 폴라니의 저작을 소개하고 그 사상의 연구를 진작할 뿐만 아니라 사회적 경제의 발전이라는 맥락 속에서 폴라니의 사상을 현실화하는 작업에 진력할 것이다. 연구소가 준비되는 과정에 함께했던 캐나다 컨커디아 대학 칼 폴라니 연구소의 마거리트 멘델 교수와 연구소의 정태인 소장님이 이 번역 작업에 대해 많은 격려를 해주셨다. 덕분에 비교적 일 년 정도의 짧은 시간 안에 모든 작업이 완료되고 출간이 이루어져 몹시 기쁘다. 이 책의 출간이 한국에서 폴라니의 사상을 더 널리 더 깊이 알리는 데 중요한 계기가 될 것으로 기대한다.

이탈리아어판 서문 I

1) *옮긴이- 홍기빈 편역, 《전 세계적 자본주의인가 지역적 계획경제인가 외》(책세상, 2002)에 수록된 〈우리의 이론과 실천에 대한 몇 가지 의견들〉을 참조.

2) 이탈리아 번역은 "Jean-Jacques Rousseau, o è possibile una società libera?" in Karl Polanyi, *La libertà in una societa complessa* (Bollati-Boringhieri : Turin, 1987), pp.161-9.

3) "Wirtschaft und Demokratie," *Chronik der großen Transformation: Artikel und Aufsatze, 1920-1945*, vol. 1 (Metropolis-Verlag: Marburg, 2002 [1932]), pp.149-54.

4) *옮긴이- 원문에는 two penultimate chapters라고 되어 있어 19장과 20장을 뜻하는 듯하지만, 아래에서 보듯이 레빗 여사는 미래의 낙관주의를 드러내는 장(이는 내용상 분명히 마지막 장인 21장을 가리킨다.)도 penultimate chapter라고 말하고 있다. 그래서 이 구절 또한 '마지막 두 장' 으로 옮겨둔다.

5) *The London Quarterly of World Affairs*, 10 (3), 86-91. (홍기빈 편역, 《전 세계적 자본주의인가 지역적 계획경제인가 외》에 번역 수록.)

6) "Der Mechanismus der Weltwirtschaftskrise," *Der Österreichische Volkswirt*, 25 (suppl.), pp.2-9.

이탈리아어판 서문 II

1) Michele Cangiani, "L'inattualità di Polanyi," *Contemporanea*, 5.4 (2002), 751-7. 폴라니 사상이 과연 낡은 것인가 아니면 오늘날에도 적실성을 갖는 것인가의 문제에 대해서는 다음을 보라. Alain Caillé and Jean-Louis Laville, "Actualité de Karl Polanyi," in Michele Cangiani and Jérôme Maucourant, eds., *Essais de Karl Polanyi* (Paris: Seuil, 2008), 565-85.

2) Gareth Dale, "Karl Polanyi in Budapest: On His Political and Intellectual Formation," *Archives européennes de sociologie*, 50.1 (2009), 97-130. 이 글은 무엇보다도 게오르크 루카치, 오스카르 야시Oszkar Jaszi, 칼 만하임 등과의 관계를 탐구하고 있다. 또한 다음에 실린 칼 폴라니의 자전적인 글을 보라. "L'eredità del Circolo Galilei," in Karl Polanyi, *La libertà in*

una società complessa, edited by Alfredo Salsano (Turin: Bollati Boringhieri, 1987), 199-214.

3)*옮긴이- 제1차 세계대전 이전의 비엔나의 지적·문화적 세계를 회고했던 슈테판 츠바이크 Stefan Zweig의 회상록 제목.

4) 좀 더 자세한 폴라니의 인생에 대해서는 다음을 보라. Kari Polanyi-Levitt and Marguerite Mendell, "Karl Polanyi: His Life and Times," *Studies in Political Economy*, 22 (1987), 7-39.

5) Cangiani, "L'inattualità di Polanyi," p.751.

6) 이 책의 2장 〈경제학 그리고 우리의 사회적 운명을 결정할 자유〉 참조.

7) 이 책의 1장 〈서양의 거듭남을 위하여〉 참조.

8) 폴라니의 마지막 프로젝트에는 〈공존Co-Existence〉이라는 제목의 새로운 간행물 창간이 들어 있었음을 언급하는 것이 좋겠다. 이는 전 세계적인 보편적 시장의 논리에 반대하여 일종의 다원적 시각에서 국제 정치와 경제를 살펴보고자 했던 간행물이었다. 그 제1호는 폴라니가 죽은 며칠 뒤에 출간되었다. 다음을 보라. Kari Polanyi-Levitt, "Karl Polanyi and *Co-Existence*," in Kari Polanyi-Levitt, ed., *The Life and Work of Karl Polanyi: A Celebration* (Montreal, Canada: Black Rose Books, 1990), 253-63, especially pp.259-62 (이 논문은 본래 다음에 게재되었던 글이다. *Co-Existence*, 2 (1964), 113-21).

9) Kari Polanyi-Levitt, "Karl Polanyi as Socialist," in Kenneth McRobbie, ed., *Humanity, Society, and Commitment: On Karl Polanyi* (Montreal, Canada: Black Rose Books, 1994), 115-34.

10) Polanyi-Levitt, "Karl Polanyi and *Co-Existence*," p.253.

11) 폴라니 철학의 이러한 측면에 대해서는 다음을 보라. Gareth Dale, *Karl Polanyi: The Limits of the Market* (Cambridge: Polity, 2010), esp. pp.31-44; Abraham Rotstein, "The Reality of Society: Karl Polanyi's Philosophical Perspective," in Polanyi-Levitt, *Life and Work*, 98-110.

12) Kari Polanyi-Levitt, "The Origins and Significance of *The Great Transformation*," in Polanyi-Levitt, *Life and Work*, 111-26.

13) Carl Levy, "La riscoperta di Karl Polanyi," *Contemporanea*, 5.4 (2002), 767-70; Caillé and Laville, "Actualité de Karl Polanyi."

14) 더욱이 정치경제학과 헌법사는 법학의 한 부분을 이루고 있었다. 다음을 보라. Sally C. Humphreys, "History, Economics, and Anthropology: The Work of Karl Polanyi," *History and Theory*, 8 (1979), 165-212, at pp.165, 168.

15) 카리 폴라니 레빗에 따르면 비엔나 학파와 많은 미국 및 영국 경제학자들로까지 폴라니 사상이 확장된 것이 이 기간이었다고 한다. Polanyi-Levitt, "Karl Polanyi as Socialist," p.125

16) 이 점에 관해서는 다음을 보라. Margaret R. Somers, "Karl Polanyi's Intellectual Legacy," in Polanyi-Levitt, *Life and Work*, 152-60.

17) 이 점에 관해서는 다음을 보라. Mihály Sárkány, "Karl Polanyi's Contribution to Economic Anthropology," in Polanyi-Levitt, *Life and Work*, 183-7.

18) 폴라니의 경제사 연구에 대한 주된 비판의 논의로는 다음을 보라. Caillé and Laville, "Actualité de Karl Polanyi," at pp.569-71; Dale, *Karl Polanyi*, pp.137-87. 페르낭 브로 델의 폴라니 비판에 대해서는 다음을 보라. Alfredo Salsano, "Polanyi, Braudel e il re del Dahomey," *Rivista di storia contemporanea*, 15 (1986), 608-26.

19) 기초적인 개괄로는 Cahiers lillois d'economie et de sociologie 시리즈의 2007년 출간본인 *Penser la marchandisation du monde avec Karl Polanyi*, edited by Richard Sabel을 보라. 특 히 Franck Van de Velde, Genevieve Azam, Richard Sobel 등이 집필한 장들을 보라.

20) Michele Cangiani, *Economia e democrazia: Saggio su Karl Polanyi* (Padua: Il Poligrafo, 1998).

21) Ayşe Buğra and Kaan Ağartan, eds., *Reading Karl Polanyi for the Twenty-First Century: Market Economy as a Political Project* (New York: Palgrave Macmillan, 2007)에 실린 여러 글 들을 보라.

22) 이 주제에 관해서는 다음을 보라. Alfredo Salsano, "Presentazione" in his edition of Polanyi, *La libertà in una società complessa*.

23) Christian Joerges and Josef Falke, eds., *Karl Polanyi: Globalisation and the Potential of Law in Transnational Markets* (Oxford: Hart, 2011).

24) Joseph E. Stiglitz, "Foreword," in Karl Polanyi, *The Great Transformation: The Political and Economic Origins of Our Time* (Boston, MA: Beacon Press, 2011), p.vii.

25) Lisa Martin, "Polanyi's Revenge," *Perspectives on Politics*, 11.1 (2013), 165-74.

26) Robert B. Reich, *Supercapitalism: The Transformation of Business, Democracy, and Everyday Life* (New York: Alfred A. Knopf, 2007) 또한 다음 이탈리아어판의 기도 로시[Guido Rossi]가 쓴 서문을 보라. *Supercapitalismo. Come cambia l'economia globale e i rischi per la democrazia*, Rome: Fazi, 2008.

27) Cangiani, "L'inattualità di Polanyi," p.751.

28) 가장 중요한 것들을 들자면 다음과 같다. Polanyi, *La libertà in una società complessa*, Karl Polanyi, *Cronache della grande trasformazione*, edited by Michele Cangiani (Turin: Einaudi, 1993); Karl Polanyi, *Europa 1937: Guerre esterne e guerre civili*, edited by Michele Cangiani (Rome: Donzelli, 1995).

29) 폴라니 연구소의 형성과 작업에 대한 정보로는 다음을 보라. Ana Gomez, "The Karl Polanyi Institute of Political Economy: A Narrative of Contributions to Social Change," *Interventions économiques*, 38 (2008), 1-18, at p.2.

30) *옮긴이- 이탈리아어판과 영어판의 제목은 '서양의 거듭남을 위하여For a New West'이다.

31) 폴라니에게 보낸 서한인 P[aul] M[eadow] from March 25, 1962 (File 24-2, Karl Polanyi Archive)로 볼 때, 우리는 그런 책이 쓰였다면 다음의 주장들이 다루어졌을 것임을 분명히 알 수 있다. (1) "문명으로서의 서양과 정치적 단위로서의 서양" (2) "옛 서양의 우상들 : 과학, 기술, 경제 조직" (3) "그 결과의 이중적 성격 : (a)옛 서양의 내적인 성취물들과 외적인 성취물들 (b)이 우상들이 우리의 물리적 생존에 대한 위협임이 드러나다" (4) "신생 비(非)서양 국가들의 핵심 가치들 그리고 산업적 과정" (5) "제2차 세계대전 이후 서양 지도력의 실패" (6) "새로운 서양의 제한된 기초" (7) "새로운 서양의 몇 가지 특정한 문제들 : 공존 양식 ; 그로티우스의 연장 ; 대외무역의 독점체들 ; 국제 분쟁 해결에 있어서 우선사항들의 활용 ; 사회 계약의 압력으로부터 지식인들을 보호하는 문제" (8) "서양의 회생과 개인적 자유에 대하여"

32) 이 책의 9장 〈민주적 영국 문화의 미래〉 참조.

33) 이 책의 13장 〈공공 여론과 국가 지도자의 지도력〉 참조.

34) 이 책의 10장 〈비엔나와 미국에서의 경험들 : 미국〉 참조.

35) 이 책의 8장 〈평화주의의 뿌리〉 참조.

36) 이 책의 11장 〈사회과학을 어떻게 활용할 것인가〉 참조.

37) 폴라니가 1930년대에 저술한 미출간 저작들에 대한 논의로는 다음을 보라. Giandomenica Becchio, "Gli inediti di Karl Polanyi negli anni Trenta," *Rivista di filosofia*, 88.3 (1997), 475-82. 또 문헌 근거를 풍부하게 밝힌 개러스 데일Gareth Dale의 모노그래프도 볼 것.

38) Polanyi-Levitt and Mendell, "Karl Polanyi," pp.13, 21.

39) 이 단계에서의 폴라니의 삶과 지적인 발전에 대해서는 다음을 보라. Lee Congdon, "The Sovereignty of Society : Polanyi in Vienna," in Polanyi-Levitt, *Life and Work*, 78-86 ; Dale, *Karl Polanyi*, esp. the chapter "The Economics and Ethics of Socialism" (pp.19-45).

40) Dale, "Karl Polanyi in Budapest," pp.113, 115-16.

41) 이 책의 16장 〈오늘날의 중요한 문제 : 답변〉 참조.

42) 이 주제에 관해서는 다음을 보라. Polanyi-Levitt, "Karl Polanyi as Socialist," p.126.

43) 좀 더 심층적인 분석으로는 다음을 보라. Alberto Chilosi, "Dühring's 'Socialitarian' Model of Economic Communes and Its Influence on the Development of Socialist Thought and Practice," *Journal of Economic Studies*, 29.4/5 (2002), 293-305.

44) 이 책의 16장 〈오늘날의 중요한 문제 : 답변〉

45) Karl Polanyi, *The Great Transformation* (Boston, MA : Beacon Press, 1957), pp.33-42.

46) 이 책의 16장인 〈오늘날의 중요한 문제 : 답변〉

47) 폴라니는 시장경제에 대해 또한 다음과 같이 말했다.

이는 생산자들 그리고 생산의 세계에 살고 있는 이들 사이에 건강, 휴식, 그리고 영적·도덕적 만족에 대한 필요가 존재한다는 것을 이해할 메커니즘을 완전히 결여하고 있다. 생산과 생산수단을 어떻게 조직하느냐의 차이는 장기적인 반작용을 통하여 인간 사회의 공공선을 더 촉진시키기도 하며 또 해치기도 한다. 어떤 경제 모델이 실현되는 데 물질적 요인들에 어느 만큼이나 의존하느냐에 비례하여 그 모델이 공공선의 구체적 목적들, 즉 그 공동체의 영적·문화적·도덕적 목적들을 달성할 수 있는 능력도 떨어지게 된다. 그리고 마침내 그 모델의 경제적 목적들이 인류의 보편적 목적들, 예를 들어 국제적 원조나 여러 민족들 사이의 평화 유지 등의 필요와 맞닥뜨리게 되면 그 모델은 반응 능력을 완전히 잃게 된다.(Karl Polanyi, "La contabilita socialista," in his *La libertà in una società complessa*, p.19.)

48) Dale, Karl Polanyi, p.10. 여기에는 1937년에 폴라니가 쓴 에세이 〈공동체와 사회 : 우리의 사회적 질서에 대한 기독교적 비판 Community and Society: The Christian Criticism of our Social Order〉(칼 폴라니 문서고, 파일 21-22)에서 취한 인용구에 대한 언급이 있다. 그 인용구는 여기에 다시 내놓을 만한 가치가 있다.

시장은 마치 모든 개인들의 일상 활동에서 그들을 생산자들과 소비자들로 고립시켜버리는 보이지 않는 경계선처럼 작동한다. 이 개인들은 시장을 위해 생산하며, 시장으로부터 필요한 것을 공급받는다. 이들은 제아무리 자신의 동료들에게 봉사하기를 열렬히 희망한다고 해도 시장을 넘어서서 손을 뻗지는 못한다. 이들이 자발적으로 동료들에게 도움이 되려고 할 경우에는 그 즉시 시장 메커니즘이 이를 좌절시켜버린다. 당신이 시장 가격보다 적은 대가로 당신의 재화를 주어버린다고 해보자. 이것이 잠시 동안은 누군가에게 이익이 될 수 있지만, 이는 또한 당신 이웃의 사업을 망하게 만들 것이며 결국은 당신 사업까지 망하게 만들 것이고, 결국 당신의 공장이나 회사에 기대고 있었던 이들의 일자리까지 빼앗고 말 것이다. 당신이 노동자라면, 해야 할 몫 이상의 작업을 했다가는 당신 동료들의 노동 조건을 악화시키고 말 것이다. 사치품들에다가 돈을 쓰지 않겠다고 한다면 누군가 일자리를 잃을 것이며, 또 저축을 하지 않겠다고 했다가는 마찬가지 결과를 불러올 것이다. 당신이 무엇을 거래하든 가장 싼 값에 사서 가장 비싼 값에 판다는 등의 시장의 규칙들을 따르기만 하면 비교적 안전할 것이다. 그렇다면 당신 스스로의 이익에 봉사하기 위해 동료들에게 일정한 피해를 가하는 것 또한 불가피한 것이다. 따라서 동료들에게 봉사해야 한다는 생각을 완벽하게 버릴수록 타인이 입는 해악에 대한 스스로의 책임을 더 성공적으로 줄일 수 있게 되는 것이다. 이러한 시스템에서는 인간들이 설령 선해지기를 희구한다고 해도 그것이 허용되지 않는다.

49) 이 책의 16장 〈오늘날의 중요한 문제 : 답변〉

50) Giandomenica Becchio, "The Early Debate of Economic Calculation in Vienna (1919-1925). The Heterodox Point of View: Neurath, Mises and Polanyi," *Storia del pensiero economico*, 2007, at pp.133-4.

51) 이 책의 16장 〈오늘날의 중요한 문제 : 답변〉

52) "Il 'guild socialism' (uomini e idee)," in Polanyi, *Libertà in una società complessa*, 3-6. 폴라니의 길드 사회주의에 대한 좀 더 자세한 논의는 Cangiani, *Economia e democrazia*, pp.127-

8; Polanyi-Levitt, "Karl Polanyi as Socialist," pp.115-16.

53) 이 책의 16장 〈오늘날의 중요한 문제 : 답변〉

54) 폰 미제스의 입장에 대해서는 다음을 보라. Lawrence H. White, *The Clash of Economic Ideas: The Great Policy Debates and Experiments of the Last Hundred Years* (Cambridge: Cambridge University Press, 2012), pp.35-7.

55) 자유에 대한 폴라니의 철학이 어떻게 진화했는지를 재구성하는 데에 있어서 기초가 되는 출발점은 그의 에세이 〈자유에 대하여Über die Freiheit〉이다. 이 글은 1920년대 말에 쓰인 것으로, 다음에서 구할 수 있다. Karl Polanyi, *Chronik der großen Transformation: Artikel und Aufsätze* (1920-940), edited by Michele Cangiani and Claus Thomasberger, vol. 1 (Marburg: Metropolis, 2002), 137-64. 다음 저서에 이에 대한 좀 더 폭넓은 논의가 나온다. Gregory Baum, *Karl Polanyi on Ethics and Economics*, Montreal and Kingston, Canada: McGill-Queen's University Press, 1996) at pp.24-7 and 35-7.

56) Giacomo Marramao, "Dono, scambio, obbligazione: Il contributo di Karl Polanyi alla filosofia sociale," Inchiesta, 27.117/18 (1997), 35-44.

57) 이 책의 7장 〈평화의 의미〉

58) 폴라니 저작의 이탈리아어 선집 *La libertà in una società complessa*의 여러 글들, 특히 제3부의 글을 볼 것. "Jean-Jacques Rousseau, o è possibile una società libera?" "Libertà e tecnologia," "La macchina e la scoperta della società," "La liberà in una società complessa."

59) 이 책의 2장 〈경제학 그리고 우리의 사회적 운명을 결정할 자유〉

60) 이 책의 1장 〈서양의 거듭남을 위하여〉

61) 폴라니가 《거대한 전환》에서 쓴 바 있듯이, "자유방임 경제는 심사숙고를 거친 국가 활동의 산물이었던 반면, 그 뒤를 이어 나타났던 자유방임에 대한 여러 제약은 자생적인 방식으로 시작되었다. 자유방임은 계획된 것이었지만, 경제 계획은 계획에 의해 나타난 것이 아니었다." 토지와 노동에 있어서 시장을 제도화하는 것의 정치적 사법적 측면에 대한 분석은 《거대한 전환》의 2부, 특히 6장과 7장에 전개되어 있다.

62) 이 책의 1장 〈서양의 거듭남을 위하여〉

63) 앞의 글.

64) '새로운 서양'에 대한 폴라니의 생각은 이미 이 시기부터 시작된다. 폴 메도Paul Meadow가 쓴 노트를 참조하라. "Karl Polanyi's Theses concerning the 'New West'", in the Karl Polanyi Archive, file 24-2 (또한 위의 주 31도 참조하라.)

65) 이 책의 2장 〈경제학 그리고 우리의 사회적 운명을 결정할 자유〉

66) Friedrich A. von Hayek, *The Road to Serfdom* (Chicago: University of Chicago Press, 1994 [1944]). 이 저작의 지적인 배경과 저자의 삶의 배경을 흥미롭게 재구성한 것으로는 다음을 보라. Kari Polanyi-Levitt and Marguerite Mendell, "The Origins of Market Fetishism

(Critique of Friedrich Hayek's Economic Theory)," *Monthly Review*, 41 (1989), 11-32. 또한 다음의 저서도 중요하다. Philip Mirowski and Dieter Plehwe, *The Road from Mont Pèlerin*: *The Making of the Neoliberal Thought Collective* (Cambridge, MA: Harvard University Press, 2009). 특히 여기에 실린 다음의 글은 아직 출간되지 않은 문서고 자료들에 기초해 있다. Robert van Horn and Philip Mirowski, "The Rise of the Chicago School of Economics and the Birth of Neoliberalism." 139-80.

67) 이 책의 3장 〈경제사와 자유의 문제〉 참조.

68) 이 책의 14장 〈일반 경제사〉 참조.

69) 이 책의 3장 〈경제사와 자유의 문제〉

70) 앞의 글.

71) 앞의 글.

72) 이 책의 14장 〈일반 경제사〉

73) Somers, "Karl Polanyi's Intellectual Legacy," pp.152-3.

74) 이 책의 18장과 20장인 〈금융 공황이 가려버린 사회주의의 전망〉 그리고 〈오늘날의 전환 시대에 대한 다섯 개의 강연 : 통합된 사회로의 경향〉 참조.

75) 이 책의 3장 〈경제사와 자유의 문제〉 참조.

76) 유용한 설명으로는 다음을 보라. Daniel J. Fusfeld, "Karl Polanyi's Lectures on General Economic History: A Student Remembers," in McRobbie, ed., *Humanity, Society and Commitment*. 경제인류학에 있어서 전후에 나타난 여러 경향들에 대한 폴라니의 생각에 관해서는 다음을 보라. Sárkány, "Karl Polanyi's Contribution to Economic Anthropology."

77) Michele Cangiani, "From Menger to Polanyi: The Institutional Way," in Harald Hagemann, Tamotsu Nishizawa, and Yukihiro Ikeda, eds., *Austrian Economics in Transition: From Carl Menger to Friedrich Hayek* (New York: Palgrave Macmillan, 2010), 138-53; Riccardo Motta and Franco Lombari, "Traffici e mercati: L'istituzionalismo di Karl Polanyi," *Materiali per una storia della cultura giuridica*, 1 (1980), 231-52, 특히 pp.248-52; J. Ron Stanfield, "Karl Polanyi and Contemporary Economic Thought," in Polanyi-Levitt, ed., *Life and Work*, 195-6; Walter C. Neale, "Institutions," *Journal of Economic Issues*, 21.3 (1987), 1177-205.

78) 라이어넬 로빈스Lionel Robbins는 경제학을 "여러 목적과 대안적 용법들을 가진 희소한 여러 수단 사이의 관계에 대한 인간 행위를 연구하는 과학"이라고 정의하였다. Lionel Robbins, *An Essay on the Nature and Significance of Economic Science* (London: Macmillan, 1945) p.16.

79) 특히 Karl Polanyi, "The Economy as Instituted Process," in Karl Polanyi, Conrad M. Arensberg, and Harry W. Pearson, eds., *Trade and Market in the Early Empires* (Glencoe,

IL: Free Press, 1957), 243-69; and Karl Polanyi, "Carl Menger's Two Meanings of 'Economic,'" in George Dalton, ed., *Studies in Economic Anthropology* (Washington, DC: American Anthropological Association, 1971), 16-24.

80) Karl Polanyi, *The Livelihood of Man* (New York: Academic Press, 1977), p.6.

81) 이 점에 대해서는 다음을 보라. Gérald Berthoud, "Toward a Comparative Approach: The Contribution of Karl Polanyi," in Polanyi-Levitt, *Life and Work*, 171-82.

82) Polanyi, "The Economy as Instituted Process."

83) 이 책의 14장과 15장인 〈일반 경제사〉와 〈고대 문명에서의 시장 요소들과 경제 계획〉 참조.

84) Somers, "Karl Polanyi's Intellectual Legacy," p.155. 이 점에서 또한 다음을 보라. Sabine Frerichs, "Re-Embedding Neo-Liberal Constitutionalism: A Polanyian Case for the Economic Sociology of Law," in Joerges and Falke, eds., *Karl Polanyi*, 65-84, at p.81. 이 글은 법, 사회, 시장 사이의 관계에 대한 하이에크와 폴라니의 관점을 재구성하고 대조시키면서 이렇게 말하고 있다.

> 하이에크의 경제적 자유주의는 시장 사회의 자유주의적 성격을 확인하고 또 승인하고 있다. 시장은 경제적으로 '자유로운' 개인들로부터 생겨나는 자생적인 질서로 관념되는 반면(아래로부터의 측면), 모든 형태의 사회적 개입주의는 강제적인 형태의 질서로 비판받는 것이다(위로부터의 측면). 폴라니의 자유주의적 사회주의는 거꾸로 된 상을 제시한다. '자기조정' 시장들은 '상품화된' 개개인들이 강제하는 인위적 제도로 보이는 반면(위로부터의 측면), 여러 사회 정책은 사회 운동으로 표출된 사회의 자기 보호의 충동에서 나온 것이라는 것이다(아래로부터의 측면).

85) 이 책의 9장 〈민주적 영국 문화의 미래〉 참조.

86) 이 책의 17장 〈현대 사회에서 서로 충돌하고 있는 철학들〉 참조.

87) 이 책의 10장 〈비엔나와 미국에서의 여러 경험들:미국〉 참조.

88) Douglass C. North, "Markets and Other Allocation Systems in History: The Challenge of Karl Polanyi," *Journal of European Economic History*, 6 (1977), 703-16. 하지만 노스의 생각은 이 글을 쓴 이후 크게 진화하여 신고전파 경제학의 편견에서 크게 벗어나기 시작한다. 이 점에 대해서는 다음을 보라. Claude Menard and Mary M. Shirley, "The Contribution of Douglass North to New Institutional Economics," in Sebastian Galiani and Itai Sened, eds., *Institutions, Property Rights, and Economic Growth : The Legacy of Douglass North* (Cambridge: Cambridge University Press, in press), at http://hal.inria.fr/docs/00/62/42/97/PDF/2011-enard_Shirley_North_and_NIE-UP.pdf (2014년 4월 2일 접근).

89) 폴라니의 제도주의와 '신(新)'제도주의 경제학의 차이점들에 대해서는 다음을 보라. Michele Cangiani, "Karl Polanyi's Institutional Theory: Market Society and Its "Disembedded" Economy," *Journal of Economic Issues*, 45 (2011), 177-98; Michele Cangiani, "The

Forgotten Institutions," in Mark Harvey, Ronnie Ramlogan and Sally Randles, eds., *Karl Polanyi: New Perspectives on the Place of the Economy in Society* (Manchester: Manchester University Press, 2008), 25–42; Cangiani, "From Menger to Polanyi"; Jérôme Maucourant and Sébastien Plociniczak, "Penser l'institution et le marché avec Karl Polanyi," *Revue de la régulation*, 10 (2011), at http://regulation.revues.org/9439 (2013년 2월 21일 접근); 폴라니 와 '구(舊)'제도주의 경제학의 관계에 대해서는 다음을 보라. Walter C. Neale, "Karl Polanyi and American Institutionalism: A Strange Case of Convergence," in Polanyi-Levitt, *Life and Work*, 145–51.

90) Marcel Mauss, *Essai sur le don: Forme et raison de l'échange dans les sociétés archaïques* (Paris: Presses Universitaires de France, 2007), p. 238.

91) 여러 제도와 경제적 과정들 사이의 관계에 대한 그의 관점을 정밀하게 요약한 것으로 Douglas C. North, "Institutions and the Performance of Economies over Time," in Claude Ménard and Mary M. Shirley, eds., Handbook of New Institutional Economics (Berlin-Heidelberg: Springer, 2005), 21–30을 보라. 이 글에서 저자는 "희소성이라는 경제적 환경에 서 여러 제도들 및 조직들 사이의 지속적인 상호작용, 즉 경쟁이야말로 제도적 변화의 열쇠" 라는 보편적인 명제를 명확히 제시한다. 또한 다음을 보라. Douglas C. North, *Institutions, Institutional Change and Economic Performance* (Cambridge: Cambridge University Press, 1990) and Oliver E. Williamson, "Transaction Cost Economics," in Richard Schmalensee and Robert Willig, eds., *Handbook of Industrial Organization*, vol. 1 (New York: North Holland, 1989), 136–84.

92) Michele Cangiani and Jérôme Maucourant, "Introduction," in Cangiani and Maucourant, eds., *Essais de Karl Polanyi*, 9–46, at pp.9–10, 28–9.

93) 이 점에서 볼 때 '구'제도주의와 '신'제도주의 사이의 주요한 차이점들 그리고 그 각각이 폴 라니의 저작과 맺는 관계를 상기하는 것이 적절하다고 보인다. 더 많은 논의는 다음을 보 라. Helge Peukert, "Bridging Old and New Institutional Economics: Gustav Schmoller and Douglass C. North, Seen with Old Institutionalists' Eyes," *European Journal of Law and Economics*, 11 (2001), 91–130; Malcolm Rutheford, "Institutionalism between the Wars," *Journal of Economic Issues*, 34.2 (2000), 291–304; James R. Stansfield, "The Scope, Method, and Significance of Original Institutional Economics," *Journal of Economic Issues*, 33 (1999), 230–55.

94) Polanyi, "The Economy as Instituted Process."

95) 이는 자유주의 신조의 예언자들이 아주 빈번하게 제시한 바 있는 것으로, 궁극적으로 다음 의 글을 상기시킨다. Donato Carusi, *L'ordine naturale delle cose* (Turin: Giappichelli, 2011), pp.122–4.

96) 이 점에 있어서 다음의 글에 나온 고찰들을 비교하라. Caillé and Laville, "Actualité de Karl Polanyi," p.567.

97) Polanyi, *The Great Transformation*, p.159.

98) Polanyi, *The Livelihood of Man*, pp.5-7.

99) 당연히 여기에는 일정한 여러 한계가 있다. 인지 및 행태 경제학에서의 현장 연구들에서 그 경험적 결과라는 것들은 정통 경제학 이론에서 가정하고 있는 공리주의적인 합리성의 여러 모델들을 새로운 모습으로 만들고 있는 것으로 보인다. Matteo Motterlini and Massimo Piattelli Palmarini, eds., *Critica della ragione economica : Tre saggi : Kahneman, McFadden, Smith* (Milan: Il Saggiatore, 2005); Dan Ariely, *Predictably Irrational: The Hidden Forces that Shape our Decisions* (New York: Harper, 2010), 특히 75페이지 이하.

100) Steven G. Medema, "The Trial of Homo Economicus: What Law and Economics Tells Us about the Development of Economic Imperialism," in John B. Davis, ed., *New Economics and Its History* (Durham, NC: Duke University Press, 1997), 122-42.

101) Michel Foucault, *The Birth of Biopolitics: Lectures at the Collège de France, 1978-1979* (Basingstoke: Palgrave Macmillan, 2008), at pp.243-4.

102) 법에 대한 경제적 분석의 발전을 역사적으로 재구성한 연구로는 다음을 보라. Ejan Mackaay, "History of Law and Economics," in *Encyclopedia of Law and Economics*, accessible online at http://encyclo.findlaw.com/tablebib.html; for the internal affairs of the Chicago School, 특히 다음의 중요한 재구성을 보라. Robertvan Horn, "Reinventing Monopoly and the Role of Corporation: The Roots of Chicago Law and Economics," in Mirowksi, and Plehwe, *The Road from Mont Pèlerin*, 204-37.

103) 이 논쟁에 대한 소개로는 다음을 보라. Antonio Gambaro, "Misurare il diritto?" *Annuario di diritto comparato e di studi legislativi*, (2012), 17-47; and Ralf Michaels, "Comparative Law by Numbers? Legal Origins Thesis, Doing Business Reports, and the Silence of Traditional Comparative Law," *American Journal of Comparative Law*, 57 (2009), 765-95.

104) 법의 기원 이론을 옹호하는 이들이 공유하는 가정과 기본 명제들을 종합한 것으로는 다음을 보라. Rafael La Porta, Florencio Lopez-de-Silanes, and Andrei Shleifer, "The Economic Consequences of Legal Origins," in *Journal of Economic Literature*, 46.2 (2008), 285-332. '사업하기Doing Business' 프로젝트의 배후에 있는 생각과 내용에 대한 묘사로는 다음에 있는 세계은행의 문서들을 보라. http://www.doingbusiness.org/

105) 여기에는 일정한 비판들이 있다. 이중 민족적 자존심의 문제들로 영향을 받은 것들은 사실 완전히 동의할 수는 없다. Association Henri Capitant des amis de la culture juridique française: *Les Droits de tradition civiliste en question : À propos des rapports* Doing Business

de la Banque Mondiale (Paris: Société de Législation Comparée, 2006); Catherine Valcke, "The French Response to the World Bank's Doing Business Reports," in *University of Toronto Law Journal*, 60.2 (2010), 197-217; Louisa Antoniolli, "La letteratura in materia di misurazione del diritto: Breve itinerario ragionato," *Annuario di diritto comparato e di studi legislativi*, 2012, 453-485.

106) 이 책의 11장 〈사회과학을 어떻게 활용할 것인가〉 참조.

107) 이는 카리 폴라니 레빗과의 인터뷰에서 얻은 정보이다. 칼 포퍼와 칼 폴라니의 초기 관계에 대해서는 다음을 보라. Malachi Haim Hacohen, *Karl Popper: The Formative Years, 1902-1945: Politics and Philosophy in Interwar Vienna* (Cambridge: Cambridge University Press, 2002), pp.117-120.

108) Karl R. Popper, *The Open Society and Its Enemies*, vol. 1: *The Spell of Plato* (London: Routledge, 1947), p.190, n.30. 이 점에 대해서는 또 다음을 보라. Humphreys, "History, Economics, and Anthropology," p.170.

109) 이 책의 11장인 〈사회과학을 어떻게 활용할 것인가〉. 과학의 발전에 있어서 결정적인 역할을 하는 '문제'의 존재에 대해서 그리고 특정 유형의 요소들에 대한 관심에 대해서는 이 책의 12장인 〈정치 이론에 대하여〉 참조. 또한 Karl R. Popper, *The Poverty of Historicism* (Boston: Beacon Press, 1957).

110) 이 책의 11장 〈사회과학을 어떻게 활용할 것인가〉

111) 앞의 글.

112) 앞의 글.

113) 앞의 글.

114) 앞의 글.

115) 앞의 글.

116) 앞의 글.

117) 앞의 글.

118) 앞의 글.

119) 일반적으로 다음에 나와 있는 여러 고찰들을 보라. Jürgen Habermas, *The Future of Human Nature* (Cambridge: Polity, 2003). 존엄이라는 패러다임의 발흥에 대해서는 특히 다음을 보라. Stefano Rodotà, *Il diritto di avere diritti* (Rome: Laterza, 2012). 특히 179페이지 이하.

120) 이 책의 1장 〈서양의 거듭남을 위하여〉

1장

1)*옮긴이- '백년 평화'란 나폴레옹 전쟁이 끝난 1814년에서 제1차 세계대전이 발발한 1914년 까지의 1백 년 동안 유럽 국가들 사이에 전쟁이 거의 없었음을 들어 폴라니가 부르는 이름이 다. 《거대한 전환》 1장을 참조할 것. 이 시대는 유럽인들 사이에 자유방임 자유주의와 그에 연계된 역사관과 국제 정치관이 풍미했던 시기이다. 인간 이성의 발달로 전쟁 대신 자유무역 을 통해 모든 나라들이 평화롭게 번영하는 시대가 드디어 도래했으며, 역사는 이로써 완성된 이성의 시대에 들어섰다는 믿음이었다. 이렇게 자유방임 시장 자본주의, 자유무역, 세계 평 화, 인류 역사의 진보가 하나로 엮인 19세기의 사조 때문에 제1차 세계대전과 대공황, 공산주 의 및 파시즘과 제2차 세계대전의 위협을 유럽인들이 제대로 파악하지 못했다는 한탄은 케 인스, E. H. 카, R. 콜링우드 등의 폴라니 동시대인들의 저작에서 광범위하게 나타난다.

2)*옮긴이- 이 말은 그리스어 oikoumene에서 온 말로서, '사람이 살고 있는 모든 곳' 혹은 '인간 에게 알려져 있는 온 세상'이라는 뜻을 지니고 있다. 신약성경에서 땅끝까지 복음을 전파하라 는 맥락에서 나오는 단어로서, 오늘날 교회 통일 운동-ecumenical movement의 어원이기도 하다.

2장

1) 여기서 원문은 "the price we pay of freedom"이라고 되어 있다. 우리는 이것이 "the price of freedom that we pay," 즉 "the price we pay for (the sake of) freedom"으로 보았고, "the price we pay in/from/out of our freedom," 즉 자유를 포기하는 대가라고 해석하지 않았다.

2) 폴라니의 원문은 독일어식 문장의 강한 영향력을 풍기고 있다. "For not on the psychology, but on the ideology of everday life are views on man's nature built."

3) 여기서의 원문은 무언가 빠진 비문이어서 임의로 바로잡아 채워 넣었다. 원문에는 "... the formal necessity by which it moves between inevitable alternatives are geared to the economic system or not..."으로 되어 있는 것을 "the formal necessity by which it moves between inevitable alternatives, whether these are geared to the economic system or not"으 로 바꾼 것이다.

3장

1) 이 뒤에는 다음의 문단이 있지만 폴라니가 타자 원고에서 연필로 지워버렸다. "하지만 이와 똑같은 결정론이 오늘날 단지 강조점만 달리한 채 다시 나타나고 있습니다. 참으로 역설적인 일이지만, 이러한 목소리를 내는 이들은 바로 스스로가 마르크스주의 반대의 선봉에 있다고 여기는 이들일 때가 많습니다. 이들은 선한 의도에서 우리에게 이렇게 경고합니다. 19세기 형식의 시장 시스템(이는 원리상 우리가 말한 시장경제와 동일한 것입니다)을 견지하지 못한다면

우리는 필연적으로 우리의 여러 자유를 상실하게 될 것이라고."

2)*옮긴이-나치와 스탈린의 집권을 말한다.

3) 이 글은 폴라니가 출간하려 했던 것이 아니므로, 그는 이 긴 인용문의 출처를 밝히지 않았고, 다른 경우에도 출처를 밝히지 않았다. 모든 출처는 편집자들이 찾아낸 것이다. 이 경우 출처는 다음을 보라.
http://books.google.it/books?id=uI5DAAAAYAAJ&pg=PA86&dq=You+are+surprised +to+learn+that+I+have+not+a+high+opinion+of+Mr.+Jefferson&hl=it&sa=X&ei=TE c3U6uYNOr8ygOd24GIBA&ved=0CDQQ6AEwAA#v=onepage&q=You%20are%20 surprised%20to%20learn%20that%20I%20have%20not%20a%20high%20opinion%20 of%20Mr.%20Jefferson&f=false (2014년 4월 1일 접근)

4장

1) 폴라니가 손으로 쓴 코멘트가 적혀 있지만 판독 불능.

2) 원문은 "a difference of the price of cost goods and product."라는 대단히 압축된 표현으로 되어 있어서 이와 같이 짐작하여 풀어냈다.

3)*옮긴이- 우회생산roundabout production의 개념은 생산이 개인이 혼자서 벌일 수 있는 일이 아니라 철저하게 사회적 규모에서 조직되는 총체적인 과정이라는 생각을 담고 있다. 즉 노동과 토지라는 두 가지의 본원적 생산요소primary elements of produciton가 주어졌을 때, 그 두 가지를 결합시켜서 얻고자 하는 것을 바로 생산하는 것이 아니라 무수한 중간 생산물들을 먼저 생산하여 그 중간 생산물들을 결합함으로써 훨씬 더 낮은 단위 비용으로 풍부하게 최종 생산물을 생산하게 된다는 것이다. 가장 유명한 예로서, 물고기를 얻고 싶은 사람이 있다고 해서 바로 물에 뛰어들어 맨손으로 고기를 잡는 것이 아니라 철광석, 엔진, 기계, 동력선, 투망 등등의 여러 중간 생산물부터 차근차근 만들어나간다는 것이다. 여기서 폴라니 또한 생산은 개인이 아니라 사회적 차원에서 조직되는 행위라는 점을 강조하고 있다.

4) 이 '사회적 패턴들'이라는 말은 그 앞의 '사회'라는 말 대신으로 우리가 채워 넣은 것이다. 이 '사회'라는 말은 실수이거나 (좀 더 가능성 높은 것으로) 혼자 보는 노트에서 짧게 줄여 쓴 표현이다. 맥락상 볼 때 폴라니가 여기서 나열한 것들을 '사회들'이라고 말하려 했던 게 아님은 명확하다. 하지만 이것들 모두를 총칭하는 적절한 공통의 범주를 찾기 어려워했을 수 있다.

5) 원문에는 'formerly'로 되어 있지만 'formally'로 고쳤다. 이 실수는 흥미로우며 폴라니가 영어로 쓴 타자 초고로 출간을 위해 다듬지 않은 원고에서 발견되는 대표적인 오타의 형태라고 할 수 있다. 이러한 사소한 오타들은 무수히 많지만 이 책은 원 텍스트의 비판적 판본textual-critical edition이 아니기 때문에 굳이 일일이 기록하지는 않을 것이다. 하지만 폴라니의 텍스트에 대해 문헌학적 언어학적 흥미를 가진 이라면 칼 폴라니 문서고의 원본을 참조할 일이다.

6) *옮긴이- 블레이크William Blake의 시집《밀턴Milton》에 나오는 상징으로, 노동자들을 실업자로
만들고 자연환경을 망쳐놓는 공장mill을 이렇게 표현하여 산업혁명 초기의 사회적 참상을 의
미하는 대표적 상징이 되었다.
7) 원본은 여기서 갑자기 끝난다.

5장

1) A. H. Quiggin, *A Survey of Primitive Money* (London: Methuen, 1963), p.1.
2) *옮긴이- 벤딕센은 20세기 초 이른바 '화폐국정설'을 재창했던 크나프Friedrich Knapp의 뒤를
이어 증표 화폐 이론chartalist theory of money을 발전시킨 중요한 독일 이론가다. 그는 현실 자본
주의의 역사적·제도적 성격을 완전히 떨궈낸 이론적 사고 실험의 관점에서, 자본주의 경제
의 모든 성원들이 서로가 서로의 부채를 동일한 수단으로 지불 결제하기로 합의하는 일종의
'지불 공동체'를 상정하도록 하며 이것을 화폐의 기능과 연결시킨다. 즉 모든 사회 성원들이
갖는 채권/채무 관계를 일률적으로 계산하고 지불하기 위한 명목적 수단이 바로 화폐라는 이
론이다. 이러한 이론은 그 실효성 여부와 무관하게 발전된 화폐 경제 혹은 자본주의 경제를
모델로 하여 가상의 사유 실험으로 구성된 화폐 이론임은 분명하다.
3) 이 인용문은 다음에서 온 것이 거의 확실하다. F. Bendixen, *Das Wesen des Geldes* (3rd ed.,
Munich: Duncker & Humblot, 1922). 아마도 2장에서 왔을 것이다.
4) *옮긴이- 스펜서는 연역적 방식의 이론 체계 구성에 주력했던 이로서, 그의《사회학 원리
Principles of Sociology》《윤리학 원리*Principles of Ethics*》《생물학 원리*Principles of Biology*》《심리학
원리*Principles of Psychology*》는 모두 큰 영향을 미쳤다.
5) 타자 원본에는 '1919년'으로 되어 있다가 폴라니의 손으로 정정되어 있다.
6) 이 '이것'은 폴라니가 제안하고 있는 접근법 '제도적 분석'을 지칭한다.
7) 폴라니는 이 문장을 지웠던 것으로 보이지만, 우리는 이탈리아어 번역판에도 살리기로 했고,
또 영어판에도 그대로 살려 수록하는 쪽을 선택했다.
8) *옮긴이- 폴라니가 고대 도시국가 미케네의 재정 구조를 논하면서 쓴 이 용어의 의미대로 경
제인류학에서 쓰이고 있다. 이는 영토 내의 '복속민'들이 국가에 대한 의무로서 자신들의 생
계를 이루는 곡물, 가축, 의류, 과일, 어류 등의 주산물들을 지불하는데, 이 현물들로 이루어
지는 재정을 말한다. 이는 상대적으로 넓은 공간에서 부피가 크고 무게가 많이 나가는 물품
들을 운반하고 쌓아야 하는 문제 이외에도 이 다종다양한 현물들을 놓고 어떻게 계산과 계
획을 행할 것인가라는 회계accountancy의 문제가 발생하게 된다. 따라서 이 주산물들 중 하나
(1부셸의 밀이나 1파운드의 옷감 등)를 기준으로 하여 여러 물품들 사이에 등가 관계를 설정하
게 된다. 하지만 이러한 회계는 여러 문제가 있을 뿐만 아니라 일정한 범위의 공간을 넘어서
면 운반과 보관에 막대한 비용이 들어가게 된다. 이에 귀중품 재정wealth finance이라고 할 만

한 것으로 넘어가게 된다. 국가는 금속 등을 재료로 삼은 통화나 귀중품을 발행하고 각 지역의 주산물들은 지역 단위로 운반과 보관이 이루어지다가 그 귀중품을 제시하는 이에게 내어주는 형태가 된다. 이는 국가 재정 창고 이외에도 민간 시장 조달의 발달을 불러 시장을 활성화하기도 한다. 그런데 존재했던 대부분의 고대 국가들은 주산물 재정과 귀중품 재정이 혼재하는 경우가 많았고, 이 경우 이 두 가지 회계를 하나로 통일하는 문제가 발생한다. 함무라비 법전에 나오는 바 "1세겔의 은= 1구르의 보리"는 바로 이러한 문제를 풀기 위한 등가의 설정이다. 다음을 보라. Karl Polanyi, "On the Comparative Treatment of Economic Institutions in Antiquity with Illustrations from Athens, Mycenae, and Alalakh", in Primitive, Archaic, and Market Economies, ed. by G. Dalton (Boston: Beacon Press, 1971). 또 Terence N. D'Altroy and Timothy K. Earle, "Staple Finance, Wealth Finance, and Storage in the Inka Political Economy", Current Anthropology vol. 26, no. 2. April 1985.

9) 이 문장의 원문은 "No markets of …… any consequence are in evidence" 이다. 이 문장은 원본에서 타자기가 아닌 손으로 쓰여 있으며, …… 부분은 거의 판독이 불가능하다.

10) *옮긴이– 메소포타미아의 도량형은 일찍이 기원전 22세기경 아카드 왕국에서 흠정 구르 Royal Gur 체제로 도량형 체계가 이루어진 이후 페르시아 제국에 이르기까지 거의 2천 년 가까이 변하지 않고 그대로 유지되었다. 먼저 가로 세로 각 6m 정도와 높이 0.5m 정도로 이루어진 가상의 틀을 잡아 물을 채운 것을 1구르로 잡고, 여기에서 무게, 면적, 부피, 길이 등의 여러 척도들을 일관되게 도출해낸다. 참고로 무게 1세겔은 9g 정도였을 것으로 추정된다. 즉 풍년이 들었을 때에 이 1구르의 틀 자체를 확대하게 되면 그에 따라 관련된 여러 척도들이 서로 정해진 등비 관계를 유지한 채 모두 커지게 되어 있다.

11) 여기에서 "제약을 가질 수밖에 없는 많은 이들 for those who may be restricted"은 우리 영어판 편집자들이 교정한 문구이며, 여기의 폴라니 초고의 원문은 "제약된 이들 for such as are restricted"이다. 이는 한정어구에 무한성의 요소를 부여하는 폴라니의 특이한 문체의 버릇으로서(즉 "…한 이들은 아무리 그 숫자가 많다고 해도 for those, however many they be, who…"), 우리는 다른 곳에서는 항상 그의 표현을 그대로 놓아두었다. 하지만 지금 이 문맥에서는 이상하게 튀는 표현이 될 뿐만 아니라 의미 자체를 이해하지 못하게 할 위험이 있어서 수정이 불가피했다.

12) 여기서 폴라니는 카다모스토의 글에서 인용하려고 한 것이 분명하지만, 실제로 인용문을 채우지는 않았다.

13) *옮긴이– 열왕기상 10장 28-29절. 여러 다른 성경 판본에 따라 이 구절에는 다른 정보들이 있다. 즉 솔로몬의 상인들이 이집트에 가서 이 말들을 '고정된' 가격 150세겔에 구입하였으며, 똑같은 가격에 히타이트와 아람 왕들도 이집트 말들을 거래한다는 등의 이야기들이다. 다음을 참조. http://tyndalearchive.com/scriptures/www.innvista.com/scriptures/compare/horses.htm

14)*옮긴이- 이 강연이 이루어진 1950년은 아직 전후의 세계경제 질서가 구체적으로 뚜렷해지지 않은 상태였다. 미국을 제외한 모든 주요 산업국들은 경제적으로 완전히 파산해 있었고 생산 능력 또한 심하게 위축되어 있었다. 이 상황에서 패권국 미국은 세계 무역 질서를 소생시키기 위해 거의 일방적으로 다른 나라들에게 국제 통화(달러)를 제공하고, 이를 매개로 아주 인위적인 물자와 무역의 흐름도 조직해나갔다. 브레턴우즈 체제와 마셜 플랜, PL401 등의 여러 제도들을 생각해보라.

6장

1)*옮긴이- 에라스투스Thomas Erastus는 16세기 스위스의 신학자로서 세속 국가가 교회보다 상위의 권위를 가져야 한다는 신학 이론을 수립하였다. 주지하듯이, 영국의 국교인 성공회 Anglican Church의 수장은 영국 국왕이다.

2)*옮긴이- 윌리엄 길버트William S. Gilbert는 19세기 말~20세기 초 영국의 유명한 코미디 작가였다.

3) 여기에서 폴라니는 convention 대신 convent라고 쓰고 있다. 하지만 문맥상 영어 단어 convent는 당연히 맞지 않는다. 이는 독일어의 Konvent를 그냥 영어식으로 쓴 것이라고 보인다. 이 독일어 단어를 영어로 옮기면 convention이지 convent는 아니다. 그리고 독일어 Konvent는 1792~1795년의 프랑스 '국민공회Convention Nationale'의 올바른 번역이 된다. 하지만 영어 단어 'convent'는 전혀 다른 의미이므로('수녀원'을 뜻함 - 한국어 옮긴이) 폴라니가 이렇게 쓴 것은 특히 오해를 낳을 수 있다.

4)*옮긴이- 제2차 세계대전을 말한다.

5) 영국을 말한다.

6) 이는 폴라니 생각을 더 일관되고 전달하기 쉽게 하기 위해 우리가 문장에 삽입한 구절이다.

7) 이 '요소element'라는 말은 손글씨로 삽입되어 있지만, 글의 흐름이 매끄럽지는 않다.(아마도 '성격character'이라는 말이 나을 수도 있다.)

7장

1) Benito Mussolini, *The Political and Social Doctrine of Fascism*, trans. Jane Soames (London: Hogarth Press, 1933), p.588. 이 소논문은 레오나드 울프와 버지니아 울프가 자신들의 출판사에서 책자 형태로 출간하였다. 이탈리아어 원본은 그 전 해에 《이탈리아 백과사전》의 14권으로 출간되었다.

2) 셰익스피어, 〈오셀로〉, 3막 3장, 279절.

3) 이 문장 속 첫 인용구의 출처인 19세기 법학자인 헨리 메인 경Sir Henry Maine의 문장 전체는 이

러하다. "전쟁은 인류의 나이만큼 오래된 것으로 보이지만, 평화는 현대의 발명품이다." 다음 저서의 도입부를 보라. Michael Howard, *Mind the Peace* (New Haven, CT: Yale University Press, 2000). 후반부의 인용구는 출처를 알 수 없다.

4) 타자 초고 원본에는 여기에서 repair라는 단어가 튀어나오고 있다(motives for which individuals repair to the courts). 이는 실수임이 분명하며 폴라니가 영어로 글을 쓸 때 이따금씩 반복하는 것이기도 하지만, 이 경우는 일반적인 경우보다 더 튀는 경우라 지적해둔다.

5) 폴라니 수고의 원본에서 이 말은 'them'으로 되어 있거니와, 이는 틀린 것이며 대단히 큰 혼동을 낳는다. 문법적으로 보면 이는 문맥상 복수 명사인 '동기들'이나 '법정들'을 가리키는 것일 수밖에 없지만 어느 쪽이든 의미가 닿지 않는다. 영어 대명사의 활용에 관련된 이 유형의 실수들은 이 구절에 국한된 것은 아니며, 다른 경우에서처럼 이 경우도 출간을 위해 다듬었다면 당연히 폴라니가 바로잡았을 것이다.

6) 영국.

7)*옮긴이– 원문은 haves and have-nots. 1930년대의 국제 상황은 '현상 유지' 세력과 '현상 타파' 세력 두 집단으로 나눌 수 있다. 잘 알려져 있다시피 1919년 베르사유 조약으로 틀이 잡힌 제1차 세계대전 이후의 세계는 영국과 미국을 위시한 전승국들에게 유리하고 패전국들에게 너무 가혹한 형태로 틀이 짜였다는 비판을 많이 받았다. 특히 후자의 경우 그나마 있었던 대부분의 식민지를 빼앗기고 군사적 팽창의 가능성도 제한받아 큰 불만을 가지고 있었다. 이에 독일이나 일본 등에서는 당시 국제 질서의 현상 유지status quo에서 벗어나 영국과 미국의 '가진 나라들'에 대해 자신들과 같은 '갖지 못한 나라들'이 함께 대항하여 새로운 세계 질서를 수립해야 한다는 여론이 높아졌다. 이 강연이 행해졌던 1930년대 말이 그 절정에 이르렀던 시기이다.

8)*옮긴이– 18세기 감리교의 창시자. 그의 종교 운동은 특히 당시 나타나고 있었던 영국 노동계급에게 큰 호소력을 가지고 있었다.

9)*옮긴이– 세상의 일반적인 규범의 합의에 대해 순응하지 않는 태도를 말하지만, 본래는 영국의 비국교도 종교 운동이었다.

8장

1) 7장의 주1 참조.

2) 여기에 폴라니의 손으로 일련의 문장들이 삽입되어 있지만 판독할 수 없음.

3) 출처 불명.

9장

1)*옮긴이- 본문에는 "no less real that"으로 되어 있으나 'than'의 오타라고 보아 옮겼다.

2) Arthur Stanley Eddington, *The Nature of the Physical World*: *The Gifford Lectures* (New York: Macmillan, 1927), Ch. 4: "The Running Down of the Universe."

3)*옮긴이- 에딩턴은 자연에서 무질서도의 증가를 논의하면서, 그 예외가 되는 경우를 둘로 들고 있다. 첫째는 완벽한 무질서 상태에 도달한 경우, 둘째는 모든 요소를 완벽히 통제하고 있는 경우. 이 두 번째의 예로서, 특정 카드를 뽑아내어 버릴 경우 그 카드는 카드를 뒤섞는 무질서도 증가의 과정에서 자유롭게 된다는 예로 이 문장을 쓰고 있다. 원문은 다음과 같다. "...you cannot take the King of Spades away from the pack and shuffle him."

4) Thorstein Veblen, *The Theory of the Leisure Class*: *An Economic Study of Institutions* (New York: Macmillan, 1899), Ch. 4: "Conspicuous Consumption," p.84.

5) Henri Pirenne, *An Economic and Social History of Medieval Europe* (Abingdon: Routledge, 2006 [1936]), p.57.

6) 앞의 책.

7)*옮긴이- 지롤라모 사보나롤라Girolamo Savonarola. 교황 알렉산더 6세 시기 교회와 여러 르네상스 도시들의 종교적 타락과 부패를 비판하면서 일시적으로 신정 체제를 확립했던 수도승. 마키아벨리의 '무장한 예언자'는 바로 사보나롤라를 모델로 한 것이었다.

8)*옮긴이- 둘 모두 12~13세기 프랑스 남부 지방에서 일어났던 종교 운동. 양쪽 모두 도시의 성공한 상인 계층들이 주도하여 가톨릭교회 조직의 탐욕과 부패를 비판하고 청렴과 성실을 주창하는 공통점이 있다. 모두 교황청에 의해 이단으로 규정되어 탄압을 받았다.

9)*옮긴이- 771년에서 800년 사이에 샤를마뉴 대제가 마련한 법령집. 그는 자신이 직접 관리하는 영지를 합리적으로 다스리고 관리하기 위해 토지 사용과 사법 체제에서 가축의 처분에 이르는 여러 세세한 사항들에 대해 프랑크 족의 여러 법령들을 기초로 하여 일관된 체계를 마련한 바 있다.

10) 붉은 잉크로 표시가 되어 있다. 아마도 강연 도중에 말로 더 설명하라고 상기시키는 표시일 것이다.

11)*옮긴이- 본문에는 Robert Carlile로 되어 있으나, 이는 토머스 칼라일의 잘못된 표기일 것이다.

10장

1)*옮긴이- 1933년에서 1942년까지 뉴딜의 일환으로 시행되었던 공공 근로 프로그램. 19세에서 23세(나중에는 17세에서 28세로 확대)까지의 미혼 남성들에게 일자리를 제공하면서 이를 통해 지역의 자연 보존 사업을 진행하였다.

2) 원본에는 "자신들의 소득 창출 능력에 해당하는 기간에 따라 according to the period into which earning capacity fell"라고 쓰여 있었지만 영어판 편집자들이 교정하였다.

3)*옮긴이- 시드니 웹Sidney Webb과 비어트리스 웹Beatrice Webb 부부. 영국 페이비언 협회의 지도 자였으며, 스탈린 치하의 러시아를 방문한 뒤 소련 체제에 대한 지지자가 되기도 했다.

4)*옮긴이- 16세기에 칼뱅파의 영향으로 종교 개혁을 치른 스코틀랜드의 개혁 교인들은 의회를 통하여 왕과의 서약covenant을 치르고, 스코틀랜드의 모든 사람들에게 가톨릭 등의 종교적 의식을 강요하지 않을 것을 약속받는다. 이후 찰스 1세의 치하에서 다시 이러한 약속이 흔들리면서 이들은 영국 청교도 혁명의 일원으로 참여하게 된다. 이들 중 다수는 18세기 초 들어 미 대륙으로 이주하여 개혁 장로교회Reformed Presbyterian Church를 설립한다. 이들은 영국으로부터의 미국 독립을 위해 싸우는 가장 적극적인 세력이었으며 노예 제도를 반대하였다.

5)*옮긴이- 미국 연방수사국Federal Bureau of Investigation, FBI은 1935년에 와서야 설립되었다.

6) 영국.

7)*옮긴이- "진보적이기는 하지만 본질적으로 보수적인"이라는 말은 모순일 수도 있다. 하지만 이 글의 배경으로 추정되는 1930년대의 '진보적progressive'이란 오늘날의 '정치적으로 좌파에 가까운'이라는 의미와 달랐다는 점을 기억할 필요가 있다. 종교와 정치의 분리에 대한 논의로 미국 사회의 사상과 교육을 논하는 이 글의 맥락에서 이 말은 아마도 교권주의clericalism에 대한 반대, 즉 종교적 요소의 철저한 배격을 교육에 실현한다는 의미로 읽는 것이 옳을 것이다.

11장

1) 이 글 전체에 걸쳐 폴라니는 계속해서 'native'라는 단어를 쓰고 있지만, 그가 의도한 의미는 'innate'에 가장 가깝다는 것이 명확하다. 또 몇 군데에서는 'natural'이라는 말에 가까운 뜻으로도 쓰인다.

2) 이 '심리학적psychological'이라는 말은 우리의 추정으로 채워 넣은 것이다. 이 단어는 흔한 유형의 오타로(psy-를 pys-로 뒤집어 씀) 시작되며, 나머지 부분은 공백 속에서 망실되었다.

3) 원문에 공백 상태로 남겨져 있다. 불행히도 이 페이지 구석은 망실되었고, 사라진 부분의 첫 번째 글자는(얼룩으로 매우 흐려져 있다) o, s, a 중 하나일 가능성이 있다.

4) "Science is, by method, out of matrix." 이 문장의 의미는 불명확하지만, 아마도 과학은 방법의 도움을 얻어 그 모태로부터 진화해 나온다는 뜻일 것이다.

5) shed. 이는 우리의 추정으로, 원문에는 she까지만 읽힌다.

6) demand. 이는 'desiderata'일 수도 있다. 'de-' 뒷부분의 글자는 망실되었다.

7) 이 말은 영어판 편집자가 추가한 것이다(린드에 대한 언급은 아래를 보라).

8) ends. 이 단어는 원본의 종이가 찢어져 있어서 망실되었다.

9) Robert Lynd, *Knowledge for What? The Place of Social Science in American Culture*

(Princeton, NJ: Princeton University Press, 1970 [1939]), p.42.

10) 형이상학.

11) Kurt Koffka, *Principles of Gestalt Psychology* (London: Lund Humphries, 1935), Ch. 1: "Why Psychology?" section "The Danger of Science."

12장

1) 이 '희소한scarce'이라는 단어는 우리의 추측이지만 아주 확실한 것은 아니다. 이 부분의 글자는 해독이 힘들며 오타일 가능성이 크다(겉모습으로 보면 'cscrace'나 'csorace'로도 읽힌다).

2) 이 문장은 폴라니의 손으로 추가된 것으로서, 많은 수정이 붙어 있고 또 앞뒤가 잘려 있다. 그 끝부분은 종이 아랫부분의 마모로 망실되었다.

3) 과학적 정신. 본래는 '그'였지만 폴라니가 (손으로) '그것'이라고 고쳤다.(아마도 폴라니는 처음에 '과학자'를 생각했던 모양이지만, 이 단어는 이 문맥에 등장하지 않는다.)

4) 폴라니는 여기에서 '청력power of hearing'이라는 뜻으로 'audition'이라는 옛날 영어 어휘를 사용하고 있다.

5) 원본에는 'screne'으로 되어 있으나 문맥상 그 의미는 'scene'이 명확하며 원본은 오타이다.

6) *옮긴이− 원문에는 'masse'로 되어 있다.

7) 이 질문 뒤에는 하부 항목 하나가 쓰여 있었지만 이미 원래의 타자본에서도 완전히 지워져 있다.

13장

1) 폴라니는 여기에서 아리스토텔레스의 《시학》에 나오는 예술 용어인 'peripeteia'(복수형은 peripeteiai)를 (역설적인 의미로) 쓰고 있다. 이 말은 본래 문학적 플롯의 전환점을 이루는 운명의 역전을 뜻하며, 이를 확장하면 실제 삶에서의 장관을 이루는 혹은 모험적인 역전의 사건들도 지칭할 수가 있다.

2) 폴라니의 본문에는 'it'으로 되어 있으며, 우리는 이를 'the task'를 지칭하는 것이 틀림없다고 보았다.

3) *옮긴이− 여러 뮤즈muse, 즉 학예의 여신들 가운데 역사의 기록을 맡아보는 뮤즈. Clio나 Kleio로 표기하기도 한다.

4) *옮긴이− 선한 동기로 누군가에게 좋은 결과를 가져오는 마술을 백마술, 악한 동기로 누군가에게 나쁜 결과를 가져오는 마술을 흑마술black magic이라고 한다.

5) 폴라니는 여기에서 "얼마나 … 않았는지how little"를 "how like"라고 쓰고 있지만, 이는 실수일 것이다.

6) 데모스테네스 19 (《잘못된 외교에 관하여》), 254ff.

7) 플루타르크, 《테미스토클레스》 4.3-4.3.

8) 이는 제1, 2차 세계대전과 한국전쟁에서 미국 정부를 돕기 위해 상징적인 연봉만을 받고 사실 상 무급으로 봉사했던 경영자들을 일컫는 말이다.

9) 여기에서 본문은 '아티카'라고 쓰고 있지만, 이는 당연히 실수다. 폴라니는 여기서 도시국가 를 지칭하면서 그 도시국가가 위치하고 있는 지역 전체의 이름을 들고 있는 셈이 되기 때문 이다.(*옮긴이-아티카는 아테네를 포함하는 해안 평야 지역을 일컫는 지명이다.)

10) 의사(疑似) 아리스토텔레스, 《아테네의 헌법》 24. (아리스토텔레스의 《헌법》은 아리스토텔레스 가 직접 쓴 것은 아니지만 이를 아리스토텔레스적이라고 하는 것은 그가 세운 학교에서 쓰인 책이기 때문이다.)

11)*옮긴이- 집정관들의 주거와 회합 장소가 있는 건물로서, 사실상의 행정부를 일컫는다.

14장

1) 즉 자기조정.

2)*옮긴이- 이는(catallactics) 교환을 뜻하는 그리스어에서 온 말로서, 오스트리아 학파의 미제 스가 본격적으로 사용한 용어로 알려져 있다. 그는 사회과학의 가치중립성을 강조하여 종래 의 '시장' 개념에 들어 있는 여러 규범적 의미를 배제하고 순수하게 개별 행위자들의 심리와 행위를 통해 시장 전체의 작동이 이루어지는 사실적인('praxeology') 과정을 묘사하는 학문으 로서 이 말을 사용하였다. 폴라니도 이와 비슷한 의미로 이 말을 사용하고 있는 것으로 보인 다. 하지만 같은 오스트리아 학파의 한 사람인 하이에크가 사용하는 'catallaxy'란 아무런 개 입이 없이 순수하게 시장의 개인들이 만들어내는 '자연적인' 질서라는 뜻이라는 점을 유념할 필요가 있다. 하지만 이들이 공유하는 점은 '경제economy'라는 말이 어원상 '집안의 살림살이 oikonomia'라는 뜻이며, 이것이 시장경제라는 독특한 장에서의 인간 행동과 그 결과를 지칭하 는 것에는 큰 문제가 있다는 생각이다. 요컨대, 시장이라는 장은 독특한 장이며, 이를 연구하 기 위해서는 '교환의 과학'이라는 별개의 학문이 필요하다는 생각이다.

3) 이러한 언명과 관련하여 폴라니는 두 개의 논점을 전개하고자 했으며, 이를 자필로 (A) 와 (B)로 표시해 놓았다. 하지만 잉크 자국이 거의 사라져버려 판독할 수 없다. 논점 (B)는 'econom…'에 관한 것으로 보인다.

4) 이 부분에서 타자 원고가 판독 불능이지만, 이는 아마도 유명한 경제학자 한L. Albert Hahn을 언 급하는 것으로 보인다. 그의 신용 이론은 1920년대 이후 경제학에서 뜨거운 논쟁을 불러일으 킨 바 있다.

5)*옮긴이- 이 말은 20세기 전반기에 사실상 역사적 유물론historical materialism과 같거나 비슷한 말로 쓰였다는 점을 주의하라.

6) 이 부분의 원문은 "members of a group as such"라는, 다른 사람이 이해하기 어려운 표현으로 되어 있다.

7) 이 문장 전체가 잉크가 거의 흐려져 있어서 정확히 알 수가 없지만, 이 조건의 부사절과 같은 비현실적 가정을 통해서 말하고자 하는 바는 다음과 같은 것임이 틀림없다. "만약 그게 '경제 시스템'이라는 말의 뜻이라면 분명히 모종의 경제 시스템이라는 게 존재했다고 할 수 있습니다. 하지만 이 다음 문장에서 분명히 언급하듯이, 말할 것도 없이 그것은 사실이 아닙니다." (*옮긴이- 이 영역자의 해석도 다시 생각할 여지가 있다. 비록 타자 원본을 보지 못한 상태이지만, 폴라니의 주장은 그러한 개인적 이익이라는 경제적 동기로 구성되는 경제 시스템 자체가 19세기 서양 문명 이전에는 존재하지 않았다는 것이라는 점을 보면, 어쩌면 이 문장은 "분명히 전혀 존재하지 않았습니다."로 해석하는 것이 옳을지도 모른다. 즉 원문 "there was an economic system in existence at all"에서 'not'이 지워진 것인지도 모른다고 생각할 여지가 있다.)

8) Richard Thurnwald, "Bánaro Society: Social Organization and Kinship System of a Tribe in the Interior of New Guinea," *Memoirs of the American Anthropological Association*, 3.4 (1916), 251–391, at p.258.

9) 여기서 폴라니의 타자본은 "another man for man"이라고 잘못 쓰여 있다.

10) 판독 불능.

11) 출처를 찾을 수 없었다.

15장

1)*옮긴이- 여기서 '고대'의 원어는 'anquity'로, 이는 주로 서양 고대의 그리스와 로마 문명의 시대를 일컫는 말이다.

2)*옮긴이- 계획경제 요소의 도입을 뜻하는 환유로 보임.

3) 이 글은 틀림없이 다음을 지칭하는 것으로 보인다. J. K. Rodbertus, "Zur Geschichte der römischen Tributsteuern seit Augustus," *Jahrbücher für Nationalökonomie und Statistik* 4 (1865), 341–427. 여기에서 "이 논문"은 단수 지칭(that essay)으로 쓰여 있지만 바로 앞에는 "일련의 논문들", 즉 복수(a series of essays)로 되어 있다. 하지만 이 'essays'라는 말은 원래 있던 단어 하나를 완전히 지우고 그 대신 쓰인 것이며, 그 원래 있던 단어는 '강연들lectures'이었을 것이 거의 확실하다. 따라서 폴라니는 이 출간된 논문이 일련의 강연 혹은 대중 연설 같은 것의 결과였다고 암시하는 듯하다.

4) 이 의도는 이루어지지 못했다. 오늘날의 여러 문제들이라는 주제는 이 글에서 논의되지 않으며, 폴라니도 이 문장을 지워버렸다.

5)*옮긴이- 기원전 4세기경 아테네의 은행가. 본래 은행가 집안의 노예였으나 은행업 관리에서의 뛰어난 기량으로 승진하여 마침내 자유를 얻고 방패 제조업까지 하게 된다.

6) *옮긴이- 로마가 지중해 전체로 뻗어나가면서 그 이전의 원로원 의원들만으로 공직을 수행하기에는 크게 부족하게 되었다. 이에 출신 성분을 묻지 않고 충분한 재력을 갖춘 이들은 원로원보다 아래의 지위인 기사단 신분 equestrian order으로 묶어낸 바 있다.

7) 이는 1718년 프랑스에서 스코틀랜드 출신의 모험가이자 사업가인 존 로가 만들어낸 금융 계획으로 인해 벌어진 재난인 '미시시피 거품 Mississippi Bubble'을 일컫는다.

8) *옮긴이- 남아프리카 원주민들의 제도로서, 가시나무로 친 울타리 안에서 가축을 키우는 구역을 말한다.

9) *옮긴이- 아테네를 포함한 더 넓은 지역의 명칭. 도시국가 아테네와 그 배후지를 포함한 넓게 확장된 의미의 아테네라는 말로 많이 쓰인다.

10) *옮긴이- 시장에서의 독점적 지배력을 확보하기 위해서 경쟁자들을 파산시키려는 목적에서 지독한 가격 인하 정책을 펴는 등의 행태를 말한다.

11) *옮긴이- 그리스 초기 은행가들의 책상에는 사다리꼴의 계산틀이 여럿 있었고 그 사다리꼴들의 변마다 매듭이 지어진 끈들이 매달려 있어서 이것으로 계산을 했다고 한다. 그리스어로 은행을 뜻하는 'trapezai'라는 말은 바로 이 사다리꼴 trapezoid이라는 말에서 나왔다고 한다.

12) 즉, 폴리스.

13) 이 책의 13장에서도 폴라니는 아리스토텔레스의 《아테네의 헌법》에서 똑같은 부분을 인용하고 있다. 여기에서는 24장 전체와 다음 장의 첫 문장까지를 인용하고 있다.

14) *옮긴이- 집정관들의 주거와 회합 장소가 있는 건물로서, 사실상의 행정부를 일컫는다.

15) *옮긴이- 이 광산의 수입을 모든 시민들에게 10드라크마씩 나누어주기로 했었지만, 후에 테미스토클레스 함대의 건설 자금으로 용도를 바꾸자고 제안한다.

16) 폴라니는 일관되게 'tyrant'라는 영어 대신 'tyrannis'라는 말을 사용하고 있다. 이는 고대 그리스어 'τυραννίς'를 영어식 철자로 옮긴 것으로서, 이는 주권 일반을 의미하는 추상 명사일 뿐만 아니라 고대 archaic와 고전 시대 그리스 세계에 존재했던 독특한 참주 제도를 지칭하는 명사이기도 하다.

17) *옮긴이- 솔론의 개혁 당시 아테네의 시민들을 재산 소유와 그 크기에 따라 4등급으로 나누었을 때 최하층인 4등급에 해당하는 시민들. 이들은 자기 땅이 없이 소작농이거나 날품팔이로 근근이 살아가는 이들로서, 전쟁 때에는 간단한 무기만을 들고 참가하는 경보병이나 함선의 노 젓는 잡역을 맡았다. 하지만 후에 아테네의 해군이 증강되면서 이들의 군사적 중요성이 증가하였고, 결국 중요한 정치 세력으로 등장하게 된다.

18) *옮긴이- 시민권 없이 아테네에서 영구적으로 거주하던 외국인들. 아리스토텔레스도 거류외인의 신분이었다.

19) 판독 불능.

20) *옮긴이- 올빼미는 아테나 여신의 상징으로서, 페이시스트라투스는 주화에 올빼미를 새기도록 명령하였다.

21) 에이스포라는 직접세 시스템으로서, 기원전 5세기 페르시아인들의 침략이 벌어졌을 때 아테네에서 전시 상황에서의 긴급세로 시행된 바 있다.

   (*옮긴이: 일정 규모 이상의 재산을 가진 이들에게 그 재산에 맞게 부과되었다. 이런 의미에서 폴라니가 '자본 과세'라는 말을 쓰고 있는 것으로 보인다.)

22) 원문에서는 "is again is again on"으로 같은 말이 반복되어 있다.

23) *옮긴이- 원문에서는 "employers"로 되어 있다.

24) *옮긴이- 아고라는 단순히 시장의 기능만 있었던 것이 아니라 정치적 토론과 입법, 그 밖에도 폴리스 생활의 모든 측면에서 시민들이 함께 모여 이야기하는 중심적 역할을 하는 장이었음을 주의해야 한다.

25) *옮긴이- 기원전 4세기 초 스파르타의 왕. 지금의 터키인 소아시아의 그리스 식민 도시들을 페르시아의 지휘에서 구출하기 위해 원정을 감행하였다.

26) *옮긴이- 히브리어로 '외국인'이라는 뜻. 유대인들의 율법과 탈무드에서는 비록 유대인은 아니지만 이스라엘에 와서 거주하는 외국인으로서 우상 숭배를 멈추고 이스라엘의 생활 습관을 따르는 이들에 대해 일정한 사회적 인정을 부여하고 있다. 이들을 '거류외인ger toshav'이라고 한다.

27) 즉, 교역자가 된다는 것.

28) *옮긴이- 서유럽 중세의 상인들은 교권 및 속권과 부단한 투쟁을 통하여 자치권을 얻어낸 도시에 거주하면서 자율적 삶을 살아갔다. 이들을 일컫는 영어 'burgess'는 옛 독일어 'burgher'나 프랑스어 'bourgeoisie'와 동의어다.

29) *옮긴이- 고대 경제사가 프리츠 하이켈하임Fritz Heichelheim을 말하는 듯하다. 그는 고대 경제에는 현대 경제학의 범주들을 적용할 수 없다는 폴라니의 견해와 정반대의 입장에서 대립했고, 고대 경제도 오늘날과 똑같은 성격의 시장경제라고 보아야 한다는 입장을 취했다.

30) *옮긴이- 영어본에는 이 뒤에 "These nonmarket forms of integration of economic activities in more than one way"라는 구절이 다시 나온다. 이는 일단 문장의 형태를 갖추지도 못하고 있으며, 또 앞에서 나온 문구를 거의 그대로 반복하고 있어서 번역 본문에서는 제외하였다.

31) 이 문장은 폴라니가 줄을 그어 지워버렸다.

16장

1) 이는 아마도 오스트리아 저널 *Neue Erde*를 지칭하는 것일 가능성이 크다.

2) 원제는 "Maschinerie der Gemeinsamkeit".

3) 원제는 "Der sittliche Wert des Sozialismus".

4) 원제는 "Weltanschauungskrise: Zur 'Maschinerie der Gemeinsamkeit' von F. W. Förster".

5) 원제는 "Von christlichen Anarchisten und Krisenpropheten. (Zur Diskussion Förster, Polanyi,

etc.)."

6) *옮긴이- 원문에는 Krapotkin으로 되어 있으나 이는 오타일 것이다.

7) 이는 프란츠 오펜하이머 Franz Oppenheimer가 사용한 용어로서, 독일의 토지 향신인 융커들이 누렸던 토지 독점권을 뜻한다(이를 알려준 개러스 데일에게 감사한다).

8) E. Dühring, *Cursus der National-und Socialökonomie*, 원저는 1876년에 출간되었으며, 여기에서는 Friedrich Engels, *Anti-Dühring*에서 인용하였다. 출처는 다음이다. http://www.marxists.org/archive/marx/works/1877/anti-duhring/ch13.htm (2014년 4월 7일 접근.)

9) *옮긴이- 여기에서 폴라니의 논리 전개가 지극히 난삽하여 독자의 이해를 돕기 위해 약간의 사족을 덧붙인다. 폴라니의 기본적인 논지는 다음과 같이 다시 쓸 수 있을 것이다. "부르주아 계급은 사회의 경제적 관계를 먼저 자기들의 이익에 맞게 변형시키고 나서 이를 기초로 하여 정치권력을 쟁취하였고, 따라서 그들이 이루어낸 혁명도 탄탄한 물질적 기초를 가지고 있었다는 것이다. 반면 프롤레타리아트는 현실의 경제적 관계를 전혀 장악하지 못한 상태에서 정치권력을 얻는 혁명을 꾀하고 있으며, 또한 공산주의 노선으로는 현실의 경제를 조직하는 것이 불가능하기 때문에 이들의 혁명은 숱한 어려움과 실패의 어려움을 떠안게 되어 있고, 경제적 혁명으로는 전혀 나아가지 못한 채 그저 정치적 차원에서의 혁명에 머물고 만다. 즉, 볼셰비즘의 혁명은 의도와는 다르게 부르주아 혁명을 전복하는 것이 아니라 그것을 완수하는 혁명이 되어버리고 만다. 그런데 여기에서 오히려 프롤레타리아트의 활로가 생겨날 수 있다. 이러한 '정치적 혁명'을 통하여 토지 세력의 봉건적 특권이 타파되면 토지에서 실제로 일하는 근로 대중들의 경제적 처지의 개선이 따라오게 되어 있으며, 이것이 협동조합 등 협동적 사회주의의 물적인 가능성을 열어주게 된다. 이 형태가 혁명의 격동에서 살아남기만 한다면 인류의 미래가 밝을 것이다."

10) 아마도 이 글의 맨 앞에서 언급된 논문 〈공동 소유의 경직된 체제〉에서 가져온 인용문일 것이다. 출처에 대한 다른 언급은 없다.

17장

1) 폴라니는 이 "정권을 잡은 in power"이라는 표현을 지웠다.

2) *옮긴이- 즉, 민주주의는 어떤 일을 처리하려다 보면 소수에 대한 다수의 '독재'라는 반대의 것으로 전화할 수밖에 없다는 것이 원리 자체에 내재한 모순이라는 이야기로 보인다.

3) 이 문장 뒤에 '(b) 유럽 대륙'이라는 작은 제목이 들어가야 옳다.

4) *옮긴이- 우리말의 '영혼'은 영어로 따지자면 영(靈)에 해당하는 spirit와 혼(魂)에 해당하는 soul을 한데 모아놓은 말이라서 여기에서 번역어로 쓰는 일은 피해야 한다. 마찬가지로 soul은 혼이라고 번역할 것이다.

5) *옮긴이- 본문에는 baron으로 되어 있다. 이는 일정한 봉토의 영주로서 세습하는 귀족들을

일컫는 말로서, 우리말로는 남작(男爵)으로 번역될 때가 많지만, 이는 주나라 이후의 공-후-
백-자-남의 서열에다가 서양의 귀족 작위 체계를 억지로 맞춘 일본 제정 시대의 용어로서 혼
란만 낳을 가능성이 많다고 생각되어 좀 더 포괄적인 '영주'라는 용어로 옮긴다. baron은 대부
분의 유럽 지역에서 가장 낮은 서열의 귀족, 즉 장원 정도를 상속하는 귀족으로 여겨진다.

6) 이 말의 원문은 're-rained'로 되어 있다. 우리의 추측이지만, 이는 're-gained'의 오타일 것이
분명하다.

7)*옮긴이- 1066년 잉글랜드를 정복한 노르망디 대공 윌리엄은 당시 북부 잉글랜드와 브리스
톨 지역에서 이루어지고 있었던 노예무역을 금지하는 법령을 1080년에 발포(發布)한다. 그
어떤 기독교인도 노예로 매매되어 특히 이교도에게 팔려가는 일이 있어서는 안 된다는 것이
었다. 이는 농노들을 보호하는 성격도 지니고 있었다.

8) 스테픈 2세가 1170년 발포.(이는 영어본 편집자의 실수다. 이를 시행한 왕은 헨리 2세이다. 아래의
주 9를 참조.)

9)*옮긴이- 잉글랜드에서는 이미 앵글로색슨 시절부터 왕의 법과 질서를 전국에 강제하기 위
해 파견한 치안관sheriff이 있었고, 이들은 지방 권력보다 우위에서 임의로 어느 지역이나 들
어가서 사법권을 행사할 수 있었다. 하지만 시간이 지나면서 이들이 오히려 지방 권력자들과
결탁하여 왕권을 약화시키기도 하고, 또 지역 주민들에게 횡포를 부리는 전제 권력으로 변하
는 일들도 있었다. 특히 헨리 2세 이전 스테픈 2세의 혼란기에는 아예 치안관 자체가 지방에
따리를 틀고 자신의 관할 지역을 스스로의 영토로 만드는 일까지 있었다. 이에 1170년 헨리
2세는 치안관들을 소환하여 그동안 이들이 자행했던 여러 횡포와 권력 남용들에 대해 심문
을 벌이고, 대부분의 치안관들을 쫓아내는 일을 감행한다. 이는 영국의 귀족뿐만 아니라 자
유민에게도 권력으로부터의 자유와 보호를 보장하는 영국 보통법 전통의 중요한 사건이기도
하다.

10) 1235년에 합의된 영국 최초의 성문 법령.

11)*옮긴이- 1235년 헨리 3세와 장원 영주들barons은 머튼에서 만나 장원의 평민들과 공유지의
권리에 대한 합의에 도달하고 이를 법령으로 반포한다. 중세 유럽의 장원은 삼포제 농업에
따라 해마다 경작되는 지조strip를 제외한 나머지 땅은 울타리가 없이 개방되어 있었고, 경작
이 힘들거나 불가능한 땅도 그러했다. 평민common이란 본래 노르만인들의 영국 정복 이후
피정복자 중에서도 농민을 일컫는 말로서, 이 개방된 토지에 대해서는 평민이 텃밭을 만들
거나 가축을 키우는 등의 용도로 사용하는 일들이 있었고, 장원 영주들이 이를 못 하게 만들
고 울타리를 쳐버리는 등의 갈등이 잦았다. 머튼 법령은 한편으로 이 평민들의 토지 이용권
을 보장하여 봉건 영주들이 울타리를 칠 수 있는 땅에서 평민들이 필요하여 사용하는 땅은
제외시키는 내용을 담고 있다. 하지만 폴라니가 강조하는 의미와는 달리 나머지 땅에서는
영주가 공유지에 울타리를 쳐버리는 권리를 인정하는 측면도 강하여, 오히려 영국 보통법에
서 근대적 소유권 개념이 확립되는 중요한 계기로 평가되기도 하며, 실제로 1550년에 이 법

령이 되살아나면서 당시 활발하게 벌어지던 인클로저의 법적 근거로 쓰이기도 했다.

12)*옮긴이- 영국에서는 이미 14세기 초부터 부역 의무를 화폐로 대신 내는 금납화commutation
가 이루어졌지만, 이를 극적으로 확대한 것은 14세기 중반의 흑사병이었다. 흑사병의 타격
으로 농촌 인구의 3분의 1 이상이 사라지자 토지를 경작할 일손의 태부족으로 인해 농노들
villeins의 지위와 조건은 급격하게 개선되었고, 농민 반란까지 벌어졌다. 15세기 중반경에는
보통 이러한 부역 의무를 지는 고전적인 농노들은 사라지고, 그 대신 화폐 지대의 의무를 지
는 등본보유농copyholders이 주된 농민의 형태로 등장하게 된다.

13) 첫 번째 강연은 여기에서 끝나며, 초고본의 10페이지와 11페이지 중간쯤에 해당한다. 폴라
니는 여기에 '10a'라는 한 페이지를 삽입하고 있다. 이 삽입부는 영국에서의 상황과 유럽에
서의 상황을 요약하는 일종의 연표를 담고 있다. 불행히도 이 연표는 그 구성이 너무 불명확
하여 여기에 실을 수가 없었다.

14)*옮긴이- 19세기 초 영국의 자선사업가이자 정치가. 노예제 폐지 운동으로 유명하다.

15)*옮긴이- 찰스 킹슬리Charles Kingsley는 19세기 중반의 영국 성공회 신부로서 찰스 다윈과도
교분이 있는 사회 개혁가였다. 굴뚝 청소로 희생된 아이들을 다룬 소설로 유명하다. 모리스
Frederick Dennison Maruice는 같은 시기에 활동한 영국의 신학자이자 사회 개혁가였다. 두 사람
모두 영국 기독교 사회주의의 발달에 중요한 역할을 했다.

16)*옮긴이- 19세기 말 영국의 사회주의 사상가였던 윌리엄 모리스William Morris를 말하는 듯하
다.

17) 폴라니는 본래 "지속적으로 증가하는 유출the continuously increasing flow"이라고 썼다가
이를 지우고 "지속적인 유출the continuous flow"이라고 썼다.

18)*옮긴이- 원문에는 'protest'라고 되어 있지만, 이는 문맥상 분명히 'protect'의 오기를 영어
판 편집자들이 바로잡지 않은 것이다.

19)*옮긴이- 이 용어는 보통 '조합주의'로 혹은 '코포러티즘'으로 옮겨지곤 한다. 19세기 이후
의 부르주아 국가의 원리는 국가와 개인 이외의 어떤 단위도 인정하지 않는다는 것이며, 이
개인들이 스스로의 의사를 표출할 수 있는 장은 투표와 선거를 통한 대의제 민주주의와 시
장경제라는 것이었다. 파시즘은 1920년대 이후의 현대 문명의 위기의 근원이 바로 이러
한 개인주의에 입각한 자유주의, 민주주의, 시장경제에 있다고 진단하여 이를 폐기하기 위
해서는 개인들의 의사 표출로 구성되는 국가 원리를 전혀 다른 원리로 대체할 필요가 있다
고 보았다. 무솔리니와 이탈리아 파시스트 사상가들은 그 원리를 중세의 길드와 같은 법인
단체들corporations로 보았다. 의회와 (자주적) 노동조합 등을 모두 폐지하고 그 대신 모든 개
인들은 갖가지 단체로 뭉칠 것이며 이 단체들의 위원회가 국가가 된다는 것이 그 골자였
다. 특히 경제 영역에서는 산업 부문에 따라 노동자와 고용주들 모두가 여러 단체를 구성하
고 이것이 국가 권력의 간섭 및 인정과 섞여 법인 단체corporation를 구성하며, 이 법인 단체
들의 합의와 국가의 명령에 따라 경제가 운영되는 것을 원리로 내세운 바 있다. 여기에서 이

corporation을 '조합'이라고 옮기게 되면 여러 가지 문제가 발생하게 된다. 이 일본식 한자어는 사실상 모든 형태의 자발적 결사체association를 지칭하는 말로서 노동조합trades union이나 협동조합co-operatives을 우선적으로 연상시키는 문제가 있다. 반면 corporation의 중요한 측면은 단순한 자발적 결사체가 아니라 이것이 국가 권력의 인정을 받아 하나의 법적 인격을 부여받는다는 데 있다. 본문에서 폴라니가 설명하고 있지만, 단순한 연합체syndicat로서의 노사 협조 단체들과 국가의 인정을 받고 또 국가 폭력과 결합된 법인 단체의 단계는 파시즘의 발전에 있어서 명확히 구별할 필요가 있다고 보인다. 따라서 이 용어는 '법인 단체주의'라고 옮기도록 한다.

20) *옮긴이- 이 연합체syndicate는 생디칼리슴의 용어와 관련이 있으며, 우리말로 옮기기도 극히 어렵다. 주지하듯이 이탈리아 파시즘은 초기에 급진적 사회주의 혹은 아나키즘의 한 형태인 생디칼리슴을 모태로 하여 생겨난다. 생디칼리슴에서의 '연합체'란, 작업장에서 매일 얼굴을 보는 사람들이 작업장 공동의 문제를 논의하고 결정하기 위해 모이는 직접적 회합체를 의미한다. 이 작업장 단위에서의 연합체에서 파견된 대표들이 다시 산업 부문 단위 혹은 지역 단위에서의 연합체를 형성하고, 여기에서 파견된 대표들이 다시 더 상위의 연합체를 만드는 방식으로 사회를 전면적으로 재구성하자는 것이 거칠게 말하여 생디칼리슴의 구상이다. 그렇다면 이 '연합체' 자체는 노동자들의 평의회나 소비에트, 심지어 노동조합(이 말의 어원인 프랑스어syndicat는 노동조합을 뜻한다.)과도 정확히 나누어지지 않는 애매함이 있는 것이다. 젊은 시절 그람시가 러시아 소비에트 혁명을 일종의 생디칼리슴으로 이해했다는 것도 잘 알려진 일이다.

21) *옮긴이- 법인 단체부Ministry of Corporations는 본격적인 법인 단체주의 국가를 건설하기 위한 일환으로 1926년 처음으로 신설되었다. 이를 통해 계급 대립을 초월하는 노동자와 자본가 모두의 참여와 화합을 이루도록 유도한다는 것이었지만, 1928년 파시즘 노조의 해산이 결정되면서 그 방향도 애매해지고 국가의 일방적인 명령 전달체로 바뀌어 나가게 된다. 1928년이라고 연도를 쓴 것은 폴라니가 착각한 것이 아닌가 의심된다.

22) *옮긴이- 독일의 낭만주의 나치 경제사상가 스판Othmar Spann은 여러 신분의 대표로 구성되는 의회를 갖춘 중세의 신분제 국가의 이상을 다시 살려서 이것으로 현대 자본주의 시장경제를 대체해야 한다는 생각을 제안하였고, 나치 정당 내의 '좌파'를 대표하는 슈트라서Gregor Strasser와 바게너Otto Wagener 등은 이를 받아들였다. 나치즘의 하층 기반인 소상인 등의 지지를 받아 이들은 실제로 모든 산업 부문과 직능 부문을 '신분제'로 조직하여 경제 전체를 나치 정당의 지배하에 두고자 했으나, 이 '좌파'의 실각과 더불어 1933년 이후로 이는 좌절된다.

23) 판독 불능. 앞의 "이탈리아에서는..." 이하의 노트는 손으로 쓰여 있다. 다른 곳에서 전개할 생각들을 그냥 적어놓은 것에 불과한 것이 분명하다.

18장

1)*옮긴이- 이는 데이비드 리카도의 표현으로서, 토지가 농작물을 자라나게 하는 힘은 자본재의 생산성과 달리 자연적으로 부여된 것임을 강조하는 표현이다.

19장

1)*옮긴이- 영국과 미국을 말함.

20장

1)*옮긴이- 리처드 코브던과 존 브라이트의 지도 아래 맨체스터 지역을 중심으로 뭉친 자유무역 신봉자들. 이들은 1846년 곡물법 폐지를 주도하였다.

2)*옮긴이- 두 사람 모두 이른바 오스트리아 학파 경제 이론의 대표자들이다. 라이어넬 로빈스는 런던경제대학의 교수로서 오늘날 통용되고 있는 경제의 '희소성 공리에 입각한 정의'를 정초한 이로 유명하다.

3)*옮긴이- 원문은 "bread and butter"이지만, 전후 문맥으로 볼 때 이는 "gun and butter"로 보는 것이 옳다고 판단하였다. 총은 안보를, 버터는 경제적 재화를 상징하는 전통적 환유이다.

후기

1) Michele Cangiani and Jérôme Maucourant, "Introduction," in Michele Cangiani and Jérôme Maucourant, eds., *Essais de Karl Polanyi* (Paris: Editions du Seuil, 2008), 9-46, at pp.9-11.

2) 폴라니의 삶의 중요한 측면들을 재구성한 것으로는 다음을 보라. Kari Polanyi-Levitt and Marguerite Mendell, "Introduzione," in Karl Polanyi, *La libertà in una società complessa*, edited by Alfredo Salsano (Turin: Bollati Boringhieri, 1987), xix-xlix

3) Kari Polanyi, "Karl Polanyi as Socialist," in Kenneth McRobbie, ed., *Humanity, Society and Commitment: On Karl Polanyi* (Montreal, Canada: Black Rose Books, 1994), 115-34.

4) '묻어들어 있음·embeddedness'의 개념에 대해서는 다음을 보라. Michele Cangiani, *Economia e democrazia: Saggio su Karl Polanyi* (Padua: Il Poligrafo, 1998), p.58.

5) 폴라니의 사상은 '외적 강제'로서의 사회적 사실이라는 뒤르켐의 개념과는 다르다. Émile Durkheim, *The Rules of Sociological Method* (New York: Free Press, 1966), p.11. 폴라니에게 사회적 사실이란 말하자면 그 효과의 범위라 할 만한 것으로 확인된다. Karl Polanyi, "Nuove considerazioni sulla nostra teoria e pratica," in Polanyi, *La libertà in una società complessa*, 52-61, at p.59.

(*옮긴이-이 글은 홍기빈 편역, 《전 세계적 자본주의인가 지역적 계획경제인가 외》에 〈우리의 이론과 실천에 대한 몇 가지 의견들〉이라는 제목으로 번역 수록되어 있다.)

6) Bronis aw Malinowski, Argonauts of the Western Pacific: *An Account of Native Enterprise and Adventure in the Archipelagoes of Melanesia New Guinea* (London: Routledge, 1932), pp.350, 392-4.

7) *Marcel Mauss, The Gift: The Form and Reason for Exchange in Archaic Societies* (London: Routledge, 2002) (하지만 폴라니의 저작에서 마르셀 모스는 거의 언급되는 법이 없다).

8) 이 책의 18장인 〈금융 공황이 가려버린 사회주의의 전망〉

9) 이 점에 대해서는 다음을 보라. Amanda Perry-Kessaris, "Reading the Story of Law and Embeddedness through a Community Lens: A Polanyi-Meets-Cotterrell Economic Sociology of Law?" *Northern Ireland Legal Quarterly*, 62.4 (2011), 401-13, at p.410.

10) 이 책의 19장인 〈오늘날의 전환 시대에 대한 다섯 개의 강연 : 19세기 문명의 사멸〉

11) Karl Polanyi, "Über die Freiheit," in his *Chronik der großen Transformation: Artikel und Aufsätze (1920-1945)*, edited by Michele Cangiani, Kari Polanyi-Levitt, and Claus Thomasberger, vol. 3 (Marburg: Metropolis, 2005), 137-64, at p.145.

12) Karl Polanyi, *The Great Transformation* (Boston, MA: Beacon Press, 1957), pp.77-85.

13) Gareth Dale, *Karl Polanyi : The Limits of the Market* (Cambridge: Polity, 2010), p.85.

14) 잘 알려져 있듯이, 이는 빈민들의 봉급을 보조하기 위해 고안된 보조금의 시스템이었으며, 빵 가격의 변동에 연동하는 것을 기초로 삼고 있었고, 그 목적은 최저 임금을 보장하는 것이었다. Polanyi, *The Great Transformation*. p.78.
(*옮긴이-이 언급은 엘리자베스 여왕 시대부터 비롯된 구(舊)구빈법 전부가 아니라 18세기 말의 스피넘랜드 구빈법에 대한 것으로 한정해 이해해야 할 것이다.)

15) 이 점에 대해서는 다음을 보라. Alexander Ebner, "Transnational Markets and the Polanyi Problem," in Christian Joerges and Josef Falke, eds., *Karl Polanyi : Globalisation and the Potential of Law in Transnational Markets* (Oxford: Hart, 2011), 19-41, at p.24.

16) 이 점에 있어서는 다음에 개진된 입장을 고찰하는 것이 유용하다. Sabine Frerichs, "Re-Embedding Neo-Liberal Constitutionalism: A Polanyian Case for the Economic Sociology of Law," in Joerges and Falke, eds., *Karl Polanyi*, 65-84, at p.81: "비판적인 폴라니의 관점이 오늘날까지 해왔던 작업은 우선 하이에크식으로 법률까지(그리고 거기에 내재한 규범성까지) 여러 경제적 합리성에 묻어들어 있게 만드는 것을 해체하는 것이었으며, 그 다음으로는 법률을 다른 여러 사회 영역들의 여러 합리성과 가치들 또한 반영하는 하나의 사회적 제도로서 재구성하는 것이었다."

17) Polanyi, *The Great Transformation*, pp.33-42. 이 주제에 관해서는 다음의 주의 깊은 분석을 보라. Alexander Ebner, *Polanyi's Theory of Public Policies Embeddedness*,

Commodification and the Institutional Dynamism of the Welfare State (Habilitation thesis, Staatswissenschaftliche Fakultㅌt, University of Erfurt, 2008), p.44.

18) Polanyi, *The Great Transformation*, p.92. "공유지의 울타리치기와 토지를 한 덩어리로 합쳐서 보유하는 것 모두는 농업 기술의 새로운 대(大)진전에 수반된 것이었지만, 이는 농촌 사회를 상당히 불안정하게 만드는 효과를 낳았다. 시골 농가 주택에 대한 공격이 시작되어, 거기에 딸린 텃밭과 주변 대지들을 빼앗아버리고, 또 주민들이 공유지에 대해 갖던 여러 권리도 몰수해버리는 일이 벌어졌다. 이에 따라 그러한 시골 농가에 기반을 두고 있었던 가내 수공업은 자신을 떠받쳐주던 두 기둥, 즉 가족 차원에서의 소득과 농업적 배경이라는 이점을 모두 잃었다."

19) 이 책의 9장 〈민주적 영국 문화의 미래〉 참조.

20) Polanyi, *The Great Transformation*, p.139.

21) 이 점에 대해서는 다음을 보라. Ebner, *Transnational Markets and the Polanyi Problem*, p.23.

22) Polanyi, *The Great Transformation*, p.69.

23) 앞의 책, pp.69-71.

24) 앞의 책, p.141.

25) 이 책의 18장 〈금융 공황이 가려버린 사회주의의 전망〉

26) Polanyi, The Great Transformation, p.250.

27) 앞의 책.

28) 이 책의 20장 〈오늘날의 전환 시대에 대한 다섯 개의 강연 : 통합된 사회로의 경향〉

29) 이 책의 14장 〈일반 경제사〉

30) Karl Polanyi, "The Economy as Instituted Process," in Karl Polanyi, Conrad M. Arsenberg, and Harry W. Pearson, eds., *Trade and Markets in the Early Empires* (Glencoe, IL: Free Press, 1957), pp.243-69.

31) 이 저작들에서 폴라니는 이행기의 사회주의 경제가 자유주의적 자본주의를 대체할 모델로서 지속가능성이 있는가의 문제와 맞붙는다. 그는 먼저 자신이 '개입 효과' 그리고 '구조 규정 효과framing effect'라고 부른 것을 통하여 법이 생산 비용에 미치는 영향을 논의하며, 이어서 기능적 사회주의 경제의 모델에서는 사회적 생산의 분배 과정에서 그 개입 효과가 중립화되어 버리는 이점이 있음을 증명하려고 한다. 그 반대로 자본주의 경제에서는 법이 비용 원리를 무력화시키는 효과를 낳는다고 본다. 자본주의에서는 사회 자체가 비용을 산출하며 비용은 오로지 생산 과정에만 영향을 미치는 것으로 나타나기 때문이다. 따라서 사회주의 경제는 비용 원리를 부정하는 것이 아니며, 생산과 사회적 비용 모두에 별개의 계산이 가능하도록 보장하게 될 것이라는 것이다. 이러한 유형의 경제는 기능적으로 조직된 종류의 사회주의 경제로서, 여기에서는 생산의 책임을 맡은 여러 결사체들(노동조합일 수도 있고 생산자 협동조합일 수도 있다.)과 전체 공동체 사이에 생산 비용과 사회적 비용에 대한 일

정한 동의가 존재하는 경제이다. 이에 대해서는 다음을 보라. Karl Polanyi, "La contabilità socialista," pp.26, 28; "La teoria funzionale della società e la contabilità socialista," p.44. 두 글 모두 다음에 수록되어 있다. Polanyi, *La libertà in una società complessa*, 10-41 and 42-51. 또한 다음을 보라. Polanyi, "Über die Freiheit," p.141. 여기에서 폴라니는 《정치경제학 비판 요강*Grundrisse*》 1권과 《자본론》 2권 1부에서 마르크스가 밝힌 바 있는 입장을 논하고 있다. 폴라니와 마르크스 사이의 복잡한 관계에 대한 심층적인 연구로는 Cangiani, *Economia e democrazia*, pp.71-78을 보라.

32) Polanyi, "La contabilità socialistà," p.22.

33) Giandomenica Becchio, "Polanyi e la visione austriaca del mercato," Working Paper 03/2002, Economics Department, University of Turin, p.6, at http://www.cesmep.unito.it/WP/3_WP_Cesmep.pdf (2014년 4월 1일 접근).

34) Polanyi, "La contabilità socialista," "La teoria funzionale della società e la contabilità socialista," "Nuove considerazioni sulla nostra teoria e pratica," 이 글들은 모두 다음에 수록되어 있다. Polanyi, *La libertà in una società complessa*. 여기에서 특히 폴라니가 1919년에 쓴 이 글의 주장과 관련하여, 여러 노동 생산물의 재분배에 대한 이상적 사회주의 모델이 시장을 통하여, 또 필요를 기초로 하여 벌어질 것이라는 사실에 대해서 더 깊은 연구가 행해져야 마땅하다. 하지만 사회주의 회계의 가능성을 다룬 그의 1922년 논문에서는 공산주의 경제에 대한 대안으로서 노동자 생산성을 기초로 하여 '사회법'으로 바로잡고 사람들의 최소한의 필요와 연결된 재화의 분배를 예견하고 있다.

35) 이 책의 16장 〈오늘날의 중요한 문제 : 답변〉 참조. 이른바 경제의 '내적 조망'이라는 것에 대해서는 다음을 보라. Polanyi, "Nuove considerazioni sulla nostra teoria e pratica," p.56. (홍기빈 편역, 《전 세계적 자본주의인가 지역적 계획경제인가 외》, 〈우리의 이론과 실천에 대한 몇 가지 의견들〉)

36) 폴라니도 잘 알고 있었던바, 자본주의와 농업 사이의 관계에서 여러 복잡한 문제들이 생겨난다. 이에 대해서는 다음을 보라. Paul Mantoux, *The Industrial Revolution in the Eighteenth entury : An Outline of the Beginnings of the Modern Factory System in England* (London: J. Cape, 1955), pp.156, 168; Henri Pirenne, *Histoire économique de l'occident médiéval* (Bruges: Desclée de Brouwer, 1951), p.217.

37) 이 책의 16장 〈오늘날의 중요한 문제 : 답변〉 참조.

38) 이 책의 11장 〈사회과학을 어떻게 활용할 것인가〉

39) 이 개념과 관련해서 폴라니는 명시적으로 다음을 언급하고 있다. Robert S. Lynd, *Knowledge for What? The Place of Social Science in American Culture* (Princeton, NJ: Princeton University Press, 1939), p.21.

40) '생래적 관심'의 개념에 대해서는 이 책의 11장을 보라.

41) 이 명제는 크게 보아 다음에서 가져온 것이다. Émile Durkheim, "The Realm of Sociology as a Science," Social Forces, 59.4 (1981), 1054-70. 그 1062페이지에는 다음과 같은 구절이 있다. "여러 요소들을 결합하게 되면 완전히 새로운 성질들을 가지는 새로운 현실이 출현하게 되며, 이는 그 각각의 구성 요소들에서 관찰된 바와는 완전히 상반되는 경우도 있다."

42) 이 책의 12장 〈정치 이론에 대하여〉 참조.

43) 여기에서 폴라니가 1890년대에 사회의 분화differentiation라는 명제를 정교하게 발전시켰던 게오르크 지멜의 문화적 영향을 받았을 가능성이 나타난다(Georg Simmel, Über soziale Differenzierung : Soziologische und psychologische Untersuchungen (Leipzig: Duncker & Humblot, 1890). 실제로 폴라니가 게오르크 루카치와 알게 된 뒤에 차별화의 개념을 정교하게 발전시키게 되었을 가능성이 크다. 루카치는 지멜의 옛 제자였고 헝가리의 갈릴레이 서클의 성원이었다. Gareth Dale, "Karl Polanyi in Budapest: On his Political and Intellectual Formation," Archives of European Sociology, 50.1 (2009), 97-130, p.97. 분화의 개념은 폴라니의 사유에서 중요한 역할을 맡았으며 오늘날 법학 문헌에서조차도 다루고 있을 정도이다. Moritz Renner, "Transnational Economic Constitutionalism," in Joerges and Falke, eds., Karl Polanyi, 419-33, p.421.

44) 이 책의 12장 〈정치 이론에 대하여〉. 과학과 지식의 관계에 대해서는 폴라니와 베블런의 관계를 연구하는 것이 흥미로울 것이다. 폴라니는 베블런을 자주 인용하고 있다. Thorstein Veblen, The Place of Science in Modern Civilisation and Other Essays (New York: B. W. Hübsch, 1919), p.10. "지식의 체제를 구성하는 과정을 지배하는 것은 삶에서 인상이 더 강한 일들로 인해 생겨나는 사유 습관 그리고 공동체의 삶이 펼쳐지는 제도적 구조로 인해 생겨나는 사유 습관이다."

45) Carl Schmitt, The Concept of the Political (Chicago: University of Chicago Press, 2007) pp.27-9. 이 책의 p.33에서 슈미트는 이렇게 주장한다. "[전쟁]은 적대감의 가장 극단적인 결과이다." 이와 동일한 맥락에서 다음을 보라. Michele Cangiani, "Cittadinanza e politica estera: Prefazione," in Karl Polanyi, Europa '37, edited by Michele Cangiani (Rome: Donzelli, 1995), ix-xxii, 특히 pp.xvii-xix.

46) 이 책의 6장 〈국제적 상호 이해의 성격〉 참조.

47) 앞의 글.

48) Benjamin Constant, The Liberty of Ancients Compared with That of Moderns [1819], at http://firstsearch.oclc.org.ezproxy.lib.indiana.edu/WebZ/FSPage?pagetype=return_frameset:sessionid=fsapp7-48372-hp6zr25u-nzafqe:entitypagenum=5:0:entityframedurl=http%3A%2F%2Foll.libertyfund.org%2Ftitle%2F2251:entityframedtitle=WorldCat:entityframedtimeout=20:entitypenTitle=:entityopenAuthor=:entityopenNumber=: (2013년 12월 14일 접근).

49) 이 책의 13장 〈공공 여론과 국가 지도자의 지도력〉

50) 문명에 대한 폴라니의 생각은 다음의 문헌에 나온 생각들 일부를 담고 있다. Émile Durkheim, *The Division of Labor in Society* (New York/London: Free Press/Collier Macmillan, 1933).

51) 이 책의 9장 〈민주적 영국 문화의 미래〉

52) 공공 여론에 대한 폴라니의 분석적인 관점으로는 다음을 보라. Karl Polanyi, "Sein und Denken," in Idem, *Chronik der großen Transformation : Artikel und Aufsätze* (1920-1945), edited by Michele Cangiani and Claus Thomasberger, vol. 1 (Marburg: Metropolis, 2002), p.203.

53) 이 책의 14장 〈일반 경제사〉와 17장 〈현대 사회에서 서로 충돌하고 있는 철학들〉 참조.

54) 1935년 6월 20일에 쓴 한 글에서 폴라니는 미국 헌법의 본질은 단순한 권력의 분립에 있는 것이 아니라 대통령과 의회를 실제로 헌정상으로 분리하여 헌법상 그 둘이 서로를 의심할 수 있는 위치에 놓는 것이라고 공공연히 주장하였다.

> 대통령은 항상 절대 권력을 희구하는 게 아니냐는 의심을 받게 될 것이며, 의회는 (의원이 아니라고 해도) 이익 집단들 혹은 특정 유권자 집단의 이익을 위해 집단 전체의 이익을 손상시키려 드는 게 아니냐는 의심을 받게 될 것이다. 헌법은 그 둘이 상호적 의심의 위치를 굳건히 지킬 수 있도록 보장한다. 근본적으로 아나키스트였던 미국 건국의 아버지들에게 있어서 특징적으로 나타나는 국가에 대한, 또 헌법으로 구성되는 모든 종류의 권력에 대한 근원적인 반감이 미국 헌법의 한 줄 한 줄에 드러나 있다. 국가의 수장과 의회 사이에 의견 일치가 벌어지는 일이 없도록 대놓고 막은 것은 개인의 자유를 보호하려는 의도였다. 행정부를 입법부로부터 분리시킨 엄혹한 조치를 취했던 것도 이러한 목적으로 설명할 수 있다. (Karl Polanyi, "Roosevelt im Verfassungskampf," in his *Chronik der großen Transformation*, vol. 1, 264-70)

55) Karl Polanyi, "America im Schmelztiegel," in his *Chronik der großen Transformation*, vol. 1, 271-8, at p.271.

56) Hans Kelsen, "Wer soll der Hüter der Verfassung sein?" *Die Justiz*, 6 (1931), 576-628.

57) "헌정적 형태는 오로지 최종 결정이 헌법이 인정한 제도들 중 하나에 있을 때에만 실현가능하다" (Polanyi, "La teoria funzionale della società," p.45). 헌정적 형태의 문제와 관련하여 폴라니와 미제스 사이의 논쟁에 대해 좀 더 깊이 있는 논의는 Becchio, "Polanyi e la visione austriaca del mercato," p.8.

58) Karl Polanyi, "Jean-Jacques Rousseau, o è possibile una società libera?" in his *La libertà in una società complessa*, p.68; Polanyi, "Über die Freiheit," p.146.

59) 이 문제에 대한 전 지구적 시각으로는 다음을 보라. Malcolm Rutherford, "Institutionalism between the Wars," *Journal of Economic Issues*, 34.2 (2000), 291-303, at pp.298-301;

Glenn Morgan and Sigrid Quack, "Law as a Governing Institution," in Glenn Morgan, John L. Campbell, Coulin Crouch, Ove Kai Pedersen, and Richard Whitley, eds., *The Oxford Handbook of Institutional Comparative Analysis* (Oxford: Oxford University Press, 2011), 275-308, at p. 279; Alan G. Gruchy, "The Current State of Institutional Economics: The Movement's Limited Impact on the Conventional Science Is Ascribed to Disunity, Disinterest in General Theory," *American Journal of Economics and Sociology*, 41.3 (1982), 225-42, at p.228.

60) 이 책의 7장 〈평화의 의미〉

61) 이 책의 6-8장 참조.

62) Karl Polanyi, *Europa '37*, edited by Michele Cangiani (Rome: Donzelli, 1995).

63) Hans Kelsen, *Peace through Law* (Chapel Hill: University of North Carolina Press, 1944).

64) Carl Schmitt, *The nomos of the Earth in the International Law of the* jus publicum Europaeum (New York: Telos Press, 2003).

65) 이 책의 7장 〈평화의 의미〉

66) Philippe d'Iribarne, "A Check to Enlightened Capitalism," in Coulin Crouch and Wolfgang Streek, eds., *Political Economy of Modern Capitalism: Mapping Convergence and Diversity* (London: Sage, 1997), 161-73.

67) 이 책의 7장 〈평화의 의미〉

68) 폴라니는 사회적 협동이라는 동기에서 도출되어야 할 종류의 자발성이 이상적이라는 생각을 배제하는 것은 아니다. Polanyi, "Über die Freiheit," p.146.

69) 이 책의 6장 〈국제적 상호 이해의 성격〉

70) 앞의 주 45를 보라.

71) Schmitt, *The nomos of the Earth*.

72) Carlo Galli, Genealogia della politica: *Carl Schmitt e la crisi del pensiero politico moderno* (Bologna: Il Mulino, 1996), pp.927-36.

73) Carl Schmitt, *Land and Sea* (Washington, DC: Plutarch Press, 1997).

74) 이 책의 10장 〈비엔나와 미국에서의 경험들 : 미국〉 참조.

75) 앞의 글.

76) 이 책의 17장 〈현대 사회에서 서로 충돌하고 있는 철학들〉 참조.

77) 앞의 글.

78) 이 책의 10장 〈비엔나와 미국에서의 경험들 : 미국〉 참조.

79) 이 책의 3장 〈경제사와 자유의 문제〉

80) 이 책의 6장 〈국제적 상호 이해의 성격〉

81) Karl Polanyi, "Economia e democrazia" [1932], in his *La libertà in una società complessa*,

65-9, at p.67.

82) 이 책의 2장 〈경제학 그리고 우리의 사회적 운명을 결정할 자유〉 참조.

83) 이 책의 17장 〈현대 사회에서 서로 충돌하고 있는 철학들〉

84) 앞의 글.

85) Karl Polanyi, "Über den Glauben an den Oekonomischen Determinismus" [1947], in his *Chronik der großen Transformation*, vol. 3, 325-34, at p.325.

86) 이 책의 14장 〈일반 경제사〉

87) 이 책의 17장 〈현대 사회에서 서로 충돌하고 있는 철학들〉

88) 이 책의 8장 〈평화주의의 뿌리〉

89) Polanyi, "Über die Freiheit," p.141. "'자본'과 '여러 가격'이 인류를 지배하는 것으로 보이지만 이는 외양일 뿐이다. 실제로 벌어지고 있는 일은 한 집단의 인간들이 다른 집단들을 지배하는 사태이다."

90) 이 책의 17장 〈현대 사회에서 서로 충돌하고 있는 철학들〉 참조.

91) Carlo Galli, *Spazi politici: L'età moderna e l'età globale* (Bologna: Il Mulino, 2001), p.165.

92) 지멜의 갈등 개념과의 비교에 대해서는 다음을 보라. Simmel, see Georg Simmel, "Der Streit," in his *Soziologie: Untersuchungen über die Formen der Vergesellschaftung* (Leipzig: Duncker & Humblot, 1908), 186-205.

93) 법에서도 경제에서도 다양성이라는 주제가 떠오르게 된다. Colin Crouch and Wolfgang Streek, "Introduction: The Future of Capitalist Diversity," in their *Political Economy of Modern Capitalism*, 1-18, at p.16.

94) Christian Joerges, "A New Type of Conflicts Law as the Legal Paradigm of the Postnational Constellation," in Joerges and Falke, eds., *Karl Polanyi*, 465-501, at p.501.

95) "시장의 헤게모니에 대한" 법률의 영향에 관한 날카로운 분석으로는 다음을 보라. Stefano Rodotà, *Il diritto di avere diritti* (Rome-Bari: Laterza, 2012), pp.3-5, 28; Salvatore Settis, *Azione popolare: Cittadini per il bene comune* (Turin: Einaudi, 2012), 3-228, at p.4.

96) Jürgen Habermas, "The Postnational Constellation and the Future of Democracy," in his *The Postnational Constellation: Political Essays* (Cambridge, MA: MIT Press, 2001), 58-112, at pp.61, 70.

97) Luciana Castellina, *Cinquant'anni di Europa: Una lettura antieroica* (Turin: Utet, 2007), p.29.

98)* 옮긴이- 이탈리아어판과 영어판의 제목.

99) 이 책의 19장 〈오늘날의 전환 시대에 대한 다섯 개의 강연: 19세기 문명의 사멸〉 참조.

100) 동독의 경우에 대한 한 관점으로는 다음을 보라. Claus Offe, "Capitalism by Democratic Design? Democratic Theory Facing the Triple Transition in East Central Europe," in his *Varieties in Transition: The East European and East German Experience* (Cambridge, MA:

MIT Press, 1997), 29–49, at p.35.

101) 이 책의 20장 〈오늘날의 전환 시대에 대한 다섯 개의 강연 : 통합된 사회로의 경향〉

102) 문화와 헌정주의의 관계에 대해서는 다음을 보라. Peter Häberle, *Verfgassungslehre als Wissenschaft* (Berlin: Duncker & Humblot, 1998), pp.117, 584, 1066.

103) Franklin D. Roosevelt, "The Forgotten Man's Speech," radio discussion in Albany, NY, April 7, 1932, in *The Public Papers and Addresses of Franklin D. Roosevelt*, vol. 1: *The Genesis of the New Deal*, 1928–32 (New York: Random House, 1938), 624–7, at p.624.

칼 폴라니, 새로운 문명을 말하다

1판1쇄 발행 2015년 4월 30일　**1판2쇄 발행** 2018년 7월 27일

지은이 칼 폴라니　**옮긴이** 홍기빈

펴낸이 전광철　**펴낸곳** 협동조합 착한책가게

주소 서울시 은평구 통일로 684 1동 3C033

등록 제2015-000038호(2015년 1월 30일)

전화 02) 322-3238　**팩스** 02) 6499-8485

이메일 bonaliber@gmail.com

ISBN 979-11-962410-1-9　　03300

이 도서의 국립중앙도서관 출판예정도서목록(CIP)은 서지정보유통지원시스템 홈페이지(http://seoji.nl.go.
kr)와 국가자료공동목록시스템(http://www.nl.go.kr/kolisnet)에서 이용하실 수 있습니다. (CIP제어번호 :
CIP2015009849)